생활문화·생활예술 시대

생활연극

초판 1쇄 찍은날 2020년 6월 25일
초판 1쇄 펴낸날 2020년 6월 29일

지은이 정중헌

펴낸이 최윤정
펴낸곳 도서출판 나무와숲 | 등록 2001-000095
주소 서울특별시 송파구 올림픽로 336 1704호(방이동, 대우유토피아빌딩)
전화 02)3474-1114 | 팩스 02)3474-1113
e-mail namuwasup@namuwasup.com

ISBN 978-89-93632-77-4   03680

이 도서의 국립중앙도서관 출판예정도서목록(CIP)은 서지정보유통지원시스템 홈페이지
(http://seoji.nl.go.kr)와 국가자료종합목록 구축시스템(http://kolis-net.nl.go.kr)에서
이용하실 수 있습니다. (CIP 제어번호 : CIP2020026133)

생활문화
생활예술 시대

생활연극

정중헌

(사)한국생활연극협회 나무와숲

생활연극 확산을 위한 길잡이가
되기를 바라는 마음으로…

이 책은 우리에게 아직 낯선 용어인 '생활문화 생활예술 시대의 생활연극'을 자료 중심으로 정리한 일종의 가이드북이다. 정부 정책과 사회 변화 속에서 생활문화와 생활예술이 어떻게 자리 잡아 왔는지를 요약하고, 세미나와 연구서 등을 통해 보고된 외국의 사례도 참조해 보았다. 중반 이후는 2017년 창립한 사단법인 한국생활연극협회 3년의 생생한 역사이다. 생활연극 개척자 중 열한 분의 인터뷰도 실었다.

필자가 생활연극 현장을 처음 접한 곳은 주민극단 이화가 가요뮤지컬 <잣골 노래방 콩쿠르>를 연습하던 종로구 이화동주민센터였다. 전문 연극을 보고 리뷰해 온 필자에게 지역민들의 생활연극은 낯설었지만 신선했고 프로에서 보기 힘든 생기가 돌았다. 무대 위의 배우들이나 무대 뒤의 스태프들이 모두 행복해하는 모습이 보기 좋았다. 그 무렵 참관했던 스코틀랜드의 에딘버러 프린지 페스티벌은 행위자들과 참여자 모두가 즐거움과 흥으로 넘쳤다. 인생을 축제처럼….

에딘버러 축제에 동행했던 연극인들과 우리도 연극을 생활 속으로 끌어들이자고 뜻을 모았다. 생활체육은 이미 문 밖만 나서면 모두가 운동할 수 있을 만큼 활성화되어 있는 데 비해 생활문화 예술은 각 지역에서 자생적으로 꿈틀대는 단계였다. 배우가 되고 싶고 무대에 서고 싶었지만 일상에 쫓겨 이루지 못한 꿈을 이뤄 주고, 고령화와 여가 확산 시대에 즐거움과 행복을 안겨 주고 삶의 질을 향상시키자는 취지로 협회를 만들었다.

우리나라 문화정책도 창작자 중심에서 이제는 수용자 쪽으로 중심축이 이동하고 있다. 특히 2016년 지역문화진흥법이 시행되면서 생활문화가 일상으로 파고드는 추세다. 지역주민이 문화적 욕구 충족을 위하여 자발적이거나 일상적으로 참여하여 행하는 유형·무형의 문화와 예술 활동이 전국적으로 번져 가고 있는데, 이는 세계적인 현상이다.

협회는 3년 동안 10편의 자체 제작 공연을 했고 여기에 주부, 직장인, 은퇴자, 학생 등 200명 가까운 아마추어 배우들이 참여하여 연극을 이해했고, 공연을 체험했고, 인생을 즐겼다. 이들은 전문연극 공연의 단골 관객이 되어 연극 인구 저변 확대에 앞장서고 있다. 생활연극은 3년간 1억 원 넘는 참가비와 협찬금으로 극장과 연습장 대관료, 연출비, 조명비, 무대 제작비를 전문 연극인들에게 지출, 일자리 창출에도 기여했다고 자부한다.

그런데 연극계 일부에서 "연극은 연극이지 생활연극은 또 뭐냐"며 생활연극을 마뜩찮게 보는가 하면 편가르기까지 하고 있다. 앞서 언급했듯 생활문화 생활예술은 시대적 추세이며, 생활연극 또한 삶의 질 제고를 위한 아마추어들의 활동이다. 전문연극인들은 이들을 지도하고 공생해야 하는 것이다. 아무쪼록 이 책이 생활연극을 이해하는 데 참고가 되기를 바란다.

2020년 코로나 팬데믹으로 공연예술 분야도 엄청난 타격을 받았다. 사회적 거리두기로 공기처럼 숨쉬던 일상의 소소한 행복을 누리기 어려운 세상이 되어 버렸다. 집합과 대면 활동이 위축되면서 현장 예술도 대안을 모색해야 한다는 말도 나오고 있다. 하지만 필자는 코로나 사태가 장기화되고, 인공지능의 발달로 미래사회가 과학화되더라도 현장 아우라가 있는 공연예술은 사라지지 않고 더욱 사랑받을 것이라고 생각한다. 연극예술뿐 아니라 생활연극도 가상현실이나 간접체험으로는 충족되지 않는 인간의 정서적 치유에 필수가 되리라고 본다.

미래사회의 삶에 이 책이 작은 도움이 되기를 바란다. 멋진 편집을 해준 도서출판 나무와숲 최헌걸 대표와 이경옥 주간, 인쇄를 맡아 준 동방인쇄공사 허성윤 대표님께 고마움을 표한다.

2020년 6월
서울 이촌동에서
정중헌

차 례

5장 _ 생활연극의 파이오니어

(사)한국생활연극협회 3년사

생활문화
시대의
'문화적 삶'

생활문화 시대의
'문화적 삶'

우리나라도 2014년 1월 지역문화진흥법이 제정되고 2016년 5월 시행령이 공포되면서 생활문화 시대가 열렸다.

'생활문화'란 지역문화진흥법에 명시된 용어로 동법 제1장 제2조에 "지역의 주민이 문화적 욕구 충족을 위하여 자발적이나 일상적으로 참여하여 행하는 유형·무형의 문화적 활동을 말한다"고 정의되어 있다.

그동안 대다수 주민들은 문화의 향수자 또는 문화 소비자라고만 인식되어 왔다. 하지만 이제는 예술 활동을 감상하는 차원에서 한 걸음 더 나아가 예술의 여러 분야를 직접 배우거나 예술 활동에 참여하는 주민들이 늘고 있는 추세다. 연극·무용·음악 등의 공연예술을 관람하거나 시각예술을 감상하며 문화를 소비하던 주민들이 지금은 악기를 배우거나 그림을 직접 그리고 연극 무대에 서는 등, 능동적으로 예술 활동에 참여하고 있는 것이다. 전문 예술가들이 해왔던 예술의 여러 장르에 민간인들이 뛰어들어 예술 활동을 하는 인구가 늘어나고 있을 뿐 아니라 이러한 문화 활동을 하는 동호회들이 전국적으로 우후죽순처럼 번져 가는 추세이다.

생활체육보다 한참 늦은 생활문화

스포츠 분야에서는 생활체육이 오래전에 정착되었고 전국 조직을 갖춰 활기를 띠고 있다. 생활체육은 1991년 1월 8일 비영리 민간단체인 국민생활체육회가 발족하여 전국 조직으로 확장되면서 시민들의 생활 속으로 파고들었다. 1988년 제24회 서울올림픽 개최 이후 국민소득 수준 향상과 맞물려 관심이 높아지면서 정책 필요성이 제기됐다. 1993년 12월 31일 개정된 국민체육진흥법에 의해 국가 및 지방자치단체는 국민의 자발적인 체육 활동을 권장·보호·육성해야 한다는 취지에 따라 국민생활체육회 예산의 대부분이 국민체육진흥기금에서 지원되었다. 2005년 10월부터 전개된 범국민 캠페인 '스포츠 7330'은 일주일에 세 번 이상, 하루 30분 운동을 하자는 뜻으로 생활체육의 핵심을 담았다.

국민생활체육회의 주요 사업은 ① 동호인 클럽의 육성 및 지원 ② 씨름·족구·줄다리기·궁도·택견 등 전통 종목의 활성화 지원 ③ 생활체육

충북 생활체육대회

참여 확대를 위한 프로그램 운영 ④ 캠페인 전개 및 정보 제공 ⑤ 생활체육 지도자 배치 및 노인 체육 활동 지원 ⑥ 국제교류 증진 및 세계한민족축전 개최 등이었다. 회원단체로 16개 시·도생활체육회와 축구·게이트볼·검도·등산 등 62개 전국종목별연합회가 있었다.

정부는 2015년 3월 국민체육진흥법 개정안이 국회를 통과함에 따라 2016년 3월 21일 엘리트체육을 담당한 대한체육회와 생활체육을 맡았던 국민생활체육회를 통합하여 그해 4월 8일 통합대한체육회로 새로 출범하면서 국민생활체육회는 폐지되었다(네이버 지식백과).

종래의 체육·스포츠는 주로 젊은이 중심의 경기 스포츠가 대부분이었으나 오늘날에는 어린이부터 중장년층에 이르기까지 인간의 전 생애에 걸친 체육·스포츠 활동에 대한 관심이 높아져 생활체육의 개발과 그에 필요한 시설·조직·지도자 등의 환경이 중요 이슈가 되고 있다. 정부는 문밖을 나서면 어디서나 체력단련을 할 수 있는 체육시설을 확충해 왔으며, 세대별로 다양한 프로그램을 운용하고 있다.

지역문화진흥법이 생활문화 점화

지역문화진흥법은 법률 제12354호로 2014년 1월 28일 제정하여 2014년 7월 27일부터 시행되었다. 지역문화진흥법 시행령은 대통령령 제27129호로 2016년 5월 10일 제정, 시행되었다. 이 법의 제정은 2000년대 이후 지속되어 온 지역과 문화의 결합 현상을 제도화함으로써 지역이 좀 더 체계적이고 안정적으로 사업을 추진하고 수행할 수 있는 기반을 마련하였다는 점에서 의의가 있다.

부산 민예총이 2016년 6월 10일 작성한 '지역문화진흥법과 부산'은 지역문화진흥법의 제정 의의를 법 조항을 중심으로 다음과 같이 정리했다.

첫째, 지역문화의 발전을 경제적·산업적 관점으로 보는 방향에서 벗어나 지역주민의 삶을 향상시키고, 문화적 다양성과 창의력의 토대 마련을 통한 사회발전을 추구하고 있다(제1장 총칙).

둘째, 정치·경제·사회 분야뿐만 아니라 문화의 영역에서도 지역 분권과 균형발전을 목표로, 지역사회의 참여와 시민의 주도를 강조하고 있다(제5장 지역문화재단의 설립 등).

셋째, 지역문화의 고유한 특성에 기초한 지역 정체성 강화와 지역 공동체의 복원 등을 통하여 시민의 문화적 권리의 증대를 중요한 과제로 인식하고 있다(제4장 문화도시·문화지구의 지정 및 지원).

넷째, 창작 중심의 문화예술 진흥 정책에서 시민 중심의 생활문화에 대한 관심으로 문화정책의 중심이 이동하여, 예술 창작 진흥과 생활문화의 균형적 발전을 시도하고 있다(제2장 지역의 생활문화 진흥).

2013년 문화기본법 제정

정부는 2000년대 들어 전국적으로 시민들이 주축이 된 다양한 문화 동아리들이 생겨나는 추세에 발맞춰 생활문화가 정착될 수 있는 법적 환경 구축에 나섰다.

문화관광부가 2004년 6월에 선포한 '문화비전'은 지역 문화와 예술의 정책을 구체화하고 있다. '문화로 아름답고 풍요로운 지역 공동체 실현'을 제시하고 민간 주도 추진체의 역량 제고, 안정적 재원 확보, 지역문화

생활문화는 국민의 삶의 질을 향상시키고 사회 발전에 중요한 역할을 한다.

관련 권한의 지방 및 민간 이양을 명시했다.

　이어 문화기본법이 2013년 12월 10일 국회를 통과하였다. 이 법은 문화의 가치와 위상을 높여 문화가 국민의 삶의 질을 향상시키고 국가 사회 발전에 중요한 역할을 할 수 있도록 하는 것을 목적으로 하고 있다.

　문화기본법은 4조에서 모든 국민은 성별, 종교, 인종, 세대, 지역, 사회적 신분, 경제적 지위나 신체적 조건 등에 관계없이 문화 표현과 활동에서 차별을 받지 아니하고 자유롭게 문화를 창조하고 문화 활동에 참여하며 문화를 향유할 권리(이하 '문화권'이라 한다)를 가진다고 명시하고 있다. 7조에서는 문화 활동 참여와 문화 창조의 자유 보장, 차별 없는 문화복지 증진을 명문화했다. 9조에서도 문화복지 증진을 강조했고, 제11조에 전통문화 및 생활문화 진흥을 위한 조사 연구를 의무화함으로써 생활문화의 중요성이 대두되기 시작했다.

이제는 '문화적 삶'이
키워드다

문화적 삶이란 문화 감성을 갖고 문화를 생활화하는 것이다. 이미 고령화 사회에 접어든 우리는 앞으로 살아야 할 많은 시간을 TV나 벗 삼으며 보낼 수는 없는 일이다. 우리 문화를 총체적으로 장악하고 있다고 해도 과언이 아닌 TV는 감각적인 재미를 줄지 모르나 거기에 중독되다 보면 삶이 단순해질 뿐 아니라 낮은 차원에서 헤어나기 힘들게 된다.

　문화적 삶은 은퇴자나 고령자만의 전유물이 아니다. 주5일 근무제와 이에 따른 라이프 사이클의 변화로 여가 시간은 늘어났는데 문화생활이 위축된다면 일상이 무미건조해지게 된다. 사는 것이 신명나지 않으면 일의 능률도 떨어지고 정신건강도 약화되고 국가경쟁력도 떨어지게 마련이다.

맞춤형 문화적 삶

문화적 삶이란 맞춤형으로 자신에게 맞는 문화 프로그램을 짜서 생활의 여유를 즐기는 것이다. TV 앞을 벗어나 공연장에 가서 현장감을 느끼고 박물관·미술관을 찾아 정서와 미감을 살찌우면 삶에 윤기가 돌고 삶의 질도 나아지게 될 것이다.

문화 프로그램은 세 갈래로 접근할 필요가 있다. 첫째는 문화예술을 접하고 감상하는 플랜을 세우는 것이다. 둘째는 예술 감상에서 한 걸음 더 나아가 문화를 체험하고 예술을 직접 해보는 것이다. 셋째는 생활문화를 가꾸고 문화 환경을 만들어 가는 일이다.

예술 감상은 자기가 좋아하는 장르를 정해 꼭 봐야 할 것들의 연중 리스트를 작성하는 것이 바람직하다. 연극뿐 아니라 각종 클래식 콘서트나 뮤지컬, 오페라, 무용 등 공연예술 중에서 취향에 맞는 것을 골라 문화비를 쪼개 예매를 한다면 기다리는 즐거움도 누릴 수 있다. 미술이나 디자인에 취미가 있다면 돈을 들이지 않고도 문화생활을 할 수가 있다. 서울의 경우, 인사동이나 청담동 화랑가를 일주일에 하루를 내어 돌아보면

그림이든 뮤지컬이든 자기가 좋아하는 장르를 정해 감상한다면 삶이 한층 풍요로워질 수 있다.

많은 작가와 작품을 무료로 관람할 수 있다.

예술 감상에서 가장 중요한 것은 관람하기 전에 작품의 형식과 내용을 알아보고 이전 작품과 비교해 보는 습관을 기르는 일이다. 어떤 작업이든 알고 보면 재미가 배가되고 안목도 따라서 높아지게 된다.

예술 체험은 자기가 좋아하는 장르를 눈으로 보고 가슴으로 느끼는 것에서 나아가 직접 해보는 것이다. 전통문화 중에서 한 가지를 골라 초보 단계부터 배워 나가다 보면 생업에서 느끼지 못하는 희열을 느낄 수 있다. 목공예를 배워 가구를 직접 만들거나, 살풀이춤을 익혀 모임에서 실연해 보는 것도 좋은 방법이다. 글을 써본다거나 그림을 그리는 것도 여가 선용의 좋은 대안이 될 수 있을 것이다.

예술 감상이나 체험의 필수는 문화감수성이다. 감수성은 하루에 길러지는 것이 아니기 때문에 어려서부터의 교육이 중요하다. 그런데 입시 위주의 우리 교육에서는 문화감수성을 익히기 힘든 상황인 만큼 늦게라도 현장을 찾아다니며 예술을 접하면서 조금씩 안목을 높여 가는 수밖에 없다. 자주 접하다 보면 기본 구조를 알게 되고 비교하는 재미도 맛볼 수 있다.

장수사회에서 생활문화 활동은 필수

미국의 미래학자 피터 슈워츠는 인간의 평균수명이 140세까지도 갈 수 있다고 내다보았다. 과학의 발달로 라이프 사이클에 혁명적 변화가 일고 있는데 100세를 넘어가면 취업과 은퇴, 결혼과 가족제도, 생산과 소비, 그리고 문화와 예술에도 엄청난 격변이 일 것이다.

필자는 대학에 있을 때 학생들에게 몇 가지 질문을 던져 보았다. 인터넷과 가상현실이 지배하는 미래사회에서 인간은 행복을 누릴 수 있을까? 인간 수명의 연장으로 늘어난 삶의 시간을 어떻게 영위할 것인가? 차가운 매체인 인터넷 시대에 인간은 외로워질 수밖에 없다. 이를 극복하는 대면 접촉과 아우라를 어떻게 조화시킬 것인가?

토론에 앞서 필자는 학생들에게 미래사회가 장밋빛이라는 보장은 없다고 얘기해 주었다. 인터넷과 인공지능(AI)의 발달로 생활의 편익은 증대되겠지만, 인터넷은 쿨하고 가상현실은 감정이 없어 기술이 발전할수록 외로운 인간이 늘어날 것이라는 미래사회의 그림자에 대해서도 설명했다.

미래학자들은 초고속 열차와 비행기, 시공간을 뛰어넘는 인터넷이 등장했지만 인간은 갈수록 헐레벌떡하고 있다고 지적한다. 몇 초를 못 참아 신호가 바뀌기도 전에 횡단보도로 뛰어들고, 맛을 느끼기도 전에 음식을 삼켜 버린다는 것이다.

요즘은 어딜 가나 남녀노소 할 것 없이 휴대폰을 들여다보는 것이 일상적 풍경이다. 얼굴을 맞대고 얘기하기보다는 카톡이나 문자 등 SNS로 소통하는 시대다. 그러다 보니 군중 속에 있어도 고독을 느끼고, 복잡한 도시 생활에서도 외로움을 호소하는 사람들이 늘어나고 있다. 가족끼리도 대화가 줄다 보니 생활의 윤기인 정이 메말라 가고, 혼밥이니 혼술이니 하는 새로운 사회 풍조가 생겨나고 있다. 고령화 사회의 도래로 생존 기간은 늘어났는데 늘어난 삶의 시간이 오히려 외롭고 고통스럽다면 의미가 없지 않은가.

필자는 이 같은 과학만능시대의 인간 소외를 극복할 수 있는 매체가 문화와 예술, 특히 생활문화라고 생각한다.

생활문화는 고령화 사회를 맞아 외로움을 극복할 수 있는 좋은 대안으로 떠오르고 있다.

　다행스럽게도 인간은 한쪽으로 경도되면 이를 되돌리려는 반작용의 습성이 있다. 가상현실과 인공지능으로 충족되지 않는 것들을 직접 체험으로 보충하려는 욕구가 그것이다.

　인터넷이나 가상현실은 많은 정보와 체험을 안겨 주기는 하지만 정보 흡수에 한계가 있고 현장감이 떨어진다. 때문에 직접 체험을 갈구하고 현장의 아우라를 느끼려는 인구가 늘어나고 있다. 여행업이 폭발적으로 성장하고, 실물을 볼 수 있는 미술관·박물관에 인파가 넘치고, 라이브로 펼쳐지는 공연장을 찾는 것이다. 아우라는 실제 현장에서 느낄 수밖에 없기 때문이다. 가상현실과 인공지능으로 생겨나는 부작용과 인간 소외를 예술로 치유하고 활기를 되찾을 수 있기에 생활문화에 관심이 모아지고 국가도 이를 적극 지원하려는 것이다.

생활문화는 삶 그 자체다

문화적 삶을 설계한다는 것이 말처럼 쉽지 않고 문화 환경 또한 조성되기가 쉽지 않다. 그러나 문화는 이제 사치가 아닌 생활 그 자체가 될 수밖에 없는 만큼 우리 스스로 계획을 세우고 한 발짝씩 실천해 나가야 한다. 그것만이 현재의 삶은 물론 미래의 삶을 건강하고 여유 있게 만드는 열쇠가 될 것이다. 이제 지역주민이 나서 정부에 문화 환경과 삶의 질 향상 대책을 요구할 때가 온 것이다.

전국 지자체 중에는 이미 생활문화 활성화로 지역민의 행복과 생산성을 높이는 곳들이 있다. 충청북도를 대표적 사례로 꼽을 수 있다.

다음은 <조선일보> 2017년 3월 9일자 '열린 포럼'에 실린 충북대 강형기 교수(행정학)의 글이다.

전국에 문화 동아리 10만 개가 생긴다면

충북문화재단은 2012년에 '문화예술플랫폼'이라는 이름으로 문화 동아리 지원을 시작했다. 회원이 7명 이상인 문화 동아리에 전문 예술가를 파견해 지도하고, 문화 코디네이터 1명이 문화 동아리 20개를 맡아 전문가와 동아리 회원 간의 가교 역할을 하는 것이 사업의 골자다. 첫해에는 고작 4000만 원으로 42개 문화 동아리를 지원했지만, 2016년에는 568개 동아리에 참여 회원 수도 7100여 명으로 늘었다.

동아리 중엔 매주 목요일 저녁 7시가 되면 어김없이 만나는 '주봉마을 풍물패'(회원 26명)가 있다. 이 동아리 소속 한 회원은 "풍물을 배우면서 우울증이 사라졌다"고 했다. 즐겁게 배우고 표현하는 사이에 소외감도 무력감도 해소됐다. 다양한 학습 활동은 창조성을 기르고 시민 문화를 고양하며 공감하고 공유하는 공동체를 구축하게 하여 사회안전망이 튼튼해진다. 같은 마을에 살면서도 얼굴조차 보기 어려워진 우리 일상에도 변화를 줬다. 그뿐만이 아니다. 프로와 아마추어의 접점을 두텁게 해 문화 소비자를 양성하고, 지역 문화를 가꾸어 나갈 인재들에게 일자리를 제공한다.

동아리 '다같이'는 회원 대부분이 장애인이다. 떨리는 손으로 그림을 그리는 모습은 그대로 감동이다. 엄마이고 아내이며 직장인으로 구성된 바이올린 동아리 '까르페 디엠'은 다른 동아리와 손잡고 '시민 오케스트라'로 발전했다. 미술 교사 출신 강사 이세훈씨는 "충북의 정신병원에는 환자가 없고, 교도소에는 죄수가 없게 될 것"이라고 동아리 활동의 비전을 제시했다. 충북의 문화예술플랫폼 사업은 담당 직원 단 1명이 코디네이터들의 도움을 받으며 꾸려가지만 부족한 인력 탓은 하지 않는다. 지도 강사의 파견 시간을 늘리고 동아리들에 연습장도 제공할 계획을 짜느라 여념이 없다.

성과에 고무된 이시종 충북지사도 지난 2014년 지방선거에서 도내의 문화 동아리를 3000개로 늘리겠다는 공약을 발표했다. 도민 500명당 1개를 만들되 고령자가 많은 현실을 감안해 조금 줄인 것이다. 목표를 달성하진 못했지만 충북은 도비 8억원을 출연해 문화 동아리를 지원하고 있다. 이것만으로도 이미 많은 노력을 하는 셈이다. 이제는 중앙정부가 나서야 한다. 전국에 문화 동아리 10만 개를 만들고 예술가 1명이 문화 동아리 5개를 담당하게 하면 국민의 삶의 질이 바뀌고 문화예술인 2만명에게 일자리도 제공할 수 있다. 문화 코디네이터 1명이 문화 동아리 10곳을 뒷바라지하게 하면 일자리 1만 개가 추가된다. 이제는 도지사의 공약이 아니라 대선 공약이 돼야 한다.

우리 국민은 생산성을 외치며 불꽃처럼 살아왔다. 그 결과 지난 60년간 1인당 국민소득이 410배 넘게 뛰었다. 그러나 지금 우리는 행복하지 않다. 열심히 일하지만 노동생산성도 너무 낮다. 연간 근로시간이 1600시간 미만인 국가의 대부분은 노동자 1인의 시간당 생산성이 50달러를 넘지만, 우리처럼 1800시간 이상 일하는 국가들은 30달러도 안 된다. 고용률 또한 1600시간 미만인 국가들은 75%가 넘지만, 장시간 근로 국가들은 65%도 안 된다. 이런 상황에서 10만 개의 문화 동아리는 국민 행복과 생산성을 높이고 일자리까지 늘려 줄 것이다.

주봉마을 풍물패 회원들이 신나게 풍물놀이를 하고 있다.

강형기 교수의 '행복한 나라'

강형기 교수는 한 지역 신문과의 인터뷰에서 생활문화의 필요성을 다음과 같이 강조했다.

"우리 국민들이 행복하지 않기 때문입니다. 1953년에 67달러였던 1인당 국민소득이 2만 6205달러(2014년 12월 현재)나 되어 무려 394배가 증가했습니다. 이러한 경제성장에도 불구하고 국민들의 행복도가 올라가지 않은 상황에서, 우리는 '풍요한 나라'에서 '행복한 나라'로 가야 한다는 자각을 하기 시작했기 때문입니다. 이제는 국민총생산에서 국민총행복(GNH)을 최고의 목표로 삼아야 합니다. 이를 위해서는 경제성장과 아울러 인간의 행복에 공헌하는 다른 요소들도 중시해야 하는 것입니다.

우주 개발처럼 현시점에서는 채산이 맞지 않더라도 과학기술의 기초 연구에 지원을 하듯이, 정부는 예술문화에 지원을 해야 합니다. 성숙사회에서는 국민 개개인의 감성과 발상력이 국력을 좌우하게 되기 때문입니다. 특수한 계층만이 아니라 국민 전체가 높은 센스 그리고 높은 감성을 공유하도록 해야 합니다.

서로 다른 모든 사람의 감성이 모이고, 그 총합이 문화의 수준을 결정하는 시대입니다. 문화는 구호와 선전으로 발전하는 것이 아니고, 상징탑이라는 가장행렬로 피어오르는 것도 아니지요. 21세기의 문화는 특수한 사람들의 앞마당에서 피는 꽃으로 가꾸어지는 것이 아니라, 우리 사회가 가지고 있는 미학적 감각과 가치관 그리고 생활양식의 총체로서 형성되는 것이라는 점에서 그러하다는 것입니다."

강 교수는 문화를 다음과 같이 나누어 중요성을 설명하고 있다.

"문화도 유산문화와 생활문화 그리고 예술문화로 나누어 볼 수 있습니다. 유산문화는 지방의 문화적 역사를 상징하며, 미래의 문화 향상과 발전의 기초가 되는 것이며, 우리에게 지난일을 알려줄 뿐만 아니라 앞길을 비춰 주는 등불이기도 합니다.

생활문화란 생활의 지평(地平)을 형성하는 것으로서, 시민 생활의 전 분야를 '문화의 개념'으로 재조명한 것입니다.

예술문화란 우리가 그냥 예술이라고 부르는 것으로서 문화 전체를 견인하는 '표현예술'을 의미합니다.

생활연극 <사랑장터 2>

예술이란 '삶'을 어떻게 해석할 것이며, 삶에 있어서 무엇이 인간을 지탱시키는가 하는 문제와의 접점(接點)에서 생성되는 것이라고 생각합니다. 예술은 그것을 표현하는 사람의 '삶을 확대'시키고, 그것을 향유하는 사람에게는 '삶을 지탱'시키는 힘을 발휘하게 해야 합니다. 그래서 표현예술에는 '삶'이라고 하는 근원이 내재하고 있어야 한다고 생각합니다."

생활문화가 여가 활동의 대안이다

한국은 국민소득 3만 달러 시대를 눈앞에 두고 있다. 선진국 진입에는 아직 미치지 못하고 있으나 주민들의 생활수준은 이미 3만 달러 시대에 접어들었다는 분석도 나오고 있다. 국민의 경제적 수준이 향상되면 궁극적으로 삶의 질적 향상을 추구하게 마련이다. 문화예술은 이제 삶의 질을 높이는 바로미터가 되고 있다.

여기에 집단보다 개인을 중시하는 사회 변화도 생활문화 활성화를 촉진하는 요인으로 작용하고 있다. 여가 시간의 확대와 고령화 세대의 확산으로 국민들은 자신의 삶을 윤택하게 할 수단을 강구하는 추세여서 생활체육에 이어 이제는 생활문화가 대안으로 떠오르고 있다.

아마추어도 예술 활동을 할 수 있다

이제는 예술 활동을 프로들만 하는 것이 아니라 아마추어도 할 수 있는 시대가 활짝 열렸다. 누구나 배우가 될 수도 있고 음악가가 될 수 있으며 화가나 무용가가 될 수 있다.

국가는 이 같은 국민의 다양한 문화적 욕구를 지원하고 진흥시킬 의무가 있다. 이에 따라 지역문화진흥법이 제정되었고, 지역문화진흥원이 발족한 것이다.

하지만 도시적 삶이란 획일화되고 몰개성적이 되기 십상이다. 지역의 문화 환경은 아직 열악한 수준이다. 따라서 앞으로는 자신의 일상생활과 지역사회를 문화 환경으로 바꾸는 일이 중요하다.

우리가 일상의 단순함에서 벗어나기 위해서는 독창적이며 개성적인 환경을 만들어 나가야 한다. 어느 민족이나 전통적 삶의 근거는 지역에서 출발한다. 지역의 음식·의복·민속·놀이·언어 등의 기본 소재들을 생활문화로 공동 개발하고 특성화하면 관광자원도 되고 공동체 문화 형성에도 도움이 되는 일거양득의 효과를 거둘 수 있다. 뜻 맞는 이웃끼리 또는 친구끼리 독서클럽을 만들거나 영화 동아리를 꾸려 보는 것도 생활문화를 확산하는 지름길이 될 수 있다.

지역문화진흥법은 정부의 문화정책이 문화소비자 중심으로 대폭 개편되고 문화복지 실현을 위한 막대한 재원을 조성해야 한다는 근거를 마련했다는 데 큰 의미가 있다. 국민 개개인의 문화 프로그램을 맞춤형으로 짜주고 그것을 실현할 수 있는 공간을 제공하는 것도 정부와 지역사회의 역할이다. 인문학이나 예술 전공자를 중심으로 문화복지사 등 각종 자격을 주어 지역사회에 배치한다면 서울과 지역 간의 문화 격차도 줄일 수 있다.

지역마다 생활문화 공간이 필수다

문화의 시대에 맞는 문화 환경을 조성하기 위해서는 극장·공연장·미술관·박물관 같은 문화 공간도 확충해야 하지만 마을마다 문화의집·지역문화센터 같은 실용적인 공간을 많이 만들어 내실 있게 운영하는 일이 중요하다. 가까운 곳에서 책도 읽고 그림도 그리고 무용도 배우는 시설이 있다면 수입이 많지 않은 계층도 한결 여유로운 생활문화를 누릴 수 있을 것이다. 평일에 비어 있는 종교시설을 문화 공간화하는 방안도 추진해 볼 필요가 있다. 지자체들은 아마추어 예술가들이 창작하고 연습할 수 있는 공간을 확보해 주고 지원하는 것이 이제 의무사항이 되었다. 이에 못지않게 아마추어들이 참여할 수 있는 질 높은 콘텐츠를 개발하여 보급하는 일도 시급하다.

부산 중구에 위치한 40계단 생활문화원

2장

세계의
트렌드가 된
생활문화 정책

정부의 문화정책도
생활문화

2017년 7월 25일 도종환 문화체육관광부 장관은 국회의원회관 대회의
실에서 열린 '연방제에 버금가는 지방분권시대 – 지역문화가 열쇠다'
(국회의원 유은혜·진선미 주최)에서 행한 기조연설에서 "일상 속 생활문화 시
대를 새롭게 만드는 것", "국민이 문화를 통해 행복한 삶을 영위하는 것"
이 현 정부 문화정책의 목표라고 밝혔다. 도 장관은 그 해법을 '지역'과
'국민 삶의 현장'에서 찾겠다고 했다.

　그는 장관 취임사(2017년 6월 19일)에서도 "지역의 문화가 고르게 발전해
야 하며, 나라 곳곳이 특색 있는 지역문화를 가진 문화의 고장이 되어야
한다", "문화 격차가 해소되어야 하고 문화를 통해 행복한 삶을 누릴 수
있어야 한다. 문화를 생활 속에서 향유하는 시대가 되어야 진정한 문화
분권이 가능해질 것"이라고 강조했다.

　이 같은 정책을 추진하기 위하여 문광부는 2017년 8월 하순 직제를
개편해 지역계층 간 문화 격차가 여전히 존재하는 현실에 주목해 문화

기반정책관을 지역문화정책관으로 재편하고, 생활문화와 지역문화의 균형 발전을 위한 정책을 좀 더 조직적으로 추진할 계획이다.

지역문화 활성화 정책을 밝히고 있는 도종환 전 문광부 장관

도 장관은 지역 간 문화의 균형발전 대책으로 "2022년까지 30개 도시를 문화도시로 육성해 지역문화를 활성화"하는 것을 골자로 한 '문화도시 중장기 정책계획'을 수립 중이라고 밝혔다.

문광부의 지역전통문화과는 생활문화센터 조성 및 활성화, 생활문화 동호회 지원, 생활문화공동체 만들기 등의 일을 하고 있다.

생활문화의 개념

2016년 「생활문화 활성화를 위한 정책 기반 구축방안 연구」를 발표한 한국문화관광연구원 정광렬 연구원은 생활문화의 개념을 "지역의 주민 및 문화 수요자들이 문화시민으로서의 주체적인 문화적 삶을 위해 일상에서 문화 기획과 과정에 자발적·주체적으로 참여하는 유·무형의 문화 활동"이라고 정의하였다. 대상은 예술가가 아닌 일반시민과 지역주민, 아마추어 예술가 등으로 국한할 필요가 있다고 했다.

법적 개념

2014년 지역문화진흥법의 제정과 시행으로 생활문화 지원에 대한 법적 근거가 마련되었으며, 이를 계기로 지역문화 진흥정책의 기틀을 마련하였다. 지역문화진흥법에 따르면 "생활문화는 지역의 주민이 문화적 욕구 충족을 위해 자발적이거나 일상적으로 참여하여 행하는 유형 및 무형의 문화적 활동"을 말한다. 지역문화진흥법의 생활문화 관련 개념은 지역문화 전반과 관련된 지역과 지역주민에 의한 일상적 문화 활동의 개념으로 확장하여 다루고 있음을 알 수 있다.

지난 정부에서 문화기본법 및 지역문화진흥법 제정(2014)으로 생활문화가 법적으로 규정되고, 생활문화 진흥을 위한 정부의 지원, 생활문화 시설의 조성 등을 위한 법적 근거를 확보하게 되었다.

또한 생활문화 진흥을 위하여 생활문화센터 조성 지원, 생활문화동호회 활동 지원 등이 신규 사업으로 추진되었으며, 생활문화 정책 지원을 강화하기 위하여 재단법인 지역문화진흥원이 2016년 5월에 설립되어 운영 중이다. 그러나 인력 및 재정, 역할 정립 등의 한계로 운영 활성화에 어려움이 있다는 것이 정광렬 연구원의 지적이다.

생활문화 정책의 변화

오늘과 같은 개념의 생활문화가 정책 당국자에 의해 언급된 것은 국민의 정부 시절인 2002년 4월 27일 당시 김성재 문화체육부 장관이 가정학회 세미나에서 한 연설로, 김 장관은 생활문화를 강조하였다. 그는 "세계화

시대에 일고 있는 문화 환경의 변화가 내적으로는 개인의 '삶의 질' 향상에 대한 욕구를 증대시키면서 점차 구조적 차원에서 우리 사회를 문화사회로 변모시키고 있음에 주목해야 한다"면서 "개개인은 지식·정보를 기반으로 하는 창의성에 바탕을 둔 자유로운 활동에서 삶의 의미를 추구하게 될 것이며, 이는 개개인의 자아실현 욕구와 결합되면서 보다 적극적인 문화 활동으로 이어지게 될 것"이라고 내다보았다.

또한 그는 "삶의 질을 중시하게 되면서 앞으로는 문화 향수 및 관광·스포츠 등 여가생활 문화가 더 이상 단순한 휴식이 아니라 삶의 질과 의미를 가늠하는 중요한 가치이자 사회적 권리로 인식될 것이며, 이러한 사회에서는 창의성과 활기, 미학과 놀이가 사회의 근간으로 대두하게 될 것"이라고 말했다.

생활문화의 개념이 문화정책에 처음 등장할 때 생활문화는 주로 문화 향유 및 참여적 문화 활동과 관련된 개념이었다. 문화발전 10개년 계획

성남 사랑방문화클럽의 흥겨운 축제 현장

(1990)에서 생활문화 진흥이 등장할 때에도 바로 이러한 관점이었으며, 실제 문화복지의 개념과 크게 다르지 않았다.

그러나 창작자 중심의 정책에서 수요자 중심, 문화 향유 중심, 이를 위한 문화 인프라 조성 등이 주요 정책으로 제시되면서 생활문화는 문화복지의 개념에서 벗어나 참여적 문화 활동을 강조하게 되었다. 또한 별도의 문화 공간에서만이 아닌 생활 속의 문화 활동을 활성화하자는 문화의 일상화 정책이 강조되었다고 정광렬 연구원은 밝혔다.

1990년 문화부가 별도로 독립하면서 생활문화국을 신설했다. 생활문화국은 생활문화과·지역문화과·박물관과·문화시설과의 4개 과를 두었는데, 생활문화과는 주로 장르적 관점에서 예술이 아닌 분야를 다루었고 (여기에서 기초적인 생활양식과 관련된 정책과 연구가 추진되었다), 나머지는 모두 문화 향유, 수요자 중심의 정책을 강화하기 위한 부서였다.

생활문화국은 1993년 김영삼 정부가 출범하고 체육청소년부와 통합되면서 실국을 축소하여 사라지게 됨으로써 짧은 기간 유지되었고, 그 이후로는 생활문화와 관련된 국 단위의 조직은 구성되지 못했다.

다음은 정광렬 연구원이 밝힌 생활문화 정책의 발전 과정이다.

생활문화 정책의 발전 과정

노태우 정부

생활문화 개념이 정책으로 최초로 등장한 것은 노태우 정부 시절인 1990년 문화부가 독립하면서부터이다. 문화발전 10개년 계획에 생활문화의 개념과 정책 및 사업이 등장하면서, 짧은 기간이었지만 (1990~1993.3)

문화부에 생활문화국이 신설되었다. 그러나 당시의 생활문화는 주로 생활양식이라는 장르적 개념으로서의 생활문화와 함께 계층별로 보다 세분화되고 특성화된 문화의 생활화, 문화향유의 증진에 초점을 두었다.

김영삼 정부

국민 문화복지 증진이라는 국정목표 아래 문화복지가 추진되면서, 문화의집이 조성되기 시작하여 초기 단계의 본격적인 생활문화 정책이 시작되었다. 또한 이 시기에 지방 문화원 등에서 문화학교 제도가 도입되고 시민 문화 교육이 확대되었다. 현재 상당수의 지방 문화원 등에서는 여전히 이러한 문화학교가 운영되고 있다. 이러한 시민 문화예술 교육 중심의 문화학교는 민간의 문화센터에서의 문화 프로그램, 주민자치센터 문화 프로그램의 모델이 되어 생활문화 프로그램 확산에 기여하였다.

김대중 정부

생활문화와 관련하여 특별히 새로운 정책 없이 기존의 정책을 유지하는 선에서 그쳤다. 당시 외환위기 등의 외부 환경으로 문화산업의 비중이 강조되면서 경제위기로 존립 위기에 처한 예술가들의 생존 및 지원 확대가 지속적으로 추진되었지만. 생활문화에 대한 정책적 우선순위는 상대적으로 강조되지 못했다.

노무현 정부

어르신 문화 프로그램 등 생활문화 프로그램, 문화예술 교육 등의 제도가 도입되었다. 그러나 이 시기는 자발성 · 일상성에 기초한 생활문화라기보다는 활동 유형의 관점에서 참여적 문화 활동이 강조되었다. 그

과정에서 자연스럽게 문화민주주의의 개념이 등장하면서 참여적 활동 방식의 시민들의 주체적인 참여를 일부에서 검토하기 시작하였다.

이명박 정부

생활문화 정책은 특별히 새로운 것이 없었다. 다만 예술 지원 방식과 관련하여 지원의 전략적 관점에 대한 추진이 이루어졌다. 4대 예술 지원 방식 개선의 한 분야로 추진된 생활 속의 예술정책이 가장 대표적인 사례다. 생활 속의 예술은 생활문화/예술이라는 개념과 관점을 사용하였지만, 전문예술의 지원 방식을 소비자/수요자 관점에서 접근하자는 것으로 정책 지향의 차이가 있다. 즉, 지역 작가들에게 직접 자금을 지원하지 않고도 창작 기회를 확대, 생활 속에서 예술 향유 기회 확대를 통해 예술에 대한 접근성, 향유 능력 제고, 예술가와 지역주민들의 상호 교류와 소통의 기회를 제공한다는 것이다. 따라서 현재와 같은 생활문화와는 차이가 있지만, 접근 방식에서 예술가 주도가 아닌 지역사회와 수요자/시민이 주체가 된다는 점에서 현재의 생활문화 개념의 관점이 제시되었다고 할 수 있다.

박근혜 정부

국민행복·문화융성이라는 국정지표를 달성하기 위한 국정과제로 문화의 일상화가 설정되고, 자발성·일상성에 기초한 생활문화의 개념이 확립되었다. 이를 위해 생활문화센터 조성사업이 새롭게 추진되고, 문화융성위원회의 '문화가 있는 날' 사업과 연계하여 생활문화동호회 지원 사업이 추진되었다. 또한 문화기본법 제정을 통해 문화권을 규정하고, 지역문화진흥법을 제정하면서 구체적으로 생활문화에 대한 개념과 생활문화센터 조성의 법적 근거를 가지게 되었다.

생활문화 정책의 바람직한 방향

2013년 대통령 소속 문화융성위원회는 국정 기조인 '문화융성'을 실현하기 위하여 '생활 속 문화 확산'을 8대 정책 과제로 발표하며, 생활문화의 가치와 중요성을 강조하였다. 문화기본법(2013.12월)과 지역문화진흥법(2014.1월) 제정을 통해 지역의 생활문화센터 및 공동체 지원 등 사업을 진행하고 있다.

'생활 속 문화 확산'을 위한 정책 과제로 문화체육관광부는 지역주민의 문화 참여 기회를 확대하기 위한 복합문화 커뮤니티센터 조성을 추진하며, 생활문화예술과 문화동호회 활동의 거점 공간으로서 제시하고자 하였다. 복합커뮤니티센터는 생활문화센터라는 명칭으로 변경되어 예술경영지원센터를 통해 활성화 지원을 추진하였다. 현재는 (재)지역문화진흥원에서 이 업무를 담당하고 있으며, 생활문화센터가 지역 특성에 부합하며, 효과적인 공간으로 운영될 수 있도록 조성을 지원하고, 프로그램이나 운영에 대한 컨설팅 지원, 네트워크 구축 및 프로그램 지원 등을 수행하고 있다.

생활문화 정책은 누구나 일상생활에서 문화 생활에 참여하여 문화 향유 및 문화 창조 활동을 적극적으로 수행할 수 있도록 함으로써 '문화가 있는 삶'의 환경을 조성하고, 문화의 가치와 효용

춤추는 우리동네 생활문화축제

을 누릴 수 있도록 하는 것을 중요한 방향으로 설정하고 있다.

또한 생활문화는 우리나라 문화의 구조적 문제점인 중앙집중 현상, 즉 서울에서 생산된 문화를 지방에서 일방적으로 소비하는 생산과 소비의 종속 현상 문제를 해결하는 데 기여할 것이다. 그러나 아직은 초기 상태 여서 생활문화에 대한 개념, 정책 내용, 가치 등에 대한 인식이 낮아 체계적인 홍보가 중요하다.

생활문화는 여가시간에 별도로 이루어지는 활동, 시간이 나면 어쩌다 한번 접하는 문화가 아니라 일상 속에서 삶의 자연스러운 일부분이 되고, 필수적인 활동과 과정이 되도록 해야 한다. 생활문화의 가치는 기존의 문화예술 활동과는 달리 개인적·정서적 활동에 그치는 것이 아니라 공동체적 활동, 지역사회와 연계한 활동을 통하여 문화의 핵심 속성인 공유와 학습, 전승 및 새로운 양식과 전승을 가능하게 한다는 점에서 중요하다고 정광렬 연구원은 밝혔다.

법령에 생활문화 규정이 신설되기 이전에 문화의집, 지방문화원(어르신 문화 프로그램, 문화학교), 생활문화공동체, 시민문화(사회문화) 예술교육 등이 추진되어 왔다. 생활문화 진흥은 시민들의 문화적 삶, 문화예술 정책, 문화예술 생태계 구조의 패러다임 변화와 관련된 것이지만, 아직 명확한 관점 및 정책 방향 등이 제시되지 못하고 있는 실정이다. 체육 분야는 이미 대한체육회(엘리트 체육)와 생활체육회(생활체육)의 통합을 통하여 체육 분야에서의 트렌드 변화에 적극 대응하고 체육 분야의 선순환 구조를 구축하기 위한 정책을 적극적으로 추진하고 있다.

지방분권 시대의 지역문화

문재인 정부에서는 생활문화가 지역문화와 직접 관련이 있다는 관점에서 지역문화 정책과 연계되어 정책을 추진하고 있다. 그러나 생활문화 활성화를 위한 전달 체계와 관련하여 정부·지자체뿐 아니라 여러 조직 및 기관(지역문화진흥원, 문화원연합회, 문화의집 협회 등)이 대상을 달리하거나 중첩되어 업무를 담당하고 있는 실정이다.

정광렬 연구원은 "생활문화는 지역문화와 직접 관련이 있는데, 지역문화재단에서는 생활문화가 중점 업무이지만, 전달 체계상에서 지역문화재단의 상위 전달 체계를 구축하는 예술위원회는 생활문화를 다루지 않는 등 관련 기관과 시설(생활문화센터, 지방문화원, 문화의집 등)의 역할과 기능이 혼재되어 있는 상황에서 효율적인 생활문화정책을 추진할 전달 체계 등 정책 기반 조성이 필요하다"고 밝혔다.

성남 사랑방 페레이드

왜 생활문화 정책인가?

생활문화의 패러다임 변화

정광렬 연구원은 다음 네 가지를 생활문화의 패러다임 변화로 꼽았다.

주체적 참여 문화 활동 증가
지역주민의 문화 활동 형태가 기존의 전문 예술 장르에 참여하여 관람하는 수준에 머무르지 않고 적극적으로 문화 활동을 추구하고, 나아가서는 문화예술 창조자로서의 활동에 관심을 갖는 지역주민들이 증가하고 있는 추세이다. 지역주민은 기존의 전문 예술 장르 분야뿐 아니라 대중문화, 생활예술, 전통문화, 지역문화 등 다양한 유형의 문화예술 활동 영역에서 소비자, 창작자, 매개자, 기획자, 협력자 등 다양한 방식으로 참여하는 경향이 나타나고 있다. 문화예술 교육정책 사업의 확대, 문화 여가 생활에 대한 관심 확대, 평생교육 문화 프로그램 확대, 다양한 취향 문화의 형성,

스마트 기술 및 미디어의 발전에 따른 프로슈머 확대 및 소통과 교류 협력 활성화, 문화예술 커뮤니티 증가, 예술가와 지역주민이 함께하는 커뮤니티 아트 확대 등 다양한 사회문화적·경제적·기술적·정책적 요인들이 이러한 지역주민의 문화 활동 변화 트렌드에 작용하고 있다.

지역주민 문화 활동 공간의 다양화

작은 도서관, 카페, 동네 문화사랑방, 마을극장, 주민자치센터, 마을공동체 시설, 구민회관, 지역 유휴공간 등 소규모의 커뮤니티 공간이 지역주민들의 문화 활동 공간으로 활용되는 사례가 늘어나고 있는 추세이다. 생활권 단위의 소규모 공간이 문화공간으로 활용되는 경향이 나타나는 것은 지역주민들의 문화 활동 참여 및 체험 방식이 다양화되고 있는 흐름과 연관되어 있다. 문화예술 커뮤니티 활동, 문화예술 교육 프로그램 참여, 소규모 공연 및 전시 활동 참여, 예술가와 지역주민이 함께하는 커뮤니티 아트 활동, 지역주민이 함께 기획하고 만들어 가는 문화 활동, 전통시장의 작은 공간을 활용한 한평 갤러리, 소규모 미술관 및 박물관의 커뮤니티 공간 기능, 예술마을 등 다양하다. 마을, 골목, 거리, 전통시장

다양한 동아리방을 갖춘 강진 청소년문화의 집

청소년 문화공간의 내부

우리동네 생활문화센터   한평 갤러리

등 일상적 삶의 공간을 대상으로 한 문화 프로젝트가 확대된 점도 지역 주민 문화 활동 공간 다양화 추세에 긍정적으로 작용했다고 볼 수 있다.

문화 활동 영역의 다양화

적극적 문화 활동 추구형 시민들은 기존의 순수예술 및 전문예술 장르 분야 외에도 문화산업, 생활문화, 전통문화, 축제, 문화 이슈 등 다양한 취향에 바탕을 둔 문화 활동을 추구하는 경향이 나타나고 있다. 다양한 유형의 하위 문화가 나타나면서 문화동아리, 문화커뮤니티 활동 등 자발적 문화집단 또한 늘어나고 있다. 아마추어 예술과 전문 예술의 엄격한 구분보다는 상호 연계에 관한 관심이 커지고 있다. 즉, 비공식 예술(informal arts), 아마추어 예술(amateur arts), 참여적 예술(participatory arts), 커뮤니티 예술(community arts) 등 기존의 전문 예술 영역과는 다른 다양한 유형의 예술 활동이 증가하고 있다.

한편 문화마을 조성에 관한 관심이 확대되면서 마을 주민들이 지역의 문화적 특성을 발굴하고, 적극적으로 문화 활동에 참여하는 경향이 점차 늘어나고 있다. 마을의 역사와 문화 자원, 생활양식이 문화창조 활동의 중요한 기반으로 활용되고 있다. 이것은 기존에 문화복지 맥락에서 수동적인 대상 집단으로 분류되었던 소외된 지역의 마을 주민들이 새롭게 문화창조자로 대두되었다는 점에서 의미 있는 현상이라고 할 수 있다.

스마트 미디어 플랫폼 기반 생활문화 확대

스마트 미디어, 소셜 미디어가 지역주민들의 문화 활동 플랫폼으로 그 위상이 높아지고 있다. 스마트 미디어, 소셜 미디어는 디지털 문화 커뮤니티의 소통, 지식정보 교류, 협력 플랫폼으로 작용하고 있다. 지역적 경계를 넘어 전 세계 이용자들이 문화예술을 기반으로 상호 소통·연계·교류·협력하는 활동이 활발해지고 있다. 이용자들의 스마트 미디어 문화 커뮤니티 활동에 대한 참여가 용이해지고 있으며, 그 결과 이용자 구조가 다양해질 수 있다.

한류의 경우, 스마트 미디어를 기반으로 형성된 한류 팬덤 문화가 한류를 지속적으로 확산시키는 데 중요한 요인으로 작용하고 있다. 스마트 미디어는 이용자들의 문화예술 창작 활동을 촉진하고 있으며, 이용자들 간의 협업 기반 창작 활동 또한 활성화되고 있다. 이용자들은 스마트 미디어를 통해서 문화예술 창작에 참여할 수도 있고, 창작물을 발표할 수도 있으며, 문화예술 소비 활동에 참여할 수도 있다. 이용자들은 또한 스마트 미디어를 통해서 문화 활동에 필요한 지식과 정보를 획득하고, 전문 기술을 학습하고 있다.

생활문화 정책
어떻게 추진되고 있나

문재인 정부는 조직을 개편하고 지역문화정책관을 신설하여 지방분권
시대에 맞는 생활문화 정책을 추진하고 있다. 지역문화진흥법이 시행되
면서 지자체들도 다양한 생활문화, 생활예술 정책과 사업을 펴고 있으
며, 동호회 육성이나 축제 등에 장소와 예산을 뒷받침하고 있다. 여기서
는 문화체육관광부와 서울시의 사례만 살펴보았다.

문화체육관광부

박근혜 정부에서 국민행복·문화융성이라는 국정지표를 달성하기 위한
국정과제로 문화의 일상화가 설정되고, 이를 위하여 자발성·일상성에
기초한 생활문화 개념이 확립되었다. 또한 생활문화센터 조성사업이 새
롭게 추진되고, 생활문화동호회 지원사업이 추진되었다. 문화기본법 제

정을 통하여 문화권을 규정하고, 지역문화진흥법을 제정하면서 구체적으로 생활문화에 대한 개념과 생활문화센터 조성의 법적 근거를 가지게 되었다.

2015년 7월, 부산에서는 특별한 전시회가 열렸다. '취미의 재발견─나는 키덜트'라는 주제로 열린 이 전시회에서는 창작 레고, 건담 조립 모델, 무선조종(RC) 자동차 등을 좋아하는 생활문화 동호회가 모여 만들어 낸 작품들을 선보였다. 전국무선조종자동차동호회 '올드 무선조종(RC)' 회원들은 이 전시회를 위해 180센티미터의 로봇 태권브이를 제작하기도 했다.

강원도 영월에서는 지적장애인 8명으로 구성된 '예닮원 중창단'이 그동안 갈고닦은 춤과 노래 실력을 발휘해 박수갈채를 받았다. 중창단은 '한반도를 울리는 작은 이야기'를 주제로 열린 마을 예술제에 출연해 받은 출연료 20만 원 전액을 백혈병으로 투병 중인 학생을 위해 기부했다. '한반도 러브 기타동호회' 등 다른 출연자들도 128만 원을 함께 기부했다.

생활문화동호회 활성화 사업은 '생활밀착형 문화 프로그램 지원 사업'과 '권역별 생활문화제 개최 지원 사업' 두 개 부문으로 나누어 진행되었다. 생활문화시설을 대상으로, 37개의 기초자치단체 단위의 주민 혹은 동호회의 발표 교류, 사회공헌 활동을 지원(규모에 따라 1000만~1500만 원)하고, 지역 문화재단에서 개최하는 9개의 권역별 생활문화제를 지원(권역별 최대 5000만 원)하였다.

2015년 5월부터 7월까지 총 23개의 행사가 진행되었다. 총 156개의 동호회, 1500여 명이 참여하여 생활밀착형 문화 프로그램과 권역별 생활문화제를 만들었다. 이 행사들에는 참여자뿐만 아니라 총 1만 1000여 명의 관람객이 함께했다. 특히 '부산 시민생활문화동아리 축제', '정선생활문화동호회 아라리촌 풍경 축제'는 1700명 이상이 관람하는 등 큰 호응을 얻었다. 문광부 정책 담당자는 "생활문화동호회 지원사업을 추진하면서 문화가 일상 속에서 국민에게 행복을 줄 수 있다는 것을 느끼게 된다"고 말했다.

또한 문화체육관광부는 (재)지역문화진흥원과 함께 ▲수영구 생활문화센터(부산시) ▲금산 어깨동무 생활문화센터(금산군) ▲보정역 생활문화센터(용인시) ▲광산문화원 광산생활문화센터(광주시) 등 총 4개소를 우수 생활문화센터로 선정했다.

문광부의 제2차 지역문화진흥기본계획(2020~2024)에 따르면 지역주민의 일상적 문화 활동의 공간적 거점이 될 생활문화센터는 현재 전국 191개소에서 2020년 161개소를 추가로 조성한다는 계획이다.

'우수 생활문화센터'는 센터가 조성된 전국 지방자치단체를 대상으로 공간 분야와 운영 분야로 나누어 공모를 진행했다. 공간 분야 우수센터로 부산 수영구 생활문화센터, 용인 보정역 생활문화센터가 선정됐다.

수영구 생활문화센터는 주민의 수요 조사 결과를 반영해 마주침 공간(주민공동체 공간)을 넓게 구성하고, 작은 음악회 수요가 많은 것을 고려해

부산 수영구 생활문화센터. 광안리 해수욕장을 바라보며 생활문화 활동을 할 수 있는 매력적인 곳이다.

공간 분야 우수센터로 선정된 보정역 생활문화센터. 임시 역사를 재단장해 만들었다.

다목적 홀을 구성하는 등 주민 의견을 적극 반영했다. 또한 접이식 문(폴딩도어)을 사용하는 등 변화에 유연하게 대응할 수 있는 공간 구조를 만들어 완성도를 높였다. 동아리방, 바다갤러리, 댄스·밴드 연습실, 다목적 홀 등 다양한 공간이 마련되어 있어 주민들의 이용률이 높다. 또한 주민들이 광안리 해수욕장을 바라보며 생활문화 활동을 할 수 있다는 점에서도 매력적인 공간이다. 수영구 센터 이용자는 "국내 최대 관광지로 꼽히는 광안리에 지역주민들이 주인공으로서 문화 활동을 할 수 있는 공간이 생겨 기쁘다"고 밝혔다.

보정역 생활문화센터는 임시 역사를 재단장(리모델링)해 지역의 문화공간으로 조성했다는 점이 특징이다. '청춘을 꽃피우는 문화 소통 공간'을 주제로 이용자들의 편의에 따라 변형이 가능한 공간과 함께 주민들이 자유롭게 활용할 수 있는 개방적인 마주침 공간을 구성했다.

운영 분야 우수센터로는 금산 어깨동무 생활문화센터, 광산생활문화센터가 선정됐다.

금산 어깨동무 생활문화센터는 운영협의체, 동아리 대표단, 금산문화리더 등 다양한 조직들과 협력해 센터를 운영하고 있다. 특히 중부권역

운영 분야 우수센터로 선정된 금산 어깨동무 생활문화센터

광산문화원 광산생활문화센터는 기존의 강좌 중심에서 30여 개의 동호회 활동으로 변화했다.

30여 개 문화기관과 생활문화센터와의 연결망(네트워크)을 구축해 생활문화가 지역에 확산되는 데 기여하고 있다. 아울러 동호회 등이 센터의 회원으로 참여해 정기적으로 회비를 내는 등 시설 운영의 자생력을 강화하기 위해 노력하고 있다.

광산문화원 광산생활문화센터는 우수 생활문화센터로 선정된 이후 기존의 강좌 수강 중심의 활동에서 30여 개의 동호회 활동으로 변화한 점이 돋보인다. 또한 센터 운영위원회와 동호인 대표자 연합회 간의 협력과 민주적인 의사결정 구조를 갖추고 있다는 점에서 우수한 평가를 받았다.

서울시

서울시 문화본부는 2016년 10월 5일 "서울시민 누구나 예술가로… '생활문화시대' 연다"는 '생활문화도시, 서울' 기본계획을 발표했다. 이 정책의 골자는 2020년까지 총 267억 원을 투입하여 3대 영역 9개 과제를 시행하겠다는 것이다. 이를 위해 2017년 서울문화재단 내에 전담 특화 조직이자 싱크탱크인 '생활문화지원단'을 신설한다고 발표했다.

서울시는 보도자료에서 2015년 10월 세종문화회관에서 열린 아마추어 오케스트라 '서울시민필하모닉'(2014년 창단)을 예로 들었다. 예술인들에게 꿈의 무대라고 할 수 있는 세종문화회관에서 열린 이 순수 아마추어 오케스트라 단원들은 10대에서 60대, 취업준비생부터 교사, 외국인 강사까지 나이도 직업도 저마다 다르지만 음악에 대한 열정으로 연결된 195개 생활오케스트라에서 선정한 멤버들로, 조금은 서툴지만 깊은 울림을 선사했다는 것이다. 이처럼 서울시는 예술을 단순히 소비하는 것을 넘어서, 일상 속에서 다양한 활동을 통해 서울시민 누구나 예술가가 될 수 있도록 종합 지원함으로써 생활체육처럼 문화 활동도 일상이 되는 시대를 열겠다는 것이다.

서울시는 특히 생활문화 분야의 활성화를 위한 실행 계획에 역점을 두었다. 서울시는 25개 자치구 생활예술 동아리 실태조사를 기반으로 지난 1년간 생활예술 동아리 참여자, 현장 활동가 등의 다양한 의견을 수렴해 이 정책을 수립했다. 골자는 다음과 같다.

첫째는 인프라 확충이다. 2020년까지 '생활문화지원센터'를 총 90개 소로 늘리고 기존 시설을 개선하여 개방한다는 방침이다.

생활문화 인프라 확충은 서울시 생활문화 정책을 총괄하는 컨트롤

타워 '생활문화지원단'과 '생활문화지원센터' 두 가지를 큰 축으로 상호 유기적인 지원망을 구축하는 내용이다.

'생활문화지원센터'는 기존 시설에 생활예술 기능을 보강하거나 그동안 일반시민에게는 닫혀 있던 시설을 개방하는 방식으로 조성한다. 광역적 개념의 '권역별 생활문화지원센터'(15개소) , 지역밀착형 '생활권별 생활문화지원센터'(자치구별 3개소씩 총 75개소)로 각각 추진된다.

- 권역별 : 각 센터별로 특화 분야를 정해 단순한 모임이나 정보제공 수준이 아닌 공연, 전시, 축제가 가능한 발표형 생활문화 공간으로 조성된다. 예컨대 종로 체부동교회는 오케스트라, 예술청(옛 대학로 서울연극센터)은 연극, 도봉구 대전차방호시설 문화창작 공간은 공예를 각각 특화해 현재 조성 중이다.

- 생활권별 : 문화예술회관, 구민회관, 동주민센터 등 기존 시설의 기능 재설계를 통해 동아리 및 커뮤니티 시설로 재정비하고 야간 개방을

유도해 지역사회 생활문화의 실행 거점으로 만들어 간다는 계획이다. 또 아파트·기업 등 민간이 보유한 유휴 공간도 활용한다.

둘째는 '문화예술매개자'를 연 400명 육성하여 500개 이상 동아리에 파견하여 문화 주체를 성장시킨다는 것이다. 예술 활동에 관심이 많은 시민들, 더 많은 활동 기회를 갖고 싶어 하는 동아리들이 역량을 펼칠 수 있도록 '문화예술매개자'가 중심이 되어 지역의 문화자원을 맞춤형 연계하고 상담, 컨설팅 등도 지원한다. 시가 '문화예술매개자'를 2020년까지 연간 400여 명을 육성, 200여 곳 이상의 문화시설에 파견하는 방식이다. 이들은 동아리 설계와 관련된 상담, 연습 과정 설계, 발표 관련 멘토링, 지역사회 봉사 및 축제와 연결 등을 맞춤형 지원하게 된다.

이 밖에도 200여 개 프로그램으로 500개 이상의 생활예술 동아리를 지원하고, 자치구와 서울문화재단의 문화예술 강좌도 적극 제공·매칭한다는 계획이다. 예컨대 문화예술 교육 수료자 가운데 동아리를 만들기 희망하는 경우 컨설팅 등을 지원하고 다른 활동가들과 결과 공유의 장도 마련하는 '동아리 스타트업', 지역 기반 동아리와 장르 기반 동아리를 연계해 네트워크를 구축하는 '생동(살아 있는 동아리) 프로젝트', 레고·프라모델·드론 등 개인 활동가들의 교류 지원 프로그램 등이다.

셋째는 인재은행, 온오프 공간정보시스템 등 생활예술 콘텐츠를 통합, 활용할 계획이다. 전담 조직인 '생활문화종합지원단'을 중심으로 산발적으로 흩어져 있던 인적 네트워크, 정보, 콘텐츠를 묶어서 인재은행이나 온오프 공간정보시스템 등으로 통합 관리해서 활용성을 높인다.

- 네트워크 : 전문예술인, TA(Teaching Artist), 은퇴 전문예술가, 문화예술 매개자 등 생활문화 관련 인력지원 시스템을 구축하고, 인력풀 개념의 '생활문화 인재은행(가칭)'으로 관리해 이들을 필요로 하는 문화시설과 매칭할 예정이다.
- 종합정보시스템 : 동아리 활동, 모임·축제·대관 등 공간, 교육 등 문화 정보를 총망라해 온·오프라인 종합시스템을 구축하고, SNS 연동이나 앱을 통해 누구나 생활문화 정보를 쉽게 접할 수 있게 한다는 계획이다.
- 생활문화 확산 : 다양한 형태의 생활예술 축제(장르형·종합형·국제초청형 등) 콘텐츠와 문화예술회관 등 지역 시설을 기반으로 한 콘텐츠를 개발, 생활문화를 확산한다.

종로 체부동 성결교회는 오케스트라, 예술청은 연극, 도봉구 대전차방호시설 문화창작 공간은 공예 등 각 센터의 장르를 특화할 계획으로, 관심 있는 동아리나 개인이 시간·공간·경제적 제약을 받지 않고 예술 활동을 할 수 있게 된다. 또 고가의 악기나 장비도 대여할 수 있다.

서울시는 이와 같이 예술에 관심 있는 사람 누구나 생활예술인으로 성장할 수 있도록 모임·연습·발표 공간 같은 지역의 문화자원을 맞춤형·단계별로 지원하고, 이렇게 문화 주체로 성장한 시민이 지역사회 생활예술 활동의 촉매제 역할을 하는 '선순환 문화예술생태계'를 조성해 나간다는 목표다.

고홍석 당시 서울시 문화본부장은 "이번 기본계획은 시민이 문화 소비자이자 창조자로 나아가는 첫걸음을 응원하는 사업이자, 서울시민이라면 누구나 생활예술인으로 성장할 수 있도록 돕는 사업"이라며 "예술은 더 이상 특정 소수를 위한 전유물이 아닌 시민의 일상인 만큼 내 집,

직장과 가까운 곳에서 비용부담 없이 예술 활동을 취미로 즐기고 재능을 발견하며, 나아가 삶의 질을 높일 수 있도록 최선을 다해 추진하겠다"고 말했다. 소요 예산은 5년간 267억 원이며, 2017년에 56억 1,800만 원을 책정했다.

전국생활문화축제

전국생활문화축제

지역문화진흥원이 주최하는 전국생활문화축제는 전국의 생활문화동호
회를 비롯한 국민 모두가 생활문화의 주체로서 일상생활 속에서 틈틈이
쌓아온 끼와 열정을 함께 나누고 즐기는 전국 단위 생활문화축제다. 문
화를 통한 지역 간 교류·소통·협력으로 생활문화동호회 활동을 독려하
고 국민의 자발적 문화 활동이 확산되는 계기를 마련하기 위하여 지난
2014년부터 매년 가을 개최하고 있다.

추진 방향

- 함께 만드는 축제 : 생활문화동호회를 비롯한 지역 문화재단, 생활문화
  시설 등과 협력하여 추진
- 지역을 대표하는 생활문화동호회 시연의 장

- 다양한 지역, 다양한 장르의 동호회가 일상 속에서 갈고 닦은 솜씨를 뽐내는 축제
- 지역과 지역이 만나는 교류의 장
- 생활문화동호회와 동호회가, 지역과 지역이 만나 호흡하고 협력하는 축제

2014 전국생활문화동호회 축제

2014 전국생활문화동호회 축제는 '우리 안에 숨쉬는 자유를 만나다!'라는 주제로 전국에서 개최되었던 지역 생활문화동호회 축제를 통해 발굴된 우수 동호회의 주요 활동 성과들을 한자리에 소개하고 교류하는 자리로 마련되었다.

- 일시 : 2014년 11월 22일(토) 11:00~18:00
- 장소 : 코엑스 오디토리움 및 로비
- 주제 : 우리 안에 숨쉬는 자유를 만나다!
- 참여 규모 : 전국 생활문화동호회 55팀 (공연 22팀, 전시 33팀) 540명
- 프로그램 : 생활문화동호회 공연, 전시, 생활문화 체험 등
- 참가 동호회(공연) 현황 : 서울 5, 부산 2, 광주 2, 대전 2, 경기 6, 충북 2, 전북 1, 경북 2 계 22팀

2015 전국생활문화제

2015 전국생활문화제는 '일상 이상으로'라는 주제 아래 일상과 이상이 연장선상에 있으며 자발적으로 자신의 삶을 가꾸는 생활문화동호인들의 일상의 행복을 전하고, 다양한 지역과 장르의 동호인들과 만나 그 행복을 나누고자 개최되었다.

'일상 이상으로'라는 주제 아래 개최된 2015 전국생활문화제

- 일시 : 2015년 10월 24일(토)~25일(일)
- 장소 : 북서울 꿈의숲(서울 강북구)
- 주제 : 일상 이상으로
- 참여 규모 : 전국 생활문화동호회 132팀(공연 82, 전시 50) 1323명
- 프로그램 : 생활문화동호회 공연 및 전시, 시민 생활문화 체험 프로그램, 동호인의 밤, 생활문화 토크콘서트 등
- 참가 동호회(공연) : 서울 9, 부산 4, 대구 4, 인천 1, 광주 5, 울산 2, 경기 23, 강원 9, 충북 5, 전북 7, 전남 1, 경북 1, 경남 10, 제주 1 계 82팀

2016 전국생활문화제

2016 전국생활문화제는 '나에게 우리를 더하다'는 주제 아래 생활문화 동호회 활동의 성과들을 발표하고, 다양한 지역과 장르의 동호인들이 서로 교류하고 소통함으로써 생활문화 활동에서 함께함의 의미를 공유하는 자리로 마련되었다.

'나에게 우리를 더하다'라는 주제로 열린 2016 전국생활문화제

- 일시 : 2016년 10월 29일(토)~30일(일)
- 장소 : 북서울 꿈의숲(서울 강북구)
- 주제 : 나에게 우리를 더하다
- 참여 규모 : 전국 생활문화동호회 174팀(공연 89, 전시 85) 1481명
- 프로그램 : 생활문화동호회 공연 및 전시, 시민 생활문화 체험 프로그램,
  생활문화동호회 교류 활성화 대회 등
- 참가 동호회(공연) 현황 : 서울 4, 부산 3, 인천 3, 광주 3, 대전 1, 울산 1,
  경기 37, 강원 7, 충북 7, 충남 1, 전북 12, 경북 2,
  경남 8 계 89팀

2017 전국생활문화축제

- 일시 : 2017년 9월 7~10일
- 장소 : 서울 대학로 마로니에공원
- 슬로건 : "두근두근 내 안의 예술"

- 주최 : 문화체육관광부, 주관 : 생활문화진흥원, 후원 종로구
- 프로그램 : 전야제, 개·폐막식, 공연 및 공예 체험, 기획 전시 및 영상제, 버스킹 등

2018 전국생활문화축제

- 일시 : 2018년 9월 14~16일
- 장소 : 서울 대학로 마로니에공원
- 슬로건 "생활문화 餘 技 藝", "문화가 있는 삶, 문화로 바꾸는 일상"
- 주최 : 문화체육관광부, 주관 : 지역문화진흥원, 후원 종로구
- 프로그램 : 버스킹, 생활문화 공예 체험, 기획전시, 영상제, 생활문화 뉴웨이브전

2019 전국생활문화축제, 충북 청주에서 개최

- 일시 : 2019년 9월 23~29일
- 장소 : 청주 고인쇄박물관 및 청주 한국공예관 일대
- 슬로건 : "함께 사는 세상 다모여 다함께 다즐겁게"
- 참여 규모 : 전국 16개 권역, 42개 기관, 240여 생활문화 동호회
- 프로그램 : 공연, 전시, 체험, 마켓 등

3장

생활문화예술
정책

생활문화예술 정책 연구

생활문화·생활예술에 대한 정책 연구와 토론회는 2010년대 들어 활기를 띠기 시작했다. 주요 연구와 정책 제안 중 생활연극과 관련 있는 논문과 세미나 주제 등을 간추려 소개하고, 그중 주요 내용을 요약해 싣는다.

「생활예술 지원 정책 방안 연구」 최종 보고서

― 경희사이버대학교 연구지원팀, 2012년 2월

■ 주요 내용

- 생활예술이란 누가 무엇을 위해 하는가?
- 생활예술의 법적 과제
- 국내 생활예술 관련 정책과 사업
- 해외 생활예술과 관련된 새로운 예술 개념 및 각국의 생활예술 관련 기관들
- 생활예술 정책방안 제안

생활문화예술 활성화를 위한 정책 토론회

— 2014년 2월 10일, 국회도서관 대회의실

주최 : 문화체육관광부, 국회의원 김윤덕, 주관 : 한국문화관광연구원

- 생활문화예술의 의미 : 시민성, 지역성, 예술성을 중심으로

  _ 강윤주(경희사이버대학교 문화예술경영학과 교수)

- 생활문화예술 정책 현황과 과제 : 서울시 마을예술창작소 사업을
  중심으로

  _ 라도삼(서울연구원 미래사회연구실장 선임연구위원)

- 생활문화예술 공간 조성과 운영 방안

  _ 손경년(부천문화재단 문화예술본부 본부장)

- 지역 생활문화 공간의 운영 활성화를 위한 정책과제 : 문화의집
  사례를 중심으로

  _ 민병은(문화의집 협회 상임이사)

생활문화 활성화를 위한 정책기반 구축방안 연구

— 연구자 정광렬, 한국문화관광연구원, 2016년

생활예술의 비전과 쟁점 : 지역과 일상에서 문화를 누리는 생활문화 시대

— 2017년 11월 24일, 서울 시민청 태평홀, 주최·주관 : 서울문화재단

- 생활예술의 개념적 현황과 지향

  _ 최도빈(이화여대 생명의료법연구소 연구원)

- 네트워크 사회 속 생활예술

  _ 조희정(서강대 사회과학연구소 책임연구원)

- 생활예술과 생활체육의 비교 고찰

  _ 송형석(계명대 체육대학 태권도학과 교수)

- 생활예술 진흥을 위한 법 제도 개선 방안

  _ 박경신(경희사이버대학교 문화예술경영학과 교수)

2020 문화예술 트렌드 분석 및 전망

— 연구자 : 김혜인 김연진, 한국문화관광연구원, 2020

생활예술 지원정책 방안 연구

— 경희사이버대학교 연구지원팀, 2012

본 연구는 생활예술에 대한 관심과 중요성이 커지는 시대적 변화를 인지하고 생활예술에 대한 연구 및 이를 기반으로 한 생활예술 정책의 필요성을 제안하기 위하여 수행되었다.

지금까지의 문화정책은 전문 예술 생산자들을 중심으로 그들의 예술 작품을 소통할 수 있는 공연장이나 전시장과 같은 문화예술 공간을 통하여 시민들에게 예술 향유를 제공하는 하향적인 관점을 갖고 있었다. 그런데 최근에는 새로운 대안으로서 상향적인 정책 흐름을 모색하고 있다. 즉, 시민들을 수동적 예술 향유자를 넘어 예술 창조의 능동적인 주체로서 파악하고, 일상과 구별된 별도의 문화예술 공간을 넘어 시민들의 삶의 현장을 문화예술의 장으로 확장하여 풀뿌리 예술 시스템을 지원하려는 방향이 필요하다는 요구를 문화정책에서는 반영할 필요성이 있었다.

이를 위하여 본 연구에서는 먼저 생활예술에 대한 담론을 제시하였다. 시민이 주체적이고 공동체와 적극적으로 소통하는 활동적인 삶을 영위하는 것은 우리 사회가 지향해야 될 공유 가치라고 보았을 때 예술 시스템은 기존의 예술 지상주의적 관점과 도구주의적 관점에서 벗어나 공동체 구성원의 자아실현과 상호이해를 도모하는 제3의 길로 새롭게 구성되어야 한다.

또한 생활예술을 위한 법적 근거를 검토하여 기존의 문화정책 핵심 근거로 활용되는 헌법상의 문화국가 원리를 넘어선 새로운 법철학적 차원 필요성을 제시하였다. 우리 사회의 새로운 생활예술 정책의 이상은 모든 사람을 위한 문화예술 정책의 개발이고, 이를 위하여 생활예술 참여를 명시화한 가칭 '생활예술육성법'을 제정하는 큰 방향성 위에서 시민들에게 요구되는 생활예술 향유 환경을 제공하는 관점으로 기획되어야 할 것이다.

마지막으로 생활예술에 대한 새로운 담론의 필요성과 법적 근거를 검토한 후 우리나라와 외국의 생활예술 현황을 살펴보았다. 국내 상황은 생활예술의 중요성과 필요성이 점증하고 문화예술의 패러다임이 생활과 결합된 예술로 옮겨 가고 있는 가운데 이미 생활예술 관련 문화예술 정책 연구와 정책 및 사업들이 점차 확산되는 추세에 있었다. 그리고 국내 생활예술과 연관성이 있는 생활체육 정책, 미디어 환경, 역사적 배경 등의 검토를 통해서 향후 생활예술 정책의 필요성이 증대될 것임을 예측할 수 있었다. 외국의 생활예술 현황을 검토해 본 결과 우리나라보다 오랜 역사성을 가지고 다양한 이론과 사례들이 존재함을 확인할 수 있었다.

마지막으로 생활예술 관련 정책 제안을 딜로이트 컨설팅의 3차원 연결 모델을 활용하여 생활예술 비전 연결 차원, 생활예술 활동 연결 차원, 생활예술 지원 환경 연결 차원으로 제시하였다. 생활예술 비전 연결 차원에서는 생활예술 비전을 연구하고 공유하는 방안을, 생활예술 활동 연결 차원은 생활예술 단체들을 네트워크하고 생활예술 축제를 지원하는 방안을, 생활예술 지원 환경 연결 차원은 생활예술 활동을 지원하기 위해 생활 매개자, 법 제도, 공간, 지식 정보화를 통해 지원하는 방안을 제시하였다.

본 연구는 학문적 논의를 통해 생활예술을 분석한 초기 시도로서 향후 후속 연구를 유도하는 의미를 가질 것이다. 또한 본 연구에서 정립하고자 하는 생활예술에 대한 담론 고찰과 이에 기초한 생활예술 현황 분석과 지원 정책에 제안 과정을 통해 생활예술 지원 정책의 논리적인 근거로 활용될 것이다.

또한 이 연구를 통해서 제안되는 생활예술에 대한 개념 및 이론 정립, 국내외 생활예술 현황과 전망, 정책 지원 방향은 문화정책이나 예술 경영 교육기관에서의 수업 적용 및 개선에 효과적일 것이다.

궁극적으로 생활예술 정책을 통해 시민을 중심으로 예술 시스템의 새로운 자리매김이 일어나길 기대한다. 예술가들은 스스로 예술가인 동시에 공동체의 구성원인 시민으로서 인식하고 공동체에 적극적으로 기여할 기회를 더욱 얻기를 바란다. 시민들은 자신들의 예술 활동이 단순한 여가가 아닌 자신의 삶의 정체성을 긍정적으로 구성하고 공동체의 구성원과 소통하고 유대하는 길임을 이해해야 한다. 그리고 정책 담당자들은 시민과 예술가를 동등하게 대하고 이들이 긴밀하게 교류할 수 있는 제도적 장치를 마련해야 할 것이다. 이러한 변화는 동시대와 활발히 공진하는 새로운 예술 시스템을 가능하게 할 것이다

해외 생활예술 현황 분석(요약)

1) 해외 생활예술과 관련된 새로운 예술 개념 및 각국의 생활예술 관련 기관

가. 미국의 공동체 문화발전(Community Cultural Development)

뉴욕주예술위원회(New York State Council on the Arts: NYSCA)의 '게토 아트 프로그램(Ghetto Art Program)'과 연방정부예술기금(National Endowments for the Arts: NEA)의 '익스팬션 아트 프로그램(Expansion Art Program)'은 "공동체에 기반한 예술 단체들(community-based arts organizations)", 즉 문화적으로 소외된 소수인종 및 지역에 속한 예술 단체들에 대한 지원을 목표로 각각 1968년과 1971년에 설립되었다. 이 같은 프로그램들에 지급된 정부 지원금으로 인해 1970년대와 1980년대 소수인종 및 지방의 예술 기관들은 기하급수적으로 증가하였다.

여기서 주목해야 할 점은 이러한 기관들의 미션이 일반적인 예술 단체처럼 고급 예술의 진흥에만 그 목적을 두지 않는다는 점이다. 1992년 미국의 소수인종 예술단체의 현황을 연구한 NEA 보고서, Cultural Centers of Color: Report on a National Survey에 따르면 이들 기관들의 미션은 "총체론적 접근(holistic approach)"의 양상을 띤다. 이를 정리하면 아래와 같다.

- 문화유산 연구, 기록, 보존, 확산
- 문화적 자각, 자결권, 자긍심, 발전에 기여
- 예술 작품의 전시를 위한 공간 확보
- 소수인종 그룹이 제작한 예술을 홍보함으로써 간문화적 이해 도모
- 예술단체에 대한 정보, 기술적 도움, 지원 등의 서비스 제공

- 공동체 구성원들에게 예술 교육 제공
- 신진 예술가 지원

따라서 이들 단체의 예술 활동은 지극히 다원적이며 포괄적인 목적을 지향한다. 이들 단체의 활동은 단순한 예술적 발전에 기여하는 것을 넘어서 자신들이 속한 공동체의 문화적 삶을 고양시키고 발전시키는 데 주력함을 알 수 있다. 따라서 우리는 이들 단체가 지향하는 목적을 "공동체의 문화 발전(Community Cultural Development, 이하 CCD)"이라고 명할 수 있을 것이다. 앞서의 NEA 보고서에 따르면 공동체에 기반한 이들 예술단체들의 다수 직원들은 바로 자신들 공동체의 멤버들로 채용되어 있다. 또한 이들의 주요 관객은 바로 공동체의 구성원들이다. 요컨대 이러한 CCD 활동 속에서 형성되는 문화공동체는 미적 쾌락에 따른 순간적인 공동체가 아니라 책임과 신뢰에 따른 지속적인 공동체를 의미한다.

결국 CCD 활동 속의 예술은 생활예술로서, 인간적인 삶의 질과 행복권을 보장하고 증진하는 다양한 제도적 장치 및 자원 중의 하나로서 환경, 사회복지, 경제, 정치 등의 영역의 문제들과 불가분 맞물리며 공동체의 문제에 대해 총체적인 해결책을 모색한다. 따라서 CCD의 주체 또한 전문 예술가에서 공동체의 구성원, 즉 시민으로 재조정되어야 하며, 예술가의 역할은 매개자, 조력자로서 재정의되어야 할 것이다.

이 같은 관점에서 『The Fourth Pillar of Sustainability: Culture's Essential Role in Public Planning and Director of Community』의 저자인 Jhon Hawkes(2001)에 따르면, CCD를 단순히 일반인에 대한 예술의 향유와 접근 기회의 제공이나 혹은 예술가와 일반인의 협업으로 보는 데 그쳐서는 안 된다. CCD는 문화적 표현과 참여가 구현되는 환경, 즉

문화공동체로 나아가는 집합적이고 민주적인 과정으로 보아야 한다는 것이다. 따라서 그는 의미와 정체성을 추구하고 이를 통해 타인과 소통하고 유대하는 인간 능력에 대한 기본적 신뢰가 CCD에 전제되어야 한다고 주장한다. 선구안을 가진 지도자의 역할이 중요할 수 있다. 그러나 문화 공동체를 형성하고 발전시키는 에너지는 바로 문화를 창조할 수 있는 인간의 능력에 내재하는 것이다.

미국의 비공식 예술 또는 참여 예술

미국의 CCD 전통은 최근 들어 비공식 예술(Informal Arts) 또는 참여 예술(Participatory Arts)이라는 용어로 지칭되는 생활예술 활동으로 이어지고 있다. 비공식 예술이라는 용어는 The Chicago Center for Arts Policy at Columbia College(CCAP)에 의해 제안된 것으로 "구조화되지 않은 공간들(길거리 또는 주택 같은 곳)에서 일어나는 자발적이고 비고정적인 예술 활동"을 의미한다. 반면 공식 예술(formal arts)은 소위 예술계(뮤지엄, 갤러리, 극장 같은 곳)에서 일어나는 형식적이고 조직화된 전문적이고 예술 활동을 의미한다.

CCAP 보고서에 따르면 공식 예술과 비공식 예술은 서로 적대적이거나 분리된 활동이 아니다. 공식 예술과 비공식 예술은 연속선상에 놓여 있으며 상호 영향 관계를 이루고 있다.

CCAP는 2002년 시카고 지역에서 실시한 「The Informal Arts: Finding Cohesion, Capacity, and Other Cultural Benefits in Unexpected Place」라는 제목의 보고서에서 다음과 같이 주장한다.

"비공식 예술은 예술에 대한 향유와 참여의 고정관념을 깨뜨린다. 이제 일반인들은 관객으로서만 예술을 접하지 않는다. 비공식 예술은 개인의 정체성과 집단적 유대 모두를 강화함으로써 공동체의 사회적 인프라를 구축하는 데 도움을 준다"(Wali & Severson, 2002:9).

또한 2004년 실리콘 밸리에 위치한 비영리단체인 Cultural Initiatives Silicon Valley는 「Immigrant Participatory Arts: An Insight into Community-building in Silicon Valley」라는 보고서에서 참여 예술이라는 용어로 이민자 집단의 예술 활동에 대한 연구를 수행하였다. 이때 참여 예술이란 앞서 CCAP의 비공식 예술과 유사한 정의를 공유한다.

참여 예술이란 "전문적인 공연, 미술, 문학, 미디어를 관람하는 것과 구별되는 일상적인 예술 제작에 참여하는 사람들의 예술적 표현"을 의미한다. 이때 예술은 "문화적 전통을 공유하고 가족적 유대를 유지하며 건강을 증진시키고 사회적이고 경제적인 연결고리를 창출하는" 실용적인 수단으로 기능한다(Moriarty, 2004:4).

이 연구는 CCAP의 연구와 비교할 때, 미국 사회에 적응하는 이민자들이 문화예술을 적극적인 공동체의 결속 수단으로 삼는다는 점이다. 참여 예술, 또는 비공식 예술을 수행하는 시민 주체들은 예술을 대하는 진지한 태도로 인해 자신들의 문화예술 활동이 단순한 취미와 여가로 취급되는 것에 반감을 갖는다. 따라서 이들은 자신들이 수행하는 예술적 기예를 높은 수준으로 끌어올리는 데 많은 관심을 갖는다. 그러나 동시에 이들은 예술이 만들어지는 과정과 공동체의 삶에 기여하는 정도에도 깊은 관심을 갖는다. 이러한 연구 결과들은 결국 시민-주체들이 적극적으로 수행하는 생활예술 활동이 CCD 같은 집합적인 수준과 개인적 삶의 모든 수준에서 상당한 영향력을 행사함을 공통적으로 보여준다. 또한 이들 활동은 고립된 사적 공간이 아닌 학교, 교회, 공원, 거리 등 개방된 공적 공간에서 수행됨으로써 그 자체 공적 활동의 성격을 갖게 된다.

나. 영국의 자발적 예술

영국 문화부는 2008년 2월 영국 내 아마추어 예술클럽 활동을 '자발적 예술(voluntary art)'이라 명명하고 이에 대한 최초의 설문조사를 수행한 바 있다. 문화부장관 마거릿 홋지(Margaret Hodge)는 이 연구 과제를 시행하면서 다음과 같이 이야기했다.

예술은 많은 사람들의 삶에서 정말로 중요한 부분을 차지한다. 지역의 자발적 예술에 참여하는 것은 보람되고, 매혹적이며, 재미있는 일이다. 이번 조사는 자발적 예술에 참여하는 사람들 사이의 상호 이해를 도모하기 위함이다. 70%가 넘는 영국 국민들은 다수의 다양한 문화예술 활동에 참여하고 있다. 그러나 자발적 문화예술 활동이 영국의 예술 발전에 큰 기여를 하고 있음이 너무 오랫동안 간과되어 왔다. 자발적 예술은 일반인들이 자기 계발, 사회적 유대, 여가와 유흥의 목적으로 수행하는 비전문적 예술을 의미하는 것으로 무용, 드라마, 문학, 음악, 미디어, 시각예술, 수공예, 전통 예술, 축제들의 형태로 구현된다. 이때 자발적 예술은 단순한 취미로 여겨지지 않으며 개인과 공동체의 삶의 질을 증진시키는 데 중요한 역할을 수행하는 것으로 파악된다. 자발적 예술은 건강, 복리, 공동체의 결속에 중요한 역할을 한다. 또한 영국 경제에 약 5천만 파운드에 달하는 가치를 창출한다. 영국에서는 성인 인구의 과반수가 자발적 예술에 참여하고 있으며 많은 저명한 예술가들이 자발적 예술로부터 자신의 커리어를 시작하였다(Arts Council of Northern Ireland, 2007:2).

영국에서 자발적 예술은 이제 공히 하나의 섹터로, 즉 자원이 투하되고 공통의 목소리가 발현되는 공적 영역으로 부상하고 있다.

영국의 문화부는 2008년도 2월에 전국의 자발적 예술 그룹들에 대한 조사를 실시하였으며, 그 결과 약 5만여 개의 단체와 600만에 달하는 인구가 자발적 예술에 참여하고 있음을 발견하였다. 또한 이러한 단체들이 지역 공동체의 삶에 큰 영향을 미치고 있음을 밝혔다. 무엇보다 예술에 참여하기 힘든 사람들에게 예술에 대한 접근과 향유 기회를 제공하며,

새로운 예술 관객들을 개발하는 데 기여하고, 전문적 예술과 깊은 관계를 맺고 있음이 조사를 통해 드러났다.

영국에는 이미 자발적 예술단체들의 전국 조직인 Voluntary Arts Network(VAN)라는 단체가 1991년부터 활발히 활동하고 있다. VAN은 300여 개에 이르는 전국 혹은 지역의 자발적 예술단체들을 회원으로 하며, 각각의 단체들은 산하 모임들을 거느리고 있다. VAN은 밑으로는 회원들에게 각종 정보와 교육 프로그램을 제공하며 위로는 정책 입안자들 및 정치인들, 후원인들과 교류하며 자발적 예술을 위한 우호적 환경 조성에 노력하고 있다.

다. 독일의 사회문화센터: 사회결속과 문화접근성

예술, 특히 아마추어 예술은 사회적으로 중요한 역할을 할 수 있다. 문화 및 사회적 담론으로부터 배제된 사람들을 다시 사회로 참여시키는 역할을 한다. 배제되었던 사람들은 아마추어 예술 행위를 통해 다른 사람들에게 자신의 존재를 알릴 수 있다. 유럽연합(EU)에서는 이를 예술이 할 수 있는 '사회결속'에 대한 기여라고 부르는데, 사회결속은 EU의 문화 정책에 대한 논의에서 중요한 키워드로 사용된다.

그렇지만 예술이 소외된 사람들에게 표현의 가능성은 줄 수 있으나 문화 자체가 그들에게 권리를 주지는 못한다는 사실 또한 기억해야 한다. 예술 또는 아마추어 예술이 실업, 저임금, 열악한 생활환경, 보건 문제를 해결할 수는 없는 것이다. 이런 문제는 정치와 경제로 풀어야 한다.

그러나 독일의 문화계에서는 예술이 차지하는 사회적 기능을 간과하면 안 된다는 의견이 지배적이다. 예술은 그 자체의 가치를 넘어 사회결속의 창출에도 기여한다는 것이다. 바로 이러한 생각에 기반을 두고 있는 것이 바로 독일의 사회문화센터이다.

독일의 사회문화센터는 하나의 시설이다. 규모는 아주 작은 곳부터 거대한 곳까지 다양하다. 과거 공장으로 사용된 건물을 문화 활동에 맞게 개조한 경우가 많은데 넓은 홀이 있는 호텔을 개조한 경우도 있다. 징엔(Singen)에 있는 젬스 사회문화센터(Kulturzentrum GEMS)가 이에 해당하는데, 이 호텔은 16세기에 만들어져서 20세기 초반 300명을 수용하는 홀이 추가되었다. 한동안 사용되지 않다가 건물을 개축하여 1989년에 문화센터로 개장했다.

이러한 사회문화센터에서는 음악, 연극, 영화 등 어떤 형태의 예술이든 가능하다. 사회문화센터에서 어떤 종류의 예술 형태를 어떻게 표출해야 한다는 기준은 없다. 사회문화센터에서 어떤 예술 형태가 나오는지는 해당 도시나 마을의 문화적 배경에 따라 다르다. 일례로 보덴시 지역에서 사업을 시작했을 때 그곳에는 예술영화 전용관이 없었다. 그래서 현대 예술영화를 주로 상영하는 전용관을 사회문화센터에 설치했다. 일반인의 참여와 일반인에 대한 문화 교육은 사회문화센터의 중요한 요소이다. 독일의 사회문화센터는 전문 예술가들과 아마추어들의 협력으로 이루어지는 예술 활동을 선보이고 촉진시키는 기구이다. 그렇지만 그 결과물은 아마추어의 작품이 아니라 전문가의 작품이다. 아마추어들은 어떤 예술 작품에 견주어도 뒤지지 않는 예술 작품을 만드는 과정에 참여하고 있는 것이다.

독일의 사회문화센터가 지닌 이러한 생각, 곧 아마추어들이 전문 예술가들과 협력하여 예술 작품을 만들었을 경우, 수준이 하향화되는 것이 아니라 상향화, 곧 전문예술 작품이 된다는 태도는 일본의 '국민문화제'에서도 발견할 수 있었다. 이런 태도가 반영된 두 나라의 정책이 다를 수밖에 없는 이유이다.

라. 불가리아의 취탈리쉬테 : 지속가능성, 합법성, 유연성

불가리아의 문화센터는 취탈리쉬테(chitalishte)라고 불린다. 1850년대에 세워진 최초의 취탈리쉬테는 유럽의 민간 커뮤니티 센터로는 처음 등장한 것이며, 민주주의를 기반으로 차별 없이 모든 서비스에 대한 동등한 참여와 보편적인 접근을 제공한다. 취탈리쉬테는 가장 훌륭하고 지속적인 기관 중 하나로서 국가 통합 및 근대화 과정에서 필수적인 역할을 담당했다.

취탈리쉬테란 '독서의 집(reading house)'이란 뜻으로 독서 공간에서 문화/예술 활동(아마추어 및 전문가), 교육, 자선 활동까지 망라하는 곳으로 발전했다. 취탈리쉬테는 자발적 시민단체의 특징을 간직하면서 불가리아 역사상 선례가 없는 새로운 형태의 사회계약을 증진시키는 독립체로 성장했다. 현재 불가리아 전역에 3600곳의 취탈리쉬테가 있으며 국가의 자산이자 중요한 비교우위 대상으로 자리 잡았다.

1990년대 초반부터 시작된 개혁과 함께 취탈리쉬테는 기존 활동을 새로운 사회경제적 상황과 불가리아 사회의 급속히 변하는 가치 및 필요에 맞춰야 하는 도전에 직면했다. 정부 보조금 삭감, 직원 감원과 활동 축소 및 시설 폐쇄까지 발생했다. 한편 2009년 봄에 개정된 공공 취탈리쉬테법에서 취탈리쉬테는 비영리기구로 지정되어 있다.

취탈리쉬테는 지속가능성, 합법성, 유연성이라는 조직적 특징을 갖고 있는데, 이 세 가지가 역사적 경험과 결합되면서 현재 불가리아 사회에서 필수적인 기구가 되었다. 사회적으로 필요성을 인정받고, 지리적으로 불가리아 전역에 분포되어 있다는 특성 덕분에 취탈리쉬테는 문화 및 교육적 필요를 충족시키고 지역 사회의 참여를 도모하는 데 많은 기여를 하고 있다.

취탈리쉬테는 공산당 지배 당시 가옥(houses)으로 불렸다. '가옥'은 여러 국가에서 여가와 창작 활동을 위한 시민의 공간이라는 의미로 사용되었다. 특히 사회주의권의 문화 정책과 관련이 깊다. 소비에트연방에서는 중앙정부의 강요로 몽골에서 쿠바에 이르기까지 '돔 쿨투리(dom kultury, 문화의 집)'라는 네트워크가 만들어졌다. 그러나 불가리아에서는 돔 쿨투리를 따로 만들 필요가 없었다. 이미 지역 문화센터 네트워크가 활발하게 활동 중이었고 유럽문화센터 네트워크 회원국들 가운데 가장 오랜 역사(1856년 이후)와 가장 광범위한 네트워크(약 3500개 센터)를 갖고 있었기 때문이다.

소비에트연방이 사회주의 세계에 전파시킨 문화의 집(남미의 '카사 드 라 쿨투라'와 비슷)은 공산주의의 발명품이 아니다. 1850년대에 취탈리쉬테라는 이름으로 지역 기반의 문화공간이 불가리아에서 이미 시작되었기 때문이다. 불가리아인들은 취탈리쉬테를 성전(temple, храм)이나 집안의 난롯가(hearth, огнище)처럼 사교 및 따뜻함이 있는 신성한 공간에 비유했다. 전통적으로 취탈리쉬테 민간 예술센터는 교사, 민간 기업가, 농민 등 모든 세대의 시민사회 멤버들과 협력하던 불가리아 정교회로부터 영감과 재정적 지원을 받았다.

취탈리쉬테는 컴퓨터와 인터넷에 대한 수요 증가에 발맞추기 위해 지난 10년간 급격한 변화를 겪었다. 디지털 기술에 대한 교육과 더불어 일부 취탈리쉬테에서는 흥미로운 프로젝트를 실시했다. 2003년 시범양봉단지 정보 교육센터에서는 다뉴브 강변에서 고품질의 꿀과 생태학적으로 깨끗한 농산품을 생산했는데 "부지런한 벌처럼 우리 모두 열심히 일해서 꿀처럼 달콤한 삶을 만들자"는 것이 이 프로젝트의 모토이다. 이처럼 취탈리쉬테에서는 문화예술 분야만이 아니라 창의성을 발휘하여 지역을 되살리고 추가적인 수입원을 얻기 위한 직접적인 방법을 계속 모색 중이다.

마. 일본의 국민문화제

일본의 '국민문화제'는 1986년 당시 일본 문화청 장관이자 작가인 미우라 슈몬(三浦 朱門)이 그 필요성을 제창하면서 시작되었다. 일본에서는 1946년부터 '국민체육대회'가 개최되고 있었는데 전국적 규모의 체육대회가 있다면 전국적 규모의 문화 행사도 있어야 한다는 주장이 힘을 얻으면서 시작된 이 축제는 국민의 문화 활동을 촉진시킨다는 목표 외에도 지역 문화 진흥에 기여한다는 점을 뚜렷이 밝히고 있어, 이 축제가 그 출발점에서부터 지역성이라는 요소를 중시하고 있었음을 알 수 있다.

2009년까지 국민문화제는 스물네 번 개최되었으며 개최지에서는 대개 4년 전부터 그 준비를 시작할 정도로 '국민문화제'는 일본에서 중요한 축제이다. 2009년 제24회 '국민문화제' 개최지였던 시즈오카의 예를 보자면 전체 예산 10억 5800만 엔으로 한국의 '도'에 해당하는 현 단위의 정부에서 중심을 잡고 그 아래 단위의 지역에서 그들만의 특색 있는 행사를 진행한다.

2009년 시즈오카 국민문화제에서는 서부 지역이 오케스트라와 취주악, 오페라 등의 음악 행사를, 북부 지역은 농촌 가부키를, 중부 지역은 연극과 발레 등의 무대예술을 중심으로 한 이벤트를 열었고 동부 지역에서는 문학과 역사 문화를 소개하는 프로그램을 마련했다.

일본 국민문화제의 예를 보자면 앞서 언급한 바 있는, '구체적 장소와 사람'으로 실재하는 지역성이 생생하게 표현된다는 것을 알 수 있다. 실재하는 지역성에 대한 인식은 국민문화제가 시작된 지 불과 2년밖에 지나지 않았던 1988년 국민문화제에 대한 생각을 모아 발간한 책자(米山 俊直, 1988:28)에서도 발견된다.

「문화 진흥을 위한 10개의 제안」이라는 글을 쓴 교토 대학 교수 요네야마 도시나오(米山 俊直)는 "일본, 일본 문화, 일본 국민, 일본인 등의 말을 키워드로 삼는 것을 피하고… 향토애, 애향심을 강조하여 국민보다 시민, 정민, 촌민, 부, 현민이라는 말을 선택해서 써야 한다"며 "지방 문화의 단위를 중시하여 중점적인 문화 투자를 해야 하고 전통적 문화재뿐 아니라 지역에 있는 다양한 문화 자원(文部時報, 1988:35)22)을 발굴해야 한다"고 강조하고 있다.

이를 볼 때 생활문화예술 관련 정책을 입안할 때에 지역성에 대한 심도 깊은 고찰이 필요하다는 점을 다시 한 번 확인할 수 있다. 동시에 지역에 있는 다양한 문화 자원을 발굴해야 하는데, 여기서의 '문화자원'이란 이 지역의 '생활문화예술 자원', 곧 그 지역의 일상생활이 묻어나는 주민들의 문화 행위에 주목하고 있다는 점을 유의해야 할 것이다.

또한 같은 책자에 실린 「국민문화제는 씨앗이다」라는 글(1988:35)을 보면 고베 대학교 교향악단 단장인 나가오 히로타카(長尾 裕隆)가 "가능하면 국민문화제를 그 기간 동안에만 하는 축제로 여기는 것이 아니라 이후 계속될 수 있는 문화적 가능성의 씨앗을 키우는 장으로 알고 참가했으면 좋겠다"고 이야기하고 있다. 이는 국민문화제라는 축제의, 지역에서의 지속가능한 활용도에 대한 고려가 이때 이미 시작되었음을 짐작하게 하는 부분이라고 할 수 있다. 지속가능한 축제에 대한 생각은 2009년까지 이어져 제24회 시즈오카 국민문화제에서도 축제가 지역 문화에 장기적으로 기여해야 하는 항목을 따로 정해 준비했다고 한다. 그 항목에는 개최 준비 과정을 넓은 의미에서의 '문화 창조'라 여겨 문화와 관련이 있는 다양한 분야의 단체와 기업, 개인과의 긴밀한 연계가 가능한 구조를 만든다거나 인재를 육성하는 등의 안이 포함되어 있다. 곧 '문화' 혹은 '예술'의 내용적 수월성에만 초점을 맞추는 것이 아니라 국민문화제라는 장에서 발표하기까지의 모든 과정을 '문화 창조'라 정의하고 있는 것이다.

여기에서 중요한 점은 지속가능한 생활문화예술 행위가 가능할 수 있도록 지원하는 정책의 필요성이다. 다양한 분야의 단체와 기업, 개인과의 연계가 가능한 구조를 만든다거나 인재를 육성하는 안을 중시하는 것은 축제 이후에도 축제 과정을 통해 축적된 네트워크가 지역사회에 긍정적인 영향을 미칠 수 있도록 하기 위함이다. 곧, 행사의 결과물이 보여주는 일회적 성과가 아니라 행사의 과정이 장기적으로 지역사회에 미칠 영향력을 생각하는 것이다.

영국 'VAN'의 경우 문화예술이 시민들을 정치적 존재로 역능화(empower)하는 자원이었다면, 여기서 문화예술은 시민들에게 지역적 정체성과 문화를 창조하는 주체로 역능화하는 자원이라고 볼 수 있다.

또한 'VAN'의 경우에서처럼 문화예술은 전문 창작자들과 단체들의 활동에 국한되지 않는다. 오히려 아마추어와 전문 창작자들의 협력과 조화를 강조한 다는 점에서 주목할 만하다. 국민문화제를 기획하는 사람들은 "극단적으로 말하면 프로도 아마추어도 다른 게 없"고, 오로지 "좋은 작품이냐 아니냐의 차이가 있을 뿐"이라고 생각하며, 국민문화제가 아마추어와 프로가 결합하여 새로운 것을 만들어내는 장이 되었을 때 축제가 끝난 뒤에도 그 지역에서 두 집단이 지속적으로 연계를 가지고 활동할 수 있으리라고 기대하고 있다.

아마추어와 전문 창작자들의 협력과 조화를 강조한 정책의 성격도 한국의 생활문화예술 정책 수립에 있어 주목해야 할 부분이다. 프로도 아마추어도 다른 게 없고 오로지 좋은 작품이냐 아니냐는 차이가 있을 뿐이라는 인식 위에 출발한 정책이 필요하고, 이러한 인식을 전문 예술인 및 시민들에게 심어 줄 수 있는 방법에 대한 고민이 있어야 한다. 그랬을 때 비로소 축제가 끝난 뒤에 두 집단이 지속적인 연계를 가지고 활동해 나갈 수 있다고 본다.

> 예술 문화라고 하면 뭔가 전문적·직업적인 사람들만이 하는 것처럼 생각을 합니다. 그러나 가장 중요한 것은 지역 주민의 문화 레벨을 풍부하게 하자는 것입니다. 아마추어라는 말은 정의가 아주 어렵지만 다 같이 함께 즐긴다, 그런 사람들이 모여서 새로운 예술 문화를 만든다는 의미로 [쓰인다]… (후략) (文部時報, 1988:38).

또 하나 짚어 봐야 할 것은 국민문화제가 활성화하는 지역성의 문화예술적 창조는 다양한 주체들 - 중앙정부, 지방정부, NPO - 의 협력을 통해 구현된다는 사실이다. 이미 이야기한 것처럼 지방정부는 지역 축제를 통해 지역 경제를 활성화하고 지역 정체성을 강화한다는 모토 하에 지역성을 '관리'한다. 한국에서는 종종 이러한 관리의 폐해로 나타나는 것이 지역 축제의 획일화와, 더 나아가서는 과시 행정을 위해 지역 축제가 이용되는 현실이다.

2) 해외 생활예술의 현황 및 지원 정책

가. 미국과 캐나다

미국과 캐나다는 기본적으로 중앙정부가 생활예술 활동에 직접적인 지원을 하지 않는 사례라고 볼 수 있다. 대부분의 경우 생활예술 활동에 대한 지원은 지역 정부의 소관이다. 이 경우도 직접적 지원보다는 지역의 비영리단체를 통해 지원을 하는 경우가 대부분이다.

예를 들어 뉴저지 지역의 Art Association in Roxbury(AAR)는 1965년에 설립된 아마추어와 전문 예술가를 아우르는 지역 예술단체로 지역주민을 위한 전시, 축제, 교육 등의 프로그램을 수행하고 있다. 미국의 경우 특징적인 것은 지역의 학교와 비영리기관이 지역의 생활예술에 대한 조사 연구와 정책 제언을 수행한다는 점이다.

나. 영국

영국은 동호회 활동이 전국적 차원에서 매우 조직적이고 정책적으로 전개되고 있는 가장 대표적 사례로 여겨진다. 현재 약 200개의 전국적인 전문 조직이 생겨났는데(영국 브라스밴드연맹, 레이스길드, 전국합창단협회, 전국오페라연극협회, 전국 장식 및 순수 미술협회 등) 이런 기관들은 대부분 안정적 재원이 없는 소규모의 클럽들로서 소식지 발간과 컨퍼런스 및 기타 이벤트 개최가 주요 활동이다. 멤버로 가입된 단체들에게 훈련과 조언을 제공하기 위해 전문적인 사무소와 직원을 갖춘 곳도 있다.

Voluntary Arts Network(VAN)라는 비영리단체는 그 대표적인 기관으로, 동호회들의 네트워킹과 이들을 위한 정보 제공 및 정책 수립을 조직 목표로 삼고 활동하고 있다. VAN은 300개의 지역 및 전국 동호회 단체들을 회원단체로 하는데, 1991년에 설립되었으며 영국과 아일랜드에서 자발적 예술 분야에 한목소리를 내는 데 기여하고 있다. 그들은 기존 조직들의 네트워크를 통해 기존 자원들을 더 잘 이용하도록 하는 데에 목적을 두고 있는데, 예를 들면 지역의 자발적 예술 그룹들이 더 큰 자발적(비영리) 분야나 예술 분야로부터 재정, 훈련, 조언, 지원을 받을 수 있도록 돕는 일을 한다. VAN은 거대한 자발적 예술 분야 내에서 단일 접촉점으로서 인프라 조직 역할을 한다.

2008년에 VAN은 아마테오(AMATEO, European Network for Active Participation in Cultural Activities, 적극적 문화활동 참여를 위한 유럽네트워크)의 영국/아일랜드 대표 기구가 됨으로써 모든 예술 형태를 아우르는 대표 조직이 되었을 정도로 적극적으로 국제 네트워킹을 시도하고 있다.

영국의 자발적 예술 단체들은 대부분 노래와 춤과 연기가 좋아서 모인 지역 사람들에 의해 형성되었다. 그야말로 지역 공동체 기반의 풀뿌리 조직이다. 대부분 공공보조금을 약간 받거나 전혀 받지 못한다는 점에서 정부 및 예술 지원 기관들로부터 무시되거나 잊혀지는 경향이 있다.

영국의 자발적 예술 단체들은 대부분 비영리기관이며 자선단체로 등록되어 있다. 경우에 따라 전문 아티스트들을 고용하여 참여 활동을 리드하거나 도와주도록 하기도 하지만 해당 그룹의 운영 및 관리는 회원들이 직접 한다.

재정과 정부 지원

대부분의 생활예술 단체들은 회원들에게 받는 회비, 공연이나 전시회 입장권 수입을 통해 자체적으로 재정을 조달한다. 물론 복권 등 추가적인 재정 조달이 필요할 때도 하지만 공공 재정 지원을 받는 경우는 극히 드물다. 20세기 후반에 자발적 예술 단체들은 지방정부로부터 약간의 보조금을 받았으나 지난 20년간 이런 현상은 급격히 줄었다.

영국의 아마추어 예술 단체에 대한 중앙정부의 재정 지원은 사실상 전무하다. 1946년에 영국예술위원회가 예술 분야 정부 예산 분배를 위해 설립되었으나 지원은 전문 아티스트들과 예술 기관에 집중되었다. 최근에 와서야 예술위원회의 우선순위에 '참여'와 '탁월함'이 포함되었다. 정부는 VAN과 기타 자발적 예술에 대한 전국 상위 기관들에 재정 지원을 하고 있다. VAN은 잉글랜드예술위원회, 스코틀랜드예술위원회, 웨일스예술위원회, 북아일랜드예술위원회로부터 정기적으로 지원금을 받는다.

영국의 자발적 아마추어 예술과 전문 예술의 관계

자발적 예술 단체들은 영국의 전문 아티스트들을 고용하는 중요한 곳으로서 수천 명의 지휘자, 독주자, 연출가, 교사들에게 고정 수입을 제공한다. 물론 여기에는 예술 형태에 따라 차이가 있는데 음악 단체에서 가장 많은 전문가들을 고용한다. 아마추어 극단은 전문 배우나 연출가들을 고용할 수가 없다. 배우노조에서 아마추어들과의 협업을 규제하기 때문이다. 상황이 많이 개선되어 아마추어 음악 및 전문 음악 사이의 구분은 모호해졌으나 아마추어 극단과 전문 극단 사이는 여전히 거리가 멀다.

많은 전문 아티스트들이 아마추어로 시작한다. 「창의적 재능」이라는 보고서를 보면 "지난 5년간 아마추어 단체들 중 34%에서 회원들이 해당 예술 분야의 전문가로 활동하기 시작했다."

그러나 전문 예술 단체들과 자발적 예술 단체 사이의 교류는 매우 적으며 이따금 열리는 마스터클래스나 단발성 협력 프로젝트 등 제한적으로 일어나는 경우가 대부분이다.

자발적 예술 활동에 의한 사회 기여 내용 및 방식

자발적 예술 활동은 눈에 잘 띄지 않지만 영국의 시민 사회에 중요한 기여를 하고 있다. 수백만 명의 참가자들이 하는 예술 활동은 그들의 사회생활에 중요한 부분을 차지하며 새로운 친구를 사귀고 인간관계를 맺는 데 도움을 준다.

아마추어 예술 그룹들은 다양한 사람들을 하나의 목표 아래 모음으로써 커뮤니티의 결속에 기여한다. 자발적 예술 활동은 세대를 초월하기 때문에 서로 접촉할 기회가 없는 사람들끼리 만날 기회를 제공한다.

그러나 자발적 예술 그룹은 본질상 같은 지역 공동체에서 같은 생각을 가진 개인들이 모인 탓에 모두를 포용하고 개방적이지는 않다. 그래서 기존 멤버들과 다른 계층이나 성별, 인종의 참가자들에게 의도하지 않은 장벽을 만들기도 한다.

자발적 예술 활동이 시민 정신 및 정치 참여에 미치는 영향

아마추어 예술 단체들은 지역의 정체성을 정의하고 명확히 하는 데 도움을 준다. 그러나 영국에서 시민 정신이나 정치 참여에 직접적인 영향을 끼친 사례는 드물다. 아마추어 예술 활동 참여 규모를 생각하면 자발적 예술 단체들이 활동하는 지역사회에서 시민 및 정치 부문에 더 폭넓게 관여할 가능성이 무궁무진하다.

자발적 예술 활동 참여가 참가자들의 삶의 질에 미치는 영향을 정량화하기는 불가능하다. 그러나 여러 사례로 볼 때 영국에 사는 수백만 인구의 삶에서 아마추어 예술 활동이 삶의 중심을 차지하고 있으며, 예술 활동 참여에서 얻는 '삶의 질'이 동기 부여의 원동력이다.

다. 독일

독일은 지방자치제가 활성화되어 있는 국가이니만큼 생활예술 동호회도 각 주별로 활성화되어 있고 각 주별 동호회가 다시금 연방 차원에서 묶여 지원 및 관리되고 있다. 영국과 다른 점은 VAN과 같은 민간 네트워킹 기관보다는 동호회 콘텐츠별 네트워킹이 잘 되어 있다는 인상이다. 예를 들어 음악 동호회 같은 경우 'Musikrat (음악위원회: 일종의 사단법인 음악

단체'가 있어 각 주별 아마추어 음악 동호회로부터 회비를 걷고, 공식 기구로서 대표성을 띠고 각 주별 아마추어 음악 동호회에 대한 정부의 지원도 받게 된다.

독일 사회문화센터의 조직 및 관리

독일의 사회문화센터들은 지역이나 연방 차원의 위원회나 행정기관에 소속되어 있지 않다. 사회문화센터의 직원들도 공무원이 아니다. 그들은 독립적이며, 많은 정치인들도 인정하듯이 사람들의 삶에 풍성한 활동과 참여의 기반이 된다. 동독에서는 '문화의집'들이 사라진 뒤에 무엇이 그 자리를 대신할 것인가라는 논의가 시작되었다. 그리고 그 논의의 결과, 정치인들 사이에서 서독의 본을 따라 정부기관으로부터 자유로운 문화센터가 되어야 한다는 폭넓은 합의가 있었다.

독일에 있는 500여 곳의 사회문화센터는 독일어로 Gemeinnütziger Verein(공익협회)라는 법적 형태를 띠고 있는데, 번역하면 '공익을 위한 비영리단체'이다. 이런 조직으로 인정받으면 지역 의회나 지역 정부로부터 재정 지원을 받을 수 있다. 독일법상 비영리단체인 사회문화센터는 모든 활동을 대중에게 개방해야 한다. 여기에는 재정 활동도 포함된다. 즉 모두가 참여하도록 해야 한다는 의미다.

1970~1980년대에 시작된 서독의 사회문화센터들은 센터에 '주인(보스)'이 없어야 한다는 원칙을 갖고 있었다. 모두가 동등하며 정기회의에서 함께 결정을 내렸다. 현재도 작은 규모의 사회문화센터에서는 그런 모습을 볼 수 있다. 그러나 규모가 큰 곳에는 센터장이 있고 센터의 각 활동을 담당하는 직원들이 있다. 예를 들어 젬스 사회문화센터에는 콘서트와 연극 공연 담당자, 영화 담당자, 재무 담당자 등이 있다. 센터장은 센

터 전반을 책임지며 정치인들을 상대하고 다른 사회문화센터들과 협조하는 역할을 한다.

모든 일은 '수평 구조'로 이루어진다. 명령 하달 방식이 아니라 토론을 통해 합의에 이르는 방식이다. 단순히 자기 일만 하는 것이 아니라 창의성이 요구되는 문화 분야에서는 이러한 수평 구조 원칙이 특히 도움이 된다.

독일 정부의 사회문화센터 지원

독일의 문화센터들은 보통 지역 의회나 주정부로부터 재정 지원을 받는다. 연방정부의 지원은 많지 않다. 이는 독일의 문화 부문 재정 지원의 구조 때문이다. 연간 80억 유로가 문화 부문에 사용되는데, 대부분 각 도시나 지방정부에서 나온다.

문화정치는 도시나 지방정부의 임무로 간주된다. 극히 제한된 분야에서만 연방정부가 적극적으로 참여한다. 허점이 많은 구조임에 틀림없으나 덕분에 독일 문화는 비중앙집중식이며 오지나 작은 마을에도 극장이나 오페라극장이 있다. 모든 것이 파리로 집중된 프랑스와는 완전히 다르다고 할 수 있다.

독일에는 공공 부문에서 문화에 재정을 지원해야 한다는 여론이 팽배하다. 물론 사회문화센터도 포함된다. 징겐의 젬스 사회문화센터의 경우 2008년 예산은 90만 유로였다. 이 중 15만 5000유로는 지역 의회에서, 4만 유로는 바덴-뷔르템베르크(Baden-Württemberg) 주정부에서, 1만 5000유로는 센터의 후원회에서 지원받았다. 나머지 69만 유로는 영화관 입장료와 레스토랑의 수입으로 충당했다. 우리보다 외부 지원의 비중이 큰 사회문화센터들도 있다. 정치인들도 사회문화센터는 재정 지원을 받아야 한다고 생각한다. 재정 지원이 없으면 문을 닫거나 상업화할 위험이 있기 때문이다.

한편 극장과 같은 전통적인 문화기관에 대한 지원과 사회문화센터 같은 새로운 형태의 문화기관에 대한 지원 사이에는 엄청난 차이가 존재한다. 사회문화센터의 직원들은 저임금에 시달리고 있으며 과중한 업무도 문제다. 특히 자원봉사자들과 일반인들을 관리하는 데 너무나 많은 수고가 든다.

사회문화센터가 제공하는 문화접근성

특별한 구조와 특정 프로그램 및 활동을 통해 사회문화센터는 사람들에게 문화접근성을 제공한다. 먼저 일반인의 참여가 문화센터에서 일어나는 일상활동의 기본이라는 점에서 그러하다. 센터에서 적극적으로 활동하는 사람의 80%가 자원봉사자로 참여한다. 이들은 자신의 재능으로 기여하는 동시에 전문 아티스트들과의 협업으로 새로운 자질을 계발한다.

또한 사회문화센터는 대개 소규모나 중간 규모의 도시에 위치하는데, 이들 지역에서는 사회문화센터가 유일한 문화기관인 경우가 허다하다. 사회문화센터가 없었으면 문화로부터 배제되었을 사람들에게 사회문화센터는 문화접근성을 제공하고 있다. 자신만의 길을 발견하고 싶지만 아직 아마추어와 전문가 사이에 있는 많은 젊은 예술가들에게 사회문화센터는 대중과 처음 만나는 중요한 장소로 기능한다. 사회문화센터가 젊은 예술가들에게 리허설 공간을 제공하는 셈이다.

독일 아마추어 예술과 전문 예술의 관계

전문가와 아마추어의 협력은 독일의 사회문화센터가 추구하는 주요 원칙 중 하나이다. 이런 협력 관계는 결코 나쁘지 않다. 만약 나빴다면 사회문화센터에서 활동하는 전문 예술가들이 아무도 없었을 것이다. 수많은 훌륭한 전문 음악인, 배우, 연출가, 안무가들이 사회문화센터에서 공연하고 아마추어들과 함께할 준비가 되어 있다. 물론 전통적인 고급문화에 속한 사람이 별로 고급스럽지 않은 예술을 하는 사람들을 상대한다는 식으로 콧대를 세우며 거만하게 구는 예술가들도 있다. 특히 기관의 차원에서는 경쟁이 심하다.

극장, 오페라극장, 대형 미술관, 대형 오케스트라처럼 대표적인 문화기관들은 지속가능한 문화 활동을 펼치지만 지명도 면에서 떨어지는 다른 기관들보다 더 많은 재정 지원을 받는다. 많은 도시에서 문화에 지출하는 재정의 3분의 2가 극장, 오페라극장, 오케스트라로 간다.

유럽 예술의 역사를 보면 전문가와 아마추어를 구분하는 시기가 없었다. 르네상스와 바로크 시대의 오케스트라들은 전문 음악인들과 덜 숙련된 아마추어들로 구성되었다. 예술가 집단과 일반인들의 분리는 18~19세기에 유럽에서 생겨났다. 현재와 미래의 상황을 볼 때 기술의 발전은 전문 예술가와 아마추어 사이의 경계를 점점 약화시킬 것으로 보인다. 과거에는 음반을 제작하거나 영화를 만들려면 정교한 장비와 숙련된 인력이 필요했으며 엄청난 비용이 사용되었다. 그러나 현재는 음악이나 영화를 만들어서 인터넷에 올리는 일이 전혀 어렵지 않다. 덕분에 예술 분야 전체가 폭넓은 대중에게 개방되었다.

한편 일반인들이 영화나 음악을 무료로 인터넷에 올리는 탓에 전문 아티스트들이 수익을 올리기가 더 힘들어지고 있다. 따라서 옛날 방식의 전문가들이 더 적게 벌고 재능은 약간 떨어지는 아마추어들이 더 많이 버는 일도 가능하다. 둘 사이의 경계가 점점 허물어지고 있는 것이다.

경제 발전과 사회에 미치는 결과를 볼 때 이는 좋은 현상이다. 경제적 생산 활동에 더 적은 수의 사람들이 필요하기 때문이다. 우리가 미래에 직면할 도전 중 하나는 업무의 공정한 분배를 구축하는 동시에 임금 노동이라는 기존 형태를 넘어서 사람들의 삶에 의미를 주는 새로운 형태의 활동을 찾는 것이다. 가능한 많은 사람들이 예술 활동에 참여하고, 전문예술가들과 아마추어들이 협력하는 것이 바로 그 도전에 대한 해답이 될 수 있다. 전문가들, 준 전문가들, 아마추어들의 활동에 대한 개방성과 새로운 아이디어를 수용하는 능력으로 볼 때 독일의 사회문화센터가 바로 그 역할을 하게 될 수 있을 것으로 보인다.

생활문화예술 활성화를 위한 정책 토론회

— 한국문화관광연구원, 2014

박광무 원장 인사말

생활문화예술을 이 시점에서 논하는 것은 우리나라의 문화예술의 발전에 있어서 새로운 장을 열어 가는 시작이라고 생각합니다. 문화예술이 프로 예술인만이 아니라 보편적인 시민이 모두 누리고 즐길 수 있는 문화향유권의 본질이라고 한다면, 생활문화예술의 활성화를 위한 다각적인 노력은 정책적 측면과 문화예술 수요 측면에서 모두 중요하고 의미 있는 일이라 할 것입니다.

일찍이 문화예술은 장인으로 불린 최고의 예술가와 전문가의 영역으로 알아 왔습니다. 그러나 국민 보편적 문화향유권이 주목받고 강조되면서 정보민주주의가 실현되고 예술 교육의 보편화와 더불어 생활문화예술은 문학·미술·음악·공연 등 다각적인 예술 장르로 빠르게 확산되고 있는 것이 사실입니다. 생활문화예술의 활성화는 문화향유의 질적 수준제고와 향유의 폭의 확산을 동시에 구현하는 일이 될 것입니다. 나아가 생활 속에서 창작 혼을 불태우고 이를 통하여 새로운 예술적 걸작품도 만들어낼 수 있는 기회를 제공할 것입니다. 생활문화예술이 발전하려면 창작 동기 부여, 참여를 통한 예술에의 새로운 눈뜨기, 공간적·시간적인 조건 구비, 예술의 즐거움과 행복감 맛보기, 함께하는 즐거움 등이 중요한 요소라고 생각합니다.

오늘날 생활문화예술이 주목받는 것은 예술 행동의 대중화 보편화에 힘입은 바 크다고 봅니다. 이것이 가능하도록 시민민주주의가 확립되고 정보민주주의의 발전으로 자유로운 의사 표현이 보장된 것도 중요한 일익을 담당하였다고 생각합니다. 예술가와 생활문화예술 향유자의 경계가 무엇인가? 예술 창작 활동과 생활문화예술 활동은 어떻게 다른가? 예술 창작 공간과 생활문화예술 활동 공간은 구분되어야 하는가? 예술인의 범주는 어디까지인가? 등 수반되는 많은 과제들이 있을 것입니다.

오늘 토론회는 생활문화예술 활성화에 초점이 맞추어져 있으므로 이를 보다 탄탄히 다져 나가기 위하여 근본적인 물음에 대한 답과 더불어 현안과 활성화 정책의 방향 제시까지 이루어지길 기대합니다.

생활예술을 구성하는 세 가지 요소 — 시민성, 지역성, 예술성

— 강윤주(경희사이버대학교 문화예술경영학과 교수)

우리는 생활예술을 구성하는 세 가지 요소로 시민성, 지역성, 예술성을 제안한다. 시민성과 지역성과 예술성이란 생활예술의 구체적인 기획과 실행에 있어 주요한 문화사회학적 준거들로서 문화예술적 실천과 사회적 삶이 만나는 주요한 지점들을 지칭한다. 여기서 시민성과 지역성이란 바로 현대인의 사회적 삶을 구성하는 요소로 제시되며, 생활예술은 이와 같은 사회적 삶에 적극적으로 개입하는 것을 의미한다. 또한 예술성이란 생활예술이 사회적 삶에 개입할 때, 그로부터 새롭게 요구되는 미학과 창조성의 기준과 지침을 뜻한다.

요컨대 시민성, 지역성, 예술성은 문화예술과 사회적 삶이 상호 연관되고 그럼으로써 문화예술이 다만 '교양'으로 그치지 않고 '생활양식' 안으로 침윤되고 그것을 풍부하게 만드는 자원으로 전환되도록 하는 준거점들이라고 할 수 있다.

시민성

문화예술을 통한 정치적·도덕적 실천 사례—영국의 자발적 예술 네트워크 'VAN(Voluntary Arts Network)'

시민성을 활성화하는 문화예술 활동의 예를 우리는 영국에서 찾을 수 있다. 영국은 자기 계발과 사회적 네트워크 형성, 여가를 즐기기 위해 자발적으로 문화예술 활동에 참여하고 있는 사람들이 성인 인구의 절반을 넘는다. 역사적으로 볼 때 영국의 부유층은 악기 연주나 그림 그리기, 또 사교 모임을 위한 춤 배우기 등을 수백 년간 즐겨 왔고 노동자 계층은 영국의 포크 음악이나 이야기 구전과 같은 전통을 이어 왔다(Simpson, 2009: 103-104). 2008년 잉글랜드의 자발적 문화예술 활동에 대한 조사에 따르면 잉글랜드에만 아마추어 문화예술 단체가 4만 9140개에 이르며 참가 인원은 약 1천만 명에 이른다고 한다.

이러한 인식과 조사는 시민들이 주도하는 아마추어 문화예술 활동이 시민사회의 주요 구성 요소라는 점을 시사한다. 우리가 시민성에 방점을 두는 생활예술의 좋은 사례로 주목하는 'VAN'은 영국 각 지역에 있는 흩어져 있는 자발적 아마추어 문화예술 집단들 간의 상호 네트워킹을 지원하고 재정 지원 및 훈련을 받을 수 있도록 하는 데 그 목적을 두고 1991년 처음 설립되었다. 'VAN'은 자율적(empowered)이고, 참여적(participative)이며 성취감을 주고(fulfiled) 건강한(healthy) 시민 사회 건설을 비전으로 삼고 있다. 네트워크의 이름에 이미 들어가 있는 자발적 예술, 곧 'Voluntary Arts'라는 말은 영국의 아마추어 예술계에서만 사용되는 말로, 이들이 아마추어 문화예술 활동에 있어 시민의 자발적 참여에 매우 강한 방점을 찍고 있다는 것을 짐작하게 한다.

지역성

국가적 기획, 지역적 집행의 사례 — 일본의 '국민문화제'

우리는 지역성을 활성화시키는 생활예술의 사례로 일본의 '국민문화제'를 살펴보고자 한다. 일본의 '국민문화제'는 1986년 당시 일본 문화청 장관이자 작가인 미우라 슈몬(三浦 朱門)이 그 필요성을 제창하면서 시작되었다. 일본에서는 1946년부터 '국민체육대회'가 개최되고 있었는데, 전국적 규모의 체육대회가 있다면 전국적 규모의 문화 행사도 있어야 한다는 주장이 힘을 얻으면서 시작된 이 축제는 국민의 문화 활동을 촉진시킨다는 목표 외에도 지역 문화 진흥에 기여한다는 점을 뚜렷이 밝히고 있어 이 축제가 그 출발점에서부터 지역성이라는 요소를 중시하고 있었음을 알 수 있다.

2009년까지 '국민문화제'는 스물네 번 개최되었으며, 개최지에서는 대개 4년 전부터 그 준비를 시작할 정도로 '국민문화제'는 일본에서 중요한 축제이다. 2009년 제24회 '국민문화제' 개최지였던 시즈오카의 예를 보면 전체 예산 10억 5,800만 엔으로 한국의 '도'에 해당하는 현 단위의 정부에서 중심을 잡고 그 아래 단위의 지역에서 그들만의 특색 있는 행사를 진행한다. 2009년 시즈오카 '국민문화제'에서는 서부 지역이 오케스트라와 취주악, 오페라 등의 음악 행사를, 북부 지역은 농촌 가부키를, 중부 지역은 연극과 발레 등의 무대예술을 중심으로 한 이벤트를 열었고 동부 지역에서는 문학과 역사 문화를 소개하는 프로그램을 마련했다.

예술성
수월성과 접근성의 '예술적' 조화 ─미국의 '비공식 예술(Informal Arts)'

미국에는 공공재로서의 예술, 곧 앞서 언급한 예술성에 대한 두 가지 기준 중 '접근성'을 중시한 시각을 가진 이들의 다양한 시도가 이미 1900년대 초반부터 존재해 왔다. 영국이나 일본의 사례와 같은 아마추어 문화예술 동호회의 활동을 미국에서는 '비공식 예술'이라 부르고 있는데 이는 '공식예술(Formal Arts)'의 상대적 개념으로, 여기서의 '비공식', '공식'이란 그 예술 활동이 열리는 장소가 길거리나 주택 같은 구조화되지 않은 공간들이냐 아니면 갤러리나 극장 같은 '공식적' 장소이냐, 또한 그 활동 자체가 자발적이고 비고정적이냐 아니면 직업적이고 고정적이냐 하는 정도의 구분을 가지고 있을 뿐 두 예술이 적대적이거나 분리되어 있다는 점을 말하는 것은 아니다(성남문화재단, 2009: 34).

그럼에도 영국이나 일본의 아마추어 예술이 전문 예술을 참조하여 스스로를 정의하지 않는 것과 달리, 미국의 경우 전문 예술을 공식 예술이라고 칭하며 그에 대해 아마추어 예술을 '비공식 예술'이라고 정의하는 것은 분명 주목할 필요가 있다. 앞서 시민성과 지역성의 사례들에서 문화예술은 사회적 삶을 구성하고 활성화하는 자원으로 여겨졌을 뿐이다.

그러나 이 경우 사회적 삶과 접속하는 문화예술을 지칭하는 '비공식

예술'이라는 용어는 공식 예술과 구별되는 그것의 고유한 미학과 속성에
대한 정의를 요청하게 한다.

생활예술 지원 정책

우리는 앞서 언급한 지역성, 시민성, 예술성이라는 세 가지 요소를 근거
로 하여 한국의 생활예술 지원 정책에서 필요한 세 가지 차원을 이야기
하고자 한다. 이는 바로 생활예술의 '비전' 연결 및 '활동' 연결, 마지막으
로 '지원 환경'의 연결로, 비전을 연결한다는 것은 생활예술에 참여하는
사람들이 생활예술의 의미를 스스로 찾아내고 이를 공유한다는 뜻이며,
활동을 연결한다는 것은 생활예술을 하고 있는 시민들이 개별 조직들을
연결시켜 시너지 효과를 낼 수 있는 방안을 찾는다는 뜻이다. 마지막으
로 지원 환경의 연결은 생활예술 활동을 지원하기 위한 환경을 조성하되
환경 내에서의 개별 요소들이 유기적으로 연계되어 효율성 있는 지원을
만들어내기 위함이다.

생활예술 비전 연결 차원(People to Purpose)
- 생활예술 비전 연구 방안
- 생활예술 비전 공유 방안

생활예술 활동 연결 차원(People to People)
- 생활예술 단체 네트워크 방안
- 생활예술 축제 지원 방안

생활예술 지원환경 연결 차원(People to Resource)
- 생활예술 매개자 육성 방안
- 생활예술 법제도 지원 방안
- 생활예술 공간 지원 방안
- 생활예술 지식정보화 지원 방안

생활문화 활성화를 위한 정책 기반 구축 방안 연구

— 정광렬, 한국문화관광연구원, 2016

생활문화 전달 체계 개선 방안

생활문화정책은 문화체육관광부를 중심으로 지역문화진흥원, 한국문화예술교육진흥원, 문화원연합회/지방문화원, 문화의집협회/문화의집, 한국문화관광연구원, 지자체/지역문화재단 등에서 다양한 기관들이 서로 역할을 분담하고 있지만, 체계적인 전달 체계가 구축되지 못하고 있다. 특히 생활문화를 총괄하는 조직이 없고, 각각의 정책 및 프로그램이 다른 체계나 유사한 기능이 혼재되어 전달되고 있다. 지역에 전달되는 체계도 지자체/지역문화재단을 통하는 경우도 있고 중앙에서 지역의 생활문화시설/단체에 직접 전달되는 경우도 있으며, 지자체에서 중앙의 프로그램과는 별도로 산발적인 프로그램을 추진하고 있기도 하다. 생활문화 정책의 효율성 제고를 위해서는 수요자의 관점에서 전달체계 재구성이 필요하다. 이를 위해서는 문화체육관광부를 중심으로 총괄 조정하는 조직과 기능을 강화하고, 각 기관별 역할을 명확히 하며, 현재의 산재된 기능을 일부 개편하고, 협력 체계를 구축하며, 중앙과 지방의 역할과 프로그램의 전달 체계를 명확히 할 필요가 있다.

장기적으로는 생활문화에 국한하지 않고, 지역 문화 차원에서 전달 체계 재구성이 필요하다. 실제 생활예술에 국한하지 않고 마을 만들기, 지역사회 문화 활동 거점 및 협력 지원, 문화 자원의 개발, 인력 양성, 생활문화단체 등과의 협력과 지원의 중심에 생활문화 활동과 거점 조직이 위치하게 되면 자연스럽게 지역 문화의 중심이 되기 때문이다.

지역의 전달 체계에서는 이른바 깔때기 현상이 발생하기 때문에, 하나의 단일한 체계로 전달 체계를 구성하는 것은 어렵다. 따라서 지역문화진흥원이 생활문화와 지역문화진흥을 담당하는 중심 조직이 되고, 각 지역별 문화재단이 지역별 중간 역할을 수행하며, 생활문화센터 등 시설과 단체들이 실제 사업을 수행하고 지원하는 역할을 수행하도록 전달 체계를 구축할 필요가 있다. 이렇게 되면 지역문화재단은 전문예술(예술위원회)-문화예술교육(문화예술교육진흥원)-지역문화/생활문화(지역문화진흥원) 등에서 각기 영역별 사업을 전달하여 종합적으로 연계하여 수행하는 체계가 될 것이다.

이러한 전달 체계는 향후 정부의 정책 방향에 따라 영역별 경계를 조정하거나 통합할 수도 있다. 지자체의 경우에도 유사한 생활문화 정책에서 지자체의 소관 부서가 달라 칸막이 현상이 발생하고 있는 문제를 개선하여 생활문화센터 중심으로 통합과 연계가 필요하다. 세부적으로 문화의집의 경우 기존 성과와 영역을 보존하면서도, 보다 적극적으로 문화의집을 생활문화센터로 전환하도록 추진하여야 한다. 문화의집의 생활문화센터로의 전면적인 리모델링과 연계하여 생활문화센터에 대한 법적 근거를 명확하게 하여 운영 근거를 제시하여야 한다. 지방문화원에서 담당하는 생활문화 관련 기능과 사업은 어르신 문화 프로그램, 문화이모작사업, 생활문화공동체사업, 청소년 지역문화 창조 프로그램 등이다. 이중에서 어르신 문화 프로그램 및 청소년 지역문화 창조 프로그램은 지방 문화원의 고유 기능이며 특화된 프로그램이다.

그러나 문화이모작 사업 및 생활문화공동체만들기 사업은 지역 문화와 연관되어 있지만, 고유 기능이라고 보기 어려우므로 단계적으로 생활문화공동체만들기 사업 및 문화이모작 사업은 지역문화진흥원으로 이

관하는 것이 바람직하다.

생활문화센터는 시설 관점에서 거점조직의 관점으로 전환할 필요가 있다. 즉, 생활문화센터가 고정된 공간이 아닌 이동형, 네트워킹의 중심이 되어 찾아가는 문화 공간의 역할 수행 필요가 있다. 이를 위해서는 생활문화센터 독자적으로 수행이 어렵고, 문체부의 정책 방향에 근거하여 지자체의 효율적 협력과 지원이 필요하다. 즉, 생활문화센터가 지역사회 네트워킹 지원의 기본 역할을 할 수 있도록 지역문화진흥법에 근거하여 조례 규정이 명확해질 필요가 있다.

지역문화진흥원 기능 활성화 방안

지역문화진흥원의 기능 활성화를 위해서는 기본적으로 재정, 법적 안정성 및 조직·인력 확충 등이 필요하다. 지역문화진흥원의 기능을 4가지로 분류하여 향후 단계적으로 기능을 활성화할 필요가 있다. 1) 생활문화센터 등 공간 조성 지원, 생활문화 활동 지원 등 현재 수행하고 있는 기능의 강화 단계이다. 2) 현재 수행하지 않고 있는 생활문화 정책 개발, 프로그램 개발, 인력 양성, 교류협력/국제교류, 정보화 및 서비스, 홍보 등의 기능 추진 및 활성화 단계이다. 이러한 다양한 기능 중에서 전문가들은 중요성과 시급성에서 특히 프로그램 개발, 정책 개발, 인력양성 및 홍보 등의 기능에 대한 요구가 높았다. 3) 지역 문화와의 연계 강화 단계이다. 생활문화와 지역 문화를 연계하여 제도적인 통합적인 전달 체계를 구축하고, 지역 문화재단, 생활문화 관련 단체·조직 등을 위한 핵심적인 지원 조직으로 발전하는 단계이다. 4) 장기적으로 생활문화의 확산과 활성화를 통하여 생활문화와 예술문화, 전문가와 아마추어의 통합적인 문화 활동을 위한 기능과 조직으로 발전하는 단계이다. 이러한 단계에서는 문화 활동에 대한 패러다임 전환, 전달 체계, 문화시설 및 프로그램에 대한 융복합적인 방안, 법 제도 정비 등이 필요하다.

지역문화진흥원의 기능 활성화를 위해서는 사업 수행 중심 조직에서 정책 조정·지원 조직으로 전환할 필요가 있다. 즉, 제한적인 지원 기능에서 거버넌스 차원에서 포괄적인 기능을 수행할 필요가 있다. 생활문화시설 활성화를 위해서는 생활문화센터의 개념을 시설 유형으로서 명확히 재정립하고, 실제 현장에서 구분이 어려운 생활문화센터의 유형을 재구성하여 센터의 기능 중심보다는 이용자 관점에서 ① 프로그램 중심(수강 등), ② 동아리 참여형 중심, ③ 주민자율형 중심, ④ 복합기능형 등으로 구분하는 방향이 적합하다. 농어촌형의 경우에도 복합기능형의 하나로 구분하는 것이 바람직하다. 생활문화의 다양성의 특성을 살려 최소한도 의 시설 기준을 제외하고, 지역의 수요 조사를 통하여 지역적 특성을 살린 공간 및 운영 모델, 조성 과정 및 운영 과정에 초점을 둘 필요가 있다. 생활문화는 초기 단계이므로 자발적인 운영 과정, 동아리 활동, 개인적인 문화의 일상화 → 커뮤니티/마을 공동체 → 도시 재생 등으로 확산하는 성공 모델을 개발하여 확산시킬 필요가 있다.

또한 앞에서 언급한 바와 같이 정부의 지원으로는 생활문화시설 확산에 한계가 있으므로 생활문화센터 인증제도를 도입하여 민간 영역으로 확산시킬 필요가 있다. 생활문화 활동 활성화를 위해서는 생활문화동호회 네트워크에 대한 체계적 지원, 생활문화센터를 통한 동호회 지원 등 간접적인 지원을 강화하고, 중장기적으로 동호회에 대한 선별적인 직접적인 재정 지원, 맞춤형 정보 제공, 공간·장비의 제공 및 공동 활용 체계 구축, 맞춤형 컨설팅 및 교육 강화, 생활문화 정책 개발, 생활문화 특성을 고려한 실태 조사 및 지표 체계 개발 등이 필요하다.

생활문화 법령 개정 방안

생활문화 관련 법령의 개정 방향은 1) 생활문화에 대한 개념의 명확성 제고, 2) 생활문화센터의 법적 규정 명확화, 3) 생활문화센터 인증제 등 생활문화 활성화를 위한 정책 근거 강화, 4) 지역문화진흥원의 기능 강화를 위한 위탁 업무 지정 근거 확보 등을 중심으로 설정하였다. 이에 근거하여 지역문화진흥법 및 지역문화진흥법 시행령 개정안을 제안하였다.

생활문화 전문인력 확충 및 활용 방안

문화체육관광부에서는 지역문화진흥법에 근거하여 2015년도부터 지역문화 전문 인력 양성 기관을 지정하여 현재 중앙 1개, 지방 5개 기관이 지정되어 전문 인력을 양성하고 있다. 생활문화-문화 복지-지역문화 전문 인력의 역량은 크게 다르지 않다.

그러나 시설 및 단체의 역할 유형에 따라 생활문화 전문 인력은 네트워킹, 촉진자, 기획·재원(자원) 발굴, 프로그램 운영, 조사 분석, 공간 운영 등에서 다양한 역량을 필요로 한다. 이러한 전문성을 모두 갖춘 인력이 있으면 좋겠지만, 제한적인 기간 동안의 교육으로 이러한 전문성을 모두 쌓기에는 한계가 있으므로 보다 세분화된 전문적인 인력 양성 프로그램이 필요하다. 즉, 내용별이 아니라 지역문화 전문 인력/생활문화 전문 인력이 갖추어야 할 역량을 먼저 개발하고, 이러한 역량을 갖추기 위한 방법과 과정 위주로 교육이 이루어져야 한다.

이러한 역량의 수준 설정과 표준화는 향후 전문적인 인력 양성과 배치, 자격제도 도입 시 기준을 설정하는 데 기여할 것이다. 지역 문화 전문 인력 교육 수료 후 취업 정보 제공 및 가산점 부여 등의 혜택이 있지만,

실제 제대로 활용되지 못하고 있다. 생활문화 전문 인력 활용을 위해서 통합적인 경력 관리 및 채용 정보 통합 사이트 구축, 생활문화시설/단체의 지원조건으로 전문 인력의 의무적 확보, 생활문화 전문 인력의 활동 및 연계 협력 강화를 통한 간접지원 제도 강화 등이 필요하다.

생활예술의 비전과 쟁점 포럼
— 서울문화재단, 2017

지역과 일상에서 문화를 누리는 생활문화 시대
서울문화재단은 서울 시민 모두가 일상생활 곳곳에서 자발적으로 예술 활동을 하고 생활문화를 향유할 수 있도록 다방면의 활동 지원과 환경 조성에 앞장서고 있다. 그 일환으로 생활예술의 정책 현안 공유 및 실천 네트워크 활성화를 위하여 <생활예술의 비전과 쟁점>을 개최한다.

1부 생활예술의 현재 그리고 미래 조망

「생활예술의 개념적 현황과 지향」
_ 최도빈(이화여대 생명의료법연구소 연구원)

생활문화와 생활예술
'생활문화' 관련 정책들은 사회 구성원의 문화예술 향후 경험의 양적 확산을 목표로 한다. '생활예술' 정책은 자발적 예술 활동, 곧 '함'과 '만듦'을 통해 자기 인식 및 인정 욕구 충족의 계기 마련에 초점을 맞춰야 한다.

- 생활문화 정책 : 문화 향유의 경험을 확산하여 정책 수혜자를 양적으로 확대하고, 정책 인지도 및 긍정적 평가를 사회 전반에서 높이는 역할을 수행한다
- 생활예술 정책 : 구성원들에게 문화예술 관련 감상과 교육을 넘어 스스로 예술 행위를 하고, 또 자기 발전의 경험 기회를 제공함으로써 사회가 개인의 삶의 가치를 높이는 선도적 역할을 수행한다.

생활예술과 전문예술

10년 전(2007)만 해도 생활예술 관련 개념 정립 초기 단계에서는 자기 정체성 확립을 위해 '전문 예술'과 대립각을 세웠으나, 그동안 예술의 대중화와 예술계의 확장은 양자의 대립적 이해를 넘어 상보적 관계로 발전할 필요성을 시사하고 있다.

'생활예술'과 관련된 행정적·법적 재정비의 필요성

지역문화 유지 및 육성을 목표로 한 기존 지역문화진흥법 조항들 안에는 여전히 중앙 중심적 시각과 하향적 전달성이 내재하기에 장기적으로는 보다 평등한 '지원법'으로 변화할 필요가 있다.

또 그 안에 첨부된 '생활문화' 조항은 문화예술 관련 주민들의 동호회 활동 지원에 국한되어 있어 지원 영역을 확대할 필요가 있어 보인다. 과거의 법 조항만으로는 시민들의 자발적·주체적 예술 활동을 연결하고 조직화하는 데 최적화된 지원을 할 수 없을 것으로 예상된다. 독자적인 '생활예술지원법' 마련을 통한 창의적 생활예술 지원 체계 수립이 필요하다.

「네트워크 사회 속 생활예술」

_ 조희정(서강대 사회과학연구소 책임연구원)

생활예술의 비전

생활예술은 예술 확산 그 자체를 목적으로 하기보다는 예술을 통한 존재와 권리의 강화가 목적이 되어야 한다. 또한 경제 활동보다 더 나은 사회 활동으로서의 의미를 회복하는 차원에서 접근해야 한다.

따라서 생활예술의 비전은 계량적인 의미에서 예술 인구의 확산으로 평가되기보다는 '생활과 예술의 경계가 없는 네트워크 공동체의 삶'이라는 가치를 비전으로 제시해야 한다.

T. H. Marshall은 21세기는 문화적 시민권, 창작과 향유를 통해 존재와 권리를 강화할 수 있는 시대라고 했다.

네트워크 사회 속 생활예술의 주축은 연결·개방·공유이다.

생활예술은 다양한 예술 콘텐츠의 등장이라는 도구적·기술적 측면과 함께 누구나 창작하기 좋은 환경 조성을 위해 ICT(정보통신기술)가 얼마나 많은 실질적인 연결과 협업을 이루고 있는가에 주목한다. 즉 오프라인에서 조성되고 있는 인적·물적 지원을 ICT가 얼마나 효과적으로 매개할 수 있는가에 주목하는 것이다.

쌍방향성과 소통 방식을 중심으로 시민의 연결에 중점을 두어야 한다. 연결이 결정되고 다양한 지역에서 실험성이 성과를 거두고, 시민에게 구체적인 효능감을 느끼게 할 때 생활예술의 밝은 미래를 예견할 수 있는 것이다.

「생활예술과 생활체육의 비교 고찰」

_ 송형석(계명대 체육대학 교수)

생활체육이 생활예술에 주는 시사점

생활예술은 (전문)예술로부터 분명하게 분화되어야만 한다. 체육은 전문체육과 생활체육으로 분명하게 분화되었다. 체육에 비해 예술의 경우 전문예술과 생활예술은 아직 분명하게 분화되지 않았다. 생활예술인조차도 등단이나 입선 같은 제도적 장치를 통해 예술가로 인정받고 싶어 한다. 인정 욕구와 구별 짓기 욕구가 체육보다 예술에서 더욱 강하게 나타난다. 생활체육을 지배하는 것은 생활체육의 논리이지 전문체육의 논리가 아니다.

그러나 생활예술은 (전문)예술의 논리에 의해 지배되고 있다. (전문)예술의 논리는 생활예술의 의미론이 확장되는 것을 방해할 수 있다.

생활예술이 분화되기 위해서는 (전문)예술과 다른 생활예술만의 의미, 가치, 기능이 새로 구성되어야 한다. 예술이 특별한 무엇이 아니라 우리가 쉽게 창작하고 감상할 수 있는 대상으로 재의미화되어야 한다.

사안 차원의 적합성 제고와 관련된 시사점

첫째, 생활예술은 활용 가능한 의미론을 풍부하게 만들어내야 한다.

둘째, 생활예술은 누구나 입문하기 쉽게 변화되어야 한다.

예술의 경우 입문하기가 쉽지 않다. 창작 행위를 즐기기까지 글쓰기, 그림 그리기, 악기 다루기 등과 같은 일정한 기능을 배워야 하고, 배운 기능을 반복해서 연습하여 몸에 익혀야 한다.

생활예술을 활성화하기 위해서는 입문하기 쉬운 활동으로 이루어진 프로그램을 제공해 줄 필요가 있다. 일반인이 쉽게 입문할 수 있는 활동으로 북치기, 사진촬영, 댄스, 연극(또는 연기 행위) 등을 들 수 있다.

입문의 용이성과 함께 생활예술은 무엇보다 재미있어야 한다. 예술이 줄 수 있는 재미는 다양할 수 있다. 지적인 재미, 감각적인 느낌이 주는 재미, 몸을 놀리는 재미, 함께하는 재미 등 다양한 재미들을 예술은 줄 수 있다. 입문의 용이성과 함께 재미 요소를 함께 고려하여 프로그램을 제공하는 일은 생활예술 지원 정책의 중요한 부문이 되어야 할 것이다.

셋째, 생활예술은 시설을 늘려야만 한다.

생활체육에 비해 생활예술은 쉽게 싼 가격에 이용할 수 있는 생활예술 시설이 많이 부족하다. 연극을 할 수 있는 공간, 성악을 배우고 노래를 부를 수 있는 공간, 시 낭송을 할 만한 공간이 우리 주변에 많지 않다. 동네에서 쉽게 예술 창작과 감상을 할 수 있는 공간이나 시설이 거의 없다.

서울시의 경우 '마을예술창작소' 사업을 통해 생활예술 공간을 확보하려 노력하고 있다. 이러한 사업을 통해 다양한 예술을 감상하고 창작할 수 있는 환경이나 시설이 늘어나야 한다. 예술 창작과 감상을 할 수 있는 기본 인프라가 곳곳에 만들어져야 한다. 마을마다 동마다 아마추어들이, 생활인들이 예술을 감상하고 창작할 수 있는 공간들이 많이 만들어져야 한다. 자기 사는 동네에서 시 낭송 행사나 작은 음악회가 벌어지고, 동네의 공간에서 그림 전시회가 생기면 생활인들이 예술에 대해 느끼는 벽이 허물어질 것이다. 그런 의미에서 동네 사랑방처럼 누구나 쉽게 드나들며 예술 활동에 직접 참여할 수 있는 시설과 공간의 마련은 생활예술 지원책이 가장 크게 고려해야 할 사안이다.

넷째, 생활예술은 예술 행위의 우열을 결정할 수 있는 객관적 기준을 마련할 필요가 있다. 생활예술은 우월성을 과시하는 수단으로 활용될 수 있으며, 이를 통해 지속적인 예술 활동에 대한 동기가 유발할 수도 있다.

사회 차원의 적합성 제고와 관련된 시사점

첫째, 생활예술은 엘리트주의에서 벗어나야 한다.

예술계에는 '예술은 뭔가 특별한 사람만 할 수 있는 특별한 것'이라는 고정관념이 뿌리깊이 자리하고 있다. 그렇기 때문에 '예술'이라는 기호에는 '대중성'이라는 의미가 연결되기 어렵다. 생활예술이 사회적으로 확산되려면 먼저 '예술은 뭔가 특별한 것'이라는 고정관념에서 탈피해야만 한다.

요즘 예술을 엘리트주의에 벗어나게 하려는 다양한 시도들이 나타나고 있다. 현대 예술 체계는 민중예술, 공동체예술/마을예술, 공공예술, 시민참여예술, 에이블아트(장애인예술), 예술치료, 문화민주주의/예술민주주의 등의 개념을 통해 대중이 참여할 수 있는 예술 개념을 창안해 냈다.

지금의 생활예술은 수용자들이 참여하는 다양한 방식들을 활용하고 있다. 생활예술은 참여 공간을 다변화시켰다. 미술에서 갤러리 공간을 벗어난 미술 작품 전시, 예를 들어 동네 갤러리, 벽화 그리기, 대형 건물 앞의 예술품 설치 등이 확산되고 있다. 연극에서도 마당극처럼 관객 참여형 연극이나 거리극처럼 극장을 벗어난 연극이 생겨나고 있다. 음악에서도 버스킹 같은 길거리 공연도 많이 이루어지고 있다. 대구 방천시장의 김광석거리처럼 예술로서 거리를 변화시키는 사례도 일어났다.

미술에서 판화, 캘리그라피, 팝아트, 그래피티, 음악에서 대중가요, 춤에서 모던댄스처럼 대중들이 쉽게 접할 수 있는 예술들이 생겨나고 있다. 교육연극처럼 예술을 교육에 활용하는 사례들도 늘어나고 있다.

문화민주주의, 예술민주주의는 예술 감상과 창작이 모든 사람들에게 공평하게 열려 있다는 개념이다. 이 개념은 생활예술 정책에서 사용하기에 유용한 개념이다.

둘째, 생활예술 정책은 대중을 계도하려 들지 말아야 한다.

생활예술 정책에는 계몽기적 열정이 은밀하게 내재되어 있다. 민중예술은 성역에 머물러 있던 예술의 세속화, 예술의 대중화에 적지 않게 기여했다. 그러나 그 속에 내재된 규범적 요소들은 예술의 대중화를 가로막는 보이지 않는 장벽이 될 수 있다. 현대의 대중에게 규범과 가치는 부담스러운 것이기 때문이다.

셋째, 생활예술은 다른 사람들과 공적 공간에서 함께할 수 있도록 조직되어야만 한다. 체육은 집단적 행동의 성향이 강한 반면, 예술은 개인적·고립적 활동의 성향이 강하다. 예술을 하는 사람들은 혼자서 그림을 그리거나 악기를 연주하거나 한다. 어떤 일을 혼자 하는 것과 함께하는 것은 지속성의 관점에서 볼 때 다른 결과를 나타낸다. 타인과 더불어 공적인 장소에서 운동하는 사람이 혼자 하는 사람보다 운동을 더 오래 지속하는 것으로 나타났다.

이러한 맥락에서 생활예술 정책은 생활예술 참가자들이 공공장소에서 함께 모여 활동할 수 있는 기회를 많이 마련해야 할 것이다.

시간 차원의 적합성 제고와 관련된 시사점

첫째, 생활예술은 학교예술 및 전문예술과 순환적 관계를 구축해야 한다. 체육은 전문체육, 학교체육, 생활체육으로 분화되었다. 이들은 상호 순환 관계를 구축하고 서로가 서로를 자기 생산의 환경 자원으로 활용한다.

생활예술 지원 정책도 예술의 하위 체계들과 독립적으로 운영되어서는 안 되며, 항상 예술교육 지원과 예술가 지원을 균형적으로 고려하면서 전개되어야 한다는 점을 일깨운다.

시민의 예술에 대한 관심은 어느 날 갑자기 생겨나는 것이 아니다. 그것은 다양한 계기를 통해 조금씩 커져 가는 것이다. 학창 시절에 예술 활동을 긍정적으로 체험한 사람은 사회에 진출하고 난 후에도 예술 활동에 참가할 가능성이 높다.

그런 의미에서 생활예술 지원정책은 교육기관과의 적절한 협조 체계를 구축할 필요가 있다. 전문 예술가와 생활예술인(단체)이 상호작용하면서 서로가 서로를 생산적으로 활용할 수 있는 방안도 마련되어야 할 것이다. 둘째, 생활예술은 결과물 산출을 단순화할 필요가 있다.

체육의 경우 최종 결과물의 산출이 단순하다. 반면 예술의 경우, 그것이 생활예술일지라도 결과물을 산출하는 과정이 지난하다. 아마추어 밴드가 몇 곡을 연주하는 공연이나 연극 한 편을 올리더라도, 연습 시간 등 준비하는 과정에서 들이는 시간과 노력은 상당하다.

생활예술은 최종 산출물 또는 결과물을 만들어 내는 과정을 비교적 쉽고 짧고 단순하게 만들 필요가 있다.

2부 생활예술 진흥을 위한 정책 과제

「생활예술 진흥을 위한 법·제도 개선 방향」
_ 박경신(경희사이버대학교 문화예술경영학과 교수)

생활예술 관련 현행 법률
헌법상 국민의 문화기본권을 구체화하고 이를 보장하기 위한 국가적 책무를 규정하는 문화기본법이 2013년 제정된 데 이어 지역문화진흥법이

2014년 제정됨에 따라 지역의 생활문화 활성화가 최초로 법제화되었다.

1) 문화기본법

의의

헌법상 국민의 문화권을 구체화하고 이를 보장하기 위한 국가적 책무를 규정함으로서 국민의 문화권 실현을 촉진하고 활성화 할 수 있는 제도적 기반으로 헌법을 보완하고 헌법과 개별법을 연결해 주는 매개법으로서의 의미를 지닌다.

생활예술 관련 주요 내용

문화기본권 제4조는 문화권을 "성별, 종교, 인종, 세대, 지역, 사회적 신분, 경제적 지위나, 신체적 조건에 관계없이 문화 표현과 활동에서 차별을 받지 아니하고 자유롭게 문화를 창조하고 문화 활동에 참여하여 문화를 향유할 권리"로 규정하고 있다.

또한 제5조는 국가는 국민의 문화권을 보장하기 위하여 문화 진흥에 관한 정책을 수립·시행하고, 이를 위한 재원의 확충과 효율적인 운영을 위하여 노력하여야 하며 지방자치단체의 문화 관련 계획, 시책과 자원을 존중하고, 지역 간 문화 격차의 해소를 통하여 균형 잡힌 문화 발전이 이루어지도록 노력하여야 한다고 규정하는 한편 국가와 지방자치단체는 경제적·사회적·지리적 제약 등으로 문화를 향유하지 못하는 문화소외 계층의 문화 향유 기회를 확대하고 문화 활동을 장려하기 위하여 필요한 시책을 강구하여야 한다고 규정하고 있다.

2) 지역문화진흥법

의의

2014년 지역문화진흥법 제정을 통해 비로소 지역문화 진흥에 관한 종합적·기본적 법률을 마련하게 되었다. 지역문화진흥법은 국가와 지방자치단체는 지역 간의 문화 격차 해소와 지역문화 다양성의 균형 있는 조화, 지역주민의 삶의 질 향상 추구, 생활문화가 활성화 될 수 있는 여건 조성, 지역문화의 고유한 원형의 우선적 보존의 기본 원칙에 따라 지역문화 진흥 정책을 추진하여야 한다고 규정함으로써 지역문화 진흥을 위한 국가와 지방자치단체의 책무를 강화하였다.

생활예술 관련 주요 내용

지역문화진흥법은 '지역문화'를 "지역을 기반으로 하는 문화유산, 문화 활동, 생활문화, 문화산업 및 이와 관련된 유형·무형의 문화적 활동"으로 규정하면서 '생활문화'를 "지역의 주민이 문화적 욕구 충족을 위하여 자발적이거나 일상적으로 참여하여 행하는 유형·무형의 문화적 활동"으로 규정하고 있다.

이에 따라 국가와 지방자치단체는 생활문화를 활성화하기 위하여 주민 문화예술단체 또는 동호회의 활동을 지원할 수 있다(제7조 제1항). 또한 국가 또는 지방자치단체가 설치하여 운영하는 문화시설의 운영자는 시설 운용에 지장이 없는 범위에서 주민 문화예술단체 또는 동호회 활동을 위한 공간을 제공할 수 있으며(제7조 제2항) 개인·기업 등 민간이 설립한 문화시설의 운영자가 주민 문화예술단체 또는 동호회에게 활동 공간을 제공할 경우 국가와 지방자치단체는 이와 관련한 비용을 예산의 범위에서 지원할 수 있다고 규정하고 있다(제7조 제3항).

아울러 국가와 지방자치단체로 하여금 생활문화 시설의 확충에 필요한 지원과 시책을 강구하도록 하고 있으며(제8조 제1항) 국가와 지방자치단체는 생활문화 시설의 건립·운영 및 사업 수행에 필요한 비용을 예산의 범위에서 지원할 수 있다(제8조 제2항). 특히 지방자치단체의 장은 해당 지방자치단체가 소유하는 유휴 공간을 '공유재산 및 물품관리법'에서 정하는 바에 따라 생활문화 시설로 용도 변경하여 활용할 수 있으며, 지방자치단체의 장은 생활문화시설을 설립·운영하려는 자가 이러한 유휴 공간을 사용할 것을 신청하면 무상으로 사용하게 할 수 있다(제8조 제3항 및 제4항). 국가와 지방자치단체는 지역 간 문화 격차 해소와 지역문화 균형 발전을 위하여 농·산·어촌 등 문화 환경이 취약한 지역에 필요한 지원과 시책을 강구하여야 하며, 문화 환경이 취약한 지역에 대하여 지역의 문화예술 향유 기회를 보장하기 위한 사업을 우선적으로 시행할 수 있다(제9조 제1항 및 제2항).

3) 문화예술진흥법

의의

1972년에 처음 제정된 문화예술진흥법은 헌법상 문화국가 원리가 직접적으로 구현된 대표적 문화행정법인 동시에 문화예술 진흥을 위한 정책법의 성격을 가진 최초의 문화 관련 기본법으로 평가되는 동시에 지역문화진흥법 제정 이전에는 생활예술 관련법으로 평가되었다.

생활예술 관련 주요 내용

국민의 문화 향수 기회를 확대하기 위하여 국가와 지방자치단체는 문화시설을 설치하고 그 문화시설이 이용되도록 시책을 강구할 필요가 있다(제5조). 국가와 지방자치단체는 경제적·사회적·지리적 제약 등으로 문화예술을 향유하지 못하고 있는 문화 소외계층의 문화예술 향유 기회를 확대하고 장려하기 위하여 필요한 시책을 강구하여야 하며(제15조의 3) 문화소외계층에게 문화이용권을 지급할 수 있다(제15조의 4).

4) 문화예술교육지원법

의의

2005년 문화예술교육지원법이 제정되면서 생활예술 구현의 중요한 부분이라 할 문화예술 교육의 중요성을 재인식하는 계기를 갖게 되었다. 이 법은 문화예술 교육의 기본 원칙을 선언하고 있고, 문화예술 교육 지원에 필요한 사항을 정함으로써 문화예술 교육을 활성화하고, 나아가 국민의 문화적 삶의 질 향상과 국가의 문화 역량 강화에 이바지함을 목적으로 하고 있는 문화예술교육지원법을 계기로 문화예술교육정책은 문화예술 공급자 중심의 기본 정책과 달리 수요자 중심의 정책으로 변화되었다.

문화예술교육지원법은 '문화예술 교육'을 학교문화예술 교육과 사회문화예술 교육으로 구분하고 특히 한국문화예술교육진흥원의 설립 및 지역문화예술교육지원센터의 지정과 함께 지역 중심의 문화예술 교육의 거점이 될 지역문화예술교육지원협의회의 설치 및 운영을 규정함으로써 사회문화예술 교육정책의 정책 방향을 지역주민과 지역발전을 위한 사회문화예술 교육과 문화적 취약 계층을 위한 문화기본권을 보장하고자 하는 사회문화예술 교육으로 구분하였다.

일상 속에서 예술에 대한 접근권 제고를 통하여 국민들이 예술의 수요자로서뿐 아니라 적극적인 창작의 주체로서 자아실현을 할 수 있는 생활예술 정책 구현의 주요한 토대가 구축되었다고 할 수 있다.

문화예술 교육의 일환으로 이루어지는 동아리 활동, 축제, 학예회, 발표회 등 학교 문화예술 활동 및 행사를 지원할 수 있고 학교 문화예술 교육의 지원을 위하여 예산의 범위 안에서 그 사업비의 전부 또는 일부를 보조할 수 있다(제15조 내지 18조).

또한 사회문화예술 교육의 일환으로 이루어지는 동아리 활동, 축제, 발표회 등 사회문화예술 활동 및 행사를 지원할 수 있고 노인·장애인 등 특별한 배려가 필요한 문화적 취약계층을 보호·지원하는 각종 시설 및 단체에 대하여 사회문화예술 교육 관련 활동을 지원할 수 있으며 교육시설 및 교육단체에 대하여 예산의 범위 안에서 그 사업비의 전부 또는 일부를 보조할 수 있다(제21조 내지 26조).

5) 예술인복지법

의의

예술인들이 처한 경제적 어려움과 복지 문제의 해결을 위해 2011년 예술인복지법이 제정되었다. 이 법은 예술인에게 직업적 지위와 권리를 부여하는 한편, 예술인을 단순한 직업인이 아닌 국가에 대한 문화적·사회적·경제적·정치적 공헌자로 규정하여 법적 지위를 상향시킴으로써 예술인복지법의 정당성을 부여하고 있다.

생활예술 관련 주요 내용

이 법의 적용 대상으로서의 예술인을 "예술 활동을 업(業)으로 하여 국가를 문화적·사회적·경제적·정치적으로 풍요롭게 만드는 데 공헌하는 사람으로서 문화예술 분야에서 대통령령으로 정하는 바에 따라 창작, 실연(實演), 기술지원 등의 활동을 증명할 수 있는 사람"을 의미한다.

따라서 예술인복지법상 예술인으로 인정받기 위해서는 공표된 저작물이 있거나 예술 활동으로 얻은 소득이 있거나 또는 이에 준하는 예술 활동 실적이 있어야 한다. 생활예술 활동을 통하여 만들어진 콘텐츠가 저작물에 해당하거나 생활예술 활동으로 소득을 얻는 경우는 예술인복지법상 예술인으로 인정받을 수 있다.

예술인복지법은 예술인의 지위와 권리를 보장받기 위하여 모든 예술인에 대하여 자유롭게 예술 활동에 종사할 수 있는 권리와 이를 통해 정당한 정신적·물질적 혜택을 누릴 수 있음을 선언할 수 있고, 불공정한 계약을 강요당하지 않을 권리를 보장하고 있다(제3조). 이에 따라 국가와 지방자치단체는 예술인의 지위와 권리를 보호하고 예술인의 복지 증진에 관한 시책을 수립하여 시행하여야 하며 예술인이 지역, 성별, 연령, 인종, 장애, 소득 등에 따른 차별 없이 예술 활동에 종사할 수 있도록 시책을 마련하여야 할 책무가 있다. 이에 따라 국가 또는 지방자치단체는 예산의 범위에서 예술인의 복지 증진을 위한 사업과 활동에 필요한 지원을 할 수 있다(제4조).

6) 저작권법

개요

헌법은 제23조에서 사유재산권에 관한 규정을 두고 있는 것과 별도로 제22조를 통하여 지적재산권에 관한 규정을 두고 있는데, 이처럼 헌법이 저작자발명가 등의 특별한 보호를 명시하고 있는 것은 저작권자 등의 보호 그 자체가 목적이라기보다 자유롭고 창조적인 과학 기술 연구 개발을 촉진하여 그 연구의 소산을 보호함으로써 문화 창달을 제고하려는 데 그 목적이 있다.

그러나 어떤 기본권 주체가 다른 기본권 주체의 저작물을 허락 없이 사용하여 새로운 창작물을 만들어 공개하는 경우, 일방 기본적 주체의 표현의 자유 및 문화예술의 자유가 상대방 기본권 주체의 저작재산권과 충돌하는 상황이 초래되며 이러한 충돌을 조화롭게 해결하기 위한 방안으로 기본권 제한의 문제가 제기된다.

이러한 저작재산권 보호 및 제한의 법리를 구체적으로 입법화한 것이 바로 저작권법이다. 저작권법은 저작자의 권리와 이에 인접하는 권리를 보호하고 저작물의 공정한 이용을 도모함으로써 문화 및 관련 산업의 향상·발전에 이바지함을 목적으로 천명하고 있으며 이러한 입법 취지 및 목적에 따라 저작권법은 여러 조문에 걸쳐 저작재산권의 제한 규정을 두어 저작물을 자유롭게 이용할 수 있는 경우를 명문화함으로써 저작자와 이용자 간의 권리의 균형 및 조화를 도모하고 있다.

생활예술 구현에서 저작권과의 충돌 문제

개방·공유·참여로 대표되는 웹 2.0 등 상호적 매체 기술 발달로 사용자의 위상이 높아짐에 따라 최근의 생활문화예술은 온라인 공간에서 활발히 이루어지고 있다. 특히 동호회들은 온라인 카페 활동을 통하여 회원 모집과 정보 공유 등의 활동을 하고 있으며, 누구나 접근이 용이한 소프트웨어를 이용하여 콘텐츠를 쉽게 창작할 수 있게 되었다. 이외에도 누구나 기술을 사용하여 콘텐츠를 제작할 수 있는 미디어 리터러시의 증가는 생활문화예술이 가지는 커뮤니케이션 기능, 공동체 형성, 자율적 공간의 확보 등에서 그 잠재력을 가상 공간까지 확장시키고 있다.

인터넷 환경의 세계적 보편화와 함께 참여형 예술에 관한 저작물의 자유 이용을 구현한 대표적인 사례인 UCC의 활성화는 '새로운 창작 계급'의 탄생을 알리는 것으로 UCC의 확산은 "금전적 대가 때문이 아니라 그

일에 대한 애정 때문에 창작에 몰두하는" 진정한 아마추어 문화의 시대를 알리며 축하하는 것이다. 이는 전문 예술인이 아닌 사람들이 일상 속에서 적극적으로 예술 활동에 참여하는 창작의 형태로 일종의 생활문화예술 구현으로 볼 수 있다.

그러나 UCC는 순수하게 이용자 스스로 제작하는 것도 있지만 대다수의 UCC는 타인의 콘텐츠를 수정·변형하거나 편집한 것이 많다는 점을 고려할 때 복제권 또는 2차 저작물 작성권 침해의 문제를 야기하게 된다. 이외에도 생활문화예술의 주류를 이루는 동호회에서 기존의 저작물을 이용하는 경우 발생하는 저작권 문제가 예술 활동의 장애 요인으로 떠오르고 있는데 특히 동호회의 연주를 비롯한 공연 영상을 온라인상에 공개하는 행위가 저작권을 침해하는지 여부가 문제가 된다.

생활예술 구현과 관련된 저작권법상의 규정

복제권

저작자는 그의 저작물을 복제할 권리를 가진다(제16조). 저작권법상 복제는 인쇄·사진촬영·복사·녹음·녹화, 그 밖의 방법으로 일시적 또는 영구적으로 유형물에 고정하거나 다시 제작하는 것을 말하며(제2조 제22호), 이에 따라 저작물 전부에 대한 복제뿐만 아니라 부분적인 복제도 저작권 침해에 해당하며 저작물을 복제하는 경우에도 실질적 유사성이 인정된다면 저작권상의 복제에 해당된다.

따라서 온·오프라인에서의 생활예술 활동에서 타인의 저작물을 이용하는 경우 저작재산권의 제한 사유 등에 해당하지 않는 한 복제권 침해에 해당할 수 있다.

2차적 저작물 작성권

원저작물을 번역·편곡·변형·각색·영상 제작, 그 밖의 방법으로 작성한 창작물은 2차적 저작물에 해당하며 독자적인 저작물로서 보호된다(제5조 1항). 이러한 2차적 저작물을 작성할 수 있는 권리는 원저작물의 저작권자에 있다(제22조).

따라서 기공표된 원저작물을 활용하여 만들어진 생활예술 콘텐츠는 원저작물에 새로운 독창성이 가미된다면 2차적 저작물에 해당할 수 있으나 원저작물의 저작권자의 허락 없이 이러한 2차적 저작물을 만든 경우 2차적 저작물 작성권 침해에 해당된다.

공표된 저작물의 인용

저작권자의 허락이 없는 경우라도 공표된 저작물은 보도·비평·교육·연구 등을 위하여 정당한 범위 안에서 공정한 관행에 합치되게 이를 인용할 수 있도록 허용하고 있다(제28조). 그러나 피인용 저작물을 지나치게 많이 이용하거나 전부 인용하여 원저작물에 대한 시장 수요를 대체할 수 있는 정도가 되어서는 안 되며 인용된 저작물의 출처를 명시하여야 한다.

영리를 목적으로 하지 아니하는 공연

저작권법은 영리를 목적으로 하지 아니하고 청중이나 관중 또는 제3자로서 어떤 명목으로든지 반대급부를 받지 아니하는 공연의 경우 저작재산권자의 이용 허락 없이도 저작물을 공연에 사용할 수 있도록 허용하고 있다(제29조 제1항). 다만 실연자에게 통상의 보수를 지급하지 않아야 하며 상업용 음반 또는 상업적 목적으로 공표된 영상 저작물을 재생하는 경우는 제외된다.

따라서 단순히 관객들로부터 입장료 등의 반대급부를 받지 않는 것뿐만 아니라 실연자들도 무보수로 참여해야 하며, 기업 등으로부터 협찬금도 받아서는 안 된다.

저작물의 공정한 이용

공표된 저작물의 인용에 해당하는 경우 이외에도 "저작물의 통상적인 이용 방법과 충돌하지 아니하고 저작자의 정당한 이익을 부당하게 해치지 아니하는" 범위 내에서는 보도·비평·교육·연구 등을 위하여 저작물을 이용할 수 있도록 허용한다(제35조의 3).

현행 지역문화진흥법 개정 방안

예술이 문화에 포함되듯 생활예술 역시 광의의 생활문화 범위 내에 포함시킬 수 있지만 개인의 주체성 측면에서 생활예술과 생활문화는 서로 다른 함의를 가지고 있다. 즉 생활예술은 엘리트 또는 전문가 중심에서 아마추어와 비전문가 중심으로 정책 대상이 확대되는 것을 의미하는 반면 생활문화 정책과 프로그램은 주체와 대상보다는 공간과 공동체를 중심으로 한다.

현행 지역문화진흥법은 주체적 개인을 전제로 하고 있는 생활예술과 관련된 수요를 충분히 반영하지 못한다고 할 수 있으며 생활예술의 기반 조성 및 활성화를 도모하기 위한 개별 법률 마련의 필요성이 크다고 할 수 있다. 따라서 생활예술진흥법(가칭) 제정이 필요한 것이다.

가칭 '생활예술진흥법'의 주요 내용

1. 적용 대상

생활예술은 예술적 욕구 충족을 위하여 행하는 자발적이고 일상적인 유형·무형의 예술 활동으로 정의할 수 있으며 반드시 지역의 주민이 주체일 필요는 없다. 다만 공적 지원 대상을 명확히 하고 생활예술 활동의 지속성을 담보하기 위해서는 생활예술 단체와 동호회에 대한 법적 개념을 정의함으로써 적용 대상의 범위를 명확히 할 필요가 있다. 이와 관련하여 중복 승인 내지 과잉 지원의 문제를 최소화하기 위하여 일정 자격 요건을 구비한 전문 예술인에 대한 지원을 목적으로 하는 예술인복지법의 적용을 받는 예술인으로 구성된 단체는 생활예술 단체에서 제외시킬지 여부에 대한 검토가 필요하다.

2. 국민의 생활예술의 권리

접근권과 향유권을 넘어선 적극적인 참여권으로서의 국민의 생활예술의 권리를 규정할 필요가 있다. 이에 따라 모든 국민은 예술적 욕구 충족을 위하여 생활예술을 즐길 권리를 가지며 생활예술에 관하여 어떠한 처벌도 받지 아니하고 평등하게 누릴 수 있어야 한다. 이를 위해 국가 및 지방자치단체는 국민의 생활예술 권리 보장을 위하여 노력할 의무를 진다.

3. 국가와 지방자치단체의 책무

생활예술에 대한 국가와 지방자치단체의 책무를 명확히 할 필요가 있다. 이에 따라 국가와 지방자치단체는 생활예술의 진흥을 위하여 필요한 시책을 수립·시행하여야 하며 이에 따른 책무를 다하기 위하여 필요한 지원을 해야 한다.

특히 실질적인 생활예술 권리 보장을 위해서는 적극적인 재정 지원과 정책이 이루어져야 한다는 점과 지역의 문화 재정이나 문화 행정의 수준이 취약한 상황을 감안하여 예산 지원에 대한 국가의 책무성이 더욱 강조될 필요가 있다.

4. 생활예술 진흥을 위한 기본계획의 수립 및 진행

생활예술 분야는 다른 어느 분야보다 중앙 집중보다 지방자치가 강조되어야 하는 분야로써 중앙정부 차원에서 접근하기보다 각 지역적 환경의 특성에 맞게 지역 단위에서 추진되어야 할 사업들이 많다. 이러한 상황을 감안하여 정부와 지방자치단체는 생활예술 진흥을 위한 기본계획 수립과 이를 반영한 시행계획 수립으로 역할을 나눌 필요가 있다.

5. 생활예술 활성화를 위한 지원

국가와 지방자치단체는 국민이 적극적으로 생활예술을 누릴 수 있도록 생활예술 진흥을 위한 사업에 대한 지원과 생활예술시설 공간의 확충을 비롯한 다양한 지원을 제공해야 한다.

생활예술 진흥을 위한 사업에 대한 지원

생활문화 진흥을 위하여 필요한 기초조사 및 연구를 실시하고 이를 바탕으로 다양한 생활예술 진흥을 위한 사업에 대한 지속적인 지원을 해야 한다. 구체적인 생활예술 프로그램의 연구·개발 및 보급은 각 지방자치단체에서 추진하도록 하는 것이 바람직하다. 또한 국민들의 생활예술 활성화를 위하여 노력하는 단체 또는 개인에 대하여 경비 지원 등 필요한 지원을 할 수 있도록 함으로써 민간단체와의 협력 체계를 강화할 필요가 있다. 생활예술 프로그램이 다양해질 수 있도록 중간에서 매개할 생활예술 전문 인력의 양성 및 활용 방안 등에 필요한 시책을 강구하여야 한다.

생활예술 시설과 공간의 확충 지원

생활예술 활성화는 시설이나 공간의 확보가 전제되어야 한다는 점을 감안할 때 국가와 지방자치단체는 생활예술 시설과 공간의 확충에 필요한 지원과 시행을 강구하고 생활예술 시설의 건립·운영 및 사업 수행에 필요한 비용을 예산 범위에서 지원해야 한다. 특히 기존의 시설과 유휴 공간의 활용을 위한 자원 낭비를 방지하기 위하여 유휴 공간을 생활예술 시설로 활용할 수 있도록 지방자치단체의 장에게 재량권을 인정할 필요가 있으며, 개인·기업 등 민간이 설립한 문화예술시설의 운영자가 생활예술 활동 공간을 제공할 경우 국가와 지방자치단체는 이와 관련한 비용을 예산의 범위에서 지원할 수 있다.

생활예술 단체 및 동아리에 대한 지원

생활예술이 활성화되기 위해서는 생활예술 단체나 동아리의 활동이 활발해야 하므로 생활예술 단체나 동아리가 단순 모임을 넘어 지속적인 창작 활동을 할 수 있도록 맞춤형 지원이 필요하다. 국가와 지방자치단체는 생활예술 단체 및 동호회 육성에 필요한 시책을 마련하여 이들 단체 및 동호회의 활동을 지원하고, 특히 활동에 드는 비용을 지원할 수 있어야 한다.

플랫폼 확충

인적·물적 자원의 효율적 활용을 통한 생활예술 진흥을 위하여 관련 인적 네트워크, 온·오프라인 공간 정보, 콘텐츠 등 생활예술 관련 정보를 통합 관리할 필요가 있다.

따라서 국가와 지방자치단체는 생활예술 프로그램, 시설, 교육, 활동 등 각종 생활예술 정보를 수집·제공함으로써 국민들이 생활예술 활동에 적극 참여할 수 있도록 해야 한다.

기타

사회 소외계층의 생활예술 참여를 보장하기 위해서 국가와 지방자치단체는 생활예술 활성화를 위한 지원과 관련하여 생활예술 환경 취약 지역이 우선 지원되도록 하고, 이러한 생활예술 환경이 취약한 지역에 대하여 주민의 문화생활 향유를 보장하기 위한 사업을 우선적으로 시행할 수 있도록 해야 한다.

생활예술진흥 조례

1. 제정 방향

생활예술 정책이 실질적으로 실현되기 위해서는 생활예술 사업이 개별적이고 산발적이 아닌 종합적이면서도 체계적으로 추진될 수 있도록 지역 단위의 규범인 조례가 적실성 있게 마련되는 것이 중요하다. 획일적 지원이 아닌 지역의 특성에 맞는 프로그램 개발을 비롯한 사업 추진, 이를 위한 생활예술의 지속적인 발전을 위한 지방자치단체의 역할, 시민사회를 비롯한 민간 단체와의 협력 체계, 재원 조달 배분 등이 포함되어야 한다.

2. 조례의 주요 내용

생활예술 활동 조사 및 연구, 생활예술 프로그램 연구, 개발 및 보급, 생활문화 시설의 확충 및 지원, 생활예술 전문 인력 양성, 생활예술 단체 및 동아리에 대한 지원, 네트워크 촉진 등 지방자치단체가 추진할 사업의 범위를 규정해야 한다. 또한 사업을 지원하고 추진할 전담 기구와 생활예술 공간을 조성하여 운영을 담당할 기구의 설치·운영에 관한 근거가 마련되어야 하며, 생활예술 진흥을 위한 사업의 전부 또는 일부를 하위 자치구에 위임하거나 생활문화 관련 비영리법인·단체에게 위탁할 수 있는 근거를 마련해야 한다.

3. 제도적 개선 방안

1) 생활예술 활동 관련 처리 지원 시스템 마련

생활예술 콘텐츠 창작을 위한 저작권 처리 지원

온라인 또는 오프라인 공간에서 이루어지는 생활예술 활동에는 타인의 저작물이 이용되는 경우가 빈번하며 특히 원저작물을 개작 또는 편곡, 개사하는 방식으로 이용하는 경우가 빈번하므로 생활예술의 권리는 필연적으로 배타적인 권리인 저작권과 충돌할 수밖에 없다. 생활예술 활동의 일환으로 타인의 저작물을 이용하여 만들어진 콘텐츠를 인터넷상에 게시하여 공유하면 저작재산권 침해에 해당할 수 있다. 게다가 개인이 아닌 다수로 구성된 생활예술 단체나 동호회의 경우 저작물 이용에 대한 제한이 더 크며, 공연에 필요한 실비를 지급하거나 자선 목적 입장료를 받는 경우에는 공연권 침해에 해당한다.

따라서 생활예술 활성화 측면에서 일정한 경우 저작권 처리를 지방자치단체에서 일괄적으로 지원하는 시스템을 도입하여 실제 현장과 법규의 괴리를 줄일 필요가 있다.

생활예술 콘텐츠에 대한 권리 처리 지원

생활예술 활동을 통하여 만들어진 콘텐츠가 기공표된 원저작물을 활용하여 원저작물에 새로운 독창성을 가미한 경우라면 2차 저작물에 해당할 수 있다. 다수가 참여하는 생활예술 콘텐츠에 대한 저작권, 초상권 등의 권리 관계를 명확히 하지 않는 경우 추후 분쟁이 예상될 수 있다.

2) 생활예술 저작권 가이드라인 마련

생활예술 확대에 따른 일반 공중의 문화예술 저작물 이용이 증가하면서 관련 저작권 분쟁이 많아지고 있는 상황인 만큼 생활예술의 활성화와 저작권자 보호 간의 조화로운 균형을 모색할 필요가 있다. 저작권 침해에 대한 우려가 자칫 생활예술 활동의 위축으로 이어질 수 있으므로 생활예술 분야에서 저작권자의 이익을 해치지 않는 범위 내에서 저작물을 활용하여 생활예술 활동을 할 수 있도록 안내할 필요가 있다.

"생활예술 액션 플랜 방향과 쟁점"

정종은(한국문화관광연구원 예술기반정책연구실 부연구위원)
문병준(한국문화관광연구원 예술기반정책연구실 위촉연구원)
이정미(한국문화관광연구원 예술기반정책연구실 위촉연구원)

예술 활동 및 예술정책의 흐름

"시민이 스스로 하는 것". 유네스코 등도 "시민이 예술의 주체가 되고 시민들의 권리와 기회를 확장하는 것을 목표"로 함.

서울시 생활문화진흥에 관한 조례

- 서울문화재단 생활문화지원단 설치
- 예술 규정 : 제2조 [정의] 예술인복지법 제2조 제2호에 해당하지
  않는 사람…(들이 하는 생활) 문화예술 활동

서울시 문화도시 비전 2030

- 비전 2015 종료 후 비전 2030 시작
- 10대 과제 중 '시민을 객석으로 무대로' : 시민이 문화 주체로 성장
  하는 것을 지원
- 문화권리의 실질화, 일상 속 생활문화 공간 생성, 창의 인재가 모이
  는 예술인 중심의 정책

문재인 정부 국정운영 5개년 계획

- 100대 국정과제 중 67번 과제 : '지역과 일상에서 문화를 누리는
  생활문화 시대'
- 공약 이행을 위한 문화체육관광부의 추진 계획 수립 단계 : 생활문
  화센터, 예술동아리 예술교육 지원, 콘텐츠 개발 및 리터러시 확대
  등 생활예술과 직결

생활예술 정책의 흐름

생활문화 정책 태동기(1987~1993)

국민을 위한 독립적 문화정책이 태동하여 지역문화와 생활문화에 대한 제도적 인식이 시작됨.

- 시민사회적 배경 : 중산층의 성장과 1987년 민주화
- 문화부 설립(1990)
- 문화창달 5개년 계획(1993)

지역문화 정책 발흥기(1993~2003)

지역문화정책을 위한 재정적 기반과 제도 조직적 기반이 형성되었으며 중앙정부가 이를 수용하여 변화해 가는 시기.

- 지방문예기금 형성(1995)
- 최초의 광역 지역문화재단인 경기문화재단 설립(1997)
- 최초의 기초 지역문화재단인 부천문화재단 설립(2001)
- 중앙정부 부처 정책적 변화 양상 수용

문화정책의 핵심 가운데 하나로 지역문화라는 코드가 자리 잡고, 지역문화로 인하여 지역민의 생활과 문화의 다양성에 대한 접근이 지역문화 정책 실행자들을 중심으로 이루어지면서 중앙정부 부처들의 정책들도 2002년 '순수예술진흥 종합계획' 등에서 변화의 조짐을 찾을 수 있게 됨.

문화의 권리화와 생활예술의 부상(2003~2008)

국민이 문화예술을 누리는 것은 그들의 기본 권리이자 창의적인 사회

국가의 기반이라는 인식이 확산되었으며, 성남문화재단은 그러한 이념을 창조도시 사업을 통해 실현시킴.

- '창의한국' 새로운 한국의 예술정책(2004)과 그 계승
  참여정부가 2004년에 발표한 '예술의 힘—새로운 한국의 예술정책'은 '생활 속의 예술'이라는 표현을 최초로 사용한 중앙정부의 문서로 우리나라 전체를 창의적인 사회, 창의적인 국가로 만들기 위하여 개별 국민들의 창의성에 초점을 맞춤.
- 문화헌장 제정 및 선포(2006)
  국가가 시민의 문화적 권리 보장을 책임진다고 하더라도, 시민의 문화적 권리가 보장되는 과정은 어디까지나 국가주의적 방식이 아니라 시민들의 자율적인 참여 보장을 통해 이루어져야 함을 '문화헌장'은 천명. 문화정책의 입안과 실행 과정에서 시민사회의 참여는 매우 중요함을 역설하였음.
- 성남문화재단 설립과 '문화예술 창조도시' 계획(2005~)

실용주의 기반 문화복지 확대기(2008~2013)

예술지원 정책이 국민생활 속 수요가 기준으로 도입되었으며 문화복지의 일환으로 국민들의 예술 향유를 보장.

- 이명박 정부의 문화정책의 기본 방향 : '품격 있는 문화국가 대한민국' (2008)
- 예술지원정책 개선 방향(2009)
- 생활문화 공동체 만들기 시범사업(2009)

생활문화 정책 법·제도 확립기(2013~현재)

2014년 제정된 '지역문화진흥법'을 모법으로 다수의 지방자치단체 및 기초자치단체 단위에서 생활문화진흥조례가 제정되어 생활문화예술 지원 정책이 확립됨.

- 지역문화진흥법 제정(2014)
- 지방자치단체 및 기초자치단위 생활문화조례 제정(2014~)
- 새 정부 출범과 함께 국정과제화 : '지역과 일상에서 문화를 누리는 생활문화 시대'

서울 생활예술 2031 액션 플랜

1. 생활예술 시민 참여 극대화 – '있는 것을 잇는다'

생활예술의 목적 중 하나가 시민의 주체적 삶을 회복하는 것이며, 또한 시민의 주체성 없이는 생활예술 자체가 성립하지 않으므로 생활예술 시민의 주체성을 함양하는 프로그램들이 우선적으로 구체화되어야 함.

- 서울 생활예술사업 '시민기획위원' 프로그램 운영
- 생활예술매개자 사업의 현장 중심성 강화
- 자립적 생활예술경제 형성

2. 서울 생활예술 거버넌스 체계 구축

다양한 단위에서 진행되고 있는 생활예술 지원의 혼선을 막고 실효성을 극대화하기 위한 통합적인 조정을 가능케 하는 거버넌스 체계 구축이 필요함.

- '생활예술기본법'(가칭) 제정을 중심으로 법제적 기반 체계화 및 강화
- 지원 체계 조정 기구 도입
- 유관 실무자 통합형 생활예술 인식 개선 캠페인

3. 맞춤형 다각화 지원 강화

시민들의 주체성에 조응하면서 정책 지원의 효과를 극대화하기 위해서는 단일한 정책 적용이 아닌 시민 개인의 참여 정도의 차이는 물론, 장르별·자치구별로 나타나는 다양한 차이들에 유연하고 민감하게 최적화될 수 있는 지원 구조가 확립되어야 함.

- 참여 단계별 지원 트랙 구축
- 자치구별 생활예술 지도 작성
- 장르별 맞춤형 지원 체계 확립

4. 네트워크 미래생태계 조성

본 계획은 15년 이후까지를 내다보는 장기 계획인 만큼 사회적 환경의 급변을 고려해야 하는바 기술적 조건 변화의 핵심인 '초연결성'에 기초하여 생활예술의 네트워크적 미래 생태계를 조성해야 함.

- 종합정보 포털 형성
- Arts & Tech 지원 기구 설립
- 네트워크형 자원 공유 체계 확립

5. 기타 액션플랜 구체화 방안
- 생활예술 미디어 콘텐츠 기획

- 기업 및 종교 기반 생활예술 동아리와의 네트워크 구축
- 소규모 생활공간 밀착형 예술 공간 '마이(My+Micro) 스페이스'(가칭) 확충

서울시 '서울생활예술선언' 발표

서울시는 2017년 9월 21일 시민청 활짝라운지에서 개최한 서울국제생활 오케스트라(SICO) 창단 기념 쇼케이스에서 세계 시민이 생활예술가로 함께하길 염원하는 '서울생활예술선언'을 발표했다.

SICO는 2017년 4월 29개국에서 총 63명을 선발했으며, 구글에서 근무하는 20대 여성부터 케냐 슬럼가에 살고 있는 청년, 70대 독일인 의사까지 다양한 단원이 참여하고 있다. 선언을 구체적으로 실천하는 방안으로는 2020년까지 '생활예술세계축전 개최', 국제적 협력을 도모하는 '생활예술협력기구 추진', '생활예술헌장의 제정' 등을 제시했다.

박원순 서울시장은 이 자리에서 "오늘 선언은 서울이 세계적인 생활예술도시로 한 걸음 내딛는 자리가 될 것"이라며, "전 세계 시민과 함께 '생활예술로 삶을 풍요롭게 하자'는 공동의 목표를 실천하기 위해 서울시가 앞장서 나가겠다"고 말했다.

'서울생활예술선언' 전문

모든 사람은 자신의 감정과 생각을 예술을 통해 표현할 자유와 권리가 있으며, 따라서 우리 모두는 생활 속 언제 어디서나 예술을 창조하며 즐기는 생활예술가임을 선언합니다.

첫째, (생활예술의 정의)
생활예술은 소수의 전문적 예술 활동이 아니라 일반 시민 모두의 자유롭고 자발적인 예술 활동입니다.

둘째, (전문예술과의 동반성장)
생활예술은 전문예술과 협력을 통해 상호 동반성장하는 선순환의 예술 생태계를 구성합니다.

셋째, (생활예술과 표현의 권리)
모든 이는 자기 감정과 생각을 예술을 통해 표현하고 공유할 권리가 있습니다.

넷째, (약자와 소수자의 평등한 권리)
모든 이의 예술 표현 권리는 사회적 약자 및 소수자에게도 동등하게 주어집니다.

다섯째, (삶의 예술화)
생활예술인은 예술 활동을 통해 주체적 삶의 가치와 의미를 높이며, 일상의 활력을 얻습니다.

여섯째, (다양성 추구)
생활예술인은 자아를 표현함에 있어 자신과 다른 타인의 존재와 사상을 존중하고 인정합니다.

일곱째, (사회의 책임)
사회는 구성원의 자립적 생활예술 활동을 장려하여 삶의 가치를 높이도록 도와야 합니다.

여덟째, (시대적 책무)
사회는 디지털 기반 초연결 사회에 걸맞도록 모든 시민의 주체적 예술 활동의 기반을 조성해야 합니다.

아홉째, (세계 시민의 연대)
생활예술인은 세계 생활예술인들과의 교류·협력을 통해 세계시민적 삶의 보편적 가치 향상을 도모합니다.

열째, (실행의 약속)
생활예술인은 모든 시민이 삶 속에서 예술을 누릴 수 있도록 상기한 내용의 실현과 함께 아래의 구체적 실천 방안을 위해 적극 노력할 것입니다.

우리는 모든 시민이 생활예술인으로서 예술을 만들고 즐기는 환경 조성에 앞장서겠습니다. 이를 위해 2020년까지 생활예술세계축전 개최, 국제적 협력을 도모하는 생활예술협력기구 추진, 생활예술헌장의 제정 등 생활예술 확산을 위한 계기를 만들어 나가겠습니다.

2017년 9월 21일
세계 시민이 생활예술가로 함께하길 염원하는
29개국 63명의 시민오케스트라 대표단 일동

2020 문화예술 트렌드 분석 및 전망
― 김혜인·김연진, 한국문화관광연구원, 2018

2020 10대 문화예술 트렌드

1. 시간 민감성의 시대 여가를 즐기자

- 삶에서 물질적 가치보다 자신을 위한 시간을 중요하게 여기기 시작하고 있으며, 시간에 대한 인식과 민감성이 높아진 시간민감성 (TS: time sensitivity) 시대의 본격 도래.
- 주 52시간 근무제 도입과 유연근무제 확대에 따라 직장인들에게 저녁이 있는 삶에 대한 인식이 확산되고 있으며, 이와 관련된 여가 시장도 확대.
- 근무시간 외에 여가시간이 증가된 직장인들을 대상으로 유통가·영화관·미술관 등에서 다양한 사업을 확장하기 시작하였으며, 문화예술기관들도 퇴근 후 직장인들을 대상으로 할인 프로모션을 진행하거나 전시·공연 시간을 변경.
- 델파이 조사 결과, 전문가들은 주 52시간 근무제 도입은 근로시간 단축으로 인한 고용 비용 부담, 임금 감소 등의 부정적인 영향보다 (17.5%) 늘어난 여가시간이 문화예술 서비스의 신규 수요 창출에 긍정적인 효과를 거둘 것(60%)으로 평가.
- 줄어든 노동시간만큼 임금이 감소되는 것이 아니라 늘어난 여가시간이 새로운 산업이 되고 시장이 될 것으로 판단.
- 여가는 단순히 남는 시간이 아니라 생산적이고 경제성이 있는 새로운 시장으로 재평가되고 있으며, 앞으로 즐겁게 잘 노는 시간 가치가 더욱 중요해질 것으로 전망.

- 여가시간 증가로 인해 기존 사업들의 문화예술 서비스화, 신종 문화 예술 서비스에 대한 관심과 경쟁이 치열해지면서 문화예술 기관들 의 고객 유치를 위한 다양한 기획, 프로모션, 서비스 제공 등의 노력 이 적극적으로 확대될 것이며, 주52시간 근무제가 '시간'의 단축이 기 때문에 퇴근 후 생활권 내에서 문화 소비가 증가할 것으로 전망.
- 최근 여가 활동의 한 유형으로 유행하고 있는 살롱과 같이, 서로의 취향을 나누고 자유롭게 대화하는 사교 모임, 자발적 모임이 더욱 확산될 전망이며, 그 형태도 다양해질 것으로 예측되므로 이를 지원 할 수 있는 공간과 정책에 대한 수요도 증가할 것으로 예상.

2. 일상 속 생활문화 스며들다

- 문화와 예술을 창작하고 향유하는 일상을 통해 개인과 공동체의 삶이 더욱 풍요로워질 수 있도록 생활문화·생활예술을 정책적으로 강조.
- 일상 속 생활문화를 통해 향유를 넘어 시민이 작품을 만드는 창작 작가로, 주민이 지역문화 기획자·활동가·매개자·공간운영자로의 변화를 도모.
- 전공 작가가 아닌, 시민들이 직접 작업하여 실제 창작품을 판매하는 시민 장터나 직접 기획·참여할 수 있는 창작 페스티벌이 증가하고 있으며, 메이커 문화와 연관되어 시민 창작을 위한 기술 교육 프로 그램도 확대.
- 마을 단위 협동조합, 작은 도서관 등을 주축으로 다양한 영역·분야 의 창작 공간도 생겨남.
- 정부에서는 지역밀착형 생활 SOC 사업을 대대적으로 실시하여 생 활문화 기반시설의 확충을 도모.

- 생활 SOC 사업에 대한 2019년 투입 투자 규모가 8조 7000억 원으로 기존 대비 약 50% 증가 예정.
- SOC의 3대 분야는 ▲여가·건강 활동 ▲지역·일자리 활력 제고 ▲생활안전·환경이며, 문화·체육시설 등 편의시설 확충과 지역 관광 인프라 확충 투자가 계획됨에 따라 도서관과 다목적체육관, 복합 커뮤니티센터 등의 확충과 기존 문화기반 시설의 리모델링 추진.
- 생활 SOC에 대한 기대와 함께, 정책 목표에 따라 공급형으로 진행되는 현행 방식으로는 지역별 여건과 수요를 충분히 반영할 수 없기에 주민이 생활권 내에서 필요로 하는 생활문화 기반시설을 구현하기 어렵다는 우려도 상존.
- 생활문화·생활예술의 일상화는 자생성에 기반한 성장 모델이어야 하는데, 지원제도 중심으로 육성되어 일상에 뿌리내리지 못하고 공공 지원에 의지하여 운영되는 방식으로 나타날 것이라는 전망도 전문가의 40.0%(평균 점수 3.70)에서 나타남.
- 델파이 조사 결과, 전문가의 47.5%(평균 점수 3.90)가 확충된 문화시설이 추후에 자치단체의 여력과 의지, 재정 상황에 따라 다르게 운영되면서 지역민의 문화향유 격차가 더욱 커질 것이라고 예측.
- 워라벨의 강조, 주52시간 근무제 등 전반적 환경 변화가 생활문화·생활예술 향유 확대에 긍정적으로 변화하고 있고, 자발적·자율적 시민 주도 예술 활동도 빠르게 확산될 전망이나, 정책이 그 속도를 못 따라오는 상황에서 다변화된 생활문화 정책 개발이 절실히 필요하다고 전망.
- 생활 SOC 등의 사업이 활동 주체들의 실제 필요에 의해 만들어진 것이 아니라, 정책 및 제도에 따라 만들어지는 상황으로 자율성이 떨어짐에 따라 해당 지역 여건별 향유 격차가 커질 것이라는 의견도 제시.

4장

전국으로
번지는
생활예술 열풍

생활예술 열풍

생활예술이란 생활문화 시대를 맞아 일반인들이 문학·미술·음악·연극·무용·영화 등 프로들이 해오던 예술 영역에 뛰어들어 예술의 각 장르에 대한 이해를 넓히고 창작 활동에도 참여하여 발표회까지 여는 아마추어 예술 활동을 뜻한다.

최근 몇 년 사이 전국에 생활예술동호회가 활성화되면서 생활예술 단체들이 속속 결성되고 있다. 이처럼 전국에 산재한 생활문화 단체의 전모를 개인이 파악하기란 매우 어렵다. 인터넷을 살펴봐도 생활문화·생활예술 형태를 띤 동호회나 단체가 부지기수다. 우선 타 장르 연관 단체부터 살펴보았다.

다음은 김택연(마론윈드) http://cafe.daum.net에서 옮긴 내용이다.

한국생활예술음악인협회(KOAMA)

"시민예술가 2200명이 오케스트라 축제 만든다!"

2014년 10월 우리나라 음악계에 의미 있는 사건이 발생하였습니다. 프로 연주자가 아닌 아마추어 시민음악가들이 우리나라를 대표하는 공연장인 세종문화회관에서 음악 축제를 열었습니다. 프로 연주자도 서기 힘든 세종문화회관에서 지금까지 없었던 대한민국 시민예술의 꽃이 활짝 피었던 것입니다.

하지만, 작년 10월 오케스트라 축제와 이번 3월 정기공연 시즌 축제는 시민음악가들이 앞으로 전개할 활동의 시작에 불과합니다. 잠시 이 자리를 빌려 향후 시민음악가들이 펼칠 활동을 소개해 드리고 국민들의 응원과 격려, 참여를 당부드리고자 합니다.

2014년 12월 6일

생활예술 오케스트라

'생활예술 오케스트라 축제'에 참여했던 단체들이 모여 아마추어 오케스트라들이 활성화되기 어려운 현재의 환경을 개선하고자 '한국생활예술음악인협회(KOAMA: Korea Amateur Musicians' Association)' 창립총회를 갖고 출범하였습니다.

본 협회는 아래와 같은 목적과 방향으로 운영될 예정입니다.

협회 설립 목적 및 배경

- 생활예술 음악인들이 늘어나고, 또 그들이 활발하게 활동할 수 있는 환경이 구축되면 전문 음악인들에게도 활동할 수 있는 시장이 커지는 것이며, 나아가 이러한 선순환이 우리 사회의 음악적 환경을 한층 더 발전시키는 계기가 될 것이라는 믿음에서 출발하였습니다.
- 누구나 생활예술 오케스트라에 쉽게 참여할 수 있도록 인프라를 구축하는 일은 개별적인 단체들의 힘만으로는 해결할 수가 없습니다. 현재 활동 중인 생활예술 오케스트라들이 연대하여 이러한 인프라 구축에 힘씀으로써 누구나 쉽게 음악 활동을 할 수 있고, 나아가 사회 발전에 기여하고자 합니다.

비전 및 정체성

- KOAMA는 앞서 언급한 설립 목적 및 배경에 뜻을 같이하는 단체들이 연대하여 생활예술 음악단체들의 의견을 전달하는 창구 역할을 담당할 뿐만 아니라, 국민 누구나 손쉽게 오케스트라 활동을 할 수 있도록 제반 환경을 구축해 나가려고 합니다.
- 자발성과 자생력을 갖춤으로써 관변 단체화되거나 특정 이해집단의 영향력 아래 있지 않는 순수한 단체 운영을 지향합니다.

사업 방향

- 생활예술 음악단체들의 가장 어렵고 시급한 문제인 연습 및 공연 장소를 안정적으로 확보하고자 합니다.
- 매년 정기적으로 세종문화회관에서 축제를 개최할 뿐만 아니라, 서울시 및 각 지자체와 협력하여 음악을 접하기 어려운 문화 소외계층에게 다양한 공연 관람 기회를 제공하고자 합니다.
- 누구나 쉽게 음악 활동에 참여할 수 있도록 교육의 기회를 제공하고자 합니다.
- 장기적으로는 청소년과 대학 오케스트라와도 연대하여 국민 누구나가 전 생애에 걸쳐 음악 활동을 지속적으로 할 수 있는 환경을 만들어 나가고자 합니다.

세계 최고의 오케스트라인 베를린 필하모닉 오케스트라 상임지휘자 사이먼 래틀이 다음과 말한 적이 있습니다.

나는 늘 음악이란 사치품이 아니라 우리 모두의 삶을 위한 일상용품이라고 생각해 왔습니다. 많은 이들에게 음악은 우리의 숨쉬는 공기와도 같은 것입니다. (…중략…) 베네수엘라의 엘 시스테마는 단지 예술로서 음악을 다루는 것이 아니라 매우 깊은 차원의 사회적 프로그램이라고 생각합니다. 나는 엘 시스테마가 많은 사람들의 삶을 구했고, 앞으로 더 많은 사람들을 구하리라는 걸 알고 있습니다. 엘 시스테마는 또한 사람들에게 의사소통의 다른 수단, 세계를 이해하는 다른 방법, 행복의 다른 형태를 보여줍니다. (…후략…)

2016년 제3회 생활예술 오케스트라 축제 프로그램 인사말

생활 속에서 음악을 나누는 생활음악인들이 활발하게 활동하고 네트워크를 형성하며, 누구나 생활 속에서 음악이 함께할 수 있는 삶을 만들기를 바라는 '한국생활음악인협회(KOAMA)가 설립된 지 2년이 되었습니다. 여러분의 많은 관심과 응원 속에 재단법인으로서의 출발을 다지고 있습니다. (…중략…)

세계에는 저희와 같은 생활음악인들이 활발하게 활동하고 있음을 2016년 9월 1일 '세계 생활예술오케스트라 포럼'을 통해 알게 되었습니다. 언젠가는 저희와 같은 세계 생활음악인들이 한자리에 모여 함께 음악으로 소통하는 날을 기대해 봅니다.

2016년 '모두를 위한 오케스트라'로 첫선
시민의, 시민에 의한, 시민을 위한 모두의 오케스트라

각자 다른 삶, 자신의 인생을 걸어가는 2천여 명의 예술가들이 모여 하나의 꿈을 갖고 만들어낸 무대는 시민예술제가 지속되어야 하는 이유를 증명하기도 했습니다. (…중략…) 일상의 삶을 살아가는 많은 분들이 축제를 통해 누구나 꿈을 실현시킬 수 있는 기회의 장이 될 수 있도록 세종문화회관이 꾸준히 힘을 보태겠습니다.

- 이승엽 세종문화회관 사장, 2016년 제3회 생활예술 오케스트라 축제 프로그램에서 발췌

'세계 생활예술오케스트라 포럼' 서울서 활성화 방안 논의

2017년 세계 생활예술 오케스트라 축제로 발돋움,
세계 커뮤니티 오케스트라의 중심으로 도약하다

세종문화회관(사장 이승엽)은 2017년 10월 '세계 생활예술오케스트라 축제' 개최를 목표로, 세계 커뮤니티오케스트라와의 사전 네트워킹을 위한 '세계 생활예술오케스트라 포럼'을 2016년 9월 1일(목) 세종문화회관 예인홀에서 개최했다.

포럼에서는 유럽, 아프리카, 북미와 남미, 그리고 아시아의 커뮤니티 오케스트라 리더들이 각 대륙의 오케스트라 특징과 전망을 발표하고 '생활예술오케스트라 현황과 활성화 방안'이라는 공통의 의제를 다뤘다.

포럼에는 영국의 리 히긴스(Lee Higgins, 세인트존 대학 교수), 남아프리카공화국의 아데예미 솔로몬 올라디란(Adeyemi Solomon Oladiran, Music Enlightenment Project(MEP) 공동설립자 및 매니저, 음악교육가), 콜롬비아의 후앙 펠리페 몰라노(Juan Felepe Molano, 로스앤젤레스 유스 오케스트라 지휘 및 미국 베어드 컬리지 교수), 일본의 시모야 다케시(Shimoya Takeshi, 일본의 147개의 아마추어 오케스트라 연합단체 JAO 부이사장), 그리고 미국의 앤 메이어 베이커(Ann Meier Baker, 미국국립예술기금(NEA) 음악·오페라 디렉터)가 초청되어 커뮤니티 오케스트라의 세계적인 현황을 나누고 한국이 앞으로 나아가야 할 과제에 대해 토의했다.

- <머니투데이 더리더> 박영복 기자, 2016년 9월 1일

국민무용진흥협회

국민무용진흥협회는 2017년 1월 12일에 모든 국민이 무용을 체험함으로써 보다 풍요로운 삶을 영위하기 위한 목적으로 창립되었습니다. 21세기의 인류는 인공지능에 친숙해지고 1인 가구의 증가로 인해 공동체의식이 감소되어 사람과 사람과의 직접적인 만남과 소통이 단절되어 가고 있습니다. 이와 같은 상황에서 모두가 춤을 가까이 함으로써 인간 본연의 모습이 회복되기를 바라고 있습니다. 춤이란 서로의 눈을 바라보고 호흡을 같이 하며 손에 손을 맞잡고 따뜻한 온기를 느낄 수 있는 예술이기 때문입니다. 사람들은 기쁠 때 웃지만 우울할 때라도 미소를 지으면 위로를 받게 됩니다. 무용 역시 춤을 추면 즐거워지기에 웃음과 춤은 일맥상통한다고 생각합니다. 우리 협회는 국민 모두가 춤추며 건강하고, 춤추며 행복하기를 바랍니다. 국민 모두가 춤출 수 있는 그날까지 저희들은 쉼 없이 달려 나갈 것입니다. 여러분의 관심과 참여 부탁드립니다. 감사합니다.

2017년 1월 12일

국민무용진흥협회 회장 김인숙

국민무용진흥협회는 2017년 1월 12일 창립총회 및 창립식을 대학로 예술가의집에서 가졌다. 다음은 창립을 예고한 언론 보도 내용이다.

제6대 사단법인 한국발레협회 회장을 역임한 김인숙 서울기독대학교 교수가 설립하는 국민무용진흥협회는, 한국의 모든 국민들에게 춤을 출 수 있는 기회를 제공함으로써 심신의 건강 증진과 행복한 삶의 추구 및 무용의 저변 확대에 기여한다는 것을 목적으로 한다.

협회 설명에 따르면 국민무용진흥협회는 한국 최초의 커뮤니티 댄스 협회로, 사람에게 초점을 둬 무용을 통해 모든 국민에게 풍요로운 삶을 영위하도록 지원하는 단체다.

국민무용진흥협회 창립총회 및 창립식 기념사진

협회 측은 "인간은 근육운동이나 선(腺)운동으로 내재 감정을 표현하려는 본능을 갖고 있다. 그러나 현재 한국의 공교육은 무용을 정규 교과목에 포함하지 않고 있어서 많은 국민들이 무용을 접할 기회를 갖지 못하고 있다"며 "따라서 최근에는 무용을 좋아하는 많은 어린이, 청장년, 노년층에 이르기까지 전 세대가 사교육 현장에서 무용을 체험하고 있는 실정"이라고 지적했다. 이어 "이런 상황에서 본 협회는 과학적이고 체계적인 연구와 실습을 통해 연령대별 국민무용을 단계적으로 개발하고 보급하고자 한다"고 취지를 밝혔다.

또 "국민무용축제를 개최함으로써 배움의 과정에서 아마추어 무용수들이 무대에 설 수 있는 장을 마련하고, 일반인을 대상으로 한 무용콩쿨대회를 추진함으로써 행사에 참여한 국민들이 자신이 완성한 무용을 표현, 성취감을 느끼고 세상과 소통함으로써 보다 창조적인 삶을 경험할 수 있는 기회를 제공하고자 한다"고 목표를 전했다.

– <컨슈머타임스> 김종효 기자, 2016년 12월 21일

한국무용협회는 2017년 세미나(6월), 무용 콩쿠르(6월), 시니어 댄스 지도자 자격증 연수(7월), 국민무용축제(11월), 국민무용집흥협회 시상식 및 송년의 밤(12월) 등의 행사를 진행하고 있다.

임원진

- 고　문 : 김동호(부산국제영화제 이사장) 육완순(사단법인 한국현대무용진흥회
　　　　　이사장) 김매자(창무예술원 원장)
- 회　장 : 김인숙(서울기독대학교 교수, 한국발레협회 제6대 회장 역임)
- 부회장 : 정희자(광주교육대학교 교수) 이연수(동덕여대 교수)
　　　　　권금희(한국예술종합학교 강사)
- 상무이사 : 김지영(창무회 상임안무자)

생활영화

서울국제초단편영화제
(SESIFF: Seoul international Extreme-Short Image & Film Festival)

2009년 아시아 최초의 초단편영상제로 출범하여 올해로 9회째를 맞이한 서울국제초단편영화제는 단순한 영상 축제를 넘어서 "누구나 영화를 만들 수 있고, 언제 어디서나 영화를 볼 수 있다"는 취지를 가진 영상문화 축제이다(홈페이지 참조).

　누구나 영화를 만들 수 있고, 극장뿐 아니라 모바일과 지하철 등 다양한 공간에서 초단편 영화를 소개한다는 것이 이 영화제의 특징이다. 90초 이내 초단편영화는 지하철 등에서 상영했으며, 5분 이내 초단편영화와 15분 이내 단편영화들은 극장에서 상영했다.

　제9회 서울국제초단편영화제는 2017년 9월 12일 개막하여 9월 17일까지 영등포 타임스퀘어 CGV를 비롯한 영등포 일대에서 열렸다. 국제경쟁 부문에 진출한 98편의 작품과 비경쟁 부문에 초청된 작품 등 총

222편이 상영됐다.

9월 12일 영등포 타임스퀘어에서 열린 개막식에서는 <나쁜 마음>(명세진 감독), <멸공의 횃불>(이우석 감독), <환영합니다>(무노즈고메즈 파블로 감독) 등 세 작품이 개막작으로 상영됐다. 주최 측은 "다양하고 풍성한 영상 콘텐츠를 통해 누구나 즐기고 상상할 수 있는 축제의 장", "늘 현재형의 상상력으로 소통하는 젊은 영화제"라고 소개했다.

영등포 초단편영화 아카데미

서울 영등포구는 2017년 9월 제9회 영화제 개막에 앞서 7월에 부대사업으로 영화감독 이준익과 배우 김무열 등을 초청해 구민들을 위한 무료 '영화인문학 공개강좌' 및 국내 최초로 '영등포 초단편영화 아카데미'를 열었다. 영화인을 꿈꾸고 영화를 좋아하는 청소년과 일반인을 위한 이 공개강좌는 7월 14일과 15일 영등포 아트홀에서 진행되었다. '영화인이 되려면 무엇을, 어디서부터, 어떻게 해야 할까?' 현실적인 고민부터, 잘

2017년 서울국제초단편영화제 개막식에서 상영된 <나쁜 마음> 한 장면

초단편영화 <안용복>　　　　　　초단편영화 <굿모닝 시니어>

알지 못했던 영화 현장 이야기와 영화를 대하는 다양한 시각 등 여러 강좌가 펼쳐졌다.

　영화 현장에서 활동하고 있는 <왕의 남자>·<사도> 등을 제작한 이준익 감독, <말아톤>·<대립군>을 제작한 정윤철 감독, <은교>·<연평해전>에서 호연한 김무열 배우, <도둑들>·<변호인>을 제작한 정문구 프로듀서가 강사로 초청돼 영화와 그 꿈에 대한 진솔한 이야기들을 들려주었다.

　이 아카데미는 청소년부, 일반부, 시니어부로 나뉘어 영화 이론 수업부터 촬영 및 편집까지 영화 제작에 대한 전반적인 과정을 교육한 후 자신만의 영화를 완성하는 프로그램으로 진행됐다. 아카데미를 통해 제작된 작품들은 제9회 서울국제초단편영화제에 공식 상영되었으며, 우수작을 선발하여 시상했다.

생활연극의 활성화

생활연극이란?

서울교육대 김병주 교수는 일찍이 교육연극(Educational Theatre)이 발달한 선진국에서는 Civic Theatre(시민연극), Community Theatre(지역사회 연극, 공동체연극), Applied Theatre(응용연극) 등이 활발하게 연구되고 시민 생활에서 폭넓게 활용되고 있다고 설명해 주었다. 다시 말하면 개인 또는 공동체가 일상생활에서 더 나은 삶을 위하여 참여하는 연극 활동, 생활인(시민)이 주체가 되는 연극 활동 등을 생활연극으로 지칭할 수 있다는 것이다.

이 같은 연극 활동은 자기표현의 기회 증진, 지역 공동체와의 긴밀한 유대와 소통, 참여에 역점을 둔다. 연극을 통해 지역주민들의 생활에 활력을 주고, 보다 행복하고 풍요로운 생활을 영위함으로써 삶의 질을 향상시키는 데 목적이 있다. 이는 미국의 철학자이자 교육학자인 존 듀이가 강조한 "예술은 세상에 함께 존재하는 것이며, 바로 그 삶의 과정 속에서 형성되는 것"이라는 말과도 상통된다고 할 수 있다.

외국의 생활연극 실태

국가마다 용어와 개념은 다르지만 시민 참여 연극이 활기를 띠고 있다고 전문가들은 전한다. 미국을 비롯해 영국과 호주 등 영연방 국가들, 그리고 유럽 각국에는 시민이 주체가 되는 다양한 연극 활동이 이루어지고 있다.

생활연극협회를 추진하면서 외국의 사례를 알아보기 위해 여러 사람을 만나고 인터넷도 찾아보았다. 가장 먼저 만난 분은 김숙희 전 국제아동청소년연극협회(ASSITEJ) 한국본부 이사장이다. 세계 각국의 공연예술계와 교류해 온 이분께 성균관대 대학원 공연예술협동과정에서

Applied Theatre

'Applied Theatre'라는 강의를 들었기 때문이다.

김 이사장은 두 분을 소개해 주었다. 한 분은 김병주 서울교육대학교 교육전문대학원 부교수다. 뉴욕대학교 스타인하트 대학원에서 교육연극학 박사학위를 받은 김 교수는 해외의 비슷한 사례를 설명해 주었으며, 뉴욕대 교수인 필립 테일러(Philip Taylor)의 『Applied Theatre』를 우리말로 옮긴 『시민연극 – 연극을 통한 공동체, 참여 그리고 변화』를 참고하라며 보내주었다.

또 한 분은 강원대학교 영문과 이용희 교수이다. 이 교수에게 메일을 보냈더니 바로 답을 보내왔다. 미국 콜로라도 덴버에 교환교수로 와 있다며 2017년 7월 이후 귀국한다면서 자신의 박사학위 논문을 소개해 주었다. Yonghee Lee (2005, Rehearsal of Democracy : Exploration of Deweyean! Concept of Democracy in Community-based theatres)라는 이 논문은 두 개의 지역 공동체 연극을 만드는 과정을 지켜보면서 지역주민 참여자들과 전문 연극인들 간의 관계가 어떤 점에서 민주적이라 할 수 있는지를 연구한 것이다.

이 교수는 "미국에서는 community theatre는 이익 창출을 위한 지역 극단(전문 배우들이 유명한 작품들을 올리는 극단) 정도를 의미하는 것으로 알고 있습니다. 그래서 굳이 community-based theatre를 사용하는 데에는 시민들을 참여자로 하여 그들의 이야기를 담고자 하는 목적이 있어 달리 용어를 사용하는 것이라고 봅니다. 제가 생각하기에 생활연극은 오히려 지역 공동체 연극과 방향성이 같으므로 community-based theatre로 사용하심이 나을 것 같습니다"라는 견해도 피력하였다.

한국적 상황의 생활연극을 이해하는 데는 김석만 교수의 도움이 컸다. 2016년 한국예술종합학교를 정년퇴임한 김석만 교수는 서울시 극단 단장으로 재직할 당시 시민연극교실을 운영한 경험을 가지고 있어 생활연극에 관해 많은 조언을 해주었으며, 자료도 메일로 보내주었다.

김병주 교수가 옮긴 『시민연극』의 개요

뉴욕대학교에서 '교육연극학(Educational Theatre)'을 전공한 서울교육대학교 김병주 교수는 필립 테일러 뉴욕대 교육연극학과 교수의 저서 『Applied Theatre』를 우리말로 옮겨 『시민연극』(청동거울, 2009)이란 제목으로 출간했다.

필립 테일러 교수는 '연극을 통한 공동체, 참여 그리고 변화'라는 부제를 붙인 이 책을 통해 "평범한 시민들에 의한, 시민들을 위한, 시민들의 연극이 지닌 힘과 가능성을 더욱 탐구하고 확장시키는 토대"를 제공하고 있다. 김병주 박사는 원제 『Applied Theatre』를 『시민연극』으로 번역했지만 이 저서는 교육연극, 특히 '응용연극'에 관한 내용을 담고 있다.

이 책의 서문을 쓴 톰 바론(애리조나주립대학교 교육학 교수)은 『Applied Theatre』에 대해 '연극을 통해 배우는' 교육연극 운동이 공연예술로만 알고 있던 연극을 우리의 실제 세상의 교육과 치유의 현장 속으로 끌어온 것이라고 설명했다. 교도소나 지역 예술센터, 공공 주택단지 혹은 산업현장 등에서 찾을 수 있는 삶의 문제들을 새롭게 이해하고 깊숙이 느끼게 함으로써 그것들이 우리와 함께 고민해야 할 문제임을 인식하도록 해준다는 것이다. 그에 따르면 테일러가 꿈꾸는 시민연극은 비판적이고 참여적이며 공동체에 기반하여 궁극적으로는 사회적·개인적 변화를 꾀하는 것이다.

사회적 연극의 거장이라고 할 수 있는 베르톨트 브레히트와 아우구스또 보알(민중연극론 또는 억압받는 사람들의 연극으로 유명한 브라질 출신의 연극연출가)의 영향을 받은 테일러는 평범한 시민들에 의한, 시민들을 위한, 시민들의 연극이 지닌 힘의 가능성을 탐구하고 확장시키는 데 목적을 두고 있다고 본 것이다.

테일러는 이 책에서 "참여자들이 마음껏 대화하고, 논쟁하고, 자기주장을 펼치고, 어떤 행동에 대한 타당성을 탐구할 수 있도록 열려 있는 시민연극 프로젝트를 만날 때마다 나는 이 작업에 대한 확신이 더욱 굳건해진다. 시민연극에서 의견의 다양성은 환영받아야 한다. 그 이유는 teaching artist가 제시하는 해결책이 참여자들의 의견보다 더 적절하거나 정확하지 않을 수 있기 때문이다"라고 강조했다.

이 책은 변화의 촉매제로서 시민연극을 강조했으며, 그것을 실행하는 다양하고 생생한 사례들을 제시하고 있다.

Applied Theatre

김병주 교수는 이 책의 해설에서 Applied Theatre라는 용어와 개념에 대해 다음과 같이 언급했다. 직역하면 '응용연극' 혹은 '실용연극'으로 불릴 수 있는 Applied Theatre/Drama는 1990년대에 시작되어 2000년대에 들어서면서 영국과 호주, 미국의 교육연극 연구자와 활동가들을 중심으로 점차 그 세력을 확장하고 있는 용어다. 요약하자면 Applied Theatre/Drama는 전통적 교육연극의 주무대인 학교 중심, 학생 대상의 연극 활용 수업과는 차별화된 것으로서, 다양한 장소에서 여러 계층의 사회 구성원들을 대상으로 개인 및 사회의 변화, 공동체 의식의 함양과 계발 등을 목표로 이루어지는 진보적이고 참여적인 제반 연극 활동을 지칭한다.

다시 말해 전통적인 연극무대(극장 등) 혹은 수업의 장(교실·학교 등)이라는 공간적으로 고정된 틀에서 벗어나 마을회관, 교회당, 공원, 문화센터나 미술관, 재활센터나 교정시설 등과 같은 시민 공간 혹은 공공시설에 이르기까지 다양한 공간에서 '적용 가능'한 특성을 지니고 있다.

또한 그 대상으로 교육연극 작업이 주력해 온 어린이와 학생, 청소년들의 언어 능력 및 학습효과 향상, 자아와 사회성 개발, 창의적 표현 능력과 연극적 체험, 세상에 대한 보다 넓은 관점과 깊은 이해의 도모 등 교육연극 작업에서보다 구체적으로 심화되는 형태를 취한다. 다시 말해 학생과 어린이에 국한되지 않고 사회의 일반 구성원, 특히 사회적·문화적 소외계층(빈곤층, 노인층, 장애인 및 소수자 계층 등)을 비롯한 구체적인 공동체나 지역사회, 관심 집단들을 대상으로 인식과 이해, 그들이 겪는 문제점이나 고민 등을 함께 나누고 돕는 역할을 주된 목적으로 한다.

'시민연극'의 개념

김병주 교수는 역자 후기에서 『Applied Theatre』를 통해 저자 필립 테일러가 주장하는 연극의 개념과 철학을 우리 정서와 사회적 맥락 속에서 가장 잘 담아낼 수 있는 용어로 '시민연극'이라는 개념을 제안했다.

연극이라는 예술 양식에 근거하여 사회와 개인, 보다 구체적으로 지역 공동체와 그 구성원들이 주인이 되어 연극을 통한 개인과 사회의 변화를 지향한다는 철학에서 이 연극은 뛰어난 연극 예술가나 사회운동가의 것이 아닌, 평범한 일반 시민의 연극이기 때문이라는 것이다. 일찍이 아우구스또 보알이 주장했듯이, 연극의 기원은 평범한 사람들의 것에서 시작되었으며, 그렇기에 그들이 다시 연극의 주인이 되어야 한다는 의미다.

필립 테일러 교수는 기존 연극 공연의 필수 장소인 극장이나 무대,

Applied Theatre

또는 기존 교실연극 수업과 달리 교실과 학교라는 공간적 틀에 얽매이지 않으면서 보다 다양한 대상을 상대로 사회적 변화와 인식의 전환을 도모하는 새로운 대안으로서의 특징을 강조하고 있다.

Applied Theatre라는 용어야말로 예술과 교육 분야는 물론이고 사회복지단체, 정부 기관, 지역 공동체나 직장, 기업 등 광범위한 대상과 장소에서 참여자와 진행자들이 연극이 지닌 힘을 통해 참여하고, 서로 협력하며, 의식과 행동의 변화를 이끌어내는 연결고리가 되는 작업들을 총칭하고 있다는 것이다.

김병주 교수는 Applied Theatre가 최근 우리나라에서도 늘어나고 있는 사회 소외계층, 교정시설, 직업훈련이나 공공복지 시설 및 대상들과 함께하는 연극 활용 작업이나 연구들을 지칭하는 용어와 개념으로서 적용 가능성을 지니고 있다고 밝혔다. 그는 또 Applied Theatre가 서구에서 이미 해온 Social Theatre, Community Theatre, Theatre of the Oppressed, Popular Theatre 등의 '연극의 사회참여 형태'로 이해될 수 있다고 보았다.

결론적으로 Applied Theatre가 주장하는 핵심은 "연극의 힘을 매개로 하여 궁극적으로 보다 폭 넓은 관점과 깊은 이해를 지닌 사람, 균형 잡힌 사고와 의식, 행동이 뒷받침되는 그런 사람들의 세상으로 변화하자는 것"이라고 할 수 있다.

Community Theatre의 정의

강원대 이용희 교수는 미국 오하이오주 볼링그린주립대학교(Bowling Green State University)에서 「민주주의의 예행연습 : 공동체 연극에서의 듀이식 민주주의 개념의 탐구(Rehearsals of democracy: Exploration of Deweyean concept of democracy in community-based theatres)」라는 논문으로 박사학위를 받았다. 그의 논문에서 Community Theatre에 대한 정의를 발췌하면 다음과 같다.

> 유진 반 어번(Eugene van Erven)은 그의 최근 저서 『공동체 연극 : 세계적 관점(Community Theatre: Global Perspective)』에서 '공동체 연극'이라는 표현은 미국에서 1920년대 이후로 존재해 왔다는 것을 간단히 언급했다.
>
> 또한 반 어번은 코넬대학교의 알렉산더 드러먼드(Alexander Drummond) 교수의 말을 인용하여 공동체 연극은 "어떠한 지역에서의 사람들이 함께 만든 질 높은 독창적인 연극"이라고 정의하고 있다.

위키피디아의 Community Theatre 정의

공동체 연극은 어느 특정 공동체에서의 연극 공연과 관련된 모든 것을 일컫는 용어다. 특정 공동체에서 만드는 연극, 공동체와 함께하는 연극, 그리고 공동체를 위한 연극 모두가 공동체 연극의 범주 안에 든다. 공동

Community Theatre

체 연극은 외부의 도움 없이 공동체의 내부 구성원들로만 이루어진 연극
이지만, 전문가들과 함께 공동체에 의해 만들어진 연극, 특정 지역 사회
를 위해 전문가들이 만든 연극도 포함된다.

공동체 연극의 규모는 임대된 장소에서 공연하는 소규모 그룹부터 전
문적인 설비가 완비된 대규모 회사까지 아우른다. 많은 공동체 연극들은
비영리 형태로 운영되며, 많은 회원들을 갖고 있고, 정규직 전문가를 고
용하여 운영되고 있다. 공동체 연극은 다양하고 대중적인 형태로도 그려
질 수 있는데, 전문 공연장에서 하는 공연뿐만 아니라 종종 극장, 서커스,
퍼레이드와 같은 형태로도 나타날 수 있다.

생활연극 사례

서울시극단 시민연극교실

서울시 시민연극교실은 김석만 한국예술종합학교 명예교수가 서울시극
단장으로 재임하던 2009년 첫발을 내디뎠다. 김 단장은 "연극예술에 대
한 이해를 높이고 시민이 직접 참여하여 연극 창작을 체험하는 것"을 목
적으로 내세웠다. 시민들에게 예술을 직접 체험케 함으로써 시민의 문화
자긍심을 향상시키겠다는 것이었다. 공연 레퍼터리가 축적되면 서울의
문화소외지역 순회공연도 진행한다는 목표도 세웠다.

　당시 보도자료를 보면 시민연극교실의 취지를 잘 살필 수 있다.

　안녕하십니까? 서울시극단입니다.
　세종문화회관에 있는 서울시극단(단장 김석만)은 2009년 7월부터 서울시민을 위한
　재미있고 참신한 <시민연극교실>을 운영할 예정입니다.

<시민연극교실>은 시민들이 직접 참여하여 연극을 만들어 보는 직접참여 프로그램으로 구성되어 있습니다. 참가자들은 서울시극단이 제공하는 강좌를 통해서 '연극의 세계'로 안내를 받으며, 대학로에서 활동하는 전문 작가, 연출가들과 함께 '연극창작과정'에 참여하여 연극반 활동을 하게 됩니다.

이러한 활동의 결과를 작은 공연으로 만들어 서울시와 세종문화회관이 운영하는 '나눔 예술' 프로그램을 통해 공연 발표를 하게 됩니다.

2009년에 새롭게 시작하는 <시민연극교실>은 참가자와 연극 거리를 좁히기 위해 시민의 삶과 경험에서 창작의 소재를 구해서 시민이 직접 만들고 출연하는 참가 공연을 만들 것입니다. 서울시민의 다양한 삶의 경험을 고스란히 담아내려 합니다. '연극'을 몰라도 좋습니다. '연극'에 아무런 경험이 없어도 서울시민이면 누구나 참가할 수 있습니다(단 성인에 한함).

<시민연극교실>은 서울시극단 단원과 연출가, 작가 등 최고의 전문가로 강사진을 구성하였습니다. '연극'에 경험이 없는 시민이라도 이들 전문가들의 자상하고 친절한 안내로 창작의 발상을 공연 희곡으로 만드는 과정에서부터 공연 발표에 이르는 모든 과정을 체험하게 될 것입니다.

<시민연극교실>의 내용이 담긴 안내문을 첨부합니다. 서울시극단이 제공하는 공공성 높은 사업에 관심과 애정, 격려를 부탁드리며, 적극적인 참가를 부탁드립니다.

감사합니다.

2009. 6. 서울시극단

세부 프로그램

서울시 시민연극교실은 1년 단위 교육체험 프로그램으로 3단계로 짜여졌다.

1단계는 연극의 발견이다

일반 서울시민 30명을 대상으로 8주 24시간(1주 1회, 3시간 기준) 시극단 연습실에서 교육한다는 내용이다. 교육 시간은 평일 저녁 7시부터 10시까지로 잡았다.

서울시민연극교실

교육 과목은 연극과 관련된 다양한 주제로 구성했으며, 강사진은 서울 시극단을 중심으로 외부 유명 인사를 초빙하기로 했다. 대표 강사는 김석만 시극단장이 맡고 서울시극단 지도위원과 단원들로 강사진을 구성했다. 교육 방식은 시청각 자료를 활용하고 배우의 실연도 곁들여 현장감을 살리도록 했다.

8주에 걸친 강의 내용은 다음과 같다.

- 제1주 입학식 및 특강, 연기의 탄생, 로미오와 줄리엣의 초대
- 제2주 몸의 발견, 움직임을 통한 아름다운 자기표현(강사 이두성)
- 제3주 배우의 발견(강사 오순택)
- 제4주 젊은 연출가의 시선 1(강사 남동훈)
- 제5주 젊은 연출가의 시선 2(강사 이동선)
- 제6주 젊은 연출가의 시선 3(강사 전인철)
- 제7주 시민연극의 발견(토론 연극, 강사 노지향)
- 제8주 자신의 발견, 수료식

수강생들은 교육을 시작하며 시민연극교실 카페를 운영했으며, 주말에는 단체로 공연 관람을 했고, 자비로 자료집을 발간했다.

2단계는 연극반 활동이다

1단계 교육 이수자 중 30명 내외로 3개의 연극반을 꾸려 8주 50시간 내외(1주 2회, 1회 3시간)를 세종문화회관 내 극단 연습실에서 창작 및 연기 지도를 받도록 했다.

창작 단계는 첫째 워크숍을 통해 도시 속 자기 삶의 경험으로부터 주제와 소재 찾아내기, 둘째 전문 작가, 연출가, 배우와 함께 작품을 쓰고 연기와 연출 지도를 받음(이 과정에서 음악·마임 등 지원), 셋째 약 50분 정도의 단막 작품을 완성하여 발표, 넷째 작품 수정 및 보완(1주).

연기 지도는 이두성·이창직·주성환·강신구·강지은·김신기·최나라 등 단원들이 맡았다. 또한 시민들이 작품을 구성하고 공연할 수 있도록 연출가 남동훈·이동선·전인철, 극작가 장우재·조정일·김은성이 협력 강사로 한 반씩을 맡아 진행했다. 연극반 활동 일정은 주 2회로 다음과 같이 진행되었다

- 1주 : 연극반 구성, 창작 목표, 창작 일정, 스토리 개요 정리, 개인별
    글쓰기 및 창작 과제
- 2주 : 줄거리 워크숍
- 3주 : 등장인물과 행동, 작품 줄거리
- 4주 : 전체 모임(창작과정 중간 발표), 장면 만들기
- 5주 : 장면 만들기, 구성, 발표
- 6주 : 줄거리, 행동, 장면 구분, 행동의 목표, 장면의 목표
- 7주 : 작품 1차 완성 무대 독회 준비, 장면 연습

- 8주 : 전체 연습, 발표, 수료식

3단계는 시민 창작 공연이다

완성된 작품 3편을 그해 12월 서울의 문화소외 지역과 다문화 가정을 대상으로 구민회관 등에서 편당 2회씩 총 6회 공연했다. 공연 후 전체 모임을 갖고 합평회 및 수료식을 가졌다. 서울 시민연극교실은 이 같은 과정을 통해 서울 시민의 이야기를 서울 시민이 만들어 서울 시민에게 보여주는 '시민의 연극, 서울의 연극'을 완성하는 성과를 거두었다. 특히 시민에게 자신의 이야기를 작품으로 만들 수 있는 참여 기회를 제공함으로써 시민문화를 활성화했다는 점은 특기할 만하다.

예산

1단계 <연극세계로의 여행> 예상 수입은 80명 대상에 수강료 50만 원으로 총 4천만 원이었다. 2단계 <연극창작교실>은 30명 대상에 수강료 50만 원으로 총 1500만 원이었다. 총 수입 예산은 5500만 원이었다.

지출 예산은 1단계 프로그램 기획 및 구성에 300만 원, 강사료 14회×30만 원=420만 원, 회의비 14회×20만 원=280만 원, 자료 구입비 140만 원, 소모품 구입비 70만 원, 진행비(식대 및 음료) 140만 원, 강의실 및 기 자재 사용료 140만 원, 총 1350만 원이다. 2단계는 작품 개발 및 대본 구성료 3인×400만 원=1200만 원, 연기 지도 및 연출료 3인×400만 원=1200만 원, 워크숍 진행비 16회×20만 원=320만 원, 디자인 및 무대, 조명, 의상, 음악, 분장 등 3편×1500만 원, 총 7200만 원이다. 3단계는 순회공연 기획 및 구성 300만 원, 제작 스태프 인건비 1680만 원, 진행 스태프 인건비 600만 원, 출연료 2400만 원, 운반비 480만 원, 식대

480만 원, 홍보비 300만 원, 진행비 360만 원, 총 6600만 원이다. 3단계 총지출은 1억 5170만 원이다. 여기에 예비비 750만 원을 합치면 1억 5920만 원에 달한다.

서울시극단 시민연극교실 공연 작품

시민연극교실은 2009년부터 시민들의 연극예술에 대한 이해를 높이고 수준 높은 연극 창작 경험을 제공하기 위해 서울시극단이 운영해 온 시민 참여형 교육 프로그램이다.

2020년으로 12회째를 맞는 시민연극교실은 '나의 삶, 나의 바람을 무대로!'라는 주제로 서울 시민들에게 자발적인 연극 창작 체험을 제공함으로써 자생적으로 연극을 생활예술로 향유할 수 있는 저변 확대에 기여하고자 한다는 취지로 운영되고 있다.

서울시극단 김광보 단장은 "시민들을 대상으로 하는 '시민연극교실'을 운영하고 있는데, 인기가 대단하다. 이 프로그램은 시민들이 연극을 체험하면서, 생활 속에서 예술을 즐길 수 있도록 하는 것이 목표다. 시민연극교실에 참여했던 분들 중에는 아예 극단을 만드신 예도 있다. 이 프로그램이 일상에서 연극이 주는 힘을 경험하게 했다고 믿는다"고 말했다.

2009년 시민연극교실 제1기

- 활동 기간 : 2009년 7월~12월
- 참가 인원 : 37명
- 공연 작품 : <시민연극 숲 이야기>
- 공연 일자 : 2009년 12월 5일, 6일
- 공연 장소 : 북서울 꿈의 숲 아트센터 퍼포먼스홀

첫 번째 숲 이야기 <아빠의 노래>

작 : 김은성

연출 : 전인철

보조강사 : 서영민·곽현석·곽정화(서울시극단 제12기 연수단원)

두 번째 숲 이야기 <수상한 집>

작 : 윤정환

연출 : 백은아

보조강사 : 이종열·김은정·이경아(서울시극단 제12기 연수단원)

세 번째 숲 이야기 <기쁜 우리 젊은 날>

작 : 장우재

연출 : 이동선

보조강사 : 김동규·박건우·최유리·안연주(서울시극단 제12기 연수단원)

2010년 시민연극교실 제2기

- 활동 기간 : 2010년 5월~11월
- 참가 인원 : 39명
- 공연 작품 : <두드림>
- 공연 일자 : 2010년 11월 6일, 7일
- 공연 장소 : 성미산 마을극장

두드림 화요일반 <진짜진짜 리얼리티쇼!>

연출 : 강신구

구성 : 김신기

작 : 이미정

보조강사 : 고한민·이나영·임진주·조용민(서울시극단 제13기 연수단원)

두드림 수요일반 <고백, 오 마이 갓!>

연출 : 전인철

구성 : 전정우
보조강사 : 김유현·정진영·천현정·홍수철(서울시극단 제13기 연수단원)

두드림 목요일반 <라배도 이야기>
연출 ; 이동선
작 : 김은성
보조강사 : 박시영·심원석·이정섭·오한나(서울시극단 제13기 연수단원)

2011년 시민연극교실 제3기

- 활동 기간 : 2011년 5월~11월
- 참가 인원 : 37명
- 공연 작품 : <목소리>
- 공연 일자 : 2011년 11월 26일, 27일
- 공연 장소 : 소극장 모시는 사람들

목소리 월요일반 <뜻대로 생각하세요>
작 : 루이기 피란델로
연출 : 김태수
보조강사 : 이정형·류한선(서울시극단 제14기 연수단원)

목소리 화요일반 <따르뛰프>
작 : 몰리에르
연출 : 김태용
보조강사 : 박현덕·최민우·주재희(서울시극단 제14기 연수단원)

목소리 수요일반 <오해는 당신을 춤추게 하지>
작 : 장우재
연출 : 이두성
보조강사 : 김지호·고애리·원보영(서울시극단 제14기 연수단원)

2012년 시민연극교실 제4기

- 활동 기간 : 2012년 7월~12월
- 참가 인원 : 29명
- 공연 작품 : <4기 충동>
- 공연 일자 : 2012년 12월 2일, 3일
- 공연 장소 : 세종문화회관 서울남산국악당

첫 번째 이야기 <더<the) 가족>
작 : 배새암
연출 : 박정열
움직임 지도 : 이은미

두 번째 이야기 <너를 기다리는 동안 나는 실수를 하지>
작 : 장우재
연출 : 남동우
움직임 지도 : 권석린

2013년 시민연극교실 제5기

- 활동 기간 : 2013년 6월~11월
- 참가 인원 : 26명
- 공연 작품 : <얼쑤>
- 공연 일자 : 2013년 10월 26일, 27일
- 공연 장소 : 문화일보 아트홀

월요 월광반 <변신>
작 : 이시원
연출 : 강신구
교사 : 강신구·강지은·김신기

수요 수직반 <굴비상자>
작 : 박숙자
연출 : 이창직·주성환·최나라
교사 : 이창직·주성환·최나라

2014년 시민연극교실 제6기

- 활동 기간 : 2014년 9월~12월
- 참가 인원 : 6명
- 공연 작품 : <봄날은 간다>
- 공연 일자 : 2014년 11월 24일, 25일
- 공연 장소 : 문화일보 아트홀

<봄날은 간다>
작 : 신용관
연출 : 주성환
교사 : 주성환·김신기·김보미

2015년 시민연극교실 제7기

- 활동 기간 : 2015년 7월~11월
- 참가 인원 : 33명
- 공연 작품 : <시민들 연극을 꿈꾸다>
- 공연 일자 : 2015년 11월 14일, 15일
- 공연 장소 : 동숭아트센터 꼭두소극장

월요반 이야기 <올모스트, 메인>
작 : 존 카리아니

연출 : 김한내
보조강사 : 조용진·장석환·신행은(서울시극단 15기 연수단원)

화요반 이야기 <모성 무죄, 모정 유죄>
작 : 김수미
연출 : 주성환
보조강사 : 김동석·유미선·한정훈(서울시극단 15기 연수단원)

수요반 이야기 <한여름 밤의 꿈>
작 : 셰익스피어
연출 : 이창직·강신구
보조강사 : 박진호·정예림

월요일반 <뜻대로 생각하세요>
작 : 루이기 피란델로
연출 : 김태수
보조강사 : 이정형·류한선(서울시극단 제15기 연수단원)

2016년 시민연극교실 제8기

- 활동 기간 : 2016년 7월~11월
- 참가 인원 : 30명
- 공연 작품 : <꿈, 현실이 되다>
- 공연 일자 : 2016년 11월 19일, 20일
- 공연 장소 : 세종문화회관 M시어터

월요반 이야기 <서울 사람들>
원작 : 굿닥터(닐 사이먼)
각색 : 김성란
연출 : 김신기
보조강사 : 이지연·장석환·유원준·한정훈·박 현(서울시극단 16기 연수단원)

제8기 시민연극교실 수강생들이 공연한 <서울 사람들>. 닐 사이먼의 <굿닥터>를 번안한 코미디다.

금요반 이야기 <서민귀족>
원작 : 몰리에르
연출 : 이창직
드라마트루그 : 강신구
보조강사 : 박진호·호효훈·정유진·윤영은(서울시극단 16기 연수단원)

2017년 시민연극교실 제9기

- 활동 기간 : 2016년 7월~11월
- 참가 인원 : 30명
- 공연 작품 : <꿈, 현실이 되다>
- 공연 일자 : 2016년 11월 19일, 20일
- 공연 장소 : 세종문화회관 M시어터

월요반 이야기 <서울 사람들>
원작 : 굿닥터(닐 사이먼)
각색 : 김성란

연출 : 김신기
보조강사 : 이지연·장석환·유원준·한정훈·박 현(서울시극단 16기 연수단원)

금요반 이야기 <서민귀족>
원작 : 몰리에르
연출 : 이창직
드라마트루그 : 강신구
보조강사 : 박진호·호효훈·정유진·윤영은(서울시극단 16기 연수단원)

2018년 시민연극교실 제10기

- 활동 기간 : 2018년 7월~11월
- 참가 인원 : 30명
- 공연 일자 : 2018년 12월 8일, 9일
- 공연 장소 : 세종문화회관 S시어터
- 공연 작품 : <로미오와 줄리엣>(셰익스피어)

2019년 시민연극교실 제11기

- 활동 기간 : 2019년 7월~11월
- 참가 인원 : 30명
- 공연 일자 : 2019년 12월 14일, 15일
- 공연 장소 : 세종문화회관 S시어터
- 공연 작품 : <굿닥터>(닐 사이먼), <맥베스>(셰익스피어)

2020년 시민연극교실 제12기
- 참가자 모집, 6월 18일 마감

수업 일지

이 중 제8기 시민연극교실의 수업일지를 살펴보자.

첫 번째 단계 : 연극의 기본을 접하다

본격적으로 연극을 만들기 전에 연극에 필요한 요소들을 배우는 시간. 연극의 개념과 희곡, 연기의 기본에 대해 배우고, 처음 해보는 경험에 대해 소감을 나누고 토론을 하면서 '연극이란 어떤 것인가' 하는 이해를 넓혀 갔다.

두 번째 단계 : 우리가 만들고 싶은 연극

시민들이 중심이 되는 연극 작업인 만큼 여러 대본을 읽어 보면서 대본을 선정했다. 임의의 역할로 리딩을 하고 작품에 대해 느낀 점을 공유했다. 아직은 어색하고 낯선 연극 속의 말들에 익숙해지기 위해 반복의 시간이 필요했다. 다음은 오디션이다! 누가 무슨 역할을 맡게 될까.

세 번째 단계 : 내가 아닌 인물 되기

실제 연극과 유사하게 지정 대사 연기와 특기를 준비하여 오디션을 진행하였다. 시민들은 노래와 춤 등 숨겨 왔던 장기를 선보이며 다양한 가능성을 보여주었다. 그 가능성을 토대로 여러 가지 재미있는 그림들을 생각하면서 많은 회의를 거친 끝에 최종 캐스팅이 발표되었다.

네 번째 단계 : 반복 그리고 또 반복

내가 아닌 다른 사람으로서 무대에 서는 일은 결코 쉽지 않았다. 대본에 쓰여 있는 말이지만 내 말로 뱉어야 하고, 인물로서 또 다른 인물과 소통해야한다. 때문에 상당한 집중력과 많은 시간의 연습이 요구된다. 대사를 외우고, 같은 장면을 반복해서 연습하는 것은 시민들에게 익숙하지 않아서 모두에게 고된 시간이기도 했다. 하지만 보조강사들과 함께 서로를 다독여

가며 한 장면씩 만들어 갔다. 우리만의 장면을 만들기 위해서 한 걸음씩 다진 것은 정말 귀한 경험으로 남을 것이다.

<서울사람들> 세종문화회관 무대에 올리다

제8기 시민연극교실 수강생들은 두 팀으로 나눠 월요반은 미국 희극 작가 닐 사이먼의 <굿닥터>를 번안한 코미디 <서울 사람들>을 발표했다. 서민들의 삶을 풍자와 해학으로 그린 옴니버스 연극인데 월요반팀은 이 희곡을 서울 사람들에 관한 소소한 이야기로 발랄하고 유쾌하게 풀어냈다. <서울 사람들>은 본래 아홉 개로 구성된 에피소드를 여섯 개로 간추려 서울 시민 배우들과 서울시 극단원이 함께 모여 만든 공연으로 보다큰 의미를 지니고 있다.

출연진 소감

- 이주연(작가 역) : 매일 똑같은 일상 속에서 기분 좋은 일탈의 시작점과 같았던 경험. 준비하는 동안 즐거웠습니다.
- 손선미(극중 작가 역) : 연극이란 지금까지 살아온 삶을 다른 각도로 들여다보는 새로운 렌즈인 것 같습니다. 그런 점에서 이 가을 또 하나의 인생을 살고 있어 행복합니다.
- 채수원(재채기-장관 역) : 오늘은 세종골 잔칫날. 각설이가 언제 이런 판에 설수 있나! 걸판지게 놀아 보세.
- 장석천(재채기-팔봉 역) : 큰 무대에서 공연하기가 쉽지 않은데 좋은 기회 주서서 감사하고 시민극단을 하면서 많은 경험과 배움을 얻어 갑니다.
- 김현아(재채기-팔봉부인 순자 역) : 평범한 삶들이 모여 극단이 되고 큰 무대에서 공연을 하게 되다니 신기하고 설레요. 좋은 사람들과 좋은 작품으로

소중한 추억 만들어 줘서 감사해요.

- 허선(치과의사-수녀 역) : 꿈속에 있었던 것이 현실이 된 순간이었습니다. 옆에서 항상 허선다운 삶을 살 수 있게 해주신, 제 곁에 계신 분들 덕분인 것 같습니다. 모두가 가슴 뛰는 순간을 한 번쯤은 만들기를 바라면서 무대에 오르겠습니다.

- 서윤(치과의사-조수 역) : 저에게 꿈을 경험할 수 있는 기회를 주셔서 너무 감사합니다! 잊을 수 없는 저의 첫 무대가 될 것 같아요. 좋은 분들 만나게 되어서 하루하루 감사한 나날들입니다!

- 허혜수(물에 빠진 사나이-귀부인 역) : 객석에 앉아서 상상만 해보던 무대 위에 드디어 서봅니다. 그리고 생각합니다. 평생에 이런 짜릿함이 또 있을까?

- 하명진(의지할 곳 없는 신세-지점장 역) : 시민극단 덕분에 아주 오랜만에 설레었고 나에 대한 새로운 발견으로 행복한 시간이었습니다. 인생에 한 번뿐일 시민극단 공연, 후회 없이 멋진 공연의 시간을 꿈꾸어 봅니다.

- 김혜연(오디션-순자 역) : 연극. 시민연극교실로 처음 쓰여졌고, 시작과 더불어 제 삶에서 마침표가 찍힌 단어가 될 거예요. 분명 기억에서 잊혀지겠지만 가끔 추억이 된 지금의 기억을 꺼내서 방긋 웃을 수 있을 것 같아요.

서울시민연극제

시민들이 직접 연극을 만들고 공연하는 시민 주도형 연극제

서울에서 활동하는 시민 연극단체라면 누구나 참여 가능한, 시민이 주인공인 연극 축제이다. 서울시민연극제를 통해 생활 속 문화예술 공동체를 형성하고 자생적 지역문화가 만들어지는 계기를 마련하기 위해 만들어졌다. 서울 전역 시민연극의 활성화를 위하여 매년 각 자치구 순회 방식으로 진행되고 있다.

제1회 서울시민연극제

· 일시 : 2015년 5월 2~9일
· 장소 : 오씨어터
· 참가팀 : 성동 극단 청은 <굿닥터>, 금천 마을극단 파란 <행복에 관한 2plays>, 동작 시니어극단 날아라 백로 <처음으로 돌아가라>, 동작 장애인문화예술극회 휠 <세박자>, 성북 무지개 연인들 <토선생 수궁 여행기>, 서대문 극단 청춘 <여자만세>, 강동 창의융합마을학교 <거짓 속 진실>, 강북 주부극단 별주부 <마당극 훨훨 간다>, 노원 극단 마들 <인연>
· 수상 내역
  대상 : [동작] 시니어극단 날아라 백로 <처음으로 돌아가라>
  최우수상 : [강동] 창의융합마을학교 <거짓 속 진실>
  특별상 : [서대문] 극단 청춘 <여자만세>
  심사위원 특별상 : [성동] 극단 청은 <굿닥터>
  우수상 : [강북] 주부극단 별주부 <마당극 훨훨간다>
      [노원] 극단 마들 <인연>
  앙상블상 : [동작] 무지개연인들 <토선생 수궁여행기>,
      [금천] 극마을극단 파란 <행복에 관한 2plays>
  최우수연기상 : 백남희 / [노원] 한여름 밤의 꿈
  연기상 : 한현옥 / [서대문] 여자만세
      김미정 / [강북] 마당극 훨훨간다
      윤숙림 / [동작] 처음으로 돌아가라
      정류림 / [강동] 거짓 속 진실
      백남희 / [노원] 인연
      김세광 / [동작] 세박자
  특별연기상 : 황춘자 / [동작] 처음으로 돌아가라

제2회 서울시민연극제

- 일시 : 2016년 6월 8~18일
- 장소 : 엘림홀, 동숭무대 소극장
- 참가팀 : 서대문 극단 피앙세 <5학년 5반 맹춘자>, 강북 주부극단 별주부 <봉숭아꽃>, 성북 미아리고개 시민극단 <우리읍내>, 서초 극단 솟대 <그녀들만 아는 공소시효>, 노원 노원시민연극공동체 일탈 <한여름 밤의 꿈>, 성동 극단 물맑고 깊은 <황홀한 행복>, 강동 강동아트시민연극 <네버엔딩 스토리>, 구로 느티나무 은빛극단 <어미>, 동작 날아라 백로 <그녀들의 수다>, 마포 극단 연극배우 <늦둥이>, 금천 금천 마을극단 파란 <금천구 시흥동 2016번지>
- 수상내역

  대상 : [서초] 극단 솟대 <그녀들만 아는 공소시효>

  최우수상 : [노원] 시민연극공동체 일탈 <한여름 밤의 꿈>

  　　　　　[서대문] 극단 피앙세 <5학년 5반 맹춘자>

  심사위원 특별상 : [구로] 느티나무 은빛극단 <어미>

  우수상 : [금천] 금천마을극단 파란 <금천구 시흥동 2016번지>

  　　　　　[강북] 주부극단 별주부 <봉숭아꽃>

  　　　　　[강동] 강동아트시민연극 <네버엔딩 스토리>

  장려상 : [동작] 날아라백로 <그녀들의 수다>

  　　　　　[마포] 극단 연극배우 <늦둥이>

  　　　　　[성동] 극단 물 맑고 깊은 <황홀한 행복>

  　　　　　[성북] 미아리고개 시민극단 <우리 읍내>

  최우수연기상 : 백남희 / [노원] 한여름 밤의 꿈

  연기상 : 차영숙 / [서대문] 5학년 5반 맹춘자

  　　　　　김용숙 / [강북] 봉숭아꽃

  　　　　　양숙정 / [성북] 우리 읍내

윤정호 / [서초] 그녀들만 아는 공소시효

이장희 / [노원] 한여름 밤의 꿈

이광휘 / [성동] 황홀한 행복

노미경 / [강동] 네버엔딩 스토리

이정란 / [구로] 어미

송인기 / [동작] 그녀들의 수다

임연비 / [마포] 늦둥이

최상호 / [금천] 금천구 시흥동 2016번지

연출상 : 정대영 / [노원] 한여름 밤의 꿈

스태프상 : 이해옥(무대미술, 의상) / [서대문] 5학년 5반 맹춘자

예술감독상 : 송윤석 / [구로] 어미

희곡상 : 이용선 / [성동] 황홀한 행복

유수경 / [강동] 네버엔딩 스토리

공로상 : 박정기 / [서초] 그녀들만 아는 공소시효

제3회 서울시민연극제

- 일시 : 2017년 8월 19일~9월 16일
- 장소 : 노원문화예술회관, 노원어울림극장, 서울시립북서울미술관
- 참가팀 : 노원 노원시민연극공동체 일탈 <양로원 탈출기>, 영등포 극단 멍석 <여행>, 용산 용산시민연극 <나의 살던 고향은 용산>, 성북 극단 무지개연인들 <감은장애기>, 강서 극단 한우리 <결혼>, 서초 더폼(The POM) <자살에 관하여>, 서대문 극단 피앙세 <모정의 세월>, 마포 우리마포복지관 극단 오늘 <아, 그리운 어머니>, 마포 사랑의전화 시민극단 울림 <산국>, 용산 극단 배우리 <아침놀 저녁비>, 금천 금천마을극단 파란 <뜻대로 생각하세요>, 관악 극단 플레이고어 <버지니아 그레이의 초상>, 성동 극단 물맑고깊은 <햇살 좋은 날>, 강북 극단

별주부 <눈오는 봄날>, 양천 극단 고운달 <내가 날씨 따라 변할 사람 같소?>, 성북 극단 화요일 <그녀들만 아는 공소시효>, 광진 KARP 물오름극단 <산국(山菊)>, 강남 주부극단 유리구두 <잘생긴 여자>, 마포 극단 끼모아 <이 사연 또한 그렇게 일어났노라>, 노원 주부극단 마마 <사라지다>, 강동 강동아트시민연극 <별을 사랑한 민들레>, 구로 느티나무 은빛극단 <우당탕탕, 이사왔어요!!>, 종로 종로노인종합복지관 연극단 대학老愛 <007 핸드폰>

• 수상 내역

대 상 : [강동] 강동아트시민연극 <별을 사랑한 민들레>

금 상 : 구로 느티나무 은빛극단 <우당탕탕, 이사왔어요!!>

　　　영등포 맑은연극세상 극단 멍석 <여행>

은 상 : 성북 극단 화요일 <그녀들만 아는 공소시효>

　　　서대문 극단 피앙세 <모정의 세월>

　　　양천 극단 고운달 <내가 날씨 따라 변할 사람 같소?>

동 상 : 마포 사랑의전화 시민극단 울림 <산국(山菊)>

　　　성북 극단 무지개연인들 <감은장애기>

　　　서초 더폼(The POM) <자살에 관하여>

　　　노원 노원시민연극공동체 일탈 <양로원 탈출기>

　　　강북 극단 별주부 <눈오는 봄날>

장려상 : 용산 용산시민연극 <나의 살던 고향은 용산>

　　　금천 금천마을극단 파란 <뜻대로 생각하세요>

　　　노원 주부극단 마마 <사라지다>

　　　용산 극단 배우리 <아침놀 저녁비>

　　　성동 극단 물맑고깊은 <햇살 좋은 날>

　　　종로 종로노인종합복지관 연극단 대학老愛 <007 핸드폰>

특별상 : 능청상 / 동작 시민연극 동행 <소나무 아래 잠들다>

패기상 / 강서 극단 한우리 <결혼>

뚝심상 / 마포 우리마포복지관 극단 오늘 <아, 그리운 어머니>

도전상 / 관악 극단 플레이고어 <버지니아 그레이의 초상>

청춘상 / 광진 KARP 물오름극단 <산국(山菊)>

웃음상 / 강남 주부극단 유리구두 <잘생긴 여자>

우정상 / 마포 극단 끼모아 <이 사연 또한 그렇게 일어났노라>

최우수연기상 : 서대문 극단 피앙세 <모정의 세월> / 차영숙

　　　　　　광진 KARP 물오름극단 <산국(山菊)> / 장혜선

우수연기상 : 구로 느티나무 은빛극단 <우당탕탕, 이사왔어요!!> / 양화신

　　　　　영등포 극단 명석 <여행> / 최민석

　　　　　성북 극단 화요일 <그녀들만 아는 공소시효> / 이지연

　　　　　강동 강동아트시민연극 <별을 사랑한 민들레> / 박경순

　　　　　강북 극단 별주부 <눈오는 봄날> / 최향란

연기상 : 노원 노원시민연극공동체 일탈 <양로원 탈출기> / 김지서

　　　　영등포 극단 명석 <여행> / 김한별이

　　　　용산 용산시민연극 <나의 살던 고향은 용산> / 최만수

　　　　성북 극단 무지개연인들 <감은장애기> / 홍윤경

　　　　동작 시민연극 동행 <소나무 아래 잠들다> / 윤지원

　　　　강서 극단 한우리 <결혼> / 전재광

　　　　서초 더폼(The POM) <자살에 관하여> / 문윤경

　　　　서대문 극단 피앙세 <모정의 세월> / 이중식

　　　　마포 극단 오늘 <아, 그리운 어머니> / 이종록

　　　　마포 시민극단 울림 <산국(山菊)> / 정수미

　　　　용산 극단 배우리 <아침놀 저녁비> / 신하준

　　　　금천 금천마을극단 파란 <뜻대로 생각하세요> / 이나경

　　　　관악 극단 플레이고어 <버지니아 그레이의 초상> / 정무궁

성동 극단 물맑고깊은 <햇살 좋은 날> / 이미성

강북 극단 별주부 <눈오는 봄날> / 이종희

양천 극단 고운달 <내가 날씨 따라 변할 사람 같소?> / 김지한

성북 극단 화요일 <그녀들만 아는 공소시효> / 조민제

광진 KARP 물오름극단 <산국(山菊)> / 황경임

강남 주부극단 유리구두 <잘생긴 여자> / 조성아

마포 극단 끼모아 <이 사연 또한 그렇게 일어났노라> / 김선아

노원 주부극단 마마 <사라지다> / 안융자

강동 강동아트시민연극 <별을 사랑한 민들레> / 이상만

구로 느티나무 은빛극단 <우당탕탕, 이사왔어요!!> / 임절자

종로 종로노인종합복지관 연극단 대학老愛 <007 핸드폰> /
김상미

연출상 : 서초 더폼(The POM) <자살에 관하여> / 추태영

스태프상 : 영등포 극단 멍석 <여행> 창작희곡 / 현재경, 구로 느티
나무 은빛극단 <우당탕탕, 이사왔어요!!> 의상·소품 / 김희
경, 성북 극단 무지개연인들 <감은장애기> 무대미술 / 김세영

작품지도상 : 강동 강동아트시민연극 <별을 사랑한 민들레> / 김수미
구로 느티나무 은빛극단 <우당탕탕, 이사왔어요!!> / 김태윤

제4회 서울시민연극제

• 일시 : 2018년 9월 4~21일

• 장소 : 성수아트홀

• 참가팀 : 성동 극단 물 맑고 깊은 <리도 괴리도 업시>, 동작 시민극단 동
행 <아름다운 사인>, 강남 주부극단 유리구두 <할머니를 믿지
마세요>, 노원 노원시민연극공동체 일탈 <신우맨숀 반상회>,
송파 앙코르 <이수일과 심순애 그 이후>, 서대문 극단 피앙
세 <울고 넘는 박달재>, 금천 마을극단 파란 <남과 여>, 강북

주부극단 별주부 <아름다운 사인>, 마포 우리마포복지관 극단 오늘 <이별, 그리고 사랑>, 구로 느티나무 은빛극단 <구루지 노래방 콩쿠르>, 은평 맞장구 <은평은 봄이다-나, 너, 우리 봄>, 광진 극단 충동 <이별을 위한 마지막 인사>, 양천 극단 고운달 <꽃님이발관>, 용산 극단 고운달 <눈오는 봄날>, 성북 미아리고개 시민극단 <맨드라미꽃>, 강동 강동아트시민연극 <프로젝트-1: 처음처럼>, 서초 시민극단 솟대 <외등아래>

- 수상 내역

대 상 : [노원] 노원시민연극공동체 일탈 <신우맨숀 반상회>

금 상 : [성동] 극단 물맑고 깊은 <리도 괴리도 업시>

은 상 : [은평] 맞장구 <은평은 봄이다-나, 너, 우리 봄>

    [강남] 주부극단 유리구두 <할머니를 믿지 마세요>

동 상 : [강북] 주부극단 별주부 <아름다운 사인>

    [성북] 미아리고개 시민극단 <맨드라미꽃>

    [강동] 강동아트시민연극 <프로젝트-I 처음처럼>

연출상 : [노원] <신우맨숀 반상회> / 양우지

최우수연기상 : [노원] <신우맨숀 반상회> / 김정민

연기상 : [은평] <은평은 봄이다-나, 너, 우리 봄> / 이미경

    [서대문] <울고 넘는 박달재> / 김영환

    [강남] <할머니를 믿지 마세요> / 김재영

    [용산] <눈오는 봄날> / 양문정

    [양천] <꽃님이발관> / 이정철

    [강북] <아름다운 사인> / 장시내

특별상 : [서대문] <울고 넘는 박달재> / 장근춘

작품지도상 : [성동] <리도 괴리도 업시> / 권제인

    [용산] <눈오는 봄날> / 고인배

제5회 서울시민연극제

- 일시 : 2019년 8월 17일~9월 7일
- 장소 : 강동아트센터 소극장 드림
- 참가팀 : 강동 극단 강동아트시민연극 <마지막 하숙생>, 마포 시민극단 울림 <연극, 말을 걸다!>, 용산 이촌동 마을극단 <한여름 밤의 꿈>, 송파 앙코르 기억 <도깨비>, 강북 극단 별주부 <959-7번 지>, 관악 극단 소소 <반쪽날개로 날아간 새>, 성북 성북살롱 <여자만세>, 구로 느티나무 은빛극단 <우당탕탕, 이사왔어요 2>, 서초 극단 해빛 <지금 사랑한다고 말하세요>, 동작 시민 극단 동행 <아비>, 서대문 극단 만세(만들어가는 세상) <우주인>, 은평 맞장구 <뛰뛰빵빵>, 광진 극단 충동 <아무것도 아닌, 사 람>, 노원 노원시민연극공동체 일탈 <여자만 프로젝트>, 금천 금나래 시민연극단 <기념일>, 양천 고운 달 <나생문>, 성동 극 단 물맑고 깊은 <190326(뚝섬만세운동)>
- 수상 내역

  대상(강동구청장상) : [관악] 극단 소소 <반쪽날개로 날아간 새>

  금상(강동구의회의장상) : [동작] 시민극단 동행 <아비>

  은상 : [성북] 성북살롱 <여자만세>

  　　　[강북] 극단 별주부 <959-7번지>

  동상 : [서초] 극단 해빛 <지금 사랑한다고 말하세요>

  　　　[은평] 맞장구 <뛰뛰빵빵>

  　　　[광진] 극단 충동 <아무것도 아닌, 사람>

  최우수연기상 : [강북] 극단 별주부 <959-7번지> / 이종희

  　　　　　　　[동작] 시민극단 동행 <아비> / 송기천

  우수연기상 : [관악] 극단 소소 <반쪽 날개로 날아간 새> / 장회경

  　　　　　　[은평] 맞장구 <뛰뛰빵빵> / 황상민

연기상(공연 순) : [강동] 극단 강동아트시민연극 <마지막 하숙생> / 박경순

[마포] 시민극단 울림 <연극, 말을 걸다!> / 마은숙

[용산] 이촌동 마을극단 <한여름 밤의 꿈> / 유성희

[송파] 앙코르 <기억 도깨비> / 이현덕

[강북] 극단 별주부 <959-7번지> / 최영준

[관악] 극단 소소 <반쪽날개로 날아간 새> / 차화영

[성북] 성북살롱 <여자만세> / 이장희

[구로] 느티나무 은빛극단 <우당탕탕, 이사왔어요2> / 안영분

[서초] 극단 해빛 <지금 사랑한다고 말하세요> / 안수현

[동작] 시민극단 동행 <아비> / 이선재

[서대문] 극단 만세 <우주인> / 김동윤

[은평] 맞장구 <뛰뛰빵빵> / 김향자

[광진] 극단 충동 <아무것도 아닌, 사람> / 박해원

[노원] 노원시민연극공동체 일탈 <여자만 프로젝트> / 박송희

[금천] 금나래 시민연극단 <기념일> / 권복순

[양천] 고운 달 <나생문> / 이관영

[성동] 극단 물맑고깊은 <190326(뚝섬만세운동)> / 권종원

스태프상 : [관악] 극단 소소 <반쪽 날개로 날아간 새> 무대제작 / 심헌섭

[광진] 극단 충동 <아무것도 아닌, 사람> 작, 연출보 / 장은정

[서초] 극단 해빛 <지금 사랑한다고 말하세요> 행정 / 이수아

작품지도상 : [동작] 시민극단 동행 <아비> / 이애경

감사패 : 강동구청

서울 서대문구

1987년 창단한 전문극단 로얄씨어터(대표 윤여성)는 서대문구문화체육회관 상주 단체로 시민연극 교육과 생활연극 공연 등을 지속적으로 펼쳐오고 있다. 그 사례들을 다음에 정리해 본다.

꿈꾸는청춘예술대학

서대문문화체육회관과 극단 로얄씨어터는 2008년부터 60세 이상 장년층을 위한 연극교육 프로그램을 2016년까지 매년 운영해 왔다.

이 프로그램은 연극·음악·무용이 결합된 통합예술교육으로, 연극과 함께 음악에 대한 이해의 폭을 넓힘과 동시에 영화적 요소를 가미한 체험 교육이다. 희곡 읽기, 무대 동작, 소품 및 대도구 사용법, 노래 부르기, 합창 및 개인 노래, 뮤지컬 무용의 이해, 음악 녹음, 영화 촬영 체험을 통해 무대 체험형 교육을 실시했다. 또한 공연 관람하고 토론하기(문화 체험), 무대발표회를 통해 어르신들의 자존감을 살리고 건강증진 및 성취감을 고취시키는 데도 역점을 두었다.

꿈꾸는 청춘예술대학 모집 포스터

꿈꾸는청춘예술대학은 매년 4월부터 11월까지 매주 목요일 오후 4시부터 6시까지 연평균 32회 강습을 서대문노인종합복지관(일부 교육 장소)과 서대문문화체육회관

(공동기획 운영 및 발표 장소)에서 실시해 왔다. 2008년부터 2016년까지 334명의 지역 어르신들이 참여했고, 이들의 무대발표회를 총 4735명이 관람했다.

<나도 무대에 선다>

이에 앞서 서대문구 상주예술단체인 로얄씨어터는 주민 교육 사업으로 <나도 무대에 선다>와 <세상이 학교다>를 2011년과 2012년에 운영했다. <나도 무대에 선다>는 서대문구 중장년층 지역주민을 대상으로 하는 연극 워크숍이다. 주민의 직접 참여로 연극 무대예술에 대한 전반적인 이해와 예술 체험을 통한 성취감과 자신감 고취를 목적으로 실시한 연극 교육 프로그램이다.

1차는 2011년 11월 24일부터 2012년 1월 10일까지, 2차는 2012년 7월 10일부터 12월 18일까지 시행했다.

<세상이 학교다>

서대문구 중고등학생을 대상으로 실시한 문화예술 감수성·창의성 신장을 위한 연극 워크숍이다. 청소년들을 위한 토요예술학교로 연극 무대예술에 대한 전반적인 이해와 예술 체험을 통한 성취감과 자신감 고취에 역점을 두었다.

청소년들에게 공연예술 분야(배우·연출·작가·무대·조명·음향·분장 등) 종사자들의 설명과 멘토링을 통하여 진로 체험 교육을 할 수 있도록 함으로써 공연 예술에 대한 이해를 높이고, 상주 단체 공연 제작 체험 기회도 제공했다.

청소년 연극 프로그램 공연 작품

- 박보희 작 <새장 밖을 꿈꾸는 아이들>, 2014년 10월 31일 서대문문화
  회관 소극장
- 각색극 <천국의 아이들>, 2015년 10월 30일 서대문문화회관 소극장
- 각색극 <신데렐라>, 201년 10월 28일 서대문문화회관 소극장

서대문구 주민연극 <여자 만세>

국민성 작가가 쓰고 류근혜 연출이 무대화한 <여자 만세>는 여성들을 위한 힐링 코믹 연극이다. 한현옥·차영숙·박영갑·이해옥 등 지역주민들이 배우로 출연하는 이 공연은 '우리 동네 힐링마차'라는 이름의 찾아가는 나눔 공연으로 매년 서대문구에서 공연되었다.

2013년 11월 26일에는 서대문종합사회복지관 강당, 2014년 10월 20일에는 시립 서대문노인종합복지관 3층 대강당, 2015년 12월 14일에는 연희노인여자복지관 강당, 2016년 11월 25일에는 충현동주민센터 2층 대회의실에서 공연했다. 총 관람 인원은 410명이다.

여성들을 위한 힐링 코믹 연극 <여자 만세>

<여자 만세>는 '문화 소외계층을 위한 신나는 예술여행'에도 초청되어 2015년 11월 24일 경기도 양평군 용문면 삼성리 별내마을 체험관에서 공연을 했다. 2015년 11월 17일에는

경북 구미시 선산농협 강당에서, 2015년 12월 6일에는 경북 포항시 포항 농협 대회의실에서 원정 공연을 했다. <여자 만세>는 또한 2015년 7월 29일과 30일 남해섬 국제탈공연예술촌 다초실험극장에서 공연(97명 관람) 했다.

2015년에는 제2회 종로구 우수연극축제 공식초청작 3편 중 하나로 초청된 <여자 만세>는 10월 1일과 2일 대학로 문화공간 엘림홀에서 4회 공연(관람객 367명)했다.

<여자 만세>는 경연에 참가해 수상도 했다. 2015년 제36회 서울연극제 일환으로 열린 제1회 서울시민연극제에 참가해 팀은 특별상을, 출연 배우 한현옥은 연기상을 받았다. 2016년 제2회 서울시민연극제에는 서대문주부극단 피앙세로 참가, 박경희 작, 윤여성 연출 <5학년 5반 맹춘자>로 최우수상과 연기상(차영숙), 스태프상(무대와 의상의 이해옥)을 수상했다.

주민 참여와 지역 발전을 위한 응용연극

서대문구 문화체육회관 상주 단체인 극단 로얄씨어터는 서대문구 시정과 지역 관심사를 연극으로 만들어 주민 참여와 지역 발전을 위한 캠페인을 벌였다.

2015년에는 여성 가족과 여성 친화를 위한 캠페인 연극 <오지랖 여사!>를 제작해 12월 21일 서대문구청 기획상황실에서 공연했다. 국민성 작, 윤여성 연출의 이 공연에는 차영숙·박영갑·한현옥·어기준·유재연·김찬행·이해옥 등 주민 배우들이 출연했다.

또한 어린이 구연동화가 허석희와 함께하는 패널 씨어터 형태의 구연동화극 <미운 아기 오리>를 2015년 10월 28일 서대문문화회관 소극장에서 공연했다. 이 공연은 윤여성이 예술감독을 맡고 유준기·박인환·이 예지 등이 진행을 맡았다.

2016년에는 '찾아가는 나눔 공연'의 하나로 서대문구청 복지과 동 지역사회보장협의체 우수사례 발표대회에서 국민성 작, 윤여성 연출의 <오지랖 여사 2>를 10월 25일 서대문구청 강당에서 공연했다. '모두가 행복한 복지세상 만들기'란 주제의 이 공연에는 차영숙·박영갑 등 주민 배우가 출연했다.

한편 서대문경찰서와 합동으로 청렴을 주제로 한 연극 <지금 이 순간 최선을!>(국민성 작, 윤여성 예술감독)을 2015년 9월 9일 서대문경찰서 5층 대강당에서 공연했다. 이 공연에는 서대문경찰서의 정우형·민경범·신현일 형사와 주민 배우 차영숙·한현옥·유재연·이해옥 그리고 학생 워크숍 단원들이 함께하여 더욱 의의가 컸다.

서대문구 어르신들이 함께 만들어 가는 연극무대

제1탄 <홍도야 우지 마라> 2008년 12월 9일 서대문문화회관 대강당, 제2탄 춤과 노래가 있는 연극 <이수일과 심순애> 2009년 11월 7일 서대문문화회관 대강당, 제3탄 춤과 노래가 있는 연극 <굳세어라 금순아> 2010년 11월 3일 서대문문화회관 대강당, 제4탄 노래와 춤이 있는 <유랑극단> 2011년 10월 27일 서대문문화회관 대강당, 제5탄 <애수의 소야곡> 2012년 서대문문화회관 대강당, 제6탄 연극 <누가 이 사람을 모르시나요>(김영무 작, 류근혜 연출) 2013년 11월 28일 서대문문화회관 대극장, 제7탄 <부모님 전상서>(이상용 작, 류근혜 연출) 2014년 11월 6일 서대문문화회관 대강당, 제8탄 <서울은 청춘이다> 2015년 11월 5일 서대문문화회관 대극장, 제9탄 <모정의 세월> 2016년 11월 10일 서대문문화회관 대극장.

이 밖에도 서대문 관내 중장년층 주민들을 대상으로 한 연극 워크숍

서대문 어르신 연극

'나도 무대에 선다' 발표 작품 연극 <소녀시대>를 2012년 12월 13일과 14일 서대문문화회관 소극장에서 공연했다.

서울 노원구

서울 노원구의 노원문화예술회관은 국립극단 출신의 배우 정상철을 주축으로 한 생활연극을 2009년부터 꾸준히 제작, 발표해 오고 있다. 동국대 연극영화과를 졸업하고 국립극단에 입단해 단장과 예술감독, 한국연 극협회 부이사장을 역임한 정상철은 <죽이는 수녀들 이야기>, <거미숲>, <흑수선>, <우묵배미의 사랑> 등 다수의 작품에서 주·조역으로 활동해 온 중진 연기자다. 그는 2010년부터 노원문화예술회관에서 정상철연극교실을 운영해 왔다. 이 연극반 출신 아마추어 시민 배우들이 극단 마들을 창단해 매년 1~2회 구민들을 대상으로 공연을 펼치고 있다.

2009년

첫 기획 공연으로 닐 사이먼의 <굿닥터>를 12월 23일 오후 7시 노원문화예술회관 소공연장 무대에 올렸다. '풍자와 해학 그리고 행복'이란 부제를 단 이 공연은 정상철 연출에 조창희·홍종숙 등 11명의 시민 배우들이 출연하여 '재채기', '수다', '생일선물' 등 일곱 가지 이야기를 펼쳐냈다.

- 연출 : 정상철, 조연출 : 안성헌
- 출연 : 조창희·홍종숙·이명란·이상희·김선희·백남희·이지현·
  김민지·기승정·이혜숙·김종근
- 무대감독 : 김춘술, 조명감독 : 안경석, 음향감독 : 고병일

2010년

노원문화예술회관 연극반 공연으로 <아름다운 사인(死因)>을 정상철 연출로 8월 25일 오후 4시 30분, 7시 30분 소공연장에서 발표했다. 하반기

에는 정상철연극교실(극단 마을) 공연으로 서현철 원작의 옴니버스 연극 <지팡이를 잃어버린 채플린>을 12월 28일 오후 4시와 7시 30분 소공연장 무대에 올렸다. 세 개의 에피소드로 이루어진 공연에는 3년째 연기 수업 중인 정상철연극교실 단원들이 출연했다.

<지팡이를 잃어버린 채플린> 포스터

에피소드 1(산부인과)
- 임산부 역 : 홍종숙, 청소부 역 : 방승희, 소녀 역 : 이지현

에피소드 2(지하철)
- 장사꾼 역 : 이상희, 장사꾼 역 : 박성희, 할아버지 역 : 김종근

에피소드 3(다리 위에서)
- 할아버지 역 : 조창희, 사내 역 : 백남희
- 연출 : 정상철, 조연출 안성헌, 음향감독 : 현철, 분장 : 김선희, 무대 및 소품 :
  박정규, 특별출연 배우 : 김종근

2011년

노원문화회관 정상철연극교실(극단 마들)이 엄인희 원작 <작은 할머니>를
각색한 <그 여자의 소설>을 6월 29일 저녁 7시, 6월 30일 오후 4시 소공
연장에서 발표했다. 순수 아마추어 연극교실 회원들의 피나는 연습과 각
고의 노력으로 올린 이 공연은 어느 한 시대 우리 여성들이 감내하고 받
아들이며 살아가야 했던 시대를 배경으로 하고 있어 그동안 우리가 잊고
지냈던 통한의 시절을 음미할 수 있게 극화했다.

극단 마들 단원 이지현이 작은 할머니(과거) 역을, 조희자가 작은 할머
니(현재) 역을, 유동주가 손녀/조춘이 역을, 전민자가 서산댁 역을, 방승
이가 귀분네 역을, 이상희가 큰댁 역을 맡았다. 조연출 안성헌이 현 남
편(치매 노인) 역을, 특별출연 배우 김종근이 본남편/진범이 역을 맡았다.

- 연출 : 정상철, 조연출 : 안성헌
- 무대감독 : 김춘술·장은웅, 조명감독 : 안경석·김영민,
  음향감독 : 고병일·이상협

하반기에는 프랑소와 오종 감독, 카트린느 드뇌브 주연의 영화 <8인
의 여인들>을 각색한 <8인의 여인들>을 11월 29일 오후 7시, 30일 오후

4시 소공연장에서 공연했다.

정상철 연출로 조희자(할머니), 방승이(갸비), 이상희(샤넬부인), 유동주(카트린), 장향숙(루이즈), 이지현(오귀스트), 박성희(피에레트), 김민지(쉬종)가 출연했다. 김종근이 특별 출연해 마르셀 역을 맡았다.

- 조연출 : 안성헌·백남희
- 음향감독 : 한철, 분장 : 김선희, 무대소품 : 박정규

2012년

정상철연극교실 극단 마들 6회 공연으로 <한 무대 세 이야기>를 11월 20일 오후 7시, 21일 오후 4시와 7시 소공연장 무대에 올렸다.

첫 무대인 안톤 체홉의 <청혼>에는 김종근·안혜경·박예진·김수진이 출연했다. 두 번째 무대인 구엔돌린 퍼어슨의 <버지니아 그레이의 초상>에는 이상희·이지현·유동주·장민정·변춘옥·박성희·김수진 등이 출연했다. 세 번째 무대인 안톤 체홉의 <곰>에는 박성희·장향숙·정대영이 출연했다.

- 연출 : 정상철, 조연출 : 안성헌·백남희
- 음향 : 현철, 무대디자인 : 박정규, 분장 : 이선희

2013년

정상철연극교실 극단 마들 7회 정기공연으로 2011년 공연했던 <그 여자의 소설>을 7월 3일과 4일 오후 4시와 8시 소공연장 무대에 올렸다.

출연 배우는 최애숙(할머니), 박성희(작은댁), 안혜경(작은댁), 장민정(큰댁), 옥혜란(큰댁), 이상희(귀분네), 유동주(귀분네), 정대영(본남편), 백남희(조춘),

양남열(진범), 김미승(손녀), 변춘옥(서산댁), 최경미(서산댁) 등이며, 김종근이 특별 출연해 남편과 할아버지 역을 맡았다.

극단 마들의 7회 정기공연 <그 여자의 소설>

- 연출 : 정상철,
  조연출 : 안성헌
- 음향 : 한철,
  분장 : 김선희, 무대디자인 : 박정규

8회 정기공연은 2010년에 했던 <아름다운 사인>(정상철 연출)을 노원어울림극장(KT 노원지사 지하 1층)으로 무대를 옮겨 12월 10일과 11일 오후 4시 30분, 7시 30분에 개막했다.

단원들이 늘어나 일부 배역은 더블로 맡았다. 백남희 · 최애숙(유화이 역), 이상희 · 변춘옥(조숙자 역), 장민정 · 옥혜란(김귀인 역), 안혜경 · 이선화(한혜선 역), 김승정 · 유동주(최정미 역), 정대영(조숙자 남편 역 등), 김미승(이수민 역), 김민(정선아 역), 양남열(한혜선 남편 역 등). 프로 배우 김종근이 특별 출연해 유화이 남자 역을 맡았고, 노원구 구민 배우 조창희가 무대크루와 홍보를 맡았다.

2014년

스페인 극작가 페데리코 가르시아 로르카의 3막 비극 <베르나르다 알바의 집>을 정상철 연출로 12월 13일 오후 4시와 7시, 14일 오후 2시와

5시 노원문화예술회관 소공연장 무대에 올렸다. 사회의 규율과 자신의 정체성을 망각하고 살아가는 여성들만의 가족 공동체 안에서 각자가 지니고 있는 본능이 얼마나 억눌린 채 있는지, 그리고 그러한 규율과 질서가 스스로도 그 실체를 알 수 없었던 관습이었다는 걸 알게 되는 순간 이들은 죽음을 맞게 되고 죽음을 통해 비로소 정체성과 자신의 본능을 알게 된다는 내용이다.

출연진은 최애숙 · 백남희(엄마 베르나르다 역), 옥혜란 · 장민정(유모 폰치아 역), 변춘옥(큰딸 앙구스티아 역), 강경숙(둘째딸 막달레나 역), 김승정 · 유동주(셋째 딸 아멜리아 역), 안혜경(넷째딸 마르티리오 역), 김미승 · 우윤정(막내딸 아델라 역), 정애경 · 문정희(식모 아가다 역), 정대영 · 조창희(마을사람 소리) 등이다.

- 연출 : 정상철, 조연출 : 김종근, 액자그림 : 양남열

2015년

위안부를 주제로 한 <봉숭화꽃>을 12월 5일 오후 4시와 7시, 6일 오후 3시와 6시 노원문화예술회관 소공연장 무대에 올렸다.

- 연출 : 정상철, 조연출 : 김종근
- 출연 : 백남희, 장민정, 유동주, 우윤정, 문정희, 정애경, 안혜경,
  최애숙, 김미승, 변춘옥, 이동림, 전철수, 조순희, 박서연

2016년

찰스 조시 원작, 김재희 번역의 <셰익스피어의 여인들>을 11월 25일 오후 4시와 7시 소공연장 무대에 올렸다.

만약 셰익스피어의 여러 작품의 여주인공들, 예를 들어 <말괄량이 길

들이기>의 캐더린, <베니스의 상인>의 포오샤, <햄릿>의 오필리아, <오델로>의 데스데모나, <로미오와 줄리엣>의 줄리엣, <안토니오와 클레오파트라>의 클레오파트라가 서로 만났다면 무슨 일이 일어나고 무슨 이야기를 할까? 이 같은 상상력으로 만들어진 연극에 정상철연극교실 배우들이 각자의 이야기를 조금 덧붙여 공동 창작한다는 느낌으로 관객들이 이해할 수 있도록 꾸몄다.

- 연출 : 정상철, 조연출 : 김종근, 음향 : 한철, 분장 : 김선희,
  무대 : 박현준
- 출연 : 장민정 · 김미승(포오샤), 최애숙 · 조순희(캐더린), 문정희 · 변춘옥(오필리아), 이동림 · 정애경(데스데모나), 유동주 · 김정민(줄리엣), 이은하 · 백남희(클레오파트라), 조현철 · 유수현(연출 역). 김종근(무대감독 역, 특별출연)

2017년

황대연 작 <고린내>를 2017년 12월 1~2일 노원문화예술회관에 올렸다.

- 연출 : 정상철
- 출연 : 문정희, 장민정, 김미승, 이은하, 김정민, 조순희, 최애숙,
  유동주, 정애경, 백남희, 이동림, 변춘옥, 김선웅, 이근호,
  고미숙, 한철, 안혜경 등

2018년

엄인희 작 <작은할머니>를 2018년 12월 5일 노원어울림소극장에 올렸다.

- 연출 : 정상철
- 출연 : 문정희, 장민정, 김정민, 최애숙, 이은하, 변춘옥, 백남희, 유동주, 안혜경, 정애경, 박영갑, 우성광, 전철수, 정현이 등

2019년

김정미 작 <나비>를 2019년 12월 4~5일 노원문화예술회관 소공연장에 올렸다.

- 연출 : 정상철
- 출연 : 백남희, 장민정, 김정민, 이순덕, 문정희, 박혜경, 유동주, 이은하, 변춘옥, 우성광, 신상우, 신미애, 문혜영 등

서울 성북구

주민 공연 축제 '배우를 꿈꾸다'

제1회 다님길 주민연극교실(동선동·성북동)

서울시와 서울문화재단이 주관하는 '지역특성화사업'으로 주민예술 창작집단 '다님길'이 성북동, 동선동 주민들과 함께 연극교실을 통해 준비한 주민 연극 공연 축제다.

"배우를 꿈꾸다"라는 주제를 내걸고 2016년 4월부터 진행한 이 특성화사업은 '주민연극교실'을 통해 주민들의 이야기로, 주민들이 주인공이 되어, 지역과 삶에 대한 이야기를 연극으로 함께 만들고 공연하는 프로젝트다. 이 사업은 한국문화예술교육진흥원, 성북연극협회, 서울문화

예술교육지원센터가 후원했고, 성북동주민자치센터와 동선동주민센터가 협력기관으로 참여했다.

주민예술창작집단 다님길은 연극인 및 다양한 분야의 예술인들과 마을 주민들이 예술을 통해 공생할 수 있도록 마을 주민을 중심으로 하는 다양한 사업을 준비하고 있다. '다님길'이란 '사람이 다니는 길'의 순우리말로, 마을사람들이 자유롭고 행복하게 다니며 연극과 예술 활동의 통로가 되어 주자는 취지로 설립된 단체다.

<성북동 세탁소 습격사건>

성북동 주민연극교실은 <성북동 세탁소 습격사건>을 2016년 10월 21일 저녁 7시 성북구청 바람마당에서 공연했다. 대학로에서 히트한 김정숙 작 <오아시스 세탁소 습격사건>을 지역에 맞게 홍예성이 각색했고 정연심이 연출했다. 시놉시스는 다음과 같다.

> 모든 것이 간소화되고 기계화되는 세상, 유서 깊은 성북동 역시 예외는 아니다. 그래도 동네 한켠에 변함없이 대를 이어 언제나 그 자리를 지키고 있는 허름하고 정겨운 성북동 세탁소가 하나 있다. 성북동 세탁소에 걸려 있는 수백 벌의 옷들 하나하나에는 소시민의 삶이 담겨 있다. 30년 세탁장이 강태국은 옷만을 세탁하지 않는다.
>
> "우리가 진짜 세탁해야 하는 것은 옷이 아니야. 바로 이 옷들의 주인 마음이야"라며 사람들의 마음까지도 다려낸다.
>
> 그러던 어느 날 죽어가는 어머니의 '세탁'이란 말 한마디에 엄청난 유산이 세탁소에 맡겨진 빨래 속에 있다고 믿는 가족들은 세탁소를 난장판으로 만들고, 급기야는 찾는 사람에게 반을 주겠다는 말에 현혹되어 단골손님과 강태국의 가족까지 새로운 세상을 꿈꾼다. 야심한 밤… 욕심 많은 사람들의 습격작전으로 수백 벌의 옷들 사이로 성북동 세탁소는 아수라장이 되어 가는데… 과연 세탁소에는 그들이 원하는 보물이 있었을까?

성북동 주민연극교실이 공연한 <성북동 세탁소 습격사건>

출연진은 성북동 주민연극센터 회원인 김종열 · 이미자 · 권연실 · 김복진 · 유혜원 · 박영희 · 서유리 · 정진양 · 차기양 · 이기양 등이다. 이들을 지도한 강사진은 정연심 · 홍예성 · 이준영 등이다.

<인생은 아름다워>

동선동 주민연극교실은 <인생은 아름다워>를 10월 22일(토) 저녁 8시 성북구청 바람마당에서 공연했다. 이종승 작연출의 작품 내용은 다음과 같다.

이제 막 배우를 꿈꾸는 평범한 사람들이 모였다. 누군가는 바쁜 일상에 지쳐, 누군가는 아이들을 다 키워 놓고 꿈을 찾아서, 누군가는 노년의 즐거움을 위해 모이고, 수소문하고, 끌려온 연극교실. 그 연극교실에서 고백하는 우리의 지난 삶과 그것을 담고 듣고 느끼는 우리들 사이에서 벌어진 지난일들을 고스란히 무대로 올려 본다.

배우를 꿈꾸는 우리들, 연극과 무대는 언제나 우리 삶 가까이에 있었다는 사소한 명제를 관객과 나누고 싶은 <인생은 아름다워>.

출연진은 동선동 주민연극교실 멤버인 최용자·시동범·이미자·안정주 등이다. 이들을 이종승·안정주·주선옥이 지도했다.

연극도시 성북 페스티벌

성북구는 성북연극협회 주관으로 2014년부터 매년 10월 성북동 일대와 성북구청 앞 바람마당에서 '연극도시 성북 페스티벌'을 열고 있다. 한국 연극협회가 후원하는 이 축제에는 서울시, 성북구청, 성북문화원, 성북 문화재단 등이 협력단체로 참여하고 있다.

2016년 3회 축제는 10월 8일 개막해 10월 23일까지 세 가지 행사를 펼쳤다. 3대 행사는 '연출가 초대전', '작은 극장 어린이 페스티벌', 그리고 지역주민들이 참여하는 '마을연극제'다. 미아리고개 예술극장에서 연 '연출가 초대전'에는 전문 연출가 4명이 참여해 4편의 작품을 선보였다. 성북구청 하늘극장에서 연 '작은 극장 어린이 페스티벌'에서는 이틀 동 안 9편의 공연이 펼쳐졌다. '당신이 진정한 주인공'이라는 캐치프레이즈 를 내걸고 성북구청 바람마당에서 연 마을연극제에는 성북동과 동선동 주민연극교실 작품 등 3편이 공연됐다.

서울 종로구

주민극단 이화. 가요 뮤지컬 <잣골 노래방>

서울시 종로구 이화동의 주민극단 이화는 2015년 연말 주민생활연극 <종로구 이화동>을 창단 첫 작품으로 올린 데 이어 두 번째 기획으로 '주민 밀착형 생활연극'이라는 기치를 내걸고 가요 뮤지컬 <잣골 노래방>을 2016년 9월 30일 저녁 7시 대학로 마로니에공원 야외무대에서 공연했다.

한국소극장협회가 주최한 '2016 대학로 거리공연 축제'(D. festa) 개막을 장식한 이 공연은 이화동 주민들이 주축이 되어 창작한 '생활연극'이라는 점에서 관심을 모았다. 이화동 주민이자 연극배우 겸 분장예술사인 박팔영이 직접 쓰고 연출했으며, 전직 교수이자 연출가인 손현석이 예술감독을 맡았다. 스태프로는 MBC 관현악단 상임지휘자를 역임한 엄기영이 음악감독으로 참여했으며, 김애진이 안무를 지도했고, 연극계 중견 김종호가 조명을 담당했다.

이화동 주민자치회 박명규 회장이 주축이 되어 제작한 이 작품에는 박회장을 비롯해 이화동 주민인 길상심·민정온·김상숙·이은경·박종민·도경자·김영수·이만호·박성찬·박명애·조윤진·노경·이상숙·박미라·이해영 등이 출연했다. 손현석 예술감독과 한근욱·김대희·최윤정 등 시니어들이 게스트로 참여했다.

서울 용산구

서울연극협회 용산지부. 2017년 용산 시민 참여 연극 <나의 살던 고향은 용산>

- 원작 : 손톤 와일더
- 번안/각색/연출 : 최영환
- 공연 일시 : 2017년 3월 17일 오후 4시, 8시
- 공연장 : 용산아트홀

미국의 극작가 손톤 와일더(Thornton Wilder, 1897~1975)가 1938년에 발표한 희곡(1938년 퓰리처상 연극 분야 수상)을 서울연극협회 용산지부 회장이자 동국대 연극학부에서 연기 및 연출을 지도하는 최영환 교수가 한국 실정에 맞게 번안 각색하여 연출을 맡았다.

원작은 미국 북동부 뉴햄프셔주의 그로보즈 코너즈라는 평범한 가상의 마을에서 1901년에서 1913년 사이에 일어난 사건들을 의사 깁스 선생과 지방 신문의 편집장 웹의 가족을 중심으로 그리고 있다. 깁스의 아들 조지와 웹의 딸 에밀리의 성장과 사랑, 결혼과 죽음을 통해 삶과 죽음의 문제를 다루었다. 작가 손톤 와일더는 이 작품을 통해 인간 삶의 유한성과 한계점을 극적으로 보여주며 한정적 삶을 적극적으로 살려는 '카르페 디엠(Carpe Diem, 지금 살고 있는 현재 이 순간에 충실하라는 뜻의 라틴어)의 메시지를 전달하고 있다.

<나의 살던 고향은 용산> 포스터

구민 배우 선발

원작 <Our Town>을 <나의 살던 고향은 용산>으로 번안한 최영환 연출은 용산구에 거주하는 구민들을 대상으로 한 오디션을 통해 10여 명에 달하는 구민 배우를 선발하여 용산구 한남동에 위치한 문화예술창작소에서 약 40일간의 연습 과정을 거쳐 이 희곡을 시민 참여 연극으로 완성시켰다.

등장인물

<나의 살던 고향은 용산>에 등장하는 인물은 16명이다. 가장 큰 배역은 무대감독(50대 남자)으로 관객들에게 극에 대해 설명을 하고 극의 흐름을 이끄는 역할이다. 결혼식 주례를 맡는 등 등장인물의 연기를 하기도 한다.

　주인공은 최경주(20대 여자)와 박민호(20대 남자)이다. 이들은 마을의 두 집안 최씨네와 박씨네의 딸과 아들이다.박씨네 가족은 의사 박정길(40대 남자)과 박씨 부인(30대 여자), 민호와 여동생 민경(10대 여자) 등이다. 최씨네 가족은 편집장 최길호(40대 남자)와 최씨 부인(30대 여자), 딸 경주와 남동생 영호(10대 남자) 등이다. 이 밖에 신문배달부 조용식(10대 남자), 우유배달부 서영춘(20~30대 남자), 성가대 지휘자 성낙수(30대 남자), 마을 아낙인 천씨 부인(30대 여자) 등과 객석 남자(20대) 1, 2와 객석 여자(30대 또는 60대) 그리고 동네 남자(60대), 동네 여자(60대)가 등장한다.

연습

연습 첫 주(2017년 1월 30일~2월 3일). 공연에 참석하는 스태프와 구민 배우들이 각자 자기소개를 하고 연극에 임하게 된 계기와 각자의 포부를 밝혔다. 최영환 연출은 작가와 손톤 와일더를 소개하고 원작 <우리 읍내>에 대한 내용과 작가의 메시지를 설명해 주었다. 그리고 왜 이 작품을 번안 각색했는지, 왜 시민 참여 연극이 중요한지에 대한 견해도 피력했다.

첫날 박태석씨를 모임 회장으로, 강진아씨를 총무로 선출했다. 2월 2일 강진아 총무가 비상연락망을 단체 카톡방에 올렸다. 연출 쪽에 정은진·김강수 배우가 합류했다.

MT와 공연

생활연극 <나의 살던 고향은 용산> 은 공연에 앞서 경기도 양평에서 MT를 가졌다. 배우들이 자기소개와 공연에 임하는 마음가짐 등을 털어놓아 거리를 좁히는 성과를 거두었다. 연습 일정과 연출 지시 내용 등이 나고 용 카톡방으로 공유되면서 소통이 원활해졌다. 16명의 아마추어 배우들은 50여 일간의 연습과 3회 공연을 통해 연극의 매력, 설렘, 긴장, 희열, 앙상블, 허탈 등 복합적 경험을 했다.

용산 생활연극 <나의 살던 고향은 용산> 커튼콜

이촌1동 마을극단

창단 취지

이제는 문화의 수용자로만 있는 것이 아니라 무대의 주인으로 창작 활동에 적극 참여하기에 연극예술이 매우 적합하다. 또한 연극예술 활동을 통해 주민들의 삶의 질을 향상시키고, 지역 문화예술의 발전도 도모한다.

연혁

- 2016년 9월 1일 창단
- 2017년 10월 22일 이촌동 강변교회 초청공연 <칠순잔치>, 김정숙 작, 고인배 각색·연출, 김을식·양문정·노성만·현경배 등 출연
- 2017년 11월 6일 마을극단 신임 단장 양문정 인준
- 2017년 12월 2일 제1회 정기 공연 및 창단 공연 <칠순잔치>, 이촌동 청소년수련관 4층 소극장
- 2018년 9월 17일 성동구 성수아트홀에서 열린 제4회 서울시민연극제에 <눈오는 봄날> 참가. 지순희·유성희·김을식·노성만·현경배·이주연·이서현·김준형 등 출연
- 2018년 9월 21일 제4회 서울시민연극제 수상. 작품지도상 고인배(상임 연출), 우수연기상 양문정(홍기네 역)
- 2018년 11월 12일 제2회 정기공연 <눈오는 봄날> 김정숙 작, 고인배 연출. 이촌동 청소년수련관 3시, 7시 2회 공연
- 2019년 2월 26일 제1회 낭독 공연 <그 집에는> 김정숙 작, 고인배 각색 연출. 양문정·노성만 등
- 2019년 7월 15일 세대공감 프로젝트 : 함께 읽는 명작, 셰익스피어의 <한여름 밤의 꿈> 고인배 각색 연출. 이촌동 청소년수련관 4층 소극장
- 2019년 8월 20일 서울 강동아트홀에서 열린 제5회 시민연극제에 <한여름 밤의 꿈> 참가

이촌1동 마을극단 <눈오는 봄날>

- 2019년 9월 7일 제5회 서울시민연극제 수상. 우수연기상 유성희(퀸스 역)
- 2019년 11월 7일 (사)한국생활연극협회 주최 제1회 대한민국 생활연극제 <한여름 밤의 꿈> 동국대학교 이해랑예술극장. 셰익스피어 작, 고인배 각색 연출, 김을식·김중엽·김안희·김주하·고성욱·노준형·이연주·조성우·유성희·노성만·지순희·백종분·양문정·임인재 등 출연
- 2019년 11월 9일 제1회 대한민국 생활연극제 수상
  대상(최우수작품상)
  최우수연출상 고인배(연출)
  인기배우상 조성우(퍼크 역)
- 2019년 11월 22일 제3회 정기공연 <경로당 폰팅 사건> 이충무 작, 고인배 연출. 청소년수련관 4층 소극장. 신황철·지순희 등 출연
- 2019년 12월 30일 입체 낭독 공연 <황금연못> 이촌1동 청소년수련관. 어네스트 톰슨 작, 최영환 연출, 박영갑·조항선·양문정·박태석·최만수·이경민·신황철 등 출연

5장

생활연극의
파이오니어

초대 생활문화진흥원 원장 **나기주**

문화에 '나' 와 '우리',
그리고 '자발성' 을 더한 것이 '생활문화'

"생활 속 '나'의 '자발적' 문화 활동을 통해 스스로 삶의 만족도를 높이고 동시에 다른 사람들과 서로 소통하며 공동체를 이루기도 합니다. 개인과 공동체가 서로 문화를 나누고 생활 속 문화 가치를 재생하는 등의 작용을 통해 모든 국민의 일상 속에 문화의 바람을 일으키는 것이 진흥원의 목표입니다."

"일상에서 문화를 즐기는 행복한 국민, 문화로 소통하는 공동체 사회를 이루자는 것이 지역문화진흥원의 설립 목적이자 추진 목표입니다."

지역주민의 자발적 문화 활동 여건을 조성하여 국민의 능동적 문화향유 기회를 확대하고 나아가 우리나라 '생활문화' 진흥에 기여하는 전담 기관으로 2016년 5월에 설립된 지역문화진흥원을 이끄는 나기주 초대 원장의 말이다. 그는 문화체육관광부에서 오래 근무해 온 문화행정가다.

서울 종로구 율곡로 190 여전도회관 4층에 둥지를 튼 생활문화진흥원(2017년 12월 지역문화진흥원으로 개명)은 아직은 규모가 작다. 이사회가 있고, 사무국에 국장과 기획운영팀, 정책사업팀을 두고 있다.

"지역문화진흥법이 2014년 시행되면서 '생활문화'라는 개념이 생겨났습니다. 지역의 문화예술 동호회나 문화를 주체적으로 실행하고 창작하는 자발적 모임을 지원하자는 취지이지요."

'생활문화'란 국민이 문화의 수용자에서 문화의 주체가 되는 시대로 변화함에 따라 생겨난 개념이라는 게 나 원장의 설명이다.

"문화에 '나'와 '우리' 그리고 '자발성'을 더한 것이 '생활문화'입니다. 생활 속 '나'의 '자발적' 문화 활동을 통해 스스로 삶의 만족도를 높이고 동시에 다른 사람들과 서로 소통하며 공동체를 이루기도 합니다. 개인과 공동체가 서로 문화를 나누고 생활 속 문화 가치를 재생하는 등의 긍정적인 작용을 통해 모든 국민의 일상 속 문화의 바람을 일으키는 것이 바로 우리 진흥원의 궁극적인 목표입니다."

해외에도 생활문화 같은 개념이나 정책이 있냐고 묻자, 나 원장은 "영국에는 우리 생활문화와 비슷한 개념의 자발적 예술 활동 지원 정책이 있고, 미국은 공동체 문화나 비공식 문화나 참여 등을 일컫는다"고 들려주었다. 그럼 지역문화진흥원이 하는 일이 무엇일까?

"지역주민의 자발적 문화 활동의 기반이 되는 생활문화 시설의 조성, 문화 활동 참여 기회 확대를 위한 생활문화동호회 활성화, 생활문화 활동의 전국적 확산을 위한 전국생활문화제 개최, 지역 내 생활문화 가치 확산 및 융성을 위한 전문 매개 인력 양성 등 다양한 사업을 하고 있습니다."

나 원장은 개원 이후 생활문화 시설 조성에 역점을 두어 왔다고 말했다. 특히 기존의 건물을 리모델링해 동호회 연습 공간, 교류 공간 외에도 발표나 공연 등을 할 수 있는 '생활문화센터' 조성에 힘을 쏟고 있다.

"국비와 지방비를 투입하여 기존의 동사무소 같은 건물을 리모델링해 시·군·구 단위로 생활문화센터를 열고 있어요. 2016년에 105개가 문을 열었고, 2017년 말까지 125개 조성을 목표로 하고 있어요(지자체가 사업계획서를 만들어 신청해 오면 이를 검토해 대상을 선정하고, 설계부터 완공까지 컨설턴트 서비스도 해주고 있다)."

2016년에는 『생활문화센터 공간 가이드북』을 펴내기도 했다. 여기에는 2014년에 조성된 34개소, 2015년에 조성된 34개소, 2016년에 조성된 37개소의 공간 디자인과 시설 및 공간 유형, 운영 방식, 지역 환경 등을 도판 위주로 상세히 수록했다.

"생활문화센터의 캐치프레이즈는 '그곳에 가면 일상이 문화가 됩니다'예요. 생활문화센터에 가면 이웃 주민과 함께 생활 속에서 문화를 나누며 일상을 풍요롭게 채워 갈 수 있습니다. 생활문화센터에 가면 '생활문화의 가치'를 경험할 수 있게 하자는 것입니다. 고령화 시대를 맞아 최근에는 은퇴한 세대가 활용할 수 있는 공간 확보에도 관심을 기울이고 있어요. 주부나 직장인들이 힐링할 수 있는 장소가 되도록 꾸미는 것도 최근의 경향입니다."

2014년 예술경영지원센터에 소속돼 있다가 2016년 4월 이사회가 구성되고 5월 4일 재단법인 설립 허가를 받아 출범한 지역문화진흥원은 정책 수립보다는 정책 집행 기관의 성격이 강하다. 정부에서 생활문화 개념을 도입한 것은 이어령 장관으로, 의식주 생활문화에 관심이 많아 생활문화국과 생활문화과를 설치한 것이 기원일 것 같다고 나 원장은 설명했다.

"문화원의 핵심 가치는 '일상 속 문화로 모이고 즐기고 나누는 생활문화'입니다. 키워드는 일상, 문화 참여, 공유, 즐거움, 나눔이고요."

생활문화원이 하는 일은 크게 세 가지다. 첫째는 국민의 일상 속 문화 활동을 위한 여건 조성, 둘째는 지역의 생활문화 활성화를 위한 자생력을 높이는 일, 세 번째는 생활문화 자원 조사와 연구 활동이다. 구체적 여건 조성 사업으로는 생활문화센터 등 생활문화 공간 활성화 지원, 생활문화 프로그램 개발 및 보급, 생활문화 및 지역문화 활성화를 위한 컨설팅, 생활문화 체감 확산을 위한 문화 참여 기회 확대 등이다. 여기에 생활 밀착형 문화 프로그램 지원, 지역 간 생활문화 교류 프로젝트 지원에도 역점을 두고 있고 연례행사로 전국생활문화제를 3회째 개최하고 있다.

생활문화 및 지역문화 인력 양성도 주요 사업으로 생활문화 및 지역문화 기관·단체 협력 지원에도 힘쓰고 있다. 이 밖에 생활문화 진흥을 위한 조사·연구 및 가치 확산, 생활문화 진흥을 위한 정책 과제 개발, 생활문화 정보 플랫폼 구축, 국제 협력 및 해외 교류도 정책사업으로 추진하고 있다.

나 원장은 생활문화가 활성화되려면 전문 예술인들이 아마추어 예술인들의 활동에 연결고리 역할을 해주어야 하며, 학교나 박물관 같은 공공시설은 물론 교회나 사찰 같은 민간 시설도 생활예술에 개방할 수 있도록 인센티브를 줄 필요가 있다고 강조했다.

연출가·전 한예종 교수 **김석만**

2009년 서울시 '시민연극교실' 시작해 생활연극의 모델 제시

"시민의 예술 참여와 활동을 통해 시극단의 공공성을 높이는 한편,
연극예술을 시민들의 생활 속으로 끌어들이기 위해서였어요.
주제도 '내 안에 있는 예술을 찾아서'로 잡았어요. 자기의
생활 속에서 꼭 표현해 보고 싶은 것, 또는 꼭 해보고 싶었던
작품을 찾아낼 수 있도록 이끌었어요."

연출가 김석만 교수는 2015년 한국예술종합학교를 정년퇴임한 후 다양한 활동을 펼치고 있다. 한예종 최고위과정 수료자를 대상으로 '희곡읽기' 특강도 열고 서울가톨릭연극인협회의 성탄 축하 공연 <사람은 무엇으로 사는가>(톨스토이 원작) 연출에 이어 지난 5월에는 성극 <누구를 찾고 있느냐?>를 서울 대림동성당 소성전에서 공연하기도 했다.

6·25 전쟁 당시 서울에서 태어난 김석만은 경복고를 졸업하고 서울대 문리대를 다니다가 미국 버클리 캘리포니아주립대학에서 연극을 전공하고, 뉴욕대학교 대학원에서 공연학을 전공했다. 귀국해서 연우무대에서 활동한 그는 <한씨 연대기>, <변방에 우짖는 새>, <새들도 세상을 뜨는구나> 등을 연출하여 주목을 받았다. 1987년에는 동아연극상 연출상을 수상했다. 국립극단 작품인 <꿈 하늘>과 <무의도 기행>도 연출했다.

한국예술종합학교 연극원에서 연기와 연출, 연기 제작을 가르치면서 교육연극 등에 관한 논문은 물론 『스타니슬라브스키 연극론』, 『인간의 마음을 사로잡는 스무 가지 플롯』, 『연기의 첫걸음』, 『통쾌한 희곡의 분석』 등의 편역서를 냈다.

김석만 교수는 2009년 서울시극단장으로 취임하면서 생활연극의 대표적 모델이라고 할 수 있는 '시민연극'을 시작하면서 생활문화의 토대를 놓았다.

"사람들은 누구나 자신을 표현해 보고 싶은 욕구가 있습니다. 그런데 우리 사회 분위기는 남자는 과묵, 여자는 조신해야 한다는 통념에 눌려 표현을 억제당해 왔어요. 서울시극단을 맡으면서 시민들에게 좋은 작품을 보여주는 것 못지않게 시민들이 직접 연기할 수 있는 시민연극 프로그램을 만들고 싶었어요."

2009년 5월 서울시극단은 시민이 직접 참여하여 연극 창작을 체험케 하는 사업계획서를 만들었다. 서울시민에게 연극 창작 경험을 제공함으로써 연극예술에 대한 이해를 높이고 시민의 문화 자긍심을 높이자는 취지였다. 작품의 완성도를 높여 서울시 문화소외지역 순회공연도 해보자는 계획도 들어 있다.

"제가 시민연극에 관심을 갖게 된 것은 시민의 예술 참여와 활동을 통해 시극단의 공공성을 높이는 한편, 연극예술을 시민들의 생활 속으로 끌어들이기 위해서였어요. 주제도 '내 안에 있는 예술을 찾아서'로 잡았어요. 자기의 생활 속에서 꼭 표현해 보고 싶은 것, 또는 그들이 보았던 작품 중에서 해보고 싶었던 작품을 찾아낼 수 있도록 이끌었어요."

1단계로 워크숍을 열어 도시 속에서 자기 삶의 경험으로부터 주제와 소재를 찾아내도록 했다. 이를 토대로 전문 작가와 연출가, 배우(서울시극단 단원)와 함께 작품을 집필하고 50분 정도의 단막을 완성해 발표토록 했다.

1단계 '연극세계로의 여행' 워크숍에는 시민 지원자 80명이 참여했으며, 이들 중 30여 명을 선발해 연극창작교실 3개 반을 운영했다. 공간과 시설은 세종문화회관 인프라를 활용했으며 외부 전문가들과 서울시극단 단원들이 음악, 노래, 안무, 연기 지도에 참여했다. 특히 시민들이 작품을 구성하고 공연할 수 있도록 연출가(남동훈·이동선·전인철), 극작가(장우재·조정일·김은성)들이 협력 진행을 맡았다.

"중·고교 시절 예술 교육만 받았어도 일생 동안 음악·미술 즐기면서 살 수 있는데 우리는 그런 기초가 잘 되어 있지 않아 예술 참여를 낯설어해요. 그래서 시민연극교실 참가자들에게 서울시극단이 제공하는 강좌를 통해 '연극의 세계'로 안내하는 작업부터 했어요. 그런 후에 극작가·연출가와 함께 시민의 삶과 경험에서 창작의 소재를 얻어 시민이 직접 만들고 출연하는 공연을 만들어 나갔어요. 매주 창작교실을 열어 참여자들이 글을 써서 그중 호감 가는 부분으로 장면 만들기를 시작한 것이지요."

서울시 세종문화회관은 시민연극에 앞서 시민합창단과 시민오케스트라 등 시민들을 위한 생활문화 확산에 앞장서 왔다. 특히 시민합창단 모집에 세종문화회관 환경미화원 4명이 합격해 무대에 서기도 했다.

"시극단 단장을 맡으면서 공공단체가 무엇을 할까 생각해 보았어요. 시민에게 보여주기만 하던 공공 단체 역할을 시민참여형으로 바꿔 나가야겠구나 생각했어요. 서울시민을 위한 재미있고 참신한 시민연극교실을 운영하게 된 것도 그런 취지지요. 연극에 경험이 없는 시민이라도 누구나 참여하여 전문가들의 자상하고 친절한 안내로 창작의 발상을 공연 희곡으로 만드는 과정에서부터 발표에 이르는 모든 과정을 체험하게 하자는 것이지요."

2009년 시민연극교실에는 모두 37명이 참가, 세 편의 창작품을 만들어 그해 12월 5일과 6일 북서울 꿈의 숲 아트센터 퍼포먼스홀에서 공연했다. 첫 번째는 김은성 작, 전인철 연출의 <아빠의 노래>, 두 번째는 윤정환 작, 백은아 연출의 <수상한 집>, 세 번째는 장우재 작, 이동선 연출의 <기쁜 우리 젊은 날>이었다. 이후 시민연극교실은 2016년 8기 공연까지 마쳤고, 2017년 제9기 참가자를 모집 중이다.

"시민연극교실을 통해 작가나 배우, 스태프로 일하는 분들도 있어요. 기별 모임을 갖기도 하고, 일부는 아마추어 연극단체를 만들어 공연도 하고 있어요."

김 교수는 연우무대에서 활동하던 시기인 1989년부터 1995년까지 6년간 교사들을 위한 여름방학 5박6일 연극 워크숍을 벽제 한국문화예술위원회 시설에서 개최하기도 했다.

"입시교육에 찌든 교실에 연극이 들어가 보자는 취지였는데 교사들의 호응도가 높았어요."

김 교수는 그때의 경험을 살려 서울시극단 단장을 맡으면서 시민연극 교실을 시작한 것이다.

"지금 우리 사회는 고령화가 급속히 진행되고 있어요. 그런데 노인이 되었을 때 개인의 사회화, 특히 여유 시간을 어떻게 쓰느냐가 관건이에요. 골프나 크루즈 여행 등 소비 패턴이 고급화되는 경향도 있으나 대다수는 여가시간을 어떻게 활용할지를 잘 몰라요. 연극이나 음악 등의 생활문화는 내 안의 예술 표현을 하면서 환경도 보존하는 건전한 소비 활동이라고 봐요. 러시아 연극을 개혁한 모스크바예술극단의 스타니슬랍스키는 1896년 6월 22일 새로운 배우 선발을 하면서 자기 안의 예술 사랑, 예술 속의 자기 발견을 강조했어요."

김 교수는 무엇보다 시민연극교실 참여자들의 만족도가 매우 높다는 점을 가장 큰 성과로 꼽았다. 참여 시민들은 진짜 연극이라는 것을 체험할 수 있는 좋은 기회라고 입을 모았다. 어려서부터 꿈이었던 배우로 무대에 서본 것이 너무 흥미롭고 즐거웠다는 반응도 많았다. 일상의 무게에 눌려 살다가 연극을 하면서 협동심도 배우고 스트레스도 풀렸다는 참여자도 있었다.

"이처럼 시민연극교실은 자생적으로 일어나는 시민들의 욕구를 지원하는 프로그램입니다. 연극 하는 동기를 위한 워크숍과 시민들이 참여하여 연극을 만드는 체험 프로그램으로 구성되어 있지요. 예산과 인력 지원도 필수지만 무엇보다 필요한 것이 공공시설의 확충입니다. 서울시가 교회 건물을 구입해 시민오케스트라 연습장으로 제공한 사례도 있지만 시민연극의 경우도 연습실과 공연장 확보가 큰 과제입니다."

지역문화진흥법이 시행되어 앞으로는 지자체들이 생활문화를 위한 예산과 공간을 지원해 가겠지만 자리를 잡으려면 많은 시간이 필요하다는 것이 전문가들의 관측이다. 김 교수 역시 당장은 적극 지원을 기대하기 어려운 만큼 대안 공간 확보가 중요하다고 강조했다.

"교회나 성당, 사찰 또는 동창회 등이 지역의 문화공간을 제공하고 지역 문화센터가 될 수 있는 방안을 강구할 필요가 있어요. 또한 시민연극이 활성화되려면 전문가는 물론 프로 연극인들의 참여가 활발해져야 합니다. 대학로의 프로와 아마추어 연극을 연결시켜 주는 일도 중요하다고 봅니다."

김 교수는 생활문화가 정착되기 위해서는 축제도 개발되어야 하고 영국의 회상극단처럼 개성 있는 연극 단체들이 나올 수 있는 환경을 조성해야 한다고 강조했다.

"예술은 단기간에 성과가 나타나기 어려운 만큼 생활체육처럼 생활문화 인프라를 확충하고 개개인이 예술을 생활화할 수 있는 정책적 뒷받침이 이루어져야 한다고 봅니다. 국가의 지원 정책이 예술가 위주에서 관객과 시민 지원, 특히 저작권, 극작 워크숍, 각색자, 기획자 지원으로 방향이 바뀌어야 합니다. 일상의 삶 속에서 예술 활동을 자유롭게 할 수 있는 것, 저는 그것이 문화복지라고 생각합니다."

김석만 교수는 앞으로 다가오는 4차산업 시대에는 로봇이 인간의 삶을 변화시킬 뿐 아니라 인간의 수명이 늘어날 것이라고 내다보았다.

"그렇다면 무엇을 할 건가? 나를 표현하는 것만큼 진솔한 것이 없다고 봅니다. 저는 삶의 기억을 예술 활동으로 끌어올리는 것이 생활문화라고 봅니다."

배우·분장예술가 **박팔영**

주민극단 '이화' 창단해 가요 뮤지컬
〈잣골 노래방 콩쿠르〉 공연

"아마추어이다 보니 대사를 외워도 잊어버리고, 무대 경험이
없어 템포가 늦어지기 일쑤였어요. 연기도 벅찬데 춤과 노래까지
해야 하니 주민 배우들이 정신을 차리지 못하는 거예요.
그래서 대사와 노래를 녹음해서 배우들이 따라하게 하는
특단의 대책을 마련했어요."

박팔영은 배우이자 분장사로 잘 알려져 있다. 연극 무대뿐 아니라 TV 드라마와 영화에서도 활약하는 잘 나가는 조연 배우다. 그는 크로키도 잘 그리고 침도 잘 놓는다. 한마디로 팔방미인이다.

필자는 박팔영을 주민연극 현장에서 만나면서 생활연극에 관심을 가지게 되었다. 그는 생활연극 분야에서 시대를 앞서가며 가장 의욕적으로 활동 중인 '생활연극의 파이오니어'다.

그는 종로구 연건동에 살고 있다. 대학로 연극동네에 살다 보니 그 일대 주민들과 교류가 많았다. 그가 주민들과 연극을 한 편 해야겠다고 마음먹은 것은 2015년이었다.

"당시 대학로 일대의 건물 임대료가 지속적으로 상승, 소극장 운영뿐 아니라 연극 제작 전반에 심각한 영향을 미쳤어요. 대학로는 세계적인 문화유산으로 꼽힐 만큼 명소인데 건물주들이 임대료를 계속 올리면 연극인들은 터전을 잃을 수밖에 없게 되거든요. 그래서 주민들에게 연극예술을 이해시키고 열악한 제작 환경도 알릴 목적으로 지역 유지들에게 연극 한번 해보자고 제안했어요. 제딴에는 소극장 대관료를 내리게 해보자는 취지였어요."

그는 평소 안면이 있는 부녀회장, 통장, 지역 상인, 주민들을 만나 연극을 해보자고 설득했다. 처음에는 "내가 무슨 연극을 해…"을 하며 망설이는 주민들에게 예전에 학예회나 교회 성극 했듯이 연극은 누구나 할 수 있다고 설득하자 하나 둘씩 호기심을 갖기 시작했다. 관심 있는 주민 중심으로 이화동주민센터 자치위원회 연극교실 프로그램을 운영하다가 대학로 일대에 주민극단 배우 모집을 통해 마침내 2015년 말 주민극단

'이화'가 자연발생적으로 창단하게 되었다. 동 단위 예술단체로 출범한 극단 이화는 주민밀착형 생활연극을 표방했다.

"이화동, 동숭동, 연건동을 아우르는 이화동주민센터는 주민들이 활용할 수 있는 공간이 있었어요. 이화동 주민자치위원회 위원장, 동장 등과 협의해 주민극단 이화의 연습실을 무상으로 쓸 수 있게 되었어요. 제작 경비도 주민자치위원회가 적립해 놓은 200만 원을 우선 쓰기로 하고 작품을 준비했어요."

종로구 이화동 주민극단에서 박팔영은 희곡과 연출, 기획과 제작 전 과정을 도맡다시피 했다. 주민생활연극인 만큼 이화동 실정에 맞는 소재가 필요했다.

"이화동 부녀회를 가까이 해보니 조그만 동네에서 주민끼리 내 편 니편으로 갈라져 갈등이 심했어요. 그래서 우선 주민 화합을 주제로 대본을 써보기로 했어요. 제가 전문 극작가가 아니라서 손톤 와일더의 <우리 읍내>와 셰익스피어의 <로미오와 줄리엣>을 모티브로 창작을 한 작품이 <종로구 이화동>입니다."

주민연극 <종로구 이화동>은 <우리 읍내>에서처럼 초반에 대학로의 유래와 이화동의 명소들을 소개하고, 양반사회의 혈통을 이어받은 의사 집안과 백정마을 출신의 서민 집안의 갈등을 부각시켰다. 그런데 양가의 2세들이 이런 신분제도의 벽을 뛰어넘어 결혼에 골인하면서 마침내 양가가 화합을 이룬다는 줄거리다. 주민 배우 23명이 출연하여 주 1회 6개월간 연습한 <종로구 이화동>은 2015년 말 대학로 재즈아카데미 건물 지하 앙코르 소극장(150석) 무대에 올려졌다.

"당시만 해도 생활밀착형 주민연극이 활발하지 않을 때여서 국회의원, 구청장 등 지역 유지들의 관심이 높았어요. 아마추어들이 하는 연극이라서 허점도 많았지만 누구나 연극을 할 수 있다는 것을 보여줌으로써 생활문화의 필요성을 인식시키는 데 큰 역할을 했다고 봐요."

첫 주민극단 공연에서 가능성도 발견하고 자신감도 얻은 박팔영은 여세를 몰아 2016년 주민 뮤지컬에 도전했다.

"우리 가요 15곡으로 엮은 <잣골 노래방 콩쿠르>를 기획했어요. 제가 대본과 연출을 맡고 MBC 관현악단 상임지휘자를 역임한 엄기영의 음악지도와 김애진의 안무 등 현장 예술인들의 재능기부에 의해 아마추어로서는 하기 힘든 한국형 뮤지컬을 시도해 본 것이지요."

'잣골'은 이화동의 옛 지명이다. 줄거리는 <노부인의 방문>과 흡사하다. 금의환향하는 여배우와 중년남자의 사랑을 주축으로 주민들의 애환이 콩쿠르라는 경연 형식을 통해 펼쳐진다.

"아마추어이다 보니 대사를 외워도 잊어버리고, 무대 경험이 없어 템포가 늦어지기 일쑤였어요. 연기도 벅찬데 춤과 노래까지 해야 하니 주민 배우들이 정신을 차리지 못하는 거예요. 이래서는 공연을 할 수 없겠다는 생각이 들어 특단의 대책을 마련했어요."

박팔영이 말하는 특단의 대책이란 노래와 대사 전 과정을 녹음하는 것이다. 배우들에게 노래와 대사의 발성 연습을 한 달 정도 하게 한 뒤 그들의 노래와 대사를 녹음하여 무대에서 실행할 수 있도록 편집한 테이프를 만들었다.

"처음부터 야외 공연을 기획했는데 대당 15만 원 하는 와이어리스 마이크를 감당하기 어렵고, 반주 또한 라이브로 하기 힘든 상황이어서 궁여지책을 쓴 것인데 의외로 효과가 컸습니다. 사전 녹음한 노래와 대사를 배우들이 리시버로 계속 들으며 노래와 대사 연습을 하는 거예요. 입만 벙긋거리는 립싱크와는 달라요. 반복해서 대사를 따라하다 보니 걸어

다니면서도 연기 연습을 하기 때문입니다. 노래와 대사가 되니까 워킹과 동작만 지도하면 연기가 되는 거지요. 어떤 상황에서도 공연이 가능한 안전장치를 발견했다고나 할까요.”

주민극단 이화의 제2회 기획 공연인 가요뮤지컬 <잣골 노래방 콩쿠르>는 한국소극장협회가 주최하는 ‘대학로 거리공연축제(D. festa)’ 개막작으로 뽑혀 대학로 마로니에극장 야외무대에서 2016년 9월 30일 단 1회 공연을 펼쳤다.

“모든 배우들이 하는 대사가 잘 들리고, 노래 템포도 맞으니까 관객들이 좋아하는 거예요. 립싱크와는 달리 배우들이 실제 노래하고 대사를 하지만 관객에게 전달되는 것은 녹음된 소리이니 생동감이 전달되는 것이지요. 배우들도 자기가 연기하고 있다고 실감을 하니 더욱 금상첨화인 셈이고요. 지역사회 유지와 기관장들이 많이 관람했는데 아마추어답지 않게 잘한다는 칭찬을 받았어요.”

이 같은 녹음 방식은 생활연극에 활용해 볼 만한 방식이라고 박팔영은 말한다. 아마추어 배우들의 연기 훈련 방식으로 활용할 만하다는 것이다.

“주민 생활연극을 하다 보면 가장 힘든 점이 배우와 스태프 전체를 한자리에 모으는 것이에요. 생업에 종사하다 보니 별별 이유가 다 있고 연습에 나오지 않으니 연출자는 속이 타들어갈 정도예요. 공연이 임박했는데도 총연습이 안 되니 마음고생이 이만저만 아니지요.”

박팔영은 2017년 초부터 고향인 충남 금산에 내려가 대형 야외뮤지컬을 준비 중인데 <잣골 노래방 콩쿠르>에서 사용한 녹음 방식을 활용할 계획이다.

극단 비단 뫼 창단 공연이자 금산 문화의집 특별공연으로 기획된 역사 뮤지컬 <700의 용(勇)>은 박팔영 작·연출에 배건호 작곡으로, 금산세계인삼엑스포(2017년 9월 22일~10월 23일) 마지막날 인삼광장 야외무대에서 폐막 공연으로 선보였다.

"주민 300여 명이 등장하는 야외 뮤지컬은 처음이 아닐까 생각해요. 주요 배역은 30여 명이지만 전쟁 장면 등에 200여 주민들이 나오거든요. 이 많은 인원을 연습시키려면 녹음 방식이 매우 효과적이에요."

충남 금산군 금성면 의총리에 있는 '칠백의총'은 임진왜란 때 왜군과 맞서 싸우다 순절한 의병장 조헌 등 700 의사의 유골을 안장한 묘소이다. 박팔영은 고두철이란 마을 청년을 주인공으로 내세워 임진왜란 당시 역사적으로 의미 있는 이치 전투의 승전, 그러나 쫓기던 왜군이 재침공한 제2차 금산 전투에서 상렬히 순절한 승군과 의병의 고귀한 넋을 야외극으로 형상화했다.

"8곡의 노래를 작곡하여 녹음하고 의상을 렌트하려면 제작비가 많이 들지만 금산문화원이 적극 지원했어요. 무엇보다 300여 명에 달하는 출연진을 확보할 수 있다는 것은 금산이 그만큼 문화적으로 앞서가고 있다는 반증이기도 해요. 금산군 인구가 6만 명 정도이고 금산읍은 3만이 안 되는데 문화의집 수강생이 수백 명에 달하니까요. 이들을 이번 공연에 최대한 동원했어요."

박팔영은 이번 주민참여 역사 뮤지컬을 통해 칠백의총의 숭고한 순국 정신을 기리는 한편, 인삼의 고장 금산의 문화브랜드 상품으로 만들어 금산 주민들에게 문화적 자부심을 갖게 할 계획이다.

"앞으로 생활문화 시대가 열린다고 하는데 주민 300여 명이 한꺼번에 무대를 체험하는 것이야말로 생활연극의 전형이 아니겠나 싶어요. 누구나 배우가 될 수 있고 연극 할 수 있다는 것을 보여준 것이니까요."

연출가·동국대 공연예술학과 교수 **최영환**

김포와 용산에 마을연극 뿌리내린
생활연극 개척자

"<우리 동네 김포>라는 주민연극을 하기 위해 김포 시민 대상으로
17개 배역을 오디션 했는데 93명이 응모했어요. 초·중·고 학생,
주부, 직장인뿐 아니라 목사님, 정년퇴임한 교장선생님, 대학생 등
연령대도 직업도 다양했어요. 연기를 하고 싶은 열정을 가진
사람들이 그렇게 많은 걸 보고 놀랐습니다."

"연극 <나의 살던 고향은 용산>은 용산 구민들의 자발적인 참여로 만들어졌어요. 평소에 연극을 사랑해서 관극에만 만족하지 못하고 직접 무대에 서보고 싶은 욕구를 해소하고자 10대부터 70대 어르신까지 함께 모여 연극 연습을 하고, 서로 사는 얘기, 가족 얘기, 꿈에 대한 얘기 등등 지극히 평범하고 일상적인 얘기들을 나누며 50여 일 동안 정말 꿈같은 나날을 보냈어요. 아마추어들이라 연기를 잘해야 한다는 부담감보다는 연기 행위 자체를 즐기기를 바라는 마음이 컸지만, 그럼에도 각자가 스스로를 다그치면서 최선을 다하는 모습이 너무도 사랑스럽고 대견했습니다."

'용산 구민의, 용산 구민에 의한, 용산 구민을 위한 연극'을 표방한 생활연극 <나의 살던 고향은 용산>(2017년 5월 12일 저녁 8시, 3일 오후 3시와 6시 용산아트홀 소극장 가람)을 연출한 최영환 교수는 3회의 공연을 마치고 배우, 스태프들과 함께한 쫑파티에서 만족한 표정으로 참여자 모두에게 고마움을 표했다.

최영환 연출은 동국대 영상대학원 공연예술학과 교수다. 동국대 연극영화과 20기인 그는 졸업 후 서울시립가무단(현 서울시뮤지컬단)에서 뮤지컬 배우로 활동하기도 했다. 동국대 대학원에서 연출을 전공한 후 미국 웨스턴일리노이주립대 대학원에서 연극 연출로 MFA 학위를 받고 귀국해 모교에서 연극-뮤지컬 연기와 연출을 지도하면서 연출 활동을 하고 있다.

최 교수는 미국 유학 시절의 체험이 지역연극, 시민연극, 생활연극에 관심을 갖게 했다고 말했다.

"1996년부터 3년간 웨스턴일리노이주립대학에서 공부하던 시절, 담당 교수가 직접 만든 연극으로 한 학기 내내 지역 순회공연을 했어요. 극장에서도 했지만 학교 강당이나 마을회관, 교회와 성당에서도 막을 올렸는데 지역주민들의 호응이 대단했어요. 그때 참여하여 여러 곳을 다니면서 지역 연극의 활성화가 필요하다고 느꼈어요."

2015년 그는 김포아트홀 관장과 연이 닿아 김포아트홀에 시민 대상으로 지역주민이 배우로 출연하는 생활연극을 올릴 기회를 갖게 되었다.

"이때 선택한 작품이 손톤 와일더의 <우리 읍내(Our Town)>였어요. 우리 삶에서 평범한 순간들의 소중함을 일깨워 주는 따뜻한 연극이라서 제가 직접 김포시에 맞게 번안 각색하여 <우리 동네 김포>라는 제목을 붙였어요. 지역주민 대상으로 17개 배역을 오디션 했는데 93명이 응모했어요. 초·중·고 학생, 주부, 직장인뿐 아니라 목사님, 정년퇴임한 교장선생님, 대학생 등 연령대도 직업도 다양했어요. 연기를 하고 싶은 열정을 가진 사람들이 그렇게 많다는 걸 보고 놀랐습니다."

17명을 뽑아 6주간 연습과정을 거쳐 2015년 4월 김포아트홀에서 3회 공연을 가졌는데 500석 객석에 매회 300~400여 명의 관객이 관람해 성황을 이루었다. 최 교수는 2016년 서울연극협회 용산지부장을 맡으면서 생활연극에 더욱 관심을 가지게 되었다. 용산연극협회장을 맡아 용산구청과 용산문화원 관계자들과 협의해 용산 구민들을 위한 공연 및 교육사업을 전개하겠다는 것이다.

"용산구는 다른 지역에 비해 문화예술의 환경적 토양이 우수하고, 문화예술에 대한 욕구도 강합니다. 이번 공연은 용산연극협회의 용산구민 문화복지를 위한 첫 사업일 뿐 아니라 2017년 9월에 개최될 서울시민연극제에 용산구 대표로 공연할 작품이기도 합니다."

용산구 이촌1동에 거주하는 최 교수는 이촌연극교실 회원들과 교회 신자, 특히 용산문화창작소에 적을 둔 극단 연극패 청년의 단원들 중심으로 16명의 주민 배우를 선발했다. 전직 언론인, 현직 치과의사, 회사원, 주부, 학생 등 10대에서 70대까지 연령대가 다양하고 직업도 다채롭다.

"김포에서 공연할 때는 처음 해보는 시민연극이어서 아마추어만으로 하는 것이 불안해 남녀 주인공은 프로 배우인 제자들에게 맡겼어요. 이번 용산 공연에서는 주역인 무대감독뿐 아니라 모든 배역을 구민 배우로 캐스팅하여 명실상부한 생활연극이 되었다고 봐요. 이들과 연습하는 과정 내내 행복바이러스가 넘쳐날 만큼 무척 즐거웠습니다."

생활연극 활성화에 나선 최영환 연출의 강점은 섬세한 연출 지도와 경제적이면서 미학적인 무대에 있다고 할 만하다. 김포에 이은 용산 구민 연극에서 그는 아마추어 배우들을 연극이라는 낯선 배에 태워 먼 길을 항해해야 하는 지난한 과정에서 전체적 균형을 잡아 주는 선장 역할을 톡톡히 해냈다.

연습 초반에 최 연출은 연극의 기원부터 연기란 무엇인가에 대한 폭넓은 강의로 구민 배우들에게 연극과 연기에 대한 호기심을 갖게 했다. 배우 각자가 느낀 인생의 최고의 순간을 고백케 함으로써 경계를 헐고 서로를 트게 하는 독특한 체험도 안겨 주었다. 또한 연습 초반에 MT를 가짐으로써 연령이나 직업을 넘어서 가족 같은 분위기를 만들었다.

연습 초기에는 대본을 읽으면서 대사 하나하나의 의미와 상황을 이해시켰다. 캐릭터의 성격과 목소리의 색깔, 어투, 대사의 어미 처리까지 꼼꼼하게 지도했다. 대사 하나하나에 생각을 담아서 전달해야 하고, 그렇게 하기 위해서는 상대의 대사를 잘 들어야 한다는 점을 수없이 강조했다. 단체 지도로 안 되는 연기자는 김강수·정은진 두 조연출이 개인지도를 해나갔다. 강양은 교수를 초청해 연기 특강을 했고, 극중 노래 장면을 위해 이은혜 교수의 음악 수업도 하는 등 최상의 연기와 무대 완성도를 높이기 위해 주위의 도움도 청했다.

중반부터는 시선 처리, 움직임, 자세 등을 세심하게 지도해 동선을 물 흐르듯이 이끌었고, 배우들로 하여금 최상의 연기가 나올 수 있도록 이끌었다. 특히 최 연출이 역점을 둔 배우들의 마임 연기는 실제 공연에서 관객들의 시선을 배우에게 집중시키는 효과를 거두었다. 또한 세트나 소도구를 사용하지 않고 효과 역시 아날로그 방식으로 살려내 작품의 극적 효과를 극대화하는 제작 방식이 독특했다. 의자와 테이블 몇 개, 사다리가 놓인 무대에 조명을 비추자 그렇게 심플하면서도 아름다울 수가 없었다. 무대를 최소한 간소화하고 조명으로 변화를 주면서 배우들에게 집중케 하는 최영환의 연출 스타일은 이동이 편리해 어느 장소에서도 공연이 가능하다는 점에서 생활연극의 모델로 삼을 만하다.

"지역 내에도 괜찮은 극장들이 있어요. 이 공간들을 잘 활용하면 지역주민들이 쉽게 공연장을 찾게 되고, 지역 내에서도 수준 높은 주민 친화적 연극을 즐길 수 있게 되는 것이지요. 하드웨어는 지역마다 웬만큼 갖춰졌으니 이제 소프트웨어를 개발해야 지역주민들의 삶의 질을 높일 수 있다고 봅니다. 이제는 지역민들을 위한 프로들의 공연도 중요하지만 아마추어들이 연극을 할 수 있는 환경 조성이 필요한 시대입니다. 지역민들의 연극 참여는 공동체 의식을 높이는 아주 좋은 수단이지요. 연극 참여로 인해 지역민들은 정서적 만족과 생활의 활력을 얻게 되고, 그 같은 문화예술 체험이 우리의 정신세계를 고양하여 삶의 질을 윤택하게 하는 것이지요."

지역의 생활문화 활성화에 관심이 많은 최 교수는 앞으로 생활연극 보급에도 적극 나설 의지를 펴보였다.

"우리 경제력이 세계 11위라고는 하지만 문화적으로는 아직 선진국대열에 이르지 못했다고 봅니다. 문화선진국이 되려면 우리 삶의 곁으로 파고든 생활체육처럼 예술문화의 저변 확대가 필요하지요. 그 일환으로 풀뿌리 연극, 생활연극이 활성화되어야 합니다. 앞으로 각 지자체에서 마을회관, 학교 강당, 체육관, 종교 시설 등을 잘 활용하면 생활문화가 우리 삶 속에서 활짝 꽃피울 거라고 생각해요."

최 교수는 생활연극을 두 차례 무대에 올리면서 "일반인 아마추어들 중에도 순수한 열정을 지닌 인재들이 많다는 것을 느꼈다"고 했다.

"일상에 지친 주민들이 배우를 해보면 자신의 삶이 굉장히 풍요로워짐을 실감합니다. 직장인들 역시 생존을 위해 직장에 매이기보다는 연극을 해보라고 권하고 싶어요. 우리 주위에는 인생을 연출하기 위해, 또는 꿈을 이루는 방법으로 연극무대에 섰다는 사람들이 적지 않아요. 용기도 기회도 없고 시간과 여건이 맞지 않아 꿈을 이루지 못한 이들에게 장을 만들어 주는 것이 시민연극이고 생활연극이라고 생각합니다. 자기 사는 동네와 공연장에서 이웃을 위해 공연을 해보면 연극 감상과 다른 새로운 연극예술의 맛, 배우의 삶을 느낄 수 있어요. 새로운 체험을 통해서 보람과 희망을 가져 보라고 권하고 싶습니다."

연극예술이 살아 숨쉬는 마을 용산을 꿈꾼다는 최영환 교수는 앞으로 더욱더 다양하고 많은 연극 또는 뮤지컬 공연이 이루어질 수 있도록 정진하겠다고 다짐했다.

'연극패 청년' 상임연출가 겸 배우 **신황철**

직장인들의 연극 동호회 이끌며
생활연극 지평 넓혀

"직장연극을 오래 해오다 보니 제 경험을 주민연극, 또는
생활문화 시대의 생활연극에 활용할 수 있겠다는 생각이 들었어요.
아마추어들이 하는 연극이지만 프로들이 협력을 아끼지 않아야
하고, 빠듯한 예산으로 하려면 직장연극의 자급자족 노하우를
생활연극에 접목하면 좋을 것 같아요."

용산구민 연극 <나의 살던 고향은 용산> 프로그램을 보면 '예술감독 신황철'이란 이름이 나온다. 그는 직장인들이 활동하는 '연극패 청년'의 상임연출가이자 한국연극협회 용산지부 이사로 <나고용> 제작에 적극 참여했다. 공연장인 용산아트홀 소극장 가람의 무대세트를 직접 설치했고, 사다리와 의자 등 소품을 만들고 조립했다. 분장도 도맡아 했다. 공연이 끝나자 일사불란하게 무대를 해체하고 소품을 이동했다.

"누군가 해야 할 일이라면 내가 먼저 하자. 언젠가는 해야 할 일이라면 지금 하자. 기왕 해야 할 일이라면 즐겁게 하자. 어디서 읽은 내용이지만 직장인 연극을 하면서 이런 의식이 몸에 뱄습니다."

그가 이처럼 연극 현장을 지휘 통솔할 수 있는 것은 '연극패 청년'이 있기 때문이다. 1990년 6월에 창단된 '연극패 청년'은 초기에 노동연극에 주력하다가 지금은 직장인들의 연극동호회로 정평이 나있다. 지난해 용산문화원과 제휴해 이태원에 신축된 용산문화예술창작소 개관 기념으로 <콜라소녀>(김숙종 작, 신황철 연출)를 공연했고, 그 공간에 극단 사무실을 확보했으며 연습장도 활용하고 있다.

신황철 연출을 '생활연극의 파이오니어'로 꼽은 이유는 그가 하는 모든 활동이 생활문화가 추구하는 '생활연극'과 연계되기 때문이다. 회원들이 아마추어라는 점이 그렇고, 기획에서 제작, 공연까지를 자급자족하면서 만족과 보람을 찾는 것도 생활연극의 취지와 다를 게 없다.

그를 인터뷰하기 위해 늦은 밤 2017년 제65회 정기공연 연습이 한창인 서울 영등포의 극단 연습실 겸 소극장을 찾아갔다. 2017년 6월 대학로에서 공연한 <꽃바우 할매>를 연습 중인 지하 공간은 열기로 후끈

달아올랐다.

"직장인들이라 연습은 주로 밤 8시부터 11시까지 해요. 공연이 임박하면 밤을 꼬박 새고 직장으로 바로 출근해야 하지요. 그래도 나름대로 즐거움과 행복감과 보람도 느끼고, 연극 할 수 있다는 것을 자랑스러워해요."

'연극패 청년'에는 현재 오프라인에서 40~50명의 직장인들이 활동 중이다. 온라인 카페에 등록된 회원은 2000여 명에 달한다. 2002년부터 매년 단원을 모집, 올해 18기가 주축을 이루고 있다.

"자격 요건에 제한을 두지는 않아요. 나이에 구애 없이 직장인이면 되고, 주부도 직장인에 포함시켜요. 직업은 전문직이 많은 편인데 교사, 학원 강사, 간호사, 사회복지사, 인테리어 기사, 의류 디자이너, 공무원, 대학 강사 등 다양해요. 매년 단원을 뽑을 때마다 지원자들에게 왜 연극 하려고 하는가 물어 봐요. 예전에 꿈을 가졌으나 이루지 못했던 사람들이 그 꿈을 실현하려는 경우가 많지만, 막연히 하고 싶어서라는 응답도 적지 않아요. 대학로에서 연극 공연 보고 나도 해보고 싶다거나 고교·대학 때 연극 동아리에서 활동한 분들이 적극적으로 연극을 하고 싶어 해요. 간혹 전문 연기자로 가기 위한 과정으로 오는 경우도 있고요. 실제로 성우로 진출한 단원도 있어요. 아주 일부지만 성격 개조, 자기 발표력 증진, 어휘력 향상을 위해서라는 실리파도 있어요. 대다수가 따분한 직장 생활에서 벗어나 생활에 활력을 얻고자 하는 것 같아요."

매년 지원자 중에서 25~30명을 뽑지만 정단원으로는 4~5명 정도가 남는다고 했다. 신입 단원들을 교육하고 워크숍 발표에 이어 기수 중심으로 공연하도록 하는데, 이 과정에서 하차하는 경우가 많다는 것이다.

"연극이 즐거워 오지만 회원으로서의 책무가 따르고, 직장 연극의 특성상 모든 것들을 자급자족하다 보니 자기희생 등 힘든 부분이 많거든요."

그래도 매년 새 기수를 뽑아왔고 정기, 기획 공연도 거르지 않아 2020년 6월 대학로 공연까지 73회의 전통을 쌓아 왔다.

신황철 연출은 '연극패 청년'을 이끌어 오며 근로복지공단이 주최하는 근로자연극제에 꾸준히 참가하여 수많은 상을 따냈다. 2012년 34회 근로자연극제에 <하늘로 가지 못한 선녀 이야기>(연출 신황철)로 참가하여 대통령상과 연출상을 수상한 것이 정점이다.

31회(2010년) 때는 신황철 연출의 <장흥댁>으로 국무총리상을 받았고, 32회(2011년) 때는 자신이 연출한 <눈오는 봄날>로 금상과 연출상, 최우수 연기상(박해진)을 차지했다.

1999년 20회부터 10여 년 동안 근로제연극제에 참가하여 단체상과 연출상뿐 아니라 연기상(제22회 출품작 <풍금소리>, 22회 참가작 <금의환향>)까지 수상한 것이다. 2013년에는 세종문화회관이 주최한 시민연극제에 초청받아 <밥>(김나영 작, 윤정현 연출)을 공연하기도 했다.

"저는 '연극패 청년'에서 이것저것 많은 일을 하지만 연기로 연극을 시작했듯이 연기를 하는 게 꿈입니다. 대학로 프로연극에도 진출할 계획이지만 아직은 청년 단원들과 할 일이 많아요."

가장 힘든 점이 무엇이냐고 물었더니 그는 재정과 인화라고 말했다.

"요즘에는 문화재단이나 지자체의 지원금도 받고 회비도 안정적으로 들어오고 있으나 그래도 교육하고 공연하려면 턱없이 부족하지요. 그래서 자구책으로 나온 것이 자급자족입니다. 예산을 줄이기 위해 나무와 페인트 등을 사다가 직접 무대세트를 만들고 단원들이 나서서 소품, 의상 등을 마련합니다. 최근에는 전문기술이 필요한 조명 부문도 커버하고 있고요. 여성 단원 중에는 분장 베테랑들이 적지 않아요. 재료 구입해 직접 만드는 일이 힘들 법도 한데 단원들은 연기만큼이나 재미있고 또 보람 있어 해요. 직장인들이라 무엇보다 인적 구성이 다양한 점이 특징입니다. 철공소 직원, 목수도 있지만 사무직들도 망치 들고 무슨 일이든 적극적으로 하고 있어요. 그래서 연극이 막을 내리면 무대 장치도 배우와 스태프가 함께 치우는 것이 일상처럼 되어 있지요."

'연극패 청년'은 1년에 두 번씩 단합대회 겸 야유회를 가지며 친목을 다지고 있으며, 대학로에 나가 단체관람을 하기도 한다고 했다. 신황철 연출은 단원끼리 결혼한 커플만 세 쌍이라고 자랑하면서도 직장인들이다 보니 회삿일, 가정사로 전체가 모이기 쉽지 않은 것이 가장 큰 애로라고 토로했다.

1963년생인 신황철은 올해 57세로 장안실업전문대학에서 경영학을 전공했으나 고교 때부터의 꿈인 연극이 하고 싶어 대학 연극반에서 활동하다가 수원의 극단 성에 픽업되어 이강백 작 <결혼> 등에 출연하며 2년 동안 배우로 활동하다가 군에 입대했다. 제대 후에는 홀어머니를 모셔야 하는 생활환경으로 직업전선에 뛰어들었다. 한때 건축회사에서 일하다가 법인법인 대양종합법률사무소에서 12년간 사무장으로 일했고, 2000년부터는 주택재개발조합 이사 및 청산인으로 15년간 활동했다.

군 제대 후 그는 일하면서 연극 할 수 있는 극단을 찾다가 1989년 직장인 연극단체 창단 준비를 맡아 1990년 김명곤·고동업 배우 등 10여 명과 함께 '연극패 청년'을 창단하는 데 앞장섰다.

"초창기에는 노사 불평등 입장에서 노동자를 대변하는 창작 노동극을 주로 했어요. 이후 경제발전으로 갈등이 줄고 노사관계가 다소 원만해지면서 대중에게 친근하게 다가갈 수 있는 직장 시민연극을 하게 되었어요. 노동극에서 생활연극으로 장르를 바꾼 것이지요."

26년째 '연극패 청년'과 함께 해온 신황철 연출은 2017년 한국연극협회 용산지부를 맡아 용산 구민 연극 <나의 살던 고향은 용산> 예술감독으로 제작 전반을 주관하면서 생활연극에도 관심을 쏟고 있다.

"직장연극을 오래 해오다 보니 저의 경험을 주민연극, 또는 생활문화 시대의 생활연극에 활용할 수 있겠다는 생각이 들었어요. 아마추어들이 하는 연극이지만 프로들이 협력을 아끼지 않아야 하고, 빠듯한 예산으로 연극을 만들어야 하는 만큼 자급자족 노하우를 생활연극에 접목하면 좋을 것 같아요."

서울연극협회 회원, 용산문화원 문화위원, 전국직장인연극단체협의회 자문위원, 한국근로자문화예술인협회 연극분과위원장 등을 맡아 바쁘게 활동하는 신황철 연출은 앞으로 시니어 연극 등으로 관심 폭을 넓힐 계획이다.

"'연극패 청년'이 직장인 연극단체로 자리 잡으면서 '대학로 연극'에 접근이 쉽지 않은 계층에게 연극 문화를 알리고 기성과 연결하는 징검다리 역할을 해왔다고 자부할 수 있어요. 단원들이 연극을 하면서 그 어느 때보다 행복해하는 모습을 보면 저도 연극예술 발전에 일조를 했구나 하는 뿌듯함과 보람을 느껴요. 무엇보다 내성적 성격이어서 대중 앞에 나서지도 못하던 제가 대중 앞에서 나를 보여줄 수 있게 되었다는 것이 제 인생의 가장 큰 변화라고 할 수 있어요."

(사)한국생활연극협회 이사장 **정중헌**

신문기자, 교수 은퇴 후
연극 대중화에 뛰어든 74세 '현역'

"2015년에 세계적인 공연 축제인 '에든버러 프린지 페스티벌'에
연극인들과 함께 참여하면서 예술이 인생을 얼마나 풍요롭게 하는지
실감했습니다. 연극도 조기축구나 수영클럽 등 생활체육처럼
프로가 아니더라도 아마추어들이 생활 속에서 체험하고 향유할 수
있는 기회를 만들어 보자고 뜻을 모았어요."

대학로에 위치한 협회 사무실에서 만난 정중헌 (사)한국생활연극협회 이사장. 협회 관계자들과 십시일반 함께 마련한 사무실이다. 대학로에서 연극인들과 함께 호흡할 수 있다는 사실만으로도 즐겁다는 정 이사장. 현재 월급도 없지만 "기자 경력을 살려 생활연극 활성화에 재능을 기부할 수 있다면 나머지 인생을 보람되게 보낼 수 있지 않을까 싶다"고 말했다.

정중헌 한국생활연극협회 이사장의 주 활동 무대는 대학로다. 그의 나이 71세. 일반적으로 은퇴를 하고도 남았을 나이지만, 정 이사장은 여전한 '현역'이다. 조선일보 문화부 기자와 문화부장, 논설위원을 거쳐 서울예술대학교 부총장으로 은퇴했던 그는 화려한 경력을 뒤로하고 고희가 넘은 나이에 새 출발점에 섰다. 정 이사장은 생활연극 활성화를 위해 지난 7월 연극인들과 함께 '한국생활연극협회'를 발족시켰다. 연극에 관심 있는 일반인 누구나 쉽게 참여할 수 있도록 생활연극을 전국적으로 활성화시키기 위해서다.

평생 평론만 해왔던 그가 직접 한국연극협회 회원으로 가입하고, 배우로 직접 연극 무대에 오른 이유도 '평론가'가 아닌 '연극인'으로서의 자격을 갖추고 싶었던 마음이 더 커서다.

SNS 소통도 활발하다. 이젠 지면이 아닌 SNS에서 글쓰기를 이어가고 있다. 공연을 본 날엔 자신의 SNS에 리뷰를 남긴다. 날선 예술 비평으로 업계에 이름을 날린 시절도 있었지만, 지금은 좋은 공연을 함께 많은 이들과 공유하고 싶다는 생각에서다. 그렇게 2년간 봤던 100여 편의 공연 리뷰를 모아 2016년에 『연극동네 대학로는 재밌다』란 책도 냈다.

은퇴를 생각하지 않고 할 수 있는 일이 있으니 뿌듯하고, 그간의 경력을 바탕으로 재능까지 기부할 수 있으니 행복하다고 말하는 정 이사장.

37년간을 신문기자로, 그리고 학자로, 두 번의 은퇴 후 연극의 대중화에 뛰어들며 3모작 인생을 살아가고 있는 정 이사장을 대학로에 아담하게 자리잡은 협회 사무실에서 만났다.

— 여전히 SNS에 공연 리뷰를 꾸준히 쓰십니다.

공연 관람 후엔 SNS에 바로 리뷰를 써서 올려요. 신문사에서 은퇴한 후 6년간 학계에 있었습니다. 가르칠 때는 갈증이 덜했는데 은퇴를 하니까 좋은 공연을 사람들과 공유하고 싶다는 생각이 들더군요. 그렇게 글을 쓰다 보니 양도 꽤 많아졌어요. 1년 정도를 썼더니 리뷰만 100여 편이 되더라고요. 그래서 이를 모아서 지난해 『연극동네 대학로는 재밌다』란 책도 냈습니다. 전문적인 평론보다는 대중들에게 연극을 가깝게 접하기 위한 목적에서였죠.

사실 연극 분야는 다른 분야처럼 홍보나 광고를 할 형편은 안 돼요. 이런 작은 힘으로나마 도움을 주고 싶기도 했고요. 그런데 기자 근성은 어쩔 수 없나 봅니다. 이상하게 펜만 잡으면 날카로워지는걸 보면요. (웃음) 개인 SNS라도 상당히 조심스럽긴 해요. 저 혼자 보는 게 아니니까요. 그래도 열심히 준비한 공연들이 흔적 없이 사라지는 것보다 100여 명이 보더라도 제 SNS를 통해 누군가가 관심 있게 봐주는 게 더 좋지 않을까란 생각으로 시작했습니다. 명동예술극장에 공연을 보러 갔다가 우연히 분장실에 앞에 붙은 제 SNS 리뷰를 봤어요. 뿌듯했죠.

― 연극, 방송, 영화, 미술 등 문화 다방면의 전문가로 활동하셨습니다. 영화평론가, 미술평론가로도 활동했고, 방송비평학회장도 맡고 계신데요. 이 중 연극 분야에 몸담게 된 계기가 있는지요.

대학로 뒷골목에서 소주잔을 기울이면서 30~40년간을 보냈어요. 기자 생활을 하면서도 취재 대상으로만 보지 않았죠. 이 동네를 드나들면서 다들 식구처럼 지냈어요. 그래서인지 집처럼 푸근해요. 상업적이지 않고 순수한 면도 많고요. 제 적성과 맞더라고요. 이 정도면 이 동네 사람이 될 수 있는 자격이 있지 않나요. (웃음)

― 지난 7월 발족한 한국생활연극협회는 무엇을 하는 곳인지요.

프로 연극은 연극을 전공하거나 업으로 삼고 있는 연극인들을 중심으로 하지만, 생활연극협회는 연극을 본업으로 하지 않는 일반인들도 연극 창작 활동을 할 수 있도록 뒷받침해 주는 민간 단체입니다. 예전부터 다양한 이름의 아마추어 연극 단체들이 있긴 하지만, 관에서 운영하는 서울시극단의 '시민연극교실'처럼 체계적으로 운영되고 있지는 않거든요. 앞으로 지역 조직 확대를 통한 생활연극 활성화와 연극 교육 등 생활연극 보급을 위해 다양한 사업을 펼칠 계획입니다.

지난 7월 24일 서울 대학로 SH아트홀에서 진행된 한국생활연극협회 창립총회에 참석한 정중헌 이사장. 당시 창립식에는 최성웅 전 한국연극배우협회장, 최영환 동국대 공연예술학과 교수, 배우 이승옥·박팔영·고인배·최진택·정상철씨를 비롯해 연출가 유승희·신황철씨 등이 창립 발기인으로 참석했다. 협회 창립을 축하하기 위해 온 연극인도 100여 명에 달했다. 이날 축사는 이순재 대배우가 했다.

— 연극에 대해 전혀 모르는 사람들도 참여할 수 있는 건가요.

잘하는 사람들만 무대에 오르는 건 아닙니다. 연극에 관심 있는 일반인들에게 연극에 대한 이해를 높이고 직접 참여해 연극 창작 활동을 할 수 있도록 교육을 할 예정입니다. 이를 통해 공연을 직접 체험할 수 있는 기회를 주려고 합니다.

초보자를 위해 '생활연극 아카데미'라는 강좌를 열려고 합니다. 연극, 연출, 희곡에 대한 강좌를 듣고 다양한 주제에 대해 희곡을 써보기도 할 겁니다. 공연도 직접 올리고요. 배역을 나눠 공연 연습을 하고 마지막에는 실제로 무대에서 공연을 하는 거죠.

물론 지도를 해주는 전문가들도 함께합니다. 협회 임원들의 70~80%가 전문 연극인들이에요. 배우가 될 수도 있고, 스태프로도 참여할 수 있고요. 꼭 연기만 하는 건 아니고 무대 미술을 해보고 싶다면 이 분야로도 참여할 수 있어요. 무대 의상도 직접 만들어 보고요. 모두 참여자들의 힘으로 해내야 하는 '자급자족' 형태인 거죠.

가족들이나 지인들에게도 공연을 보여주고, 박수를 받고 희열을 맛볼 수 있는 자리죠. 매일매일 똑같은 삶은 따분하잖아요. 같은 직장인이더라도 각자 갖고 있던 꿈은 달랐을 테고요. 생각으로만 해왔던 꿈을 실현시킬 수 있는 기회죠.

— 생활연극 활성화에 나서게 된 계기는요.

2년 전 세계적인 공연 축제인 '에든버러 프린지 페스티벌'에 유승희 대표가 있는 극단 단홍과 함께 참여했습니다. 현지에서 이들과 연극 얘기를 많이 했습니다. 조기축구나 수영클럽 등 생활체육처럼 연극도 프로가 아니더라도 아마추어들이 생활 속에서 체험하고 향유할 수 있는 기회를 만들어 보자고 뜻을 함께했죠. 1년 반 정도의 준비 끝에 지난 7월 창립총회를 열었습니다. 100여 명의 연극인들이 참여할 정도로 관심이 높았습니다. 현재는 사단법인 절차를 밟고 있습니다.

— 기자로서, 학자로서 두 번의 은퇴를 하셨습니다. 그리고 이번에는 또 생활연극 활성화란 새로운 길에 들어섰습니다.

타이어를 두 번 갈아 끼운 셈이죠. (웃음) 60세 때 신문사를 정년퇴직하면서 37년의 기자 생활을 회고한 『문화부 기자는 재밌다』라는 책도 냈고, 퇴직 후엔 서울예술대학교에서 과분하게 부총장까지 역임한 후 정년퇴임을 했으니까요. 생활연극은 건강이 허락하는 한 할 수 있으니 기한은 없는 셈이죠. 생활연극 자리를 잡을 때까지 기초를 다져 놓으면 다른 사람이 맡아서 할 수 있지 않을까 싶어요.

— 많은 직장인들이 퇴임 후의 인생에 대해 걱정을 합니다. 퇴임 후 고민은 없으셨나요.

저도 퇴임 후에 허탈했죠. 서울예술대학교에서 1년 연장된 만 66세에 은퇴의 길로 접어들었습니다. 처음엔 할 게 없더라고요. 아침에 일어나서 갈 데도 딱히 없었어요. 그래서 여행을 가기도 하고 미술관, 영화관, 공연장도 가고 이곳저곳 돌아다녔습니다.

그러다가 친분 있는 연극인들이 연극 한번 보러 오라며 초대를 하더라고요. 무료로 연극을 봤으니 제가 술도 한번 사게 되고, 이러면서 대학로를 자꾸 나가게 됐죠. 연극인은 타 문화 분야에 비해 아무래도 음지에서 활동하잖아요. 조금이라도 제가 보탬이 된다면 보람을 느끼겠구나, 저도 모르게 조금씩 터득을 한 것 같아요. 대학로에 얼쩡거리더라도 하고 싶은 일을 하는 게 제일 행복한 게 아닌가 싶었습니다. 밖에 나가서 사람 만나고 술 한잔 하면서 인생 이야기 하는 걸 좋아해요. 인생 모토가 일도 열심히 하고 술도 열심히 마시자는 겁니다. (웃음) 일만 열심히 하면 재미없잖아요.

— 어떻게 보면 도전의 연속이네요.

의도한 것이 아닌데 자꾸 도전하게 되네요. 누가 이 나이에 연극이란 걸 처음 해보겠어요. 사실 연극 무대에 오른다고 했을 때 별걸 다 한다는 소리도 들었어요. 70세가 넘으면 고령이라 불리는데, 제가 할 수 있는 일이 있다는 건 뿌듯합니다. 문화부 기자 경력을 살려 이 분야에 저의 재능을 기부할 수 있다면 나머지 인생을 보람되게 보낼 수 있지 않을까 싶어요. 타인을 위해 제가 할 수 있는 일이 있다는 건 정말 기분 좋은 일이죠.

— 직접 연극 무대에도 오르셨다고요.

제가 지금 하는 일이 일종의 생활연극 캠페인이니까요. 그러면 제가 먼저 자격을 갖춰야겠다 싶었습니다. 연극 전문 기자로서 40년 가까이 활동했지만, 생활연극을 하면서 기자 경력만으로는 부족하다는 생각이 들었습니다. 그렇게 많은 공연을 보고 취재를 하고 글을 써왔지만, 저를 연극인으로 생각하지는 않더라고요. 그렇다고 제가 권위 의식만 내세울 수는 없는 거니까요.

그래서 지난해부터 준비해 한국연극협회에 가입했습니다. 까다로운 가입 절차를 거친 끝에 정식으로 연극협회에 소속됐죠. 그런데도 갈증이 있더라고요. 평론을 하면서 수많은 글을 쓰고 책까지 냈는데 정작 연극인으로 활동한 경력은 없었으니까요. 때마침 제가 살고 있는 용산구에서 일반인들을 대상으로 연극배우를 모집한다고 하길래 이때다 싶었어요. 연출(동국대 최영환 교수)께서 먼저 제안해 주셔 60대 동네 남자 역으로 특별 출연했습니다.

— 어떤 작품이었나요.

<나의 살던 고향은 용산>이란 작품입니다. 미국의 희곡 작가인 손톤 와일더가 1930년대에 쓴 <아워 타운(Our Town)>이란 작품의 배경을 용산에 맞춰 번안한 것입니다. 2017년 5월 12일과 13일 용산아트홀에서 용산 구민들을 대상으로 세 차례 공연을 했고, 그 멤버를 주축으로 지난 8월 진행된 '제3회 서울시민연극제'에서 한 번 더 무대에 올랐습니다. 서울 시민연극제는 각 구마다 생활연극을 하는 아마추어 연극인들이 나와 경연을 벌이는 축제입니다.

— 공연은 어땠나요.

아마추어 배우 16명이 출연해요. 초등학생부터 대학생, 직장인, 주부 등 10대부터 저를 포함한 70대까지 고루 참여했죠. 저처럼 단역이라도 연습은 똑같아요. 16명의 배우가 퇴장 없이 자기 역할이 끝나면 무대 뒤에 앉아 공연을 보면서 효과음을 함께 냅니다. 저는 대사도 몇 마디 없는 역할이었지만, 한시도 긴장을 늦출 수가 없었죠.

— 비평가로 활동해 오다 직접 무대에 오르니 어떻던가요.

이 연극을 하면서 '커튼콜'을 처음 받아 봤어요. 제가 맨 마지막에 나가서 인사를 했는데 정말 황송했습니다. 50여 일간 연습하면서 많이 보고 느꼈죠. 반세기 가까이 연극 관람으로 비평만 해오다 무대에 서보니 연극인들의 애환과 열정을 체감할 수 있었던 좋은 경험이었어요. 그런데 제가 몸치예요. 게다가 70대에 첫 무대에 오른다는 건 쉽지 않은 결정이죠. 그래도 마음먹은 이유 중 하나는 생활연극 활성화를 위해 연극 전반의 제작 과정을 체험해 보고 싶었습니다. 또 연극이 얼마나 힘든 건지 스스로 경험해 보고 싶었던 마음도 컸죠. 3회의 공연을 끝내니 허탈감과 희열 등 심경이 복잡하더라고요. 연극은 힘들면서도 참 매력적인 것 같아요.

— **한국생활연극협회가 추구하는 방향이 있다면요.**

지역의 생활연극을 활성화시켜 전국 규모로 확대해 나가는 게 목표입니다. 생활연극을 기획하고 교육하게 할 수 있게끔 제반 여건을 도와주는 협회 역할을 하면서, 전국 17개 시·도에 지회를 두고 유기체로 조직화하자는 거지요. 그동안 중앙에 집중되어 있던 문화가 점점 지역으로 중심이 이동하고 있는 추세입니다. 누구라도 생활 가까이에서 참여할 수 있는 생활문화가 활성화되고 있어요. 문재인 정부 역시 지역문화 발전에 관심을 갖고 있습니다. 2016년에는 '지역문화진흥법'도 시행되면서 정부 역시 생활문화 활성화를 위한 지원에 나서고 있고요. 다만 시행된 지 얼마 안 돼서 전국적으로 번지지는 않았지만, 앞으로 지역문화 안에 생활문화가 침투되고, 여기에 법까지 뒷받침된다면 삶이 훨씬 더 윤택해지리라고 봅니다. 지역마다 연극이나 영화 등 문화를 즐길 수 있는 생활문화센터도 많아질 것으로 예상됩니다. 협회가 지역마다 자생적으로 생기는 생활연극을 지원해 주고 이끌어주는 역할을 하고 싶어요. 저희가 희곡을 써서 지원할 수도 있는 거고, 다른 식으로 도움을 줄 수도 있는 거죠.

— **현재 생활연극과 관련한 책도 쓰고 계시다고요. 어떤 내용인지요.**

일종의 가이드북이랄까요. 왜 생활연극을 해야 하고, 우리나라 관련 정책은 어떤지, 또 서울시 각 지역에서 진행했던 생활연극의 실제 사례 등을 소개해 주는 책입니다. 평소 연극을 하고 싶었는데 어떻게 그 꿈을 성취했는지에 대한 사례도 넣었고요. 현재 마무리 단계입니다.

— 생활연극협회의 운영비는 어떻게 충당하고 있는지요.

사무실의 경우는 십시일반 협회 관계자들이 모아서 마련했죠. 사실 월급도 없어요. 사무실 보증금도 자비로 해결했으니까요. 당초 돈을 벌기 위한 목적으로 시작한 건 아니었으니 대학로에서 연극인들과 함께 호흡할 수 있다는 사실만으로도 즐겁습니다.

— 앞으로의 바람이 있다면요.

연극이 주민들의 삶에 가까이 다가갈 수 있도록 하고 싶어요. 정부나 지자체의 지원도 필요한 상황인데, 그전에 협회의 내실을 다지면서 기반을 잘 구축해 영향력을 키워야죠. 제가 얼마나 더 활동할 수 있을지는 모르지만, 저의 마지막 길로 생활연극 활성화에 '올인'하고 싶습니다.

– 인터뷰365 김리선, 2017.10.18

극단 단홍 대표, 연출가 **유승희**

(주)한국생활연극협회 창립과 출범
실무를 맡은 상임이사

"배우들과 작업을 하면서 연극도 이제는 전문가들만이 아닌
누구나 할 수 있는 장을 만들어 저변을 확대해 나가야 한다는 데
의기투합했습니다. 생활연극이란 용어는 생활체육에서 힌트를 얻었어요.
2016년 국민생활체육회가 대한체육회와 통합하는 것을 보고 생활문화·생
활예술도 생활체육처럼 조직화해야 한다는 생각을 하게 됐어요."

사단법인 한국생활연극협회 창립과 출범 실무를 맡았던 유승희 상임이
사는 극단 단홍 대표로 30년 넘게 전문 연극 일선에서 활동해 온 제작자
겸 연출가이다. <화가 이중섭> 연출로 데뷔한 그는 이진수의 베스트셀러
소설을 각색한 <빵끼통>으로 흥행 돌풍을 일으켰으며, 대표작으로 꼽는
손숙 모노드라마 <나의 가장 나종 지니인 것> 등 30여 편을 연출해 온
중진이다.

고교 국어 교사로 재직하며 한양대 대학원에서 박사과정을 수료했으
며, 『배우훈련 연극화술』 등의 저서도 출간한 유 상임이사는 일찍이 생
활체육처럼 생활예술의 시대가 오리라고 예견하고 생활연극협회 출범
에 앞장섰다. 2016년 생활연극에 관심을 가진 평론가·배우들과 스터디
그룹을 만들어 출범 준비에 앞장섰고, 협회 창립 전부터 사단법인 등록
절차를 밟는 등 실무를 담당했다.

현재 협회 사무와 재정 전반의 업무 책임자로 3년차 협회 기반을 쌓는
데 힘써 온 유승희 상임이사를 정중헌 이사장이 인터뷰했다.

— 생활연극을 처음 생각하게 된 것은 언제이며, 특별한 동기가 있었는지요?

최성웅 배우 등과 작업을 하면서 연극도 전문가들만이 아닌 누구나
할 수 있는 장을 만들어 연극의 저변을 확대해 나가야 한다는 데 의기
투합 했습니다. 생활연극이란 용어는 생활체육에서 힌트를 얻었어요.
2016년 국민생활체육회가 대한체육회와 통합하는 것을 보고 생활문
화·생활예술도 생활체육처럼 조직화해야 한다는 생각을 하게 됐어요.

— 생활연극을 하게 되면 어떻게 하겠다는 구상이나 청사진이 있었는지요?

전국에 연극을 하고 싶어 하는 일반인들이 많은데 연극과 접할 수 있는 기회가 많지 않다고 생각했어요. 2010년 이후 각 지역마다 아마추어 연극 단체가 우후죽순 격으로 생기고 공연도 많아지면서 이를 체계화할 필요성을 느끼게 되었지요. 협회를 만들어 프로 연극인들과 협업을 하면 보다 많은 일반인들이 배우의 꿈을 실현할 수 있고 무대에 설 수 있는 기회를 제공할 수 있겠다는 생각을 하게 되었습니다. 협회가 주부, 노인, 직장인, 교인 대상의 전국경연대회를 개최하게 되면 회원수가 수만, 수십만 명으로 불어날 것이란 예측도 해보았지요.

— 생활음악의 아마추어 오케스트라 축제 등에 비해 생활연극은 출범이 늦은 편인데, 일찍이 그런 생각을 했다면 출범을 서두를 수도 있었을 텐데요.

제가 학교 수업도 해야 하고 연출과 공연 일도 많아 엄두를 내지 못했어요. 무엇보다 뜻을 같이하는 협력자를 모으는 것이 급선무였어요. 2014년 스코틀랜드 에든버러프린지페스티벌에 최성웅 모노드라마 <드렁커(술꾼)>로 참가하게 되었는데, 그때 정중헌 이사장과 합류하게 된 것이 협회 창립의 결정적 계기가 된 것이지요.

— 에딘버러페스티벌은 제게도 잊지 못할 추억으로 남아 있습니다. 신문사 문화부 기자로 재직하며 아비뇽 연극제 취재도 해봤지만 은퇴 후 일반인으로 참관한 에딘버러 페스티벌은 "축제란 이런 것이구나", "공연예술이 우리의 삶을 이토록 즐겁고 의미 있게 하는구나"라고 느낄 만큼 자극도 컸고 무엇보다 행복했습니다. 유 상임이사는 어떠셨나요?

1988년 극단 산울림을 필두로 프랑스의 아비뇽세계연극제에 여러 극단들이 공연을 하고 연극인들도 참관했다는 소식이 전해지면서 막연하게 해외연극제 참가를 염두에 두었지요. 그러다가 1994년 여름에 아비뇽세계연극제를 보러 갔어요. 하루에 수십 편의 다양한 연극과 퍼포먼스가 실내와 야외에서 공연되는 것을 보고 신선한 충격을 받았어요. 언젠가는 우리 극단 작품도 참가를 해야겠다고 벼르다가 2014년 아비뇽이 아닌 에딘버러 페스티벌에 최성웅 모노드라마 <드링커>로 과감하게 도전하게 된 것이지요. 그때 몇몇 스태프도 함께 갔는데, 마침 서울예대를 정년퇴임한 정 이사장께서 동행하고 싶다고 해 합류하게 된 것이지요.

— 세계 최대의 공연예술 축제로 불리는 에딘버러 페스티벌에 참가한 연출가로서 가장 인상 깊었던 점을 말씀해 주시지요.

에딘버러 페스티벌은 약 한 달간 하루에 수백 편의 작품이 공연되고 있어서 전체 규모에 놀랐어요. 그렇게 많은 예술인들을 모이게 한 원동력이 무엇이었나를 생각해 보았습니다. 물론 하루아침에 만들어진 것은 아니지만, 무조건 오랜 시간이 흐른다고 해서 되는 일은 아니라고 생각했어요. 축제본부의 기획력도 부러웠지만 운영 방식도 배울 점이 많았습니다. 특히 에딘버러성(城)을 축으로 하는 축제 장소도 인상적이었지만 세계 각국에서 모여든 관광객과 공연예술인들이 너무도 즐거워하고 행복해하는 모습이 감동적이었습니다. 도시 전체가 페스티벌 분위기가 형성되었다는 것도 놀라웠고요.

— 저도 에딘버러 페스티벌에 가보고 연극은 전문인들만 하는 것이 아니고 일반인들도 직접 참여하고 즐긴다는 점에 강렬한 인상을 받았어요. 생활 속의 연극, 생활인의 연극, 연극을 통한 행복 추구와 삶의 질 향상 등은 우리도 참고할 필요가 있다고 느꼈어요. 한국에도 전국에 좋은 축제들이 많지만 아비뇽이나 에딘버러처럼 생활 속의 공연예술 페스티벌이 있어야 한다는 필요성과 함께 일반인들의 연극 참여를 지원하는 협회가 필요하겠다는 생각이 들었어요. 유 상임 이사는 어떠셨나요?

한국도 여건은 성숙되어 있는데 이를 조직화하는 기획력이나 추진력도 필요하지만, 무엇보다 생활 속에서 직접 하고 만족을 느끼는 생활예술이 더 성숙해야 하겠다, 연극도 저변이 확대되려면 생활연극이 활성화되어야겠다는 점을 깨달았어요.

— 동감입니다. 우리가 에딘버러 페스티벌에 참가해 한 달 가까이 생활하면서 대학로 연극의 한계를 극복하기 위해서는 생활연극 운동을 본격적으로 시작해야 한다는 데 뜻을 같이하게 되었지요. 귀국 후 아마 연극에 관심을 넓히던 중에 협회를 만들자고 저를 찾아왔는데, 전문 연극인이라기보다 저널리스트인 왜 저였나요?

에딘버러에서 돌아와 몇몇 극장 운영자들과 이야기를 나누었는데, 알고는 있지만 막상 실행을 하는 것은 부담스러워하더라고요. 에딘버러에서 정중헌 평론가, 최성웅 배우 등과 한 달 가까이 지내면서 친분이 쌓아졌고, 자주 토론을 통해 생활예술·생활연극에 대한 필요성뿐 아니라 방향성·방법론에 뜻을 같이해 준비 책임자로 적합했다고 여겼기 때문이지요. 그동안 여러 연극인들과 접촉했는데 이래서 안 되고 저래서 안 된다고 피하더라구요. 정중헌 이사장은 신문사 문화부에서 연극 담당 기자를 오래했고, 때마침 서울예대 교수도 정년으로 물러나 자연인이라는 점에서 적임자라고 생각했어요. 또한 이론적 배경도 있으시고 각계의 인맥들과 교류도 넓어 생활연극협회 이사장으로 합당한 인물이라는 생각을 했습니다.

— 한 3년여 동안 유 상임이사 극단이 있는 새절역에서 최성웅 배우와 셋이 미팅을 가지다가 여기에 국립극단 출신의 이승옥 배우가 창립 준비 멤버로 합류하게 되었지요. 일이 진전 안 되어 난항도 겪었지만 재미난 추억도 많았지요. 우여곡절 끝에 창립하게 되었는데 창립총회의 감회는 어땠나요?

연극만 해오던 현장인들이 협회를 만든다는 것은 쉬운 일이 아니었습니다. 창립총회가 있기까지 준비 모임에 동참해 주신 여러 창립 멤버들과 회의를 거듭하면서 좋은 아이디어를 주시고 적극 협조해 주셨기에 산고 끝에 협회가 태동할 수 있었지요. 노경식 극작가, 김도훈 연출가, 허성윤 동방인쇄공사 대표, 김석만·최창주 교수 등 연극계 원로 분들이 창립총회를 빛내 주셔서 감사했고, 회원들의 눈빛을 보면서 앞으로 생활연극협회가 많이 발전할 수 있겠다는 확신이 들었습니다.

— **혜화동로터리에 사무실을 얻고 개소식을 할 때 상임이사로서 각오가 있었는지요?**

사단법인 한국생활연극협회에 연극계 중진들이 임원으로 많이 참여해 주셔서 든든했는데, 연극동네 가까이에 협회 사무실까지 마련되어서 드디어 협회가 많은 일을 할 수 있겠구나 하는 생각에 가슴이 벅차올랐습니다. 조직을 전국으로 확대해 가면서 공연, 강좌, 축제, 경연 등의 사업을 하나씩 추진해 가야겠다는 생각을 했습니다.

— **사단법인 허가증을 받아들었을 때의 기분이 어땠나요?**

사단법인 등록을 위해 서울시청에 여러 차례 오가면서 처음에는 서류만 가져다주면 되겠지 했는데, 수정 사항이 계속 늘어나고 기간도 길어지면서 오기가 발동을 했습니다. 그래 누가 이기나 해보자 하는 생각이 들었지요. 막상 허가증을 받고는 이제 모든 것이 다 해결되었다는 생각에 기뻤지만 한편으로는 허탈했습니다. 그 덕분에 협회는 창립 당시에 구상했고, 사단법인 허가증에 명시했듯 협회가 목표한 사업들을 하나씩 추진해 나가면서 협회의 기반을 다져 나갈 수 있었지요.

— 극단 일과 협회 일 병행이 쉽지 않았을 텐데요, 상임이사직이 벅차 그냥 단원으로 남고 싶어 했는데 왜 그랬는지요?

극단 일과 학교 일을 병행하기도 정신이 없는데, 협회 일까지 겹치다 보니 여러 가지 일들이 제대로 돌아가지 않았습니다. 또 사무총장(상임이사)이라는 직책이 모든 일에 다 관여를 해야 하는 자리다 보니 더욱 부담스러웠습니다. 제일 문제가 시간이 부족해서였지요. 이사장님을 도와드리지 못해서 미안하기도 했고요. 이러다가는 아무 일도 안 되겠다 싶더라고요. 그래서 사무총장은 일을 잘할 수 있는 사람이 맡아야 한다고 생각했습니다.

— 창립 3주년을 앞두고 협회가 해온 여러 사업 중에서 가장 인상에 남는 공연이나 사업을 말씀해 주시지요.

어떤 한 가지만을 얘기하기는 힘들지요. 협회 자체 공연, 영동축제, 대한민국 생활연극제 등등이 많지만 그래도 첫 공연 <맹진사댁 경사>를 꼽을 수 있겠습니다. 아마추어 연극 같지가 않았습니다. 첫 공연이 수준이 높다 보니 그 후의 작품들도 모두 좋은 공연들로 이어졌습니다.

— 협회가 현재 당면한 우선 과제는 무엇이라고 생각하시나요?

협회 이사들이 모두 일을 나누어서 분업화해야 한다는 것입니다. 이사장이 모든 일을 다 하기는 힘들기 때문이지요. 부이사장단과 이사진이 분업화해서 맡은 일에 대해 책임감을 가지고 일하고, 이사장이 총괄하는 형태의 구조가 확립되어야 협회가 더 발전하는 계기가 될 것 같습니다.

— 창립 3주년 기념작을 준비 중이라고 하던데 어떤 작품을 어떻게 하실 건가요?

코미디 <호텔특실>이라는 작품인데요. 9명의 배우가 쉴 새 없이 들락날락하는 코미디입니다. 작품 분석과 배우들의 움직임에 대한 콘티도 이미 준비했고, 무대 도면과 포스터도 만들었습니다. 배우들의 등·퇴장이 너무 복잡하여 작품 분석을 많이 하다 보니 미리 준비하게 되었지요. 그리고 코미디에서 가장 큰 문제가 배우들의 순발력인데, 이번 작품에는 협회 이사 몇 분이 흔쾌히 출연하겠다 하여 재미있게 만들어 보려고 합니다.

— (사) 한국생활연극협회는 앞으로 어떤 방향으로 가야 한다고 생각하는지요?

전국에 회원 수를 늘리는 것이 급선무이고, 또 각 지역마다 공연을 활성화시키는 것이 중요하다고 생각합니다.

— 최근 한국연극협회가 생협과 한협 중 택일하라는 공문을 보낸 것에 대한 생각과 대응책을 말씀해 주시지요.

일단은 우리의 생협 목표를 한협에 전달했습니다만 한협 일반 회원들은 우리 생협의 목표를 잘 모를 거라고 생각합니다. 그러기에 지속적으로 한협 회원들을 상대로 우리의 입장과 목표를 개인적으로나 메일로 설득해야 한다고 봅니다. 만약에 한협이 정한 2020년 6월 말에 어떤 결정을 내린다면 우리는 강력 대응을 해야 한다고 생각합니다.

— <품바>, <침묵> 등 모노드라마도 계속하고 있는데 함께 작업한 배우들이 많겠네요.

연출작이 30여 편 되다 보니 함께 작업한 배우들도 많지요. 손숙, 심양홍, 한인수, 최성웅, 박윤배, 장보규, 김세준, 김창준, 김정균 등을 꼽고 싶네요.

동방인쇄공사 대표 **허성윤**

제1회 생활연극 공헌상 수상한
생활연극의 든든한 패트론

"돈벌이로보다는 연극 하는 사람들 만나는 것이 즐겁고,
연극 인쇄를 오래하다 보니 연극에 대한 애정도 깊어졌다고
할까요. 기자 시절부터 연극에 대한 열정이 남달랐던
정 이사장이 생활연극을 해나가는 것을 지켜보면서
작은 힘이라도 보탰다니 저 자신도 기분이 좋네요."

어떤 일이든 재정적 뒷받침이 없으면 토대를 구축하기 어렵고 성공 또한 불가능하다. (사)한국생활연극협회가 3년간 다양한 공연과 사업을 펼치며 기초를 쌓을 수 있었던 동력은 동방인쇄공사 허성윤 대표 같은 든든한 후원자가 있기에 가능했다.

필자가 허성윤 대표를 처음 만난 것은 1970년대이지만, 2015년 대학로 연극동네에 정착하면서 가깝게 지냈다. 본업은 인쇄지만 한국 연극이 걸어온 지난 반세기 역사를 꿰고 있었고, 교유한 연극인들도 헤아릴 수 없을 정도였다. 1975년 12월에 창간한 월간 『한국연극』의 인쇄를 지금까지 계속하는 것만 보아도 그의 연극 사랑과 열정을 가늠할 수 있다.

전 한국배우협회 최성웅 이사장, 극단 단홍 대표인 유승희 연출 등과 2014년 스코틀랜드 에딘버러 축제에 참가하면서 구상한 생활연극을 협회로 등록하고 창립총회를 가진 것은 2017년 7월이었다. 당시 대학로 SH 아트홀에서 가진 한국생활연극협회 창립총회에 참석한 허성윤 대표는 이후 생협의 모든 공연과 행사 인쇄물을 도맡아 해주었을 뿐 아니라, 무(無)에서 시작한 협회 사업의 시드머니를 후원해 주었다. 액수로 수천만 원에 달하는 허 대표의 지원이 없었다면 생협의 모든 활동은 활성화되지 못했을 것이다. 생협은 2019년 1월 첫 시행한 한국생활연극대상(大賞) 시상식에서 허성윤 대표에게 제1회 '생활연극 공헌상' 트로피를 드렸다.

— 21세기는 생활문화 생활예술의 시대라고 합니다. 세계적으로 정책 기조가 삶의 질 향상에 맞춰지고 있고, 고령화 사회와 근로시간 단축에 따라 수많은 생활 문화예술 동아리가 생겨나는 추세입니다. 배우의 꿈을 지닌 생활인들이 무대에 설 수 있게 지원하는 생활연극도 그중 하나이지요. 연극계에서 오래 활동해 온

허 대표께서는 '생활연극'이란 용어가 좀 생소하지 않았는지요?

평소 강연도 듣고 여행도 하면서 생활문화라는 용어를 익히 들어 알고 있었어요. 생활연극은 일반인들에게 연극에 관심을 갖게 하는 계기가 될 뿐 아니라 생활 속 정서적 활동을 통해 삶의 질을 높이는 시민 문화 운동이라고 생각해요.

— 독일, 프랑스, 영국 등 유럽에서는 일찍부터 시민들의 문화 활동을 정부와 지자체들이 지원해 주고, 맞춤형 프로그램도 짜준다고 들었어요.

유럽을 여행하며 인상 깊은 점은 '저녁이 있는 삶'이 작은 마을에서도 실현된다는 것입니다. 동네마다 작은 음악회, 공연, 시낭송 등이 공회당에서 열려 주민들과 호흡을 같이 하는 모습들이 보기 좋았어요.

— 우리는 조금 늦은 감이 없지 않지만 지역문화진흥법 시행으로 지역의 생활문화를 지원하고, 최근에는 생활예술진흥법 제정도 추진하고 있어 생활예술 활동이 본격화되고 있어요.

예술을 감상하고 이해하는 차원에서 지금은 예술 활동을 직접 체험하는 시대로 전환하는 추세라고 봐요. 연극을 동네마다 생활화하자는 생활연극은 주민들에게 연극 체험은 물론이고 문화예술에 대한 이해와 자긍심을 높이는 문화운동이라고 저는 생각해요."

— 지역문화진흥법의 골자는 지역에서 자생적으로 태동한 생활문화와 생활예술을 지자체가 공간과 예산을 지원해 준다는 것이에요. 그런데 법 취지가 아직 지자체에 미치지 못해 전혀 지원을 받지 못하고 있어요. 공연이나 행사를 하려면 예산이 뒷받침되어야 하는데 지원이 없다 보니 생협은 참여자 부담으로 공연을 올리고, 영세한 후원금으로 축제와 경연을 하다 보니 어려움이 많네요.

시간이 흐르면 공간이나 예산 지원이 가능하다고 보지만 저는 생활연극을 하는 단체나 리더들이 자구책을 강구해야 한다고 봅니다. 독일은 마을 공연의 관람료를 주민센터에서 배정한다고 들었어요. 유럽의 생활연극 극단들은 지자체와 MOU를 맺어 재정 문제를 해결한다고 해요. 주민들은 안정적으로 공연을 창작하고 감상할 수 있고, 지자체는 지역 상공인이나 기업에서 협찬을 받고 홍보를 맡아 생활예술을 활성화한다는 것인데 우리도 참고해 볼 필요가 있어요."

— 그렇게 되면 좋으련만 생협은 지난 3년간 정부나 지자체의 지원을 거의 받지 못했어요. 저는 지원받아야 하는 예술엔 큰 관심이 없지만, 생활연극을 뿌리내리게 하기 위해서는 지원이 필수적이라는 생각이 듭니다. 허 대표께서는 초창기부터 생활연극을 후원해 주셨는데, 특별한 이유가 있는 것인지요.

1970년대 인쇄업을 시작하면서 한국연극협회 차범석 이사장을 만나게 되면서 연극 포스터와 프로그램 등 인쇄물을 제작하게 됐어요. 훌륭한 인품을 지닌 분들과 일하면서 정이 들었지만 기업 인쇄로 얻은 수익의 일부를 연극 활동에 지원하는 것에 자부심을 갖고 있어요. 언론계에서 연극 기자로 활동하던 정중헌 이사장이 사비로 생활연극을 하고 있는데 적은 도움이라고 드릴 수 있다는 데 보람을 느끼고 있어요.

— 고맙습니다. 창립 첫 공연으로 김도훈 연출의 <맹진사댁 경사>를 할 때 포스터 디자인을 직접 감수해 주던 허 대표의 열정이 지금도 눈에 선해요. 제작비 0원으로 출발하려 하자 말없이 제 통장에 거금을 넣어주신 일도 잊지 않을 것입니다.

작은 정성일 뿐입니다. 충분히 지원해 드리지 못해 송구하고요.

— 고맙다는 인사를 하면 쑥스러워하는 허 대표는 공연 때마다 포스터와 프로그램북, 티켓과 전단을 디자인해 주고 인쇄해 준 것은 물론 쫑파티 비용 일부까지 결제해 주곤 했다. 영동생활연극축제, 제1회 대한민국 연극제 등 협회 신규 사업 때마다 시드머니를 챙겨 주었다.

돈벌이로보다는 연극 하는 사람들 만나는 것이 즐겁고, 연극 인쇄를 오래하다 보니 연극에 대한 애정도 깊어졌다고 할까요. 기자 시절부터 연극에 대한 열정이 남달랐던 정 이사장이 어렵게 생활연극을 해나가는 것을 지켜보면서 작은 힘이라도 보탰다니 저 자신도 기분이 좋네요.

전북 익산의 함라가 고향인 허 대표는 1976년 동방인쇄공사를 설립하여 지금은 국내 굴지의 인쇄기업으로 성장시킨 성공 신화의 주인공이다. 서울 성수동에 첨단 인쇄 장비를 갖춘 동방인쇄는 대한항공·LG전자 등 대기업에 인쇄물을 납품하고 있다. 2019년 9월 제31회 인쇄문화의 날에 대통령 표창을 받았고, 제53회 납세자의 날에 모범납세자상을 수상하기도 했다.

― 자수성가로 인쇄 기업을 일구면서 40여 년간 연극 인쇄물을 도맡아 해온 특별한 이유가 있는지요.

1971년 친척뻘 되는 연극인 김경옥 선생님 소개로 차범석 당시 한국연극협회 이사장을 알게 되면서 연극과 인연을 맺었어요. 당시 활동하던 여러 극단들의 포스터와 프로그램, 티켓 등의 인쇄를 맡았지요. 그중에서도 실험극장의 <에쿠우스>와 추송웅의 <빨간 피터의 고백>의 대박 흥행을 이끈 인쇄물 제작은 정말 신나는 작업이었어요. 1975년부터 5년간 롱런한 <에쿠우스>는 관객들이 운니동 속그장에서 헐리우드극장까지 줄을 설 정도였어요. 당시 김동훈 대표는 디자인을 달리해 포스터를 계속 찍었고, 프로그램북도 아주 고급스럽게 제작했어요. 추송웅 배우의 히트작인 <빨간 피터…>는 공연 전 제가 제작비의 절반 가량을 차지하는 인쇄물을 맡아 주었지요.

— 요즘도 노경식·김도훈 등 연극계 원로들과 대포잔을 기울이며 교유하고 계신데 기억나는 연극인들이 많겠네요.

1970년대 동인제 극단과 소극장 운동을 주도했던 극단 대표와 배우들과 오랜 친분을 쌓아 왔어요. 극단 산하의 차범석, 극단 자유의 김정옥, 산울림의 임영웅, 실험극장의 김동훈, 민예의 허규, 여인극장의 강유정, 성좌의 권오일, 고향의 박용기 대표 등과 가까이 지냈지요. 연극협회 이사장을 역임한 연출가 이진순 선생님, 삼일로 창고극장을 운영한 이원경 연출가도 잊을 수 없는 분들이에요. 개인적으로는 구장흥 최치림 정진수 박인환 최주봉 양재성 오승명 김흥기 홍순창 등과 자주 만나 술잔을 기울였지요.

— 제가 아는 허성윤 대표는 쉬지 않고 공부하는 학구열이 대단한 분입니다. 지금도 대학원에 다니다면서요.

공부는 평생 하는 것이지만 배움을 통해 새로운 지식을 접하고 유용한 정보를 사업에 활용하는 것을 좋아해요. 2019년 늦깎이로 한양대 경영학과를 졸업하고, 지금은 동국대 언론정보대학원에 다니고 있어요. 서울대학교 문헌지식정보 최고위과정 등 여러 과정을 수료하기도 했어요.

연극과 함께 해온 허성윤 대표의 인쇄 인생은 이 땅에 생활연극을 심고 자라게 하는 거름 역할을 톡톡히 해왔다.

김기영 감독의 페르소나로
〈이어도〉와 〈반금련〉의 주인공

"우연찮게도 부산국제영화제에서 만난 정중헌 전 조선일보
영화기자께서 한국생활연극협회를 창립하여 생활연극을
한다고 해서 그야말로 묻지도 따지지도 않고 덤벼들었어요.
제게 이런 소중한 기회를 가져다준 인연이라는 것이
참으로 묘하다는 생각이 들어요."(사진=서경스타)

배우 이화시, 생활연극 <맹진사댁 경사>에 출연

김기영 감독의 페르소나였던 왕년의 배우 이화시(1952~)가 사단법인 한국
생활연극협회가 창립 기념으로 공연하는 생활연극 <맹진사댁 경사>에
연극배우로 데뷔한다. 아마추어 연극에 프로 영화배우가 출연하는 것은
이색적인 일이 아닐 수 없다.

오영진 원작의 이번 공연은 연극계의 중진인 김도훈 연출가를 초빙하
여 직장인, 주부, 학생 등 일반인들이 대학로 무대에 서보는 생활연극 프
로젝트의 하나로 2019년 1월 27일(오후 5시), 28일(오후 3시, 6시) 대학로 대로
변의 소극장 공간 아울에서 막을 올린다.

이 공연에서 맹진사의 부인 한씨 역을 맡은 이화시는 젊은이들도 버거
운 강행군 연습을 불평 한번 없이 땀흘려 해내고 있다. 서울 용산의 예술
창작센터에서 연습 중인 이화시 배우를 만났다.

— **1970년대 김기영 감독에게 발탁되어 여러 작품에 출연했던 영화배우가 아마추
어 연극공연에 참여한 동기가 궁금합니다.**

캐나다에 이주해 살다가 한국에 돌아와 몇 작품에 출연 섭외를 받고
일하면서 겪어 보니 모든 여건이 1970~1980년대 활동하던 그 시대와
는 바뀌어 있었어요. 저도 현역들과 어울려 활동하려면 재충전이 필요
하다고 생각해 왔지요. 영화나 드라마 쪽에서도 배울 게 많겠지만 연
기의 정수인 연극에서 기초부터 차근차근 익히고 싶었어요. 그런데 기
성 극단에 가면 자칫 따라가기 힘들 수도 있고 민폐가 될 수도 있어 망
설였는데, 우연찮게도 부산국제영화제에서 만난 정중헌 전 조선일보
영화기자께서 한국생활연극협회를 창립하여 생활연극을 한다고 해서

그야말로 묻지도 따지지도 않고 덤벼들었어요. 제게 이런 소중한 기회를 가져다준 인연이라는 것이 참으로 묘하다는 생각이 들어요.

2017년 10월 12일. 제22회 부산국제영화제에 초청받아 김해공항에서 내려 해운대로 가는 리무진 버스 안. 옆 좌석에 앉은 KBS 파리특파원 출신의 지종학 선배가 여배우 한 명을 소개했다. 그가 이화시였다. 1975년부터 영화기자를 했던 필자는 배우의 얼굴은 기억이 안 나도 '이화시'라는 예명은 생각났다. 즉시 휴대폰으로 검색을 해보았다.

이화시. 본명 이경덕. 1952년 7월생. 1974년 영화 <파계>로 데뷔. 2008년 부산국제영화제 뉴커런츠 부문 심사위원.

이것이 경력의 다였다. 그 밑에 최근 출연한 영화 <귀향>(2009), <간증>(2011), <배우는 배우다>(2013), <조류인간>(2015) 등의 포스터가 실려 있었다. 그날 저녁, 해운대 영화의 전당에서 열린 개막식 현장. 필자는 이석기 감독과 함께 명패가 붙은 지정석에 앉았다. 그런데 잠시 후 필자 옆 좌석에 이화시 배우가 와 앉는 게 아닌가. 이런 우연 덕분에 필자는 이화시 배우와 짧은 얘기를 나눌 수 있었고, 막연히 서울 올라가면 식사 한번 하자면서 헤어졌다.

며칠 후 이화시 배우에게서 전화가 왔고 세종문화회관 지하 식당가에서 만나 점심을 하고 커피도 같이 마셨다. 이날 필자는 이화시 배우에게 사단법인 한국생활연극협회를 만든 취지를 설명하면서 창립 기념으로 직장인, 주부 중심의 생활연극으로 대학로의 중진 김도훈 연출가를 초청하여 오영진 작 <맹진사댁 경사>를 대학로 소극장에서 공연한다는 얘기를 곁들였다.

그런데 이화시 배우가 "저도 출연하게 해주세요"라며 참여 의사를 비쳤다. 처음에는 농담이려니 했는데 그 태도가 매우 진지했다. '아마추어 연극'이라는 점을 강조했는데도 그는 "캐나다에서 돌아와 영화 몇 편에 출연하면서 제가 데뷔하던 1970년대와는 제작 방식이나 기술 등 여건이 많이 바뀐 걸 느끼고 저도 뭔가 새롭게 연기의 기초를 배우고 싶었는데 연기의 기본인 연극을 통해 그 갈증을 해소하고 싶다"는 것이었다. 이런 연유로 이화시 배우는 수은주가 영하 10도를 오르내리는 한겨울에 분당서 서울 대학로까지 먼 길을 마다않고 주 3~4회 연습 일정을 소화해 왔다.

— 극단 뿌리의 김도훈 연출에게 연기를 배우기가 쉽지 않았을 텐데요.

연극의 시작, 연기의 걸음마부터 배우고 싶었는데 경험이 많으시고 명성도 있는 김도훈 연출 선생님을 만나 그 욕구를 채울 수 있게 되어 오히려 기뻐요. 김도훈 선생님의 지도 방식이 좀 혹독한 데도 있지만 이런 분에게 정공법으로 배울 수 있다는 것은 행운이에요. 처음에는 겁도 나고 말씀 한마디에 어리벙벙하기도 했지만 시간이 지나면서 발성과 몸의 움직임 등 꼭 거쳐야 하는 힘든 과정을 넘기게 되었고 이제는 최고의 한씨, 최고 앙상블의 <맹진사댁 경사>를 보여주겠다는 목표로 힘든 줄 모르고 연습하고 있어요.

— <맹진사댁 경사>라는 작품은 어떤 점이 매력인가요?

무엇보다 한국인의 정서가 흐르는 오영진의 희곡 <맹진사댁 경사>라는 작품을 만나 우리 것에 대한 관심을 되살릴 수 있어서 좋았어요. 1943년에 발표된 오영진의 이 희곡은 양반 계층의 물욕과 허례허식을 풍자한 희극인 데다 우리 고유의 감정과 해학을 현대화하고 있어 무엇보다 웃음이 터지고 재미가 있어요. 또 세월이 지나도 유행을 타지 않아 새것 같아요. 60~70년 전 이야기지만 현대적 어조로 하기 때문에 연기하기가 어색하지 않거든요. 우리네 토속적 색채를 밝고 경쾌하게 펼치면서도 권선징악이 주는 교훈은 현대 젊은이들에게도 보여주고 싶은 작품입니다.

— 영화배우 이화시가 무대에서 보여주는 한씨 부인 캐릭터는 어떻게 잡았는지요?

제가 맡은 한씨 부인은 돈으로 벼슬을 사서 우쭐대는 맹진사가 밉지만 집안 체통을 살리려고 어쩔 수 없이 부창부수하는 역이에요. 영화배우로 한창 활동할 때 "천사와 악마를 동시에 지닌 두 얼굴의 매력을 지닌 여자"라는 말을 들었어요. 그래서인지 나이가 들었는데도 연습하다 보면 가끔 나도 모르게 에로틱한 분위기가 나와요. 배우 이화시를 보러 오는 관객들에게 말투나 행동에서 에로티시즘이 배어 나오는 연기를 보여주는 것도 나쁘지는 않다고 생각해요.

— 봉산탈춤 이수자이자 한예종 전통예술원을 이끌던 최창주 교수가 배우 겸 지도를 맡아 주고 있는데 도움을 받았는지요.

탈춤 동작으로 몸을 풀고 나면 발성이나 움직임이 한결 유연해지는 것을 체험했어요. 발성도 호흡법을 익히고 나니 훨씬 자연스럽게 되는 것 같아요.

— 영화와 달리 연극이 갖는 좋은 점은 무엇인가요?

연극을 하다 보니 연극만이 갖는 친화력이 있더군요. 아마추어 배우들이지만 순수하고 열정도 대단해요. 영화할 때는 한두번 만남뿐인데 연극은 배우들과 얘기도 많이 하고 정도 나눌 수 있어 아주 좋아요. 이젠 영화나 드라마 촬영에 가더라도 자신 있게 적응할 수 있을 것 같아요.

— 그 같은 친화력이 생활연극이 추구하는 목표지요.

고령화 사회가 되고 여가 시간이 늘면서 일반인들도 생활에서 문화를 즐겨야 하는데 이런 세계적 트렌드에 생활연극이 안성맞춤인 듯해요. 이 같은 생활연극이 전국으로 확산되어 가면 주부나 직장인들의 삶에 활력이 생기지 않을까요. 특히 <맹진사댁 경사>는 김도훈 선생님의 말대로 상업연극과 달리 사라져 가는 우리 전통 미학과 생활 풍속도를 보여준다는 의미도 커요. 가장 원형질적인 연극의 전통을 제대로 관객에게 보여주자는 것이지요.

1974년 김기영 감독의 <파계>로 데뷔한 이화시는 <혈육애>(1976), <이어도>(1977), <흙>(1978) 등에 출연했고, 1981년 지각 개봉된 <반금련>에서 강한 개성을 뿜어냈다. 이 중 <이어도>는 한국영상자료원이 2013년에 펴낸 『한국영화 100선』에 선정됐다. 이 영화에서 천남석(최윤석)의 첫 번째 애인이자 술집 작부인 민자 역의 이화시는 선우현 역의 김정철과 주역을 맡았다. 김기영 감독에게 발탁된 이화시는 이 영화에서 시체와 섹스를 하는 시간(네크로필리아)을 하는 등 자극적인 연기도 과감하게 해냈다.

— 어떻게 배우가 되셨나요?

전남 영암이 고향인데 어려서부터 눈이 똘망똘망하고 총기가 있었대요. 10살 무렵 서울로 이사와 삼선교에서 살았는데 그때 활동사진이라는 걸 처음 보았어요. 당시로서는 너무 놀랍고 그야말로 획기적이었어요. 저런 신기한 것도 있구나, 나도 저런 신기한 활동사진에 나오는 사람이 되면 좋겠다는 꿈을 지니게 되었어요. 중·고교 다니면서도 표현력이 좋다는 말을 많이 들었어요. 친구들에게 영화 본 얘기를 해주면 친구들이 눈물을 흘리기도 했으니까요. 친구들로부터 너는 배우 해야 되겠다는 말을 많이 들었어요.

— 대학(단국대 국문학과) 다닐 때는 문학 소녀였던 것 같은데 결국 어려서부터 꿈꾸던 배우가 되셨군요.

눈이 예쁘다고 해서 '미스 아이 콘테스트'에 나가 보려 했는데 그만 대회가 취소되고 말았어요. 그래서 신문에 영화배우 모집한다고 해서 응모했더니 한재수 선생이 하는 연기학원인 거예요. 시큰둥해서 이력서와 사진을 내고 그만두었는데 어느 날 전화가 왔어요. 김기영 감독의 새 영화에 신인 배우를 뽑는데 와보라는 것이었어요. 그 무렵 저는 삼선교 인근의 동도극장에서 윤여정 주연의 김기영 감독 대표작인 <충녀>와 <화녀>를 보고 한국영화도 이처럼 세련되고 쇼킹한 영화가 있구나 하고 화들짝 놀랐거든요. 그 하늘 같은 김기영 감독이 보자고 한다니 얼마나 떨렸는지 몰라요.

가보니 동아수출공사에서 <반금련>에 출연할 신인 배우 공모를 하고 있더군요. 미스코리아 출신에 연예인까지 응모자가 많았는데 김기영 감독은 풍만한 육체의 반금련보다는 비쩍 말라 눈만 큰 저를 뽑더군요. 아마 김기영 감독이 추구하는 3차원적 반금련 이미지와 맞았나 봐요. 그렇게 뽑혀 동아수출공사 전속 배우로 5년간 활동했어요.

— 그래도 신인으로 김기영 감독의 스타일을 해내기가 쉽지 않았을 텐데요.

연극배우 고설봉 선생님에게 연기 지도를 받기도 하고 프랑스문화원, 독일문화원을 찾아가 새로운 영화의 흐름을 익히기도 했어요. 김 감독이 연기 과제를 내주면 그걸 연습하기도 했고요. 지금 생각하면 영화과 학생 같았어요.

― 김기영 감독은 어떤 분이셨나요?

정말 독특한 분이셨어요. 단 한 장면도 상투적으로 찍는 법이 없었어요. 김 감독님이 제게 건네준 메모에 "슬플 때 울고 기쁠 때 웃는 것은 연기의 제일보(第一步)에 지나지 않는다"는 게 있는데 평범함과는 다른 뭔가 색다른 것을 원하셨어요. 촬영할 때도 그분은 말이 많은 편이 아니셨어요. 제가 이해를 못하면 본인이 직접 실연해 보이며 본인의 의도를 정확하게 전달하셨어요.

― 예명도 김기영 감독이 지어 준 걸로 아는데 이화시라는 배우의 어떤 점을 좋아했고 외모나 연기에 대해선 뭐라고 하셨는지요?

김 감독님은 제 마스크를 좋아했어요. "이화시의 눈동자와 눈썹은 백만 불짜리"라고 말하신 적도 있으니까요. 연기할 때도 머리를 묶고 하라고 하셨어요. 제 마스크는 머리를 묶었을 때 강렬한 선이 살아난다고 했어요. 그분은 제 얼굴에 천사와 악마의 모습이 공존한다는 말씀도 하셨어요. 평소에는 단아해 보이다가도 어느 순간 그로테스크하게 보이기도 하고 또 때로는 관능미가 뿜어 나온다는 거예요. 당시엔 그런 매력이 있었나 봐요. 중국의 미인 서시를 떠올려 화시라고 예명을 지어 주셨어요.

― 그래도 김기영 감독과는 여러 편의 작품을 했네요.

촬영이 지연되는 동안 동아수출공사가 제작한 <파계>, <이어도>, <흙> 등 문예영화를 찍었어요. 나중에 삼영필름에서 제작한 김기영 감독의 <혈육애>에서 주연을 맡았지요.

― 그 후 영화계를 떠나 초야에 묻혀 사셨네요.

젊은 날의 꿈이 산산조각 나버렸는데 무슨 미련이 있겠어요. 저는 영화를 간절히 원했는데 영화가, 세상이 저를 버린 상실감이 너무 컸으니까요. (이화시는 1981년 경향신문 문화부 양인식 기자와 결혼해 1남 1녀를 낳고 주부 생활을 하다가 1998년 가족과 함께 캐나다로 이주해 밴쿠버, 토론토 등에서 살았다. 최근 캐나다 국적에서 한국인으로 국적을 회복했다.)

— 2008년 제13회 부산국제영화제 뉴커런츠 부문 심사위원 위촉을 받아 배우로 고국 땅을 밟은 소감이 어떠했나요?

정말 뛸 듯이 기뻐 방바닥에 벌렁 누워 버렸어요. 그전에 부산국제영화제에서 김기영 회고전을 했대요. 그때 영화를 본 기자며 평론가, 영화학자들이 이화시라는 배우가 어디 있느냐고 관심을 나타내기 시작한 것이지요. 외국에 간 거냐, 심지어는 죽었느냐는 말까지 나왔대요. 명지대 김영진 교수가 제 거처를 수소문해서 국제전화로 통화를 했고 영화 잡지에 인터뷰 기사를 크게 실어 주었어요. 그것이 계기가 되어 부산국제영화제 측에서 뉴커런츠 부문에 저를 심사위원으로 위촉한 거예요. 영화를 하다가 그만두어 해외에 살면서도 편치 않았던 내게 비행기표를 동봉한 심사위원 위촉장은 제 수십 년 체증을 한 번에 쓸어내린 쾌거였어요. 감격으로 눈물이 터지지 않을 수 없었어요. 한국이, 한국영화가 나를 잊지 않고 찾아 주었다는 고마움, 젊은 시절의 배우 이화시가 이제야 보상받는 것 같은 기분은 이루 형언할 수가 없었어요.

— 이후 서서히 영화계에 복귀한 걸로 아는데요.

안선경 감독의 독립영화 <귀향>에서 배우 박지아와 공연했어요. <간증>에 특별 출연했고, <배우는 배우다>에서 조연을 맡았어요. 최근에는 <질투의 역사>에서 오지호 배우의 엄마 역을 했어요. 인기 아이돌 그룹 워너원의 뮤직비디오에서 강다니엘의 할머니 역을 했는데 재미 있었어요.

— 오랜만에 일을 하시면서 고충은 없던가요?

30년 세월이 흐르다 보니 제작 방식도 연기 메소드도 예전과 전혀 다르더군요. 예전엔 감독이 시키는 대로 하면 됐는데 요즘은 배우들이 알아서 하고 감독이 선택하는 식이에요. 카메라도 디지털로 바뀌어 낯설었어요. 그래서 공부해야겠다는 생각이 들었어요. 이번에 생활연극에 뛰어든 것도 이런 절실함 때문이었지요.

– 인터뷰365 정중헌 기획자문위원, 2018.1.12

생활연극 원로 배우 **박영갑**

은퇴 후 쉬지 않고 무대에 서온
노익장이자 시니어들의 표상

"출연한 모든 작품에 애착과 사랑이 가지만 <작은 할머니>
공연이 새롭습니다. 강영걸 연출께서는 "글은 작가가 쓰지만
표현은 배우가 하는 것"이라고 하셨는데, 작가의 희곡을 이해하고
연출의 가르침대로 연습해 보니 연기의 새로운 세계가
열리는 체험을 했으니까요."

생활연극 배우들 중에는 60~70대 시니어들이 적지 않다. 그중에도 (사)
한국생활연극협회 공연에 현역으로 왕성하게 활동하는 최고령은 박영갑
배우(78)이다. 1960년대 중반부터 전기 기술자로 건설 현장에서 평생을
일한 그는 2000년경 현역에서 은퇴한 후 젊어서부터의 꿈이었던 배우
의 길에 들어서 쉬지 않고 무대에 서온 노익장이다. 2008년 마포 아트센
터 등 지자체 연극 활동에 참여하기 시작해 10여 년 동안 30여 편에 출
연했으니 아마추어로서는 대단한 경력이 아닐 수 없다.

한국인 평균수명이 80세에 달하는 고령화 시대에 여생을 연극에 쏟아
쉬지 않고 연습하고 무대에 서온 박영갑 배우야말로 생활연극의 파이오
니아이자 은퇴 후를 보람 있게 살고 싶은 시니어들의 표상이 될 만하다.

멋진 배우가 되기 위해 누구보다 연출의 의도를 파악하고 개인 연습
에 충실해 온 박영갑 배우는 작품 속의 캐릭터를 잘 표현하고 배우로서
의 소양을 키우기 위해 민요와 판소리, 춤 등을 익혀 온 노력파이기도 하
다. 170센티미터가 넘는 훤칠한 체구지만 허리가 곧고 걸음걸이가 흐트
러지지 않을 만큼 자기 관리가 철저하다.

생협이 자체 제작한 창립 기념 공연 <맹진사댁 경사>(2018, 김도훈 연출),
낭독 공연 <왕은 왕이다>(2018, 김석만 연출), 창립 1주년 기념 공연 <욕망이
라는 이름의 전차>(2018, 최영환 연출), 송년 공연 <사랑장터 2>(2018, 이우천
연출), 신춘 공연 <작은 할머니>(2019, 강영걸 연출) 등에 출연해 개성 연기를
보여준 박 배우는 <사랑장터 2>의 깡패 강영호 역으로 2019년 1월에 열
린 제1회 한국생활연극대상 시상식에서 최우수연기상을 수상했다. 그는
현재 생협의 공연자문위원으로 위촉되어 활동하고 있다.

— 안녕하세요 박영갑 배우님. 2017년 7월 한국생활연극협회 창립총회에서 처음 뵈었는데 생협을 어떻게 알고 오게 되셨는지요.

직장생활과 사업을 접고 2008년부터 시민연극 등에 참여해 왔는데 생활문화·생활예술 시대에 맞춰 생활연극 단체가 생긴다는 말을 전해 듣고 동료 배우들과 2017년 7월 24일 대학로 SH아트홀에서 열린 창립식에 참여하게 되었지요. 그날 찍은 기념사진에 제 얼굴이 있으니 저는 협회 창립회원임이 분명하지요.

— 생협 임원과 회원을 통틀어 박영갑 회원님이 최연장자이고, 생활연극 무대에서는 현역 배우로도 최고령인데 출생 연도를 여쭤도 될까요?

1942년생으로 서울 마포구 아현동에서 태어나 광성고(46회)를 나왔어요.

— 지금도 체구가 훤칠하고 꼿꼿하신데 청년 시절에는 꽤 키가 큰 편이었겠네요.

1963년부터 1965년까지 군복무를 했는데 체격 덕분에 육군본부 의장대에서 2년, 유엔군 의장대에서 1년 활동했어요.

— 제대 후에는 직장생활을 하셨다면서요? 어떤 분야이신지요.

전기 기술자였어요. 1966년 일본 나쓰전기와 제휴한 (주)국제전기기업 설계부에 입사해 송전탑 설계에 참여했어요. 1970년 현대건설이 시공한 소양강댐 건설 현장에서 일했어요. 일본 사세보중공업과 기술 제휴로 평수수문이 아닌 R형 수문(SPILL WAY GATE)을 설치했는데 당시로서는 동양 최초였던 설계 작업에 참여한 것이지요. 1974년부터 6년간은 울산 미포철탑공장 건설에 참여했어요.

— 중동에서도 근무했다면서요?

1983년 현대건설 해외전기사업부에 별정 과장으로 입사해 사우디아라비아 제다의 HIDADA 그룹 철탑 공장 건설 현장에서 2년간 일했어요. 귀국해서는 포항제철 제5고로 중건 현장에서 소장으로 일했고요. 회사를 나와 199년부터 2000년까지 부림공영이란 회사를 직접 경영하기도 했어요.

— 그야말로 오늘의 한국을 일군 건설현장의 역군이셨네요. 은퇴 후 아마추어 연극에 입문하셨는데 젊은 시절 배우로 잠시 활동한 적도 있다면서요?

1962년경에 큰고모님이 서울 을지로 1가에서 '금민'이란 일식집을 경영하셨는데 근처에 신필름 등 영화사들이 있었고, 그 일식집에 영화사 분들이 많이 출입하셨어요. 그런 연유로 강찬우 감독의 <피리 불던 모녀고개>에 단역(의사)으로 출연하게 된 것이지요.

— 그런데 선친의 반대로 꿈을 접었다면서요?

아버님이 아시고 "딴따라가 뭐냐?"며 불호령을 치셔 집에도 못 들어가고 고모네집으로 피신했다가 군에 입대했지요.

— 퇴직 후 연극과 어떻게 연이 닿았는지요?

66세 때인 2008년부터 마포아트센터, 우리마포노인복지관, 마포노인종합복지관, 강동아트센터, 양재노인복지관 등의 연극에 참여했어요. 그러다가 서대문구에서 시민연극 활동을 해온 윤여성 연출을 만나게 되었지요.

— 서대문에서 윤여성 연출과 함께한 작품들을 정리해 주시지요.

2011년 서대문구에 기반을 둔 극단 로얄씨어터 입단, 윤여성 연출과 작품을 했는데 노인복지관이나 지자체 연극보다 훨씬 전문적이고 체계적인 연극을 하게 되었어요. <애수의 소야곡>(국민성 작, 류근혜 연출,

서대문 문화회관 대극장, 2012), <새벽 하늘의 고운 빛을 노래하라>(최명희 작, 류근혜 연출, 대학로 알과핵소극장, 2013), <부모님전상서>(이상용 작, 류근혜 연출, 서대문문화회관 대극장, 2014), 2015년 제1회 시민연극제 참가 <여자만세>(국민성 작, 윤여성 연출), <오지랖 여사>(국민성 작, 윤여성 연출, 서대문구청 대강당, 2016), 2017년 제3회 서울시민연극제 <모정의 세월>(이상용 작, 윤여성 연출, 노원문화예술회관) 등입니다. 노원구의 정상철연극교실에서도 활동했고요.

— 생협과는 김도훈 연출의 창립 기념작 <맹진사댁 경사>와 첫 인연을 맺었는데 공연도 대성공이었지만 수준이 프로 못지않다는 칭찬도 들었는데 배우로서의 소감이 어땠는지요?

대학로 무대에 처음도 아닌데 <맹진사댁 경사>로 무대에 올랐을 때, 그때는 또 다른 자세였음은 왜일까, 하는 생각이 들었어요. 아마도 업그레이드된 무대와 연기 욕심과 열정이 어느 때보다 강하게 불타 올랐던 기억이 지금도 생생합니다.

— 박 배우님은 이우천 연출 <사랑장터 2>에서 깡패 강병호 역을 맡아 개성 넘치는 연기로 제1회 한국생활연극대상에서 최우수연기상을 받았지요. 당시 뒤풀이에서 "인생 뭐 있어? 연극이지" 하는 유행어로 단합을 다지기도 했지요. 강영걸 연출 <작은 할머니>에서 연기한 할아버지 역은 생활연극사에 기록될 만한 명연이라는 평도 받으셨지요. 소리꾼이 득음을 하듯 연기에 새로운 눈을 뜨게 되었다는 말씀도 하셨던 걸로 기억되는데요.

모든 작품에 애착과 사랑이 가지만 <작은 할머니> 공연이 새롭습니다. 강영걸 연출께서는 "글은 작가가 쓰지만 표현은 배우가 하는 것"이라고 하셨는데, 작가의 희곡을 이해하고 연출의 가르침대로 연습해 보니 연기의 새로운 세계가 열리는 체험을 했으니까요.

— 박 배우께서는 생협 자체 제작 작품뿐 아니라 전문 연극 단체 공연도 하셨는데 보람 있었던 작품이나 에피소드를 말씀해 주세요.

<사랑장터 2>에서 함께 작업한 이우천 연출이 자신의 대학로극장 공연인 <청산리에서 광화문까지>에 캐스팅해 주어 젊은 프로 배우들과 작업하면서 많은 것을 배웠어요. <청산리…> 공연 중 등장할 때가 아닌 대목에서 등장할 뻔할 때가 있었는데, 실수는 안 했지만 지금도 진땀이 날 만큼 아찔했어요.

— 생활연극 배우로 활동하면서 중 가장 힘들었던 때와 아쉬운 점도 말씀해 주시지요.

직장인, 주부, 학생 등 다양한 직업군이 모이다 보니 연습 시간을 맞추기가 쉽지 않았어요. 또 배우들의 개인적 우월감(?)으로 수업이나 연습이 망가질 때 힘들었어요. 시니어로서 타의 모범을 보이고 자율적인 조정을 하고자 했지만 개인의 돌출 행동이나 연습장의 미묘한 분위기를 개선 못한 점이 좀 아쉬웠습니다.

— 배우의 꿈을 이루고자 생활연극에 뛰어들어 무대에 섰던 작품이 총 몇 편이나 되는지요?

주연, 조연, 단역까지 합쳐 30여 편은 될 겁니다.

— 대단하십니다. 그중 대표작을 꼽는다면 어떤 작품인가요?

2019년 대학로의 공간 아울에서 공연한 <작은 할머니>의 감동을 잊을 수 없어요. 큰댁이 씨받이로 들인 작은댁이 아들을 낳아 창경원 나들이를 한 장면도 멋졌지만, 노망이 나서 자리 보전하고 있으면서 작은댁에게 수모당하고 진정 고마워하는 장면은 배우면 누구나 탐낼 만

한 캐릭터였어요. 제 공연에 지인들이 참 많이 와주셔 꽃다발을 전하고 격려의 말씀에 금일봉까지 주고 가신 분들, 그리고 함께 기념사진을 찍던 추억들은 연극 배우만이 느낄 수 있는 희열이자 보람이라고 생각해요.

― 조역이나 단역 중에서도 기억에 남는 작품이 있을 텐데요.

2019년 여름, 최영환 연출과 함께 작업하여 용산에서 공연한 테네시 윌리엄스 원작의 <욕망이라는 이름의 전차>를 꼽고 싶어요. 의사 역으로 공연 종반에 나오는 단역을 했지만 배우들의 진지한 연기와 미국 현대 연극의 최고봉에 도전하는 열기가 대단했어요. 프로 못지않은 분위기에 기다림이 지루하지 않고 편안한 데다 젊은 배우들과의 경쟁(?) 내지는 시니어 배우의 의무감(?)도 느껴진 무대라 긴장의 연속이었지만 관객들의 호응도가 높아 기분 좋았어요.

― 생활연극 배우 중에서도 유독 팬이 많은데 팬 관리를 잘하는 비결을 말씀해 주세요.

제가 여러 활동을 하면서 알게 된 분들인데 지금은 형 아우, 오빠 여동생, 친구 사이로 가까워졌어요. 평소 모임에 참여해 끊임없이 소통하고 긍정적인 마인드로 대하니 팬들이 늘더라구요. 제가 배우는 모임도 많은데 수업에 성실히 참여하고 함께 어우러지려고 노력하는 것도 팬 관리에 큰 힘이 되고요.

― 연기과 몸관리를 위해 평소 꾸준히 강습을 받는다면서요?

판소리, 경기민요, 스포츠댄스, 왈츠, 합창단 등이에요. 특히 왈츠는 자세 유지에 큰 도움이 돼요.

— 대단하시네요. 더 구체적으로 열거해 주시면 고맙겠습니다.

쑥스럽지만 한번 정리해 볼까요. 진향국악연구소(소장 박정란), 서강나누리합창단(고문 이상차, 단장 안경준), 우리마포합창단(단장 한혜숙), 강남문화원 판소리반(지도 이용수), 강남문화원 북반(지도 제건남), 청담문화원 왈츠반(지도 천명선), 마포 용강동 왈츠반(지도 천명선), 마포 노인복지관합창단(지도 유혜정), 마포 노인복지관 사물반(지도 이무연) 등이에요.

— 이분들이 협회 자체 제작 공연 때마다 관객으로 와주시고, 협찬도 해주셨군요. 감사드립니다. 박 배우님 나오는 공연 때마다 축하 화환을 보내 주시는 아드님 자랑을 좀 해주시지요.

제가 공부를 많이 못해 애들에게 기댔는데 공부보다 예능 쪽으로 진출했네요. 방송작가인 아들은 MBC 장수 예능 프로그램인 <복면가왕>으로 유명해졌어요. 프로그램 포맷을 미국에 수출했는데 2015년에 대통령상도 수상했어요. 지금은 프리랜서로 활동, (주)디턴의 대표로 활동 중입니다. 지난해 11월엔 미국 NBCCU TV와 프로그램 개선 계약도 했다고 해요. 막내딸은 영국 유학을 거쳐 영화제작소 DEXTER 본부장으로 일하고 있어요.

— 시니어로서 꿈을 이루셨다고 보는지요? 시니어들에게도 한말씀 해주시지요.

시행착오도 겪지만 시니어로서의 꿈을 차근차근 이루려고 노력하고 있습니다. 연극배우 활동은 앞으로도 동료 배우들과 건강 유지해 가며 노력하겠습니다. 어느 분이 나이가 들어서 할 수 있는 것은 연극이라고 하시던데, 전 꾸준히 할 수 있어서 다행이고 감사할 따름입니다.

— 앞으로의 계획이나 소망을 말씀해 주시지요.

기회가 된다면 공연 계속하면서 배우들 뒷바라지에 한몫 했으면 합니다.

생활연극 배우 **김진태**

창립 공연 〈맹진사댁 경사〉에서 호연한
생협의 대표 배우

"강영걸 연출님과의 만남은 저에게 충격이었습니다.
연극을 다시 생각하게 되었고, 대본을 보는 태도와 자세 그리고
리딩을 하는 방법을 고민하게 되었습니다. 역시 '연극에서의
화술은 기본 중의 기본이다'라는 사실을 알게 되었고,
이후 무대에 설 때마다 강 연출 말씀을 명심하고 있습니다."

경기대 교수인 김진태 배우는 (사)한국생활연극협회 창립 기념 작품인 김도훈 연출 <맹진사댁 경사>에서 맹진사 역을 맡아 각광을 받았다. 본래 체육학이 전공이지만 연극이 하고 싶어 연기를 배우고 생협 초창기 멤버가 됐다. 그는 김석만 연출의 낭독 공연 <왕은 왕이다>, 이우천 연출 <사랑장터 2>를 거쳐 복진오 연출의 가요극 <꽃순이를 아시나요?>에서 주인공 삼식이 역, 강영걸 연출 <작은 할머니>에서 본남편 역, 강영걸 연출 <아름다운 인연>에서 주인공 홍씨 역을 맡아 열연하는 등 생협의 대표 배우로 자리매김했다.

<맹진사댁 경사>에서 호연으로 생협이 제정한 제1회 한국생활연극대상 시상식에서 최우수연기상 수상자로 선정되어 반달곰 청동 트로피를 받았다. 현재는 협회 이사로 활동 중이다.

— 반갑습니다. 2017년 겨울 생협 혜화동 사무실에 들어서던 모습이 선합니다. 창립 기념 공연으로 김도훈 연출 <맹진사댁 경사> 첫 모임이었는데, 어떻게 오게 되었는지요.

저는 고교 시절부터 연극과 영화에 대한 관심이 많았어요. 특히 배우가 되고 싶은 마음이 컸지만 집안의 장남인 데다 부모님이 완고하셔서 엄두를 내지 못했어요. 또한 대학교수라는 생업을 갖기 위한 과정이 너무 멀고 힘들어서 배우의 꿈을 접을 수밖에 없었습니다. 2001년에 경기대학교에 부임하여 전임강사, 조교수, 부교수 과정을 겪으면서 연구와 교육에 전념하다 보니 더욱 그 꿈은 멀어졌습니다. 그런데 2008년 부교수 시절 저의 내면에 잠재하고 있던 열망이 다시 나타나 KBS 성우아카데미에 다니게 되었어요. 연기에 대한 욕심은 많았지만 성우계의 대선생님들께 많은 지적을 받으면서 역시 연기의 기초는 연극에서 시작된다는 것을 느꼈어요. 그래서 수원 근처의 연기학원에 등록을 해서 2년간 연기 지도를 받아 가며 학예회 같은 공연이지만 무대에 오르면서 기초를 닦기 시작했습니다. 그때 같이 다닌 학생들이 대학로에서 활동하고 있어요. 생업에 대한 부담으로 2년 정도 중단했다가 집사람의 권유로 수원의 장애인복지관에서 시각장애인을 위해 책을 녹음하는 낭독 봉사자로 약 5년 동안 봉사를 했어요. 그 무렵 함께 봉사하던 동료로부터 수원에 극단이 있으니 참여해 보라고 해서 갔는데, 그곳에서 김창환 극단 메카네 대표이자 (사)한국생활연극협회의 경기남부 지회장을 만났어요. 그분 권유로 2017년 11월 서울 혜화동의 생협 사무실을 찾게 되었습니다. 지금 와서 생각해 보니 3년 전의 협회 방문은 저에게 꿈의 시작이었습니다.

— 지금은 경기대 교양학부 교수로 재직하지만 전공은 체육학이라고 들었습니다. 학력과 경력을 소개해 주시지요.

저는 1965년 서울 북창동에서 태어났어요. 1984년 건국대학교 사범대학 체육교육과에 입학해서 모교에서 석사와 박사 학위를 취득하고 일본체육대학 스포츠과학연구실 연구원으로 일하기도 했어요. 1997년경 대형 병원 스포츠의학센터 운동처방실장으로 근무 중 IMF가 터져 단기간 미국 유학을 다녀오기도 했어요. 문화체육부에서 인정하는 1급 경기지도자, 1급 생활체육지도자 자격 취득 후 10여 년의 강사 생활을 거쳐 2001년 3월 경기대학교 스포츠과학대학원 전임으로 채용되어 강의를 해오다 2013년경 소속이 교양학부로 변경되었어요. 지금은 20년차 정교수로 일반교양 주임을 맡고 있어요.

― <맹진사댁 경사>에서 타이틀롤을 맡아 아마추어 배우로 부담이 되지는 않았는지요?

지금 기억해 보니 최초의 캐스팅은 더블캐스팅이었으나 다른 배우의 사정으로 본의 아니게 원 캐스팅이 되는 바람에 부담이 컸어요. 그런데 연습이 진행되면서 김도훈 연출님의 지도를 받다 보니 부담이 많이 줄어들었습니다.

― 김도훈 연출에게 지도를 받으며 심한 질책을 들었을 때 솔직히 어땠나요?

처음에는 많이 당황했습니다. 가르치는 대로 따라 하지 못하면 어찌나 엄하게 꾸짖던지 당장 그만두고 싶었어요. 그때는 너무 힘들었지만 지금은 연출님께 너무 감사합니다. 하하! 너무 상투적인가요? 그러나 참으로 진심입니다. 다시 김도훈 연출님의 지도를 받기를 간절히 소망합니다.

― 공간 아울 첫 공연에 관객이 몰려들어 되돌아간 사건이 있었는데 첫 무대에서 연기한 소감이 어떠했는지 듣고 싶네요.

꽉찬 100여 석의 관객을 보고 느끼면서 연기했던 저는 수백여 말들이 끄는 마차에 탄 느낌이었습니다. 황홀했습니다. 자리가 없어 되돌아가신 관객 분들을 생각하면 지금도 죄송해서 얼굴이 화끈거리지만요.

― 쫑파티에서 정진수 교수가 프로 같다고 호평했고, 국립극단 출신 정상철·김재건 배우가 연기 잘했다고 칭찬했을 때 소감은 어땠는지요.

솔직히 하늘을 난 것 같았습니다. 그분들은 제가 지방 극단에 계속 있었다면 한 번도 뵐 기회가 없었던 연극계의 대선생님들이셨으니까요! 지금도 가슴이 뜁니다!

— 김석만 연출의 낭독 공연 <왕은 왕이다> 연습 때 재밌는 에피소드가 많았는데 기억나는 게 있는지요.

낭독 공연은 당시 저에게는 초연이었어요. 김석만 교수님의 연출은 말할 것도 없고 재능기부로 참여하신 장기용·김용선 두 프로 배우님들의 헌신과 지도로 연기력이 많이 좋아졌습니다.

— 이우천 연출 <사랑장터 2>에서 깡패 역을 맡아 박영갑 배우와 호흡을 맞춰 인기가 대단했는데 연습 과정에서부터 화기애애하고 재미있었다면서요?

이우천 연출과의 만남은 저에게는 매우 신선했습니다. 지금도 대학로에서 가장 바쁘신 분의 연출을 경험한다는 것은 아마 배우로서는 참으로 감사할 만한 사건이었습니다. 또한 출연 배우들도 그동안 각계각층에서 다양하게 모여 새로운 경험을 많이 했습니다. 특히 박영갑 배우님과의 호흡은 세 번째였는데 주어진 깡패(박영갑)의 부하라는 배역은 다소 부담이 되었지만 박 배우님의 연륜과 노련한 연기력 덕분에 오히려 연습 과정에서부터 화기애애했고 흥거운 공연이었습니다.

— 생활연극 배우들에게 강영걸 연출은 또 다른 체험을 안겨 준 걸로 아는데, 강영걸 연출은 김 배우에게 어떤 분이었는지요?

처음 연극을 접했을 때 연기력은 감정표현과 몸동작에서 이루어지고 그것이 전부인 것으로 알고 있었는데, 강 연출님과의 만남은 저에게 그야말로 충격이었습니다. 연극을 다시 생각하게 되었고, 대본을 보는 태도와 자세 그리고 리딩을 하는 방법을 고민하게 되었습니다. 역시 '연극에서의 화술은 기본 중의 기본이다'라는 사실을 알게 되었고, 이후 다른 연극을 준비하더라도 그때 강 연출님께서 열정으로 말씀하셨던 것을 잊지 않고 적용하고 있습니다.

— 연습하면서 연출에게 지적도 많이 받았는데 힘든 점은 없었는지요?

많이 힘들었습니다. <작은 할머니>는 제가 태어나기 전 시대가 배경 이었고, 개인적으로도 그러한 환경을 경험하지 못해서 마음속에서 캐릭터의 심리를 끌어내기가 너무 힘들었지만 솔직히 연출님의 분석과 지도가 탁월하셨기 때문에 이를 극복할 수 있었습니다. 초반에는 많은 혼동도 있었으나 연습 후반부에 가서는 연출의 말씀이 무엇인지 알 수 있었습니다. 힘들었지만 참으로 연기력에는 큰 도움이 되었어요.

— 김진태 배우에게 <작은 할머니> 전남편 캐릭터는 어떤 기억으로 남아 있나요?

독립군이면서 인텔리이지만 나라가 망해 불어닥친 가난 때문에 아내를 다른 집의 씨받이로 보내야 했던 그 처절한 마음을 어찌 이해할 수 있겠습니까? 어느 작가 선생님께서 전남편을 보고 우셨다는 말씀 을 듣고 그때야 비로소 '아! 내가 정말 큰 역을 맡았었구나' 생각했습니다. 다시 그 역을 맡는다면 초연보다는 더 원숙하게 연기할 수 있을 것 같습니다.

— 복진오 연출 가요극 <꽃순이를 아시나요?>에서 주인공을 맡아 노래도 하고 춤도 춰야 했는데 어렵지 않았는지요?

주인공 삼식이로 캐스팅되고 제일 먼저 다짐한 것은 무조건 체중을 줄여야 한다는 것이었어요. 17kg을 줄여 가면서 연습에 참여했습니다. 사실 솔직한 말씀은 노래와 연기는 어느 정도 따라갔다고 생각하지만 아직도 부끄러운 것은 춤이었어요. 정말 창피한 수준이었으니까요. 하지만 감량하면서 연습을 했던 그때의 '박삼식 병장님'을 사랑합니다.

— SH아트홀에서 가진 <꽃순이⋯> 공연이 성황을 이루었는데, 소감이 어떠했는지요.

지금까지 제가 출연했던 공연장 중 가장 큰 극장이어서 과연 이 공연이 성황리에 끝날까 걱정을 했었는데 그 걱정은 기우로 지나갔어요. <꽃순이⋯>의 성공으로 앞으로 우리 협회에서 제작하는 공연 중 악극의 비중이 많아지겠다는 생각이 들었어요. 동시에 배우로서의 역량을 키우는데 연기뿐 아니라 춤과 노래 등 다른 영역도 많은 준비와 연습이 필요함도 알게 되었어요.

— 강영걸 연기화술 강좌 수강 후 얻은 것이 있었는지요?

강영걸 연출님의 연기화술 교육은 <작은 할머니>부터 우리 협회 공연에 부각되었습니다. 그 이후 그분과 함께 작품을 한 프로 배우들은 강 연출님의 연기화술에 대한 열정을 매우 높이 평가하고 그 중요성을 수없이 강조하시더군요. 그런 말씀을 듣고 저도 사실 강 연출님과 한 번 더 공연을 하고 싶어서 아카데미에 참가했습니다. <작은할머니> 때에는 공연에 대한 부담이 있어서 잘 느끼지 못했던 여러 화술에 대한 세부 사항들이 아카데미에서 다 채워졌습니다. 그래서 강좌와 연계된 강영걸 연출의 <아름다운 인연>에서 화술 강좌 덕을 톡톡히 보았습니다.

— 강영걸 연출 <아름다운 인연>에서 열연을 펼쳤는데 무당 연기가 어려웠을 텐데 어떤 비결이라도 있는지요?

무엇보다 강영걸 연출님의 화술 교육에서 큰 도움을 받았습니다. 아카데미의 목적과 결과가 일치했다고나 할까요. 그리고 인물 분석에 중점을 두었습니다. 예사롭지 않은 배역이었기 때문에 홍 장군이라는 인물의 분석이 가장 중요하다고 생각했습니다. 특별한 비결은 없지만 혹시나 다른 배우나 후배가 이 역에 대한 조언을 구한다면 성격 분석은 물론, 대사 전달과 호흡에 집중하라고 할 것입니다.

— **협회 이사로서, 생활연극 배우로서 향후 계획을 말씀해 주시지요.**

생활연극은 그 용어 자체만으로도 일반인들에게 큰 매력으로 다가옵니다. 지금은 초창기라 숨은 shy층이 상당히 많이 있습니다. 우리 협회도 이제 창립 3주년이라 아직은 이분들의 열정을 도울 촉매제의 용량이 부족하지만 협회와 이사장님의 희생과 리더십의 영향으로 앞으로 그 역량이 크게 강화될 것이라 봅니다. 저는 여기에 발맞추어 지금보다 더 많은 생활연극 꿈나무들을 발굴하는 데 노력을 가하고자 합니다. 배우로서는 현재 부족한 연기력을 보강하고 특히 협회 1기 배우로서 스스로 단련하고 공부하는 자세로 최선을 다하겠습니다. 또한 동료 배우들과 앞으로 영입될 후배 배우들과의 관계를 돈독하게 하여 항상 협회에서 우리 배우들이 최고 모범이 되는 풍토를 만들기 위해 노력하겠습니다. 고맙습니다.

(사)한국생활연극협회 3년사

축제   생활연극상 제정   생활연극 강좌

창립총회

한국생활연극협회 창립총회

2017년 7월 24일 창립총회로 출범

연극에 관심 있는 일반인들이 연극에 대한 이해를 넓히고, 무대 체험을 할 수 있도록 지원하는 전국 조직인 한국생활연극협회가 2017년 7월 24일 서울 대학로 SH아트홀에서 창립총회를 열고 공식 출범했다.

　발기인 12인과 회원 등 100여 명이 참석한 총회에서는 협회 정관과 이사장단을 인준했다. 이사장단은 이사장에 정중헌 전 조선일보 논설위원, 부이사장에 이승옥 전 국립극단 배우, 최성웅 전 한국연극배우협회 이사장, 이규식 한남대 프랑스어문학과 교수, 최영환 동국대 공연예술학과 교수로 구성됐다. 상임이사에 유승희 극단 단홍 대표, 감사에 최진택 배우, 정상철·고인배·박팔영·신황철 배우와 배진섭 교수 등이 이사로 선임되었다.

생활문화 시대를 선포한 창립식

최성웅 부이사장의 사회로 진행된 창립식에서 정중헌 이사장은 '생활문화 시대'를 선포했다. 유승희 상임이사가 협회 창립 경과를 보고했고, 김용선 배우가 창립 취지문을 낭독했다. 축사는 이순재 대배우, 노경식 극작가 겸 연극동네 촌장, 김석만 연출가, 김인숙 국민무용진흥협회 회장이 했다. 허성윤 동방인쇄공사 대표는 축하 화환을 보냈다. 최창주 한예종 명예교수, 방지영 서울연극협회 부회장, 장석용 한국예술평론가협회 회장, 최유진 한국영상대 교수, 서장현 프로듀서, 김성훈 감독, 장기용 이경희 배우, 종로구 서대문구 노원구의 생활연극 배우들이 다수 참석했다.

　정중헌 이사장은 인사말에서 "지역민들 대상의 생활연극 활동을 통해 연극예술의 창달 발전과 관객의 저변 확대를 꾀하고자 한다"며 "사단법인으로 등록해 생활연극의 보급과 지역 조직 확대, 생활연극 교육 및 공연 워크숍 시행, 생활연극예술제 및 시상, 경연대회 개최 등의 다양한 사업을 펼칠 계획"이라고 밝혔다.

이순재 대배우는 축사에서 "지역은 물론 대학 동문, 사회 각계각층의 활동을 통해 생활연극이 활기를 이어왔다"면서 "이 같은 생활연극 운동을 통해 삶의 질을 높일 것으로 생각한다"고 말했다. 노경식 극작가는 "생활연극협회의 무궁한 발전을 기원한다"는 덕담을 해주었다. 연출가인 김석만 한예종 명예교수는 "연극이 자본의 논리에 좌우되며 상업주의에 물드는 현상이 안타까웠다"면서 "생활연극을 통해 대학로 연극계도 좀 더 긍정적으로 활성화되기를 바란다"고 말했다.

유승희 상임이사의 경과 보고

생활연극에 대한 아이디어는 2015년 8월 스코틀랜드 에딘버러 프린지 페스티벌에서 싹이 텄습니다. 당시 축제에 참가한 유승희 연출, 최성웅 출연의 '드렁커'팀에 정중헌 당시 한국역사연극원 부원장이 합류하여 한국 연극 발전에 대한 의견을 나누며, 아마추어들도 연극을 할 수 있게 해보자는 데 뜻을 모았습니다. 귀국 후에도 이 팀이 교류를 가져오던 중 2016년 9월 지역주민이 누구나 참여하여 체력을 다지고 활력을 얻는 생활체육 현장을 보면서 지역민들을 무대에 설 수 있게 하는 생활연극도 가능하다고 판단, 주부·노인·직장인·청소년 등 지역민들이 연극을 할 수 있게 하자는 취지로 가칭 '한국생활연극협회'를 만들기로 합의했습니다.

2016년 10월과 11월, 정중헌·최성웅·유승희는 생활연극 취지에 공감한 이승옥 배우, 김면수·배진섭 교수 등과 두 차례 모임을 가지고 한국생활연극협회 창립과 사단법인 등록 절차에 관해 의견을 나눴습니다.

2017년 2월 8일 정중헌·이승옥·최성웅·유승희와 협회 취지에 찬동한 이규식 한남대 교수 등이 모여 사단법인 한국생활연극협회 정관의 초안을 검토하고 전국 조직과 이사장단 구성, 회원 모집과 회비, 사무실 확보 등에 관한 의견을 나눴습니다.

2017년 5월 정중헌은 연극계 원로들, 유관 단체 등에 생활연극의 취지를 설명하고 협회 창립을 알렸습니다. 이와 함께 생활연극을 현장에서 직접 해온 정상철·고인배 배우, 박팔영 배우 겸 분장 전문가, 최영환 동국대 공연예술학과 교수, 신황철 극단 연극패 청년 전 대표 등을 이사장단에 영입하였습니다. 또한 사단법인 추진에 맞춰 창립총회를 2017년 7월 24일 열기로 합의하였습니다.

발기인 모여 임원진 구성

2017년 7월 19일 대학로 중식당에서 발기인들이 모여 창립 준비 및 이사장단 구성을 위한 모임을 가졌다. 이 자리에는 정중헌·이승옥·정상

한국생활연극협회 발기인들. 왼쪽부터 최영환, 정상철, 최성웅, 이승옥, 정중헌, 고인배, 유승희.

철·고인배·최성웅 최영환 유승희 등이 참석하여 다음과 같이 이사장단을 구성했다.

이사장	정중헌(전 조선일보 논설위원)
부이사장	이승옥(배우), 최성웅(배우), 이규식(한남대 프랑스어문학과 교수), 최영환(동국대 공연예술학과 교수)
상임이사	유승희(극단 단홍 대표)
이사	정상철(배우), 고인배(배우), 박팔영(배우 및 분장), 배진섭(교수), 신황철(직장연극)
감사	최진택(배우)

창립 취지문

21세기로 접어들면서 전 세계적으로 문화의 일상화가 국가 정책의 우선 과제가 되고 있으며, 용어에 차이는 있지만 생활문화는 삶의 질을 높이는 트렌드가 되고 있습니다.

우리나라도 문화의 일상화를 위하여 법적 기반을 정비하고, 생활문화진흥원 설립, 생활문화센터 조성, 생활문화동호회 지원 등 다양한 정책을 추진하고 있습니다. 특히 2016년 지역문화진흥법 시행으로 생활문화의 개념 정립과 지원의 근거가 마련되면서 생활예술 활동도 활기를 띠고 있습니다.

전문가들은 "이제 생활문화는 단순히 참여적 문화 활동만이 아니라 시민들의 자발적이고 주체적인 문화 활동으로 접근하고 있으며, 이러한 차원에서 생활문화는 문화민주주의, 지역사회의 공동체 형성과 도시 재생 등 지역 문화와도 밀접한 관련이 있다"고 말합니다.

지역문화진흥법 제2조 제2호는 생활문화를 "지역의 주민이 문화적 욕구 충족을 위하여 자발적이거나 일상적으로 참여하여 행하는 유형, 무형의 문화적 활동"이라고 정의하고 있습니다.

한국생활연극협회는 연극에 관심 있는 일반인들에게 연극에 대한 이해를 높이고, 직접 참여하여 연극 창작 활동을 할 수 있도록 교육하고, 공연을 직접 체험할 수 있는 기회를 제공하기 위한 전국 조직의 사단법인체입니다.

배우가 되고 싶고, 무대에 서고 싶은 일반인들이 꿈을 이룰 수 있도록 프로연극인들이 지도하고 협동 작업을 함으로써 지역의 생활연극을 활성화하고, 회원 상호 간에 친목을 도모함으로써 삶의 질을 향상시키는 것이 협회의 목표입니다. 지역민들 대상의 생활연극 활동을 통해 예술 치유는 물론 문화복지를 실현하고, 궁극적으로는 연극예술의 창달·발전과 관객의 저변 확대를 꾀하고자 합니다.

2017년 7월 24일
한국생활연극협회 창립 발기인 일동

김석만 교수(연출가, 한예종 명예교수) 축사

(…전략…) 지금은 자본과 시장의 논리에 종속된 채, 연극을 통해서 돈을 벌지 않으면 안 된다는 생각이 연극을 한다는 그 자체보다 더 중요한 생각이 되어 버린 게 아닌지 걱정이 되는 연극 환경을 보게 됩니다. 우리가 앞으로 키워 나가야 할 생활연극은 결코 그런 상업주의에 물들어 자본과 시장논리에 지쳐 버리지 않게 되기를 간절히 희망합니다.

다행스러운 것은 생활연극의 주체는 일상의 삶을 살아가는 생활인, 바로 우리 주위의 평범한 사람들입니다. 시민들의 일상의 경험과 삶의 체험, 삶에서 깨달은 성찰이 지금 대학로 연극에 참신한 변화를 가져다주는 건강한 힘이 되기를 또한 바랍니다. 역설적으로 말씀드리면 대학로 연극이 생활연극을 닮아 가야지, 생활연극이 대학로 연극을 닮아 가지 않기를 바랍니다.

이 자리를 빌려 함께 공유하고 싶은 생각은 '예술 활동을 통한 개인 시간의 사회화'입니다. 우리 생활연극이, 시민연극이든, 아마추어 연극이든지 예술 활동에 참여하는 개개인의 시간이 사회적 의미를 갖게 되도록 생활연극협회의 활동이 사회운동의 차원으로 발전되기를 간절히 희망합니다. 개인 시간의 사회화라는 개념은 노년에 도달한 개개인의 시민이 자신의 삶을 예술 활동으로 창작하여 젊은 세대와 자신들의 삶의 의미를 공유하자는 취지에서 만든 용어입니다.

생활연극이 대학로에서 올라가는 높은 수준의 예술 공연이나 대중적 취합에 영합한 상업연극의 흉내내기가 아니라 생활인들의 삶이 담긴 생생한, 그러면서도 상업연극 쪽에서는 도저히 만들어 낼 수 없는 건강한 연극으로 나타날 때, 생활연극은 존재의 의미가 더욱 빛날 것입니다. (…하략…)

혜화동 사무실 개소식

한국생활연극협회는 임원진들의 정성을 모아 서울 종로구 혜화동 68-9 4층에 사무실을 마련하고 2017년 8월 9일 개소식을 가졌다. 개소식에는 정중헌 이사장을 비롯해 이승옥·최성웅·이규식·최영환·차두옥 부이사장, 유승희 상임이사, 박팔영·배진섭·박정재·신황철·박태석 이사, 경기 북부 김영직 지회장, 경기남부 김창환 지회장이 자리를 빛내 주었다. 게스트로 박찬빈 연출 겸 배우, 김용선 배우, 김대건 배우, 노원구 생활연극 정애경 배우 등이 함께 했다. 개소식을 계기로 다양한 사업계획들이 논의되었다. 생활연극교실, 협회 주관 생활연극 공연, 전국생활연극경연과 축제, 생활문화 세미나 등이 우선 사업으로 꼽혔다. 참석자들은 인생에서 새로운 일에 도전하는 기회를 얻었다는 자부심에 한껏 고무되었고, 생활연극에 참여하게 되어 행복하다고 입을 모았다.

창립 기념 세미나

'생활연극이란 무엇인가?'

한국생활연극협회는 '생활연극이란 무엇인가?' 주제의 창립 기념 세미나를 2017년 10월 25일 대학로 마로니에 공원 다목적홀에서 개최했다. 첫 세미나인 만큼 주제를 '생활연극이란 무엇이고 어떻게 해야 하는가?'에 초점을 맞췄다.

제1주제는 '생활연극의 실천 방법'으로 발표자는 김석만 한예종 명예교수(연출가)가 맡았고, 토론에는 이승옥 부이사장(배우)과 신황철 이사(직장연극 연출)가 참여했다.

제2주제는 '생활연극 활성화를 위한 방향 모색─김포시·용산구 사례를 중심으로'로 발표자는 최영환 부이사장(동국대 공연예술학과 교수)이 맡았고, 토론에는 김영직 경기북부 지회장(극단 이룸 대표)과 양문정 이사(이촌1동 마을극단 단장)가 참여했다.

제1회 생활연극 세미나

생활연극을 알리기 위한 이 세미나에서 김석만 교수는 지역주민들이 자발적이고 주체적인 문화 활동으로 접근하는 방안을 제시했고, 최영환 교수는 일반인들이 생활연극 무대에 서기까지의 제작 과정과 경험을 발표했다. 김석만 교수는 발제문에서 "생활인이 참가하여, 생활인의 이야기를, 생활인이 직접 만들어 생활인에게 보여주는 연극"이라고 정의했다. 이 날 세미나에는 구자홍 생활문화진흥원 이사장, 극작가 노경식, 연출가 김도훈 김성노, 배우 김재건·한보경·이경희·차유경·송바울 등이 참석했다.

법인 설립 허가증 발급

2017년 11월 27일 서울특별시장 명의의 법인 설립 허가증을 받았다. 법인 명칭은 사단법인 한국생활연극협회, 소재지는 서울 종로구 창경궁로 283, 4층(혜화동)이며, 대표자는 정중헌이다. 사업 내용은 생활연극 교육 및 공연, 생활연극 서적 출판, 생활연극 경연대회 개최, 생활연극상 제정 등이다.

제1회 전국 지회·지부장 대회

- 일시 : 2018년 5월 12일
- 장소 : 대전 한남대 세미나실

참석자
지 회 장 : 광주 차두옥(부이사장), 부산 손동일, 인천 김병훈, 경북 백진기,
　　　　　경기 북부 김창환

2018 전국 지회·지부장 대회

지 부 장 : 서울 용산 박태석(이사), 경기 광명 강은아, 충남 천안 류중열,
충북 영동 김명옥, 대전 대덕 이태진

옵 서 버 : 대전 송상헌, 포항 추영식, 금산 박미연

협회본부 : 정중헌 이사장, 이승옥 이규식 부이사장, 유승희 상임이사,
박팔영·신황철·이화시 이사, 정애경 사무국장

대회진행 : 정중헌 이사장의 인사말에 이은 활동 보고. 향후 계획에서
협회의 실적과 앞으로의 활동을 브리핑함. 특히 8월 10~12일
충북 영동에서 개최할 제1회 생활연극축제의 추진 현황을 상세
하게 설명하고 지역 임원들의 협조를 요망. 연말에 시행할 예
정인 제1회 생활연극대상의 내용도 밝힘.

자유토론 : 지원금 절차에 관한 사항, 지부 확충 및 사업 활성화 방안,
홍보 등에 관한 의견 개진

· 뒤 풀 이 : 대전 시내 어굼터 식당에서 저녁식사, 식후 커피숍에서 협회
활성화를 위한 난상토론

창립 1주년 결산

사단법인 한국생활연극협회가 2018년 7월 24일 창립 1년을 맞았다. 2016년 에딘버러 축제에 참가했던 몇 명이 생활체육처럼 생활연극을 활성화하자고 의기투합해 수차례 모임을 거쳐 2017년 7월 24일 대학로 SH극장에서 창립총회를 열고 공식 출범했다. 축사를 해주신 이순재 대배우, 노경식 극작가님, 김석만 교수님에게 감사를 드린다. 동방인쇄공사 허성윤 사장님도 물심양면으로 축하해 주셨다.

생협 1년은 쏜살같았다. 9월에 혜화동 로터리에 작은 사무실을 열었고, 10월 25일 '생활연극이란 무엇인가?' 주제의 창립세미나를 대학로에서 가졌다. 창립 취지문에는 생활연극을 "배우가 되고 싶고 무대에 서고 싶은 일반인들이 꿈을 이룰 수 있도록 프로 연극인들이 지도하고 협동 작업을 함으로써 지역의 생활연극을 활성화하고 친목과 삶의 질 향상"을 앞세웠다. 김석만 교수는 발제문에서 "생활인이 참가하여, 생활인의 이야기를, 생활인이 직접 만들어 생활인에게 보여주는 연극"이라고 정의했다.

1월 대학로 소극장 공간 아울에서 막을 올린 창립기념 공연 <맹진사댁 경사>(오영진 작, 김도훈 연출)는 성황을 이루었다. 생활인들의 연기 앙상블이 프로 못지않았다는 호평과 만원 관객들이 신명을 돋운 것이다.

5월에 펼친 2편의 낭독 공연도 호응을 얻었다. 예그린씨어터에서 김석만 연출로 올린 <왕은 왕이다>는 중동 희곡의 색다른 경험을 안겨 주었고, 홍란주 연출의 <베르나르다 알바의 집>은 여성의 섬세한 심리를 잘 묘사했다는 평을 들었다.

5월 12일 대전 한남대에서 가진 전국 지회·지부장 대회는 생협의 세 확장을 보여주었다. 현재 고문이 4명, 이사장단과 이사가 21명, 지회가 서울을 비롯해 전국에 10개, 미국에 1개, 지부는 7개에 달한다.

생협은 창립 1주년을 맞아 충북 영동의 심천역 앞 광장 일원에서 제 1회 생활연극축제를 8월 10~12일 연다. 9편의 연극과 시 낭송, 수필 낭독, 국악과 판소리, 악기 연주와 노래 버스킹 등이 영동 특산 과일 직거래 장터와 어우러져 '무대가 고픈 생활인'들에게 힐링의 기회를 제공한다.

또 하나는 창립 1년을 맞아 생활연극 배우들이 미국 현대 연극의 최고봉에 도전하는 화려한 이벤트이다. 생협 부이사장이자 동국대 교수인 최영환 연출로 테네시 윌리엄스의 <욕망이라는 이름의 전차>를 8월 23~26일 용산 꿈나무 아트센터 5층 소극장에서 공연한다.

올해 말에는 제1회 생활연극상 시상식도 가질 계획이다. 생활연극의 발전을 성원해준 한국연극협회와 서울연극협회에 감사드린다. 생협의 발전은 회원들과 연극계의 도움임을 잊지 않고 더욱 낮은 자세로 열정을 가지고 초석을 쌓아 나갈 것이다.

2019년 정기총회

- 일시 : 2019년 2월 8일(금) 오후 5시
- 장소 : 서울 종로구 혜화동 협회 사무실

식순

개회 선언	이사장
국민의례	생략
성원보고	상임이사
이사장 인사	이사장

2018년 사업 보고	상임이사
2018년 회계 보고	상임이사
2018년 사업 및 회계 감사	감사
2019년 사업계획	상임이사
2019년 예산안	상임이사
토의 안건	이사장
폐회 선언	이사장

2018년도 사업보고

개관

창립 2년차인 2018년 협회는 많은 사업과 회원 확장으로 초반 기초를 다지고 대외적으로 신용 쌓기에 주력했다.

사업

- 김도훈 연출 창립 기념 공연 <맹진사댁 경사>(1월 27일, 28일) : 김진태·이화시 등 출연. 공간 아울에서 3회 공연에 관객 만원을 이루고 첫 회는 70여 명이 관람하지 못하고 돌아감.
- 아랍 희곡 특강(4월 9일) : 아랍 희곡 전공 구미란 박사 초청 '아랍 희곡의 특징과 <왕은 왕이다> 작품 해설'.
- 제1차 전국 지회·지부장 대회(5월 12일) : 대전 한남대에서 협회 이사진과 지회 지부장 20여 명이 모여 협회 사업을 설명하고 친목을 다짐.
- 김석만 연출의 낭독 공연 <왕은 왕이다>(5월 21일) : 대학로 예그린씨어터에서 장기용·김용선 등 프로 배우와 박영갑·김진태·김정인·정애경 등 아마 배우들 합동공연.
- 홍란주 연출의 낭독 공연 <베르나르다 알바의 집>(5월 26~27일) : 대학로 서울연극센터에서 이화시·김준용·공성신·박혜진 등 출연.

- 제1회 생활연극축제(8월 10~12일) : 충북 영동군 심천면에서 연극, 국악, 무용, 연주 등으로 진행.
- 창립 1주년 기념 최영환 연출 <욕망이라는 이름의 전차> 공연(8월 23~26일) : 용산 꿈나무 종합타운 5층 소극장에서 4회 공연 성료. 조항선·신황철·이주연·최만수 등 아마 배우들이 최영환 연출의 지도로 미국 현대 연극의 최고봉으로 꼽히는 테네시 윌리엄스의 대작에 도전해 성공했다는 평을 얻음.

조직 확대
- 지 회 : 서울, 경기 북부, 경기 남부, 충남, 대전, 경북, 경남, 부산, 울산, 광주, 인천, 미국 LA 등 총 12개소
- 지 부 : 서울 용산, 성북, 노원, 동작
- 경기북부 : 광명, 의정부
- 대 전 : 대덕, 중구, 서구
- 충 남 : 홍성, 계룡, 보령
- 충 북 : 영동
- 경 북 : 경주, 영주, 경산
- 전 남 : 여수 등 총 17개소

2018년도 재무 보고

	항목	수입	지출	비고
1	발전기금	3,000,000		
2	찬조금	5,332,800		
3	회원 회비	60,000		
4	사무실 월세		6,004,500	
5	사무비		1,683,625	수도, 전기, 인터넷, 기타 잡비
		8.392.800	7.688.125	
잔액			704,675	

(사) 한국생활연극협회 2019년 사업계획

제1회 한국생활연극대상 시상식

2019년 1월 21일(월) 오후 5시 대학로 소극장 공간 아울

협회 공연 4회(3월, 6월, 9월, 12월)

- 3월 공연 : 엄인희 작, 강영걸 연출 <작은 할머니>

  29~31일 대학로 공간 아울

- 6월 공연 : 악극 예정

- 9월 창립 2주년 공연

- 12월 성극 공연(교회, 성당과 협업)

낭독 공연(이규식 부이사장 기획)

- <대머리 여가수>, 이오네스코 작, 최유진 연출, 이규식 외 교수 6인 출연, 5월 공연 예정

아마추어 2인극 경연대회

- 2019년 5월 말 예정
- 협회 각 지회·지부 참가 및 일반인(주부·학생 등) 참여

전국 지회·지부장 대회

- 2019년 3월 대구(예정), 10월 대전(예정)

제2회 생활연극축제

- 9월 중 충북 영동

2019년 예산안

	항목	수입	지출	비고
1	발전기금	3,000,000		
2	찬조금	5,000.000		
3	회원 회비	500,000		
4	사무실 월세		6,000,000	
5	사무비		2,500,000	수도, 전기, 인터넷, 기타 잡비
		8,500,000	8,500.000	
잔액			0	

창립 2주년 결산

창립 2주년 기념모임. 왼쪽부터 박팔영, 최영환, 이규식, 이화시, 고인배, 정중헌, 박태석, 이승옥, 박정재, 정애경, 양문정.

2019년 7월 24일은 사단법인 한국생활연극협회 창립 2주년이 되는 날이다. 이날을 기념해 생협 이사진 12명이 대학로 만리성에서 오찬을 겸한 모임을 가졌다. 정중헌 이사장을 비롯해 이승옥·이규식·최영환 부이사장, 고인배·박팔영·이화시·박정재·신황철·양문정·박태석 이사, 정애경 사무국장이 참석했다. 최성웅·정상철 부이사장과 유승희 상임이사, 최진택 감사는 개인 사정으로 참석하지 못했다.

2016년 여름, 스코틀랜드 에딘버러 축제에 참가했던 몇몇 연극인이 생활체육처럼 연극도 일반인 누구나 할 수 있게 생활연극으로 활성화하자고 의기투합해 2017년 7월 24일 대학로 SH아트홀에서 창립총회를 열고 한국생활연극협회가 공식 출범했다. 창립식에는 이순재 대배우와 노경식·김도훈·김석만 등 연극계 중진들이 다수 참석해 축하해 주었다. 동방인쇄공사 허성윤 대표는 창립 초부터 후원을 해주었다. 협회는 창립 취지문에서는 "생활연극은 배우가 되고 싶고 무대에 서고 싶은 일반인들이 꿈을 이룰 수 있도록 프로 연극인들이 지도하고 협동 작업을 함으로써 지역의 생활연극을 활성화하고 친목과 삶의 질 향상을 꾀한다"고 밝혔고, 지난 2년간 생활연극 기반 조성에 힘써 왔다.

2017년 9월에 혜화동 로터리에 작은 사무실을 열었고, 10월 25일 '생활연극이란 무엇인가?' 주제의 창립 세미나를 대학로에서 가졌다. 김석만 교수는 발제문에서 "생활인이 참가하여, 생활인의 이야기를, 생활인이 직접 만들어 생활인에게 보여주는 연극"이라고 정의했다. 창립 초기에는 '김수미의 극작교실'·'여무영의 연기교실' 등 아카데미를 개설하다가 일반인들이 무대에 설 수 있는 공연을 펼치기 시작했다. 주부·직장인 등 일반인들을 대상으로 하되 중진 연출가를 초빙하여 충분한 연습을 한 후 대학로 소재의 극장에서 공연한다는 것이 협회의 목표였다.

지난 2년 동안 협회는 총 8편의 생활연극을 대학로와 용산구 일대에서 공연했다. 정극 5편과 낭독 공연 3편을 아마 배우 중심으로 기획·제작한 것이다.

창립 기념 공연은 오영진 작, 김도훈 연출의 <맹진사댁 경사>. 2017년 1월 27, 28일 대학로 공간 아울 소극장에서 막을 올려 4회 공연 전회가 매진되는 성황을 이루었다. 생활인들의 연기와 앙상블이 프로 못지않다는 호평을 받았고, 만원 관객들이 신명나게 호응해 주어 생활연극의 가능성을 활짝 연 것이다.

아마 배우들의 역량 강화를 위해 낭독 공연도 2편 기획했다. 2018년 5월 21일 대학로 예그린씨어터에서 김석만 연출로 올린 <왕은 왕이다>는 중동 희곡의 색다른 경험을 안겨 주었다. 2018년 5월 26, 27일 서울 연극센터에서 공연한 홍란주 연출의 <베르나르다 알바의 집>은 여성의 섬세한 심리를 잘 묘사했다는 평을 들었다.

창립 1주년을 맞아 생활연극 배우들이 미국 현대 연극의 최고봉에 도전했다. 생협 부이사장이자 동국대 교수인 최영환 연출로 테네시 윌리엄스의 <욕망이라는 이름의 전차>를 8월 23~26일 용산 꿈나무 아트센터 5층 소극장에서 4일간 공연한 것이다. 프로 배우들도 오르기 힘든 고지를 아마 배우들이 땀흘린 연습과 열정으로 올라, 생협 배우들에게 큰 자극을 주었다.

송년 공연으로 2018년 11월 30일과 12월 1일 대학로 물빛극장에 올린 김정숙 작, 이우천 연출의 <사랑장터 2>는 시장 상인들의 인정가화를 노래를 곁들인 경쾌한 소극으로 펼쳐내 관객들의 박수를 받았다. 또한 배우들의 티켓 판매와 축하의 글 협찬에 힘입어 자립의 기반을 갖췄다.

그 여세를 몰아 기획한 강영걸 연출의 <작은 할머니> 공연에는 지원자가 몰려 가팀, 나팀으로 나눠 연습을 했다. 2019년 3월 29일부터 31일까지 대학로 공간 아울에서 총 6회 공연, 관객도 성황을 이뤘지만 배우들의 연기에 물이 올라 생활연극의 수준을 업그레이드시켰다는 평을 받았다. <작은 할머니>는 4월 7일 대전 중심가 커튼콜 소극장에서 2회 공연, 지역 순방의 첫 역사를 썼다.

협회는 악극을 하고 싶다는 생활연극 배우들의 열망을 수용하여 권재우 작, 복진오 연출의 가요극 <꽃순이를 아시나요?>를 6월 28일부터 30일까지 대학로 SH아트홀에서 총 6회 공연하여 총 관객 1,000명을 돌파하는 기록을 세웠다. 역시 2개 팀으로 나눠 배우들의 연기 폭을 노래와 율동으로 넓혔다. 우리 70~80년대 현대사를 조명한 이야기에 추억의 가요까지 곁들인 가요극 공연은 생활연극의 새 장을 열었을 뿐 아니라 관객들에게 재미와 감동을 주었다는 점에서 특기할 만하다.

최유진 연출이 교수 중심으로 공연한 낭독극 <대머리 여가수>도 6월 15일 서울연극센터에서 2회 공연되어 호평을 받았다.

2017년 11월 사단법인 인가를 받은 한국생활연극협회는 자체 제작 공연 외에도 생활연극축제, 한국생활연극대상 시상식, 전국 단막극 경연대회, 연기·화술 아카데미 강좌 등 다양한 사업을 펼쳐 왔다.

생협은 창립 1주년을 맞아 충북 영동에서 제1회 생활연극축제를 자력으로 개최했다. 2018년 8월 10~12일 영동군 심천역 앞 광장 일원에서 연 축제에는 9편의 연극과 시 낭송·수필 낭독, 국악과 판소리, 악기 연주와 노래 등의 프로그램이 펼쳐졌다. 특히 영동 특산 과일 직거래 장터와 어우러져 생활 축제의 전형을 보였다는 평을 받았다. 구름 관중이 몰리는 축제가 아니라 "무대가 고픈 생활인들에게 힐링의 기회를 제공하는 작은 축제"로 발돋움한 것이다. 올해 2회 영동생활연극축제는 포도축제 기간인 8월 30일부터 9월 1일까지 2박3일간 영동군 심천면 국악체험촌 일대에서 펼칠 계획이다.

2019년 1월 21일 대학로 공간 아울 소극장에서 열린 제1회 한국생활연극대상 시상식에서 영예의 대상(최우수작품상)은 김도훈 연출 <맹진사댁 경사>가 수상했다. 최우수연기상은 박영갑·이화시·조항선·김진태 배우가 받았다. 대상 트로피인 반달곰상은 고정수 조각가가 창작해 주었다. 최우수연출상은 최영환 교수가 받았고, 인쇄물을 협찬해 준 동방인쇄공사 허성윤 대표에게 생활연극 공헌상을 수여했다.

2019년 6월 22일 협회 주관으로 열린 제1회 전국 단막극 경연대회에는 총 7팀이 참가, 경북 경산지부 <도화>(한은정 작, 김지선 연출)가 최우수작품상을 받았다.

전국 조직의 한국생활연극협회는 17개 시·도 중 현재 10여 개 지회가 결성되었고 시·군·구 단위의 지회는 20여 개에 달한다. 미국 LA에도 지회를 두고 있다. 2018년 5월 12일 대전 한남대에서 전국 지회·지부장 대회를 가진 협회는 올해 영동생활연극축제 첫날 개막식에 전국 지회장·지부장들을 초청할 계획이다.

대학로 후암스테이지에서 진행 중인 강영걸 연기·화술 아카데미는 23명이 수강했다. 이들은 10주 20회 이론 및 실기 교육을 이수한 후 선욱현 작, 강영걸 각색·연출의 <아름다운 인연>을 11월 22~24일 대학로 소재 극장에서 공연했다.

창립 2주년을 맞은 협회는 당면 과제로 제1회 대한민국 생활연극제를 연내에 추진키로 의견을 모았다. 협회 제작 공연의 다양성과 퀄리티를 높여 지원에 의존하지 않고 자리매김해 보자는 다짐도 했다.

공 연

자체 제작 공연 준비

(사)한국생활연극협회를 창립하기 전에 지자체 등에서 하는 시민연극과 근로자들이 주축을 이룬 직장연극을 관심 있게 지켜보았다. 서울 종로구 이화동 주민들이 참여한 박팔영 작·연출의 <잣골 노래방 콩쿠르> 연습 현장을 방문해 마을 연극인들과 대화도 나누고 설문조사도 해보았다. 성북구의 주민공연축제도 참관했다. 서울시극단이 주관하는 시민연극교실 공연 작품도 관람했다. 윤여성 배우가 이끌어온 서대문구 시민연극 공연과 정상철 배우가 지도해 온 노원문화예술회관 연극교실 공연도 자료로 살펴보았다. 협회 회원으로 가입한 이화동과 노원구 주민연극 배우들과 미팅을 가지고 생활연극협회가 어떤 형식의 생활연극을 해주기를 원하는지를 알아보기 위해 의견도 청취했다.

또 하나의 문제는 제작비를 어떻게 충당하느냐였다. 노원구나 서대문구의 경우는 지자체의 공간 인프라를 활용하므로 실비로 연습과 공연을 할 수 있는 데 비해, 생협은 재정이 제로인 상태에서 사업을 꾸려야 하는 난제를 안고 있어 이에 대한 대책도 세워야 했다.

여론 수렴 결과 생협이 제작하는 연극은 "권위 있는 중진 연출가의 지도로 대학로 소재 극장에서 공연하는 조건"이면 참가비를 내고 참여하겠다는 의견이 많았다.

처음 계획은 명망 있는 연출가를 초빙해 연극에 대한 이해와 실기를 지도하는 연극교실을 먼저 한 후 공연과 연계하자는 것이었다. 하지만 참가자들은 교육과정을 뒤로 미루고 바로 작품을 정해 연습에 임하기를 원했다.

명망 있는 중진 연출가 찾기

첫 작품은 창립 기념으로 공연하는 것인 만큼 더욱 신중을 기해야 했다. 우선 평판이 높은 중진 연출가를 찾는 것이 급선무였다. 다행히 원로 연극인들이 사랑방 형태로 만나는 만빵구락부(1만 원씩 갹출해 막걸리를 마시며 담소하는 모임)에서 '대학로 지킴이'로 불리는 김도훈 연출을 만나 첫 작품 연출을 맡아 달라고 청을 했더니 김 연출도 관심을 보였다.

극작가 노경식 촌장(필자가 『연극동네 대학로는 재밌다』에서 붙인 존칭)과 김도훈·김성노 연출과 몇 차례 모임을 가지면서 작품을 고르다가 김도훈 연출의 제안으로 "우리 전통과 정서가 묻어나는 오영진 희곡의 <맹진사댁 경사>로 의견이 모아졌다.

때마침 극작가 겸 연출가 한윤섭 대표가 서초 주민과 학생들을 위해 한 시간용으로 각색한 <맹진사댁 경사>가 서초예술회관에서 공연 중이어서 관람했는데 무엇보다 재미있고, 우리 것의 멋과 맛을 느낄 수 있었다. 한윤섭 대표도 각색 대본 사용을 흔쾌히 허락했고, 김도훈 연출에게 소품도 대여해 주겠다고 약속했다.

창단 기념 작품, 김도훈 연출 <맹진사댁 경사>

생활연극 <맹진사댁 경사> 공연팀 출범

생활연극 캠페인을 위해 서울연극협회·한국연극협회에 가입하고, 최영환 부이사장이 연출하는 용산의 주민연극 <나의 살던 고향은 용산>에 단역 배우로 무대 출연 경험도 쌓았으나 연극 제작 총지휘는 처음이어서 첫 작품 <맹진사댁 경사> 때 많은 시행착오를 겪었다.

가장 어려운 점은 배우 모집이었다. 무엇보다 홍보할 매체나 방법이 없었다. 노원의 정상철 연극교실팀, 신황철 이사가 이끌어온 직장연극 단체인 극단 연극패 청년을 통해 김도훈 연출의 <맹진사댁 공연> 정보를 알리고 생활연극이란 이름으로 공연될 첫 작품의 아마추어 배우들을 모집했다. 색다른 기획이어서 무대 체험이 있는 배우들은 관심을 가졌는데, 문제는 직장인과 주부, 대학생들이 한자리에서 연습하는 시간 맞추기와 참가비(30만 원)였다. 그럼에도 모두의 도움으로 생활연극을 해보겠다는 배우들로 공연팀을 출범시켰다.

첫 출발 드림팀의 명칭은 '김도훈 연출과 함께 대학로 무대 서기'였다. 2017년 11월 8일 혜화동 협회 사무실에서 가진 지원자 상견례에 일반인 14명이 참석했다. 회사원이 많았고 주부와 대학생, 대학원 연극 전공자와 영화배우도 참여했다.

김도훈 연출은 이들에게 "연극의 꽃은 배우"라며 "최선을 다하면 잘하지 못해도 부끄러울 게 없다"고 용기를 주었다. 김 연출은 첫날부터 호흡과 발성의 중요성을 강조했으며, 한 편의 공연이 무대에 오르기까지의 전 과정을 알기 쉽게 설명해 주었다.

참가자들은 자기 소개와 연극 경험을 적은 용지에 희망 배역도 써넣었다. 연습은 주 2회, 8주간 하기로 했다. 협회 제작 공연팀을 출발시키면서 느낀 소감은 "아직 많지는 않지만 진정으로 연극을 하고 싶고, 무대에 서는 배우의 꿈을 지닌 생활인들이 많다"는 것이었다. 바로 이 점이 생활연극을 계속할 수 있는 원동력이었다.

이화시·최창주·박영갑·김진태 등 귀한 배우들

김기영 감독의 페르소나였던 영화배우 이화시가 <맹진사댁 경사>에 참여, 연극 무대에 데뷔한 것은 (사)한국생활연극협회의 화제였다. 1974년 영화 <파계>로 데뷔한 이화시 배우는 <이어도>, <흙>, <반금련> 등에서 주역을 맡은 한국 영화의 히로인이었다. 그러나 결혼과 함께 캐나다

로 이주하면서 잊혀졌다가 2008년 부산국제영화제 뉴커런츠 부문 심사 위원을 맡은 이후 다시 국내 활동을 시작했다.

이화시 배우가 생활연극에 참여하게 된 것은 필자와의 인연이 계기가 되었다. 2018년 부산국제영화제에 초대받은 두 사람은 지인의 소개로 인사를 나눴고, 개막식에 나란히 배정된 좌석에서 다시 만나 생활연극 이야기를 들었고, 마침 연기의 기초를 더 다져 보려던 이 배우의 의욕과 맞아 무대를 밟게 된 것이다.

봉산탈춤 이수자로 한국예술종합학교 전통예술원을 이끌던 최창주 명예교수도 김도훈 연출과의 인연으로 처음에 탈춤 지도를 하다가 배우로 출연하게 되었다. 예그린악단과 서울시립뮤지컬단에서 활동했던 최교수는 북한에도 다녀오고 배우로 출연한 경력도 갖고 있었다. <맹진사

대 경사>에서 맹노인 역을 맡았던 최 교수는 문화예술위원회 위원으로 위원장 직무대행을 역임했다.

박영갑 배우는 70대 후반으로 아마 배우로서는 가장 연배가 높고, 가장 연극 활동이 많은 프로 버금가는 노익장이다. 극단 로얄씨어터 대표인 윤여성 연출이 지도하던 서대문구 주민연극에서 활동했던 박영갑 배우는 젊은 시절 영화배우의 꿈을 가져 몇 작품에 출연했다가 부친의 만류로 포기한 후 현대건설에서 근무하다가 퇴직 후 아마배우로 연극에 입문해 다양한 작품에서 다양한 캐릭터로 무대에 서 왔다. 생협과는 창립 때부터 인연을 맺어 창립 기념 <맹진사댁 경사>부터 2019년 <아름다운 인연>까지 거의 모든 작품에 출연해 오고 있다. 연극뿐 아니라 경기민요, 탱고 강습 등으로 여러 예술 분야로 관심 폭을 넓히면서 기량을 닦고 있기도 하다.

김진태 배우는 현직 경기대학교 교수이다. 체육대학 소속이었다가 지금은 교양학부 교수로 강단에 서는 그는 연기를 하고 싶어 학원을 찾을 만큼 의욕을 보이다가 우연한 기회에 생활연극과 연이 닿아 <맹진사댁 경사>의 타이틀롤을 맡는 행운의 사나이가 되었다. 11월 8일 첫 미팅장인 혜화동 사무실에 들어서는 그를 본 필자는 맹진사가 들어오는 것 같은 아우라를 느꼈다고 할 만큼 그는 매 작품에서 자신의 역할을 개성 있게 소화하면서 두각을 나타냈다.

이화시 김진태 배우는 현재 생협 이사이며, 최창주 교수는 협회 고문, 박영갑 배우는 이화시 배우와 함께 생협 공연자문위원을 맡고 있다.

그해 겨울을 녹였던 치열한 연습과 뜨거운 뒤풀이

초반 희곡 독회는 혜화동 사무실에서 했지만, 차츰 인원이 늘어 연극배우 김대건의 동선동 지하 연습실로 옮겨 본격 연습에 돌입했다. 연습 시

<맹진사댁 경사>를 연습 중인 김도훈 연출과 배우들

작 전 한예종 최창주 명예교수가 탈춤 체조로 배우들의 몸을 유연하게
풀어 주었다. 동선이 그어지면서 동선동 연습실이 비좁아 12월 17일 보다
쾌적한 환경의 성신여대 앞 대형 연습실로 옮겨 본격 공연 모드에 돌입
했다. 공연 한 주를 앞두고는 이태원 소재 용산창작센터로 옮겨 실제 공
연처럼 하는 런스루를 반복했다.

　2017년 11월 8일부터 연습해 2018년 1월 26~27일 대학로 공간 아울에
서 공연하기까지의 3개월은 날씨만큼이나 연습은 혹독했지만 연습 후
뒤풀이는 한파도 아랑곳없을 정도로 뜨거웠다. 동선동 연습실에서 자주
갔던 청진해장국집을 비롯해 성신여대 앞에 즐비한 다양한 식당과 주점
을 돌며 연출을 비롯한 스태프와 배우들은 화기애애한 대화를 나누며 생
활연극의 과정을 즐겼다. 흥이 나면 연출과 함께 노래방에서 연습 중 쌓
인 스트레스를 날려 보냈다. <맹진사댁 경사> 출연 배우들은 그해 겨울
열정의 시간들을 지금도 추억하고 있다.

생활연극과 제작비 절감

협회가 생활연극을 자체 제작하면서 가장 어려운 점은 제작비를 어떻게 절감하느냐였다. 일반 배우들이 무대에 선다고 해도 공연인 이상 프로연극과 똑같은 과정을 거쳐야 하기 때문이다. 공연장과 연습장을 대관하고, 연출비와 조연출비를 비롯해 무대 제작과 조명, 음향, 의상, 소도구 등에 드는 비용을 기성보다는 적더라도 반드시 지급하는 것을 원칙으로 하다 보니 배우들의 참가비로는 충당이 되지 않았다.

생활연극을 제작하기 전에 한 직장연극의 제작 과정을 돌아보았다. 영등포의 건물 지하를 임대해 쓰고 있는 이 단체는 철저하게 자급자족을 하고 있었다. 단원들이 무대 세트도 제작하고, 의상도 만들고, 조명과 분장 기술도 익혀 단원들이 한다는 것이다.

하지만 대학로에서 기성 연출가를 초빙해 공연하면서 직장연극 모델을 그대로 적용할 수는 없었다. 우선 자급자족할 여건을 갖추지 못했고, 생활연극이지만 전문 연출가가 지도하는 만큼 스태프들도 프로 수준을 쓰려고 했기 때문이다. 첫 제작이다 보니 이런 속성을 알지 못해 갈등도 빚었으나 연출진의 협조와 협회 이사들의 도움으로 하나씩 해결해 나갔다.

첫 번째 닥친 난제는 저작권료였다. 연습을 시작한 지 얼마 되지 않아 손진책 연출이 전화를 했다. 오영진의 희곡 저작권을 자신이 관리하는데 생협도 저작권료를 내야 한다는 요지였다. 그렇지 않아도 작품료를 어떻게 해야 할까 생각 중이었는데, 전화를 받으니 반갑기는 했으나 얼마나 내야 할지 걱정도 되었다. 그런데 아마추어 단체도 100만 원의 저작료를 내야 한다고 했다. 예상보다 큰 액수여서 잠시 망설였더니 손 연출은 게좌번호를 알려 주면서 일단 송금하라고 했다.

제작비 500만 원 예산에 저작료 100만 원은 큰 비중이었으나 송금했다. 그런데 며칠 후 손 연출로부터 100만 원이 다시 이체되어 왔다. 받은 저작료를 제작 지원금으로 되돌려준 것이다. 협회는 저작료를 내고 저작권 관리자는 지원하는 이 같은 관행이 따뜻하고 고마웠다.

무대세트는 신황철 이사가 김도훈 연출과 의논해 디자인해서 재료를 구입하여 직접 제작, 실비로 해결할 수 있었다. 소극장 공간 아울에 설치된 무대 세트는 기성 극단 무대보다 못하지 않았다. 분장은 배우이자 화가이며 분장 아티스트인 박팔영 이사가 고전 의상에 어울리는 20여 캐릭터를 손수 창조해 주었다. 전통 의상을 마련하는 일도 쉽지 않았다. 초기에는 대여를 생각했지만 그 비용이 만만치 않아 고민했는데 김도훈 연출이 대전의 채필병 의상 전문가에게 다리를 놔주어 해결할 수 있었다.

동방인쇄 허성윤 대표의 인쇄물 무상 지원

수십년간 연극 인쇄물을 도맡아 해온 동방인쇄공사 허성윤 대표는 한국생활연극협회가 창립 때부터 소리 없이 후원을 해준 고마운 분이다. 협회 자체 제작 공연을 할 수 있었던 것도 포스터, 프로그램북 등 관련 인쇄물을 지원해 주겠다는 허 대표의 도움이 있어 용기를 낼 수 있었다. <맹진사댁 경사>의 포스터와 프로그램북, 전단 디자인은 동방인쇄 기획실 디자인팀에서 해주었는데 마음에 들었다.

10주간 생활연극 만들기 소감

다음은 김도훈 연출 <맹진사댁 경사> 연습을 마치고 공연을 앞둔 제작자의 심경을 토로한 필자의 페이스북 글이다.

사단법인 한국생활연극협회가 창립 기념으로 공연할 <맹진사댁 경사>가 드디어 완성돼 2018년 1월 26일(토) 오후 5시, 27일 오후 3시와 6시 대학로 공간 아울 무대에 오른다. 이사장으로 이번 프로젝트의 기획 제작을 맡아 느낀 소감은 대학로 연극인들 참 대단하고 존경스럽다는 것이다. 특히 일반인들이 무대에 오르는 과정은 프로보다 더 어렵다는 점을 절실히 체험했다.

프로 연출가와 대학로 무대서기 프로젝트에는 직장인들이 많이 참가했다. 지역에서 생활연극을 해오던 주부들, 대학생들도 함께했다. 76세 박영갑 배우는 프로 못지않은 열정을 보였고, 탈춤 이수자인 최창주 교수와 1970년대 김기영 감독의 페르소나였던 이화시 배우의 자발적 참여는 뜻밖의 행운이었다. 연습장이 없어 한성대 앞, 성신여대 앞 임대를 전전하다가 용산창작센터에서 여유롭게 연습한 추억도 잊을 수 없을 것 같다. 중진 연출가 김도훈 선생은 모난 원석을 갈고 닦아 두 달 만에 기적 같은 변화를 이루어 냈다. 걷기도 말하기도 힘든 아마추어들이 이제는 호흡으로 발성하고 어떻게 몸으로 표현해야 하는지를 알게 해준 것이다.

생활연극에서 가장 힘든 부분은 세트 제작과 의상, 소품과 분장 등이었다. 재정이 넉넉하면 전문가에게 맡기면 되지만 그럴 형편이 안 되니 자체 제작하거나 자원봉사에 의존할 수밖에 없었다. 다행스럽게도 한국생활연극협회 임원 중에는 이런 분야의 전문가들이 여럿 있다. 수십 년간 직장연극에 앞장 서온 신황철 이사는 혼자서 이번 세트를 제작해 냈다. 원목과 페인트 등 재료를 구입해 톱질하고 못박아 요술처럼 세트를 세웠다. 어제 남자 배우 이정우 조성우, 조연출 김지혜와 호흡을 맞춰 공간 아울에 세트를 세우는 과정을 지켜보며 가슴이 짠했다. 소품은 예술감독 최영환 부이사장이 남양주까지 가서 대여해 주었고, 박팔영 이사는 혼자 20명 배우 분장을 도맡고 나섰다.

여러분들에게 신세를 지어 죄송한 마음인데 그래도 열악한 여건 속에서 협업이 이루어지는 게 신기하기만 했다. 이래서 연극을 하는구나 하는 생각도 들었다. 엄동설한에 70대 노연출가가 작품의 완성도를 높이기 위해 밤늦게까지 애쓰시는 모습, 배우들이 최선을 다하기 위해 시간을 쪼개 열과 성을 다하는 모습에 숙연해지기도 했다. 아무튼 우여곡절, 어려운 고비를 넘어 막이 오르게 되었다. 4회 공연을 위해 긴 시간 수많은 사람들의 노고가 응집된 공연에 관객이 얼마나 올지 그게 또한 걱정이다.

"나도 배우다"… 누구나 무대 주인공 '생활연극'

세계일보 문화부 중견인 김신성 기자가 <맹진사댁 경사> 연습 현장을 취재해 쓴 글을 다음에 옮겨 싣는다. 김 기자는 배우들과 면대면 취재를 통해 생활연극의 실제를 입체적으로 형상화해 냈다. 생협의 창립 취지를 배우들의 사례로 실감나게 그려낸 것이다.

프로 연극인들이 일반인 기초 교육 / 반복되는 일상탈출… 성찰 기회로
"마침내 오늘 무대에 오릅니다. 저도 이제 진짜 배우가 되네요."
6년차 유치원 교사 양선아(30)씨는 27일 오후 5시, 28일 오후 3시와 6시 세 차례 서울 대학로 소극장 공간아울에서 상연하는 연극 <맹진사댁 경사>의 맹진사 딸 갑분 역으로 당당히 무대에 선다. 배우의 꿈을 이루는 것이다.

"감정 소모가 많은 직업이에요. 스트레스를 해소할 방법을 찾다가 연극을 만난 겁니다. 연극은 속에 있는 모습을 끄집어내 마음껏 분출할 수 있어서 정신적 안정감이 크다는 게 장점이에요. 어디 가서 이렇게 맘껏 소리 질러보고 웃거나 울어 보겠어요. 일상 속에선 그럴 기회도 장소도 없잖아요."

선아씨가 한국생활연극협회의 문을 두드린 건 불과 석 달 전의 일이다. 한국생활연극협회(이사장 정중헌)는 일반인들을 대상으로 한 기초과정을 통해 연극에 대한 이해를 돕고, 직접 공연을 할 수 있는 기회를 제공하기 위해 지난해 7월 발족한 전국 조직의 사단법인체다.

'배우가 되고 싶고, 무대에 서고 싶은 일반인들이 꿈을 이룰 수 있도록 프로 연극인들이 지도하고 협동 작업을 함으로써 지역 생활연극을 활성화하고, 회원 친목을 도모해 삶의 질을 향상시키는 것이 협회의 목표'라는 취지문의 구절이 눈에 쏙 들더란다.

맹진사댁 경사 양선아씨는 평일 오후 8~10시, 토·일요일 오후 3~8시를 연극에 할애했다. "여러 사람이 함께 배우는 거라서 처음엔 쑥스럽고 고통스러운 점도 있었는데, 소통이 되고 멤버십이 형성된 뒤로는 연습시간이 제일 재밌더라고요."

반복되는 일상으로부터 탈출, 삶의 의미 모색, 스트레스 해소, 또다른 인생을 위해…. 저마다 목적은 다르지만 연극을 통해 무대에 오르려는 사람들이 늘고 있다. '자신'을 표현하려는 욕구는 곧 자신을 돌아보는 성찰로 이어지기 때문이다.

기초교육은 처음부터 실전처럼 진행됐다. 호흡법, 발성법, 움직임, 걸음걸이…. 복식호흡은 말하기의 기본이다. 봉산탈춤 이수자로 전통 연희극을 개발해 온 최창주 한국예술종합학교 명예교수가 숨쉬기부터 '복장 터지는 소리' 내기, 한정된 공간에서의 동작 표현 등을 가르쳤다. 정해진 동선을 따라 걷는 것도 결코 쉬운 일이 아니다. 최 교수는 맹진사의 아버지 '맹노인' 역으로 직접 출연해 극의 흐름을 거든다. 연출은 1976년 극단 '뿌리'를 창단한 후 40여년간 이끌어온 원로 연출가 김도훈이 맡았다. "20대부터 70대까지 섞여 있고, 습득의 시간차가 커 진도를 맞추기가 쉽지 않다"는 김 연출은 "대부분 직장인이라 시간 내기가 어려워 단막극을 고르기 쉬운데, 고생하더라도 이왕 하는 거, 특히 생애 첫 무대인 만큼 90분짜리 고전해학극 <맹진사댁 경사>를 추천했다"고 말했다. 김 연출은 "인간다운 삶과 진정한 사랑, 우리를 성찰하는 작품이라 연극을 통해 자신을 돌아보려는 회원들에게 딱 들어맞을 것"이라고 덧붙였다.

선아씨는 "배우라면 연출자의 지시에 체스판의 말처럼 움직여야 하는데, 연출 의도를 잘 그려낼 수 있을지 걱정된다"며 "이번 역할은 아직 제 능력으로 맡은 것이 아니라는 것을 기억하면서 겸손한 마음으로 무대에 서겠다"고 각오를 다졌다.

_ 김신성 기자 sskim65@segye.com

<맹진사댁 경사> 첫 공연에 관객 몰려

(사)한국생활연극협회가 창단 기념으로 제작한 김도훈 연출 <맹진사댁 경사>가 1월 27일 첫 공연에 관객이 몰려 수십 명은 공연을 보지 못하고 발길을 돌려야 했다. 150석인 대학로 공간 아울 소극장에 250명이 넘는 관객이 몰려 70여 명이 관극을 못한 것이다. 제작자로서 기분이 좋아야 하는데 엄동설한에 극장 나들이했다가 입장을 못한 관객들의 항의에 쥐구멍에라도 숨고 싶은 심정이었다.

출연 배우의 아버지는 물론, 김포에서 단체로 온 경기북부 김영직 지회장과 회원들, 수원과 대전에서 온 지인들에게 송구하기 그지없었다. 이태훈 배우 등 연극인들은 자리를 양보하고 돌아갔다.

입추의 여지 없이 객석이 차서일까? 엊그제 총연습까지도 위태위태하던 배우들의 연기가 물 만난 고기처럼 펄펄 날았다. 특히 맹진사 역 김진 태와 한씨 부인 역 이화시, 맹노인 역 최창주, 숙부 역 박영갑, 참봉 역 정애경 등의 연기에 관객들의 박수가 쏟아졌다.

음악평론가 이상만 선생, 조선화랑 권상릉 사장, 극작가 노경식 선생, 연극사가 서연호 교수, 한국문화예술위원회 이용훈 사무처장, 동방인쇄공사 허성윤 사장 등이 자리를 빛내 주었다.

최고령인 이상만 평론가는 "아마추어들이라 연기가 신선했고 무엇보다 재미있었다"고 격려해 주었다. 한국문화예술위원회 황현산 위원장께서 축하 화분과 꽃바구니를 보냈다. 케이티비에서 취재를 나왔고, 이화시 배우의 다큐멘터리 제작팀도 촬영을 했다

배우가 되고 싶고 무대에 서고 싶은 일반인들에게 그 꿈을 실현케 한 생활연극 <맹진사댁 경사>는 연극계 중진 김도훈 연출의 열정과 20여 명에 달하는 생활연극 배우들의 노력, 그리고 협회 이사진들이 무대 제작과 분장 등에서 재능을 기부해 꽃을 피울 수 있었다.

이순재 대배우 생활연극 배우들 격려하며 기념촬영

대학로 공간 아울에서 공연된 김도훈 연출의 생활연극 <맹진사댁 경사>가 1월 28일 2회 공연을 끝으로 성료됐다. 20대부터 70대 후반의 직장인, 주부, 학생 등 20명의 생활연극 배우들이 10주 동안 김도훈 연출의 지도를 받아 한국 전통의 미학과 정서가 살아 있는 <맹진사댁 경사>를 프로배우 버금가는 앙상블로 무대 위에 형상화했다는 것은 기적과도 같았다.

연극계 중진 김도훈 연출의 노련함, 분장의 마술을 보여준 박팔영 이사, 무대세트를 손수 디자인하고 제작한 신황철 이사 등 많은 분들의 자발적 봉사로 한 편의 작품이 무대에 올려지는 과정은 참으로 순수했고

이순재 대배우와 기념촬영한 배우들

아름다웠다.

　공연 후에 가족 친지들과 함께 사진을 찍으며 즐거워하는 배우들의 모습은 생활연극이 추구하는 삶의 만족도 향상이 아닐 수 없다. 아마추어 배우들의 공연인데도 전문 연극인들이 극장을 찾아 배우들을 격려하고 호평도 해주었다. 이순재 대배우가 공연 관람 전 배우들을 격려하며 기념촬영도 해주었다. 박정기 평론가, 연출가 정진수 교수, 김미혜 교수, 한윤섭 극작가 겸 연출가, 김재건·염우형·고인배·장기용·김용선·차유경 배우 등 연극인들도 이번 공연을 빛내 주었다.

　뒤풀이에서 정진수 교수는 "사기를 당한 것 같다"는 비유로 아마추어인데 프로 같은 수준의 공연을 해냈다고 칭찬해 주었다. 김미혜 교수도 생활연극의 필요성과 가능성을 말해 주었다. 공연 성과가 좋아서 뒤풀이도 화기애애했다. 공연을 마친 배우들이 프로연극인, 가족 친지와 어울려 격려하며 회포를 푸는 뒤풀이는 생활연극 공연의 특징이 되었다.

\<맹진사댁 경사\> 결산 내역

수입 : 참가비　　　　　210만원
　　　티켓 판매　　　　106만 5,000원
　　　협찬금　　　　　350만 원
　　　계　　　　　　　665만 5,000원

지출 : 극장 대관료　　　140만 원
　　　연습장 대관료　　42만 원
　　　연출료　　　　　172만 원
　　　의상비　　　　　100만 원
　　　세트, 조명 분장　120만 원
　　　인건비　　　　　30만 원
　　　회식비　　　　　146만 8,500원
　　　사무비　　　　　49만 8,740원
　　　계　　　　　　　8,007,240원

수입 총액 6,750,000원 -지출 총액 8,007,240 = -1,257,240원 (적자)

중동 희곡 <왕은 왕이다> 낭독 공연

구미란 박사 초청 중동 희곡 특강 개최

(사)한국생활연극협회가 아랍 희곡을 전공한 구미란 박사(선문대 겸임 교수)를 초청해 '아랍 연극의 특징과 <왕은 왕이다> 작품 해설' 특강을 2018년 4월 9일 한남 복합문화센터에서 가졌다. 생협은 첫 낭독 공연으로 시리아 극작가 시아달라 완누스의 희곡 <왕은 왕이다>를 기획, 연습에 들어가기 전 배우들과 스태프들의 아랍 연극에 대한 이해를 돕기 위해 특강을 마련한 것이다.

역자와 출연진 프로필

작가
시마다 마완뉴스
(1941~1997)

역자
구 미 현

작품의 주제

줄거리

출연진

이사 빗차
장 기 용

출판인사
김 용 선

경찰 서장, 새어크 미라, 재성서
이 광 현

출연진

무서울
김 진 태

인사
정 예 경

마이샤·엘나나 시르반니네
김 정 안

출연진

무스타라
박 영 갑

메르모드
송 명 규

자히드
현 철 수

우바이드
이 상 만

<아라비안 나이트>를 브레히트식 서사 기법으로 패러디한 이 특강에서 구미란 박사는 아랍의 복잡한 현대사 및 종교 분쟁의 배경과 함께 완누스의 정치연극 <왕은 왕이다>의 집필 의도와 내용 분석, 그리고 캐릭터의 특징을 이해하기 쉽게 설명해 주었다. 한국외국어대에서 아랍 희곡을 전공한 구 박사는 우리에게 생소한 중동의 문화와 예술을 연극으로 어떻게 구현해 냈는지를 흥미롭게 체험케 해주었다.

　　프로 배우와 아마 배우가 호흡을 함께하는 이번 낭독 공연은 2009년 서울시극단 대표로 이 작품을 공연한 김석만 교수가 지도 및 연출을 맡았다. 김 연출은 아랍 음악을 곁들인 독특한 형식의 낭독 공연을 보여주겠다고 말했다. 이날 특강에는 김석만 교수와 창립 공연 <맹진사댁 경사>의 김도훈 연출, 그리고 낭독 공연에 참가할 장기용·이광현 프로 배우, 박영갑·이상만·김정인·김진태·정애경·이정우 등 아마 배우들이 참석했다. 이승옥 협회 부이사장, 이화시 이사, 김형진·김민승·조성우 등 생활연극 배우도 참석했다.

낭독 공연의 또다른 매력 보여준 중동 희곡 <왕은 왕이다>

2018년 5월 21일 대학로 예그린씨어터에서 공연한 아랍 희곡 <왕은 왕이다>(시아달라 완누스 작, 구미란 역, 김석만 연출)는 우리에게 생소한 중동 연극이고 낭독 공연임에도 불구하고 200석 극장을 가득 메운 관객들의 진지한 호응으로 성황리에 막을 내렸다.

　　프로 배우인 장기용·김용선·이광현과 아마 배우인 박영갑·송명규·전철수·김정인·이상만·김진태·정애경 등이 한 무대에서 호흡을 맞춘 이번 공연은 스탠딩 낭독임에도 배우들의 입체적인 화술과 아라비아의 아우라를 조성해 준 음향과 음악 효과(한철), 북과 징과 색색의 천 등 소품을 활용한 변주가 어우러져 시청각적인 재미를 살렸다.

<천일야화>에서 영감을 받아 썼다는 이 희곡은 천 년을 흘러도 권력을 둘러싼 인간의 야욕은 변치 않았고, 결국 권력은 왕관과 옥좌에서 나오나 결말은 비참하다는 것을 오늘에 시사해 주었다.

특히 이번 공연은 연극인들의 많은 관람으로 더욱 빛이 났다. 극작가 노경식·한윤섭, 연출가 김도훈·강영걸, 배우 백수련·권병길·이창직·이용녀·김명중·원종철 등이 참석했다. 문화계에서도 최창주 한국문화예술위원회 위원장 직무대행, 장석용 한국예술평론가협회 회장, 신선섭 오페라단 단장, 방송계의 엄기백·김재연·서장현, 영화계의 김병재 평론가, 최종원·김성훈 감독, 가수 케빈 등이 함께했다.

<왕은 왕이다> 결산 내역

수입 : 참가비	61만 원	
티켓 판매	21만 원	
후원금	190만 원	
계	272만 원	

지출 : 극장 대관료	22만 원	
연출비	50만 원	
특강비	22만 원	
제작비	50만 950원	
식비	62만 원	
알바의 집 찬조금	50만 원	
계	256만 950원	

총수입 2,720,000원 - 총지출 2,560,950원 = 139,050원(흑자)

<베르나르다 알바의 집> 낭독 공연

이승옥 부이사장 제안으로 로르카 작품 선정

생협 부이사장이자 국립극단 출신의 이승옥 배우가 여성 회원들의 역량을 강화하고 친목을 꾀하기 위해 제안한 스페인 작가 가르시아 로르카의 <베르나르다 알바의 집> 공연팀이 2018년 3월에 출범했다. 팀원은 이승옥 배우를 비롯해 이화시·공성신·정애경·김준용·유현숙·김형진·박혜진 등이다. 초기에는 이승옥 예술감독이 지도했으나 탄탄한 실력의 홍란주 연출을 초빙, 연습에 박차를 가했다. 정애경·유현숙 대신 김미승이 합류했으며, 해설자로 신황철 협회 이사가 참여했다.

5월 26일, 27일 대학로 연극인센터 2층 세미나실에서 공연

생협 두 번째 낭독 공연인 로르카 작, 홍란주 연출의 <베르나르다 알바의 집>이 2018년 5월 26~27일 대학로 서울연극센터에서 공연되었다. 첫째 날은 80여 명의 관객들이 홀을 채웠고, 둘째 날도 50여 명이 관람했다.

이번 낭독 공연의 소득은 압축된 연출로 관객과 소통이 된 점, 일반 출연진이 땀흘린 연습으로 배우로 거듭났다는 점이었다. 특히 김기영 감독의 페르소나였던 이화시 배우는 협회 창립 공연 <맹진사댁 경사>에 이어, 이번 작품에선 어머니 베르나르다 역을 맡아 품격 있는 열정 연기를 펼쳤다. 이화시 배우는 "정말 멋졌습니다. 두 달 반의 연습은 피가 되고 살이 되었고, 조명 아래 서서 처음 해본 낭독극은 감정의 끝을 달려갔습니다. 참으로 오랜만에 느껴 보는 흐뭇함에 가슴 벅찼습니다"라고 소감을 밝혔다. 폰치아 역의 김준용, 앙구스티아스 역의 공성신, 막달레나 역 김형진, 마르트리오 역 김미승, 아델라 역 박혜진 등도 처음 대본을 접할 때와는 비교할 수 없을 만큼 괄목할 성장을 보여 관객들의 뜨거운 박수를 받았다. 이승옥 예술감독과 홍란주 연출은 낭독 공연이 결코 밋밋하지 않고 입체감을 줄 수 있음을 확인시켜 주었다.

<베르나르다 알바의 집> 결산 내역

수입 : 참가비	77만 원	
지출 : 극장 대관료	6만 3,000원	
연출비	30만 원	
인쇄비	19만 8,000원	
대본사비	8만 6,000원	
계	64만 7,000원	

총수입 770,000원 - 647,000원 = 123,000원(흑자)

예술감독과 연출, 출연진

이승옥 / 예술감독

이화시 / 베르나르다

홍란주 / 연출

신한철 / 해설

김준용 / 폰치아

공성신 / 앙구스티아스

김형진 / 막달레나

김미승 / 마르티리오

박혜진 / 아멜라

최영환 연출 <욕망이라는 이름의 전차>

아마 배우들, 미국 최고봉 현대연극에 도전!!

(사)한국생활연극협회 창립 1주년 기념 공연은 최영환 부이사장이자 동국대 공연예술학과 교수가 작품을 선정하고 연출한 테네시 윌리엄스의 <욕망이라는 이름의 전차>다. 2018년 8월 23일부터 26일까지 용산 꿈나무종합타운 5층 소극장에서 공연한 이 작품은 용산연극협회(회장 신황철)와 함께 공동제작해 용산구민을 위한 공연으로 기획된 점이 특징이다.

미국 현대 작가 테네스 윌리엄스의 퓰리처상 수상작인 <욕망이라는 이름의 전차>는 전문 연극인들도 도전 기회가 많지 않은 현대 고전이다.

이 작품을 아마 배우들이 전문 연출가와 함께 도전한다는 것은 생활연극 협회로서는 획기적인 기획이 아닐 수 없다. 그래서 캐치프레이즈를 "아마 배우들, 미국 최고봉 현대 연극에 도전!!"이라고 내걸었다.

대장정의 첫발은 순탄치만은 않았다. 교사로, 직장인으로, 주부로 일상에 묻혀 있던 생활인들이 몇 차례 생활연극 체험 후에 고난도 코스에 오르는 만큼 난제가 많았지만 아마 배우들의 도전 의지는 대단했다.

도전자는 여행을 즐기고 춤을 배우고 가르치던 주부 조항선(블랑쉬 역), 직장연극 개척에 헌신해 온 전천후 연극인 신황철(스탠리 역), 현직 국어 교사인 이주연(스텔라 역), 생활연극 무대에서 주목받은 최만수(미치 역) 등이다. 여기에 70대 후반의 열정적인 노익장 배우 박영갑(의사), 제조업 대표인 박태석(이블 역), 주부이자 이촌1동 마을극단 대표인 양문정(멕시코 여인), 생활연극과 봉사활동을 겸해 온 김형진(유니스 역)이 함께 했다. 대학로 연극동네에서 활동 중인 프로 배우 노윤정(간호사 역)과 TV 드라마에 출연해 온 새별 김주영(젊은 수금원)이 특별출연했다.

연출을 맡은 최영환 교수는 서울뮤지컬단에서 배우로 활동했으며, 미국 웨스턴 일리노이 대학에서 연출 실기 석사(M.F.A)를 했다. 전공은 뮤지컬 연출과 연극 연출. 생활연극에 관심이 많아 <우리 동네 김포>, <나의 살던 고향은 용산> 등 커뮤니티 시어터를 연출해 지역사회에서 공연해왔다. 최영환 연출은 "현대 사회에 적응하지 못하고 파멸되어 가는 이들에게 작은 위로와 치유가 되기를 바라는 마음에서 <욕망이라는 이름의 전차>를 택했다"며 "약 3개월 동안 아마추어 배우들이 울고 웃으며, 땀을 흘리며 연습하는 모습을 보면서 그들의 마음의 상처가 치유되고, 서로 위로하고 배려해 주고, 기쁨과 감사가 넘치는 모습을 지켜보아 행복했다"고 밝혔다.

스파르타식 연습과 엄청난 부담의 무대 세트 제작

2018년 여름은 예년보다 무더웠다. 이 더위 속에서 <욕망…>의 배우들은 거의 두 달 반 동안 매일 10 To 10의 강행군 연습을 했다. 그래도 연습장인 한남동의 용산창작센터가 냉방시설을 완비해 더위를 피할 수 있었지만, 하루 12시간의 스파르타식 연습은 전문 배우들도 견디기 어려운 고행이었다.

이 같은 훈련 방식이 가능했던 것은 최영환 연출의 집념과 아마 배우들의 도전 의지와 열정이 의기투합했기 때문이다. 그 결과 아마 배우들은 두 시간의 무대 위 대사를 몸에 밸 정도로 익히고, 복잡한 연기 동선을 숙달해 완성도 높은 공연을 펼칠 수 있었다.

프로 못지않은 무대를 꾸미려면 제작비가 만만치 않은데 재정이 열악한 생활연극협회로서는 이 난관 극복이 관건이었다. 가장 큰 숙제였던 의상은 출연 배우들의 인터넷 등을 통해 디자인을 고르고 자비로 장만해주어 한시름 놓을 수 있었다.

하지만 연출은 조명·무대에서 전문성을 살리기를 원했고, 제작자인 이사장은 이를 충족시켜야만 했다. 가장 난제는 무대 세트 제작비였다. 최영환 연출이 전문 무대디자이너 김한신 교수(백석예술대)에게 실비로 세트 제작을 의뢰했으나 그 비용도 감당키 어려운 액수였다. 그러나 세트 없이 공연할 수는 없으므로 이사장과 연출이 그 비용을 분담해 어렵게 무대에 완성도 높은 세트를 세울 수 있었다.

독일 드레스덴 국립미술대학 무대디자인학부 및 대학원을 졸업한 김한신 디자이너는 산업화되어 가는 미국 남부 도시 뉴올리언스의 허름한 거리에 위치한 폴란드 출신의 스탠리 집을 형상화했다. 세트는 일부가 벽체 없이 노출된 채 서민들의 삶을 드러내보였고, 무대 상수에는 블랑

연출의 글   07

우리 사회에 존재하는 수많은
'블랑쉬'를 어떻게 하지...

연출 **최 영 환**
前 국립극단 감독예술위원 교수
울산연극협회 고문

08   욕망이라는 이름의 전차

작가 소개
테네시 윌리엄스 (Tennessee Williams, 1911~1983)

무대디자인 김현진

무대디자인 컨셉

줄거리

10   출연진

출연진   11

스탭

쉬를 이곳에 데려다 준 전찻길과 함께 낡은 전신주가 보였다. 사실적이지만 간소화한 상징적인 무대에 등장인물들의 욕망과 현실의 괴리를 담아내고자 했다고 김 디자이너는 밝혔다.

이처럼 완성도 높고 세련된, 그러나 생활연극으로서는 고가인 무대 세트는 그 후에도 아직 주문해 보지 못했다.

스탠리 역 신황철, 블랑쉬 역 조항선 배우

첫 공연의 짜릿한 감동, 생활연극의 지평 넓혀

아마 배우들의 등정 의지는 기대 이상이었다. 태풍이 전국을 흔든 2018년 8월 23일 용산 꿈나무종합타운 소극장에서 개막한 테네시 윌리엄스의 <욕망이라는 이름의 전차>는 생활인들이 오르기에는 가파르고 험난한 현대 연극의 높은 봉우리였다. 그런데 어제까지 직장에서, 가정에서 일상을 살던 생활인들이 천신만고 끝에 정상을 밟은 것이다. 불안감으로 지켜보던 관객들은 한동안 숨을 참았다가 박수를 터뜨렸다.

당초 장장 2시간 동안 무대에 서서 앙상블을 이뤄야 하는 연극 무대는 아마추어들에게는 벅찼고, 그래서 무모하다는 말도 들었다. 하지만 폭염이 기승을 부린 이번 여름을 오로지 연습에 쏟은 연출가 최영환과 10명의 배우들은 마침내 미국 현대 연극의 최고봉에 오르는 쾌거를 이뤄냈다. 물론 프로 연극의 기준으로 보면 많이 부족하고 어설픈 점도 있었다. 역시 프로와 아마의 차이는 발성이었다. 땀은 쏟았는데 배우들의 소리가 뻗지를 못해 대사의 디테일이 객석 곳곳에 전달되지 않아 보는 이들을 안타깝게 했다. 그것만 극복했다면 최영환 연출의 <욕망이라는 이름의 전차>는 대학로 연극과 견주어도 손색이 없었다. 무대디자인, 의상, 음향도 생활연극으로서는 최고 수준이었다.

이날 공연은 아마추어라도 열정과 집념이 있다면 어떤 연극도 해낼 수 있다는 가능성을 보여주었다. 여주인공 블랑쉬 역을 맡은 조항선은 "여행을 즐기고 춤을 가르치던 내가 우연히 접하게 된 '연극'으로 뜻밖의 여정을 시작한 지 3년 만에" 프로 배우들도 탐내는 최고의 캐릭터에 도전해 절반 그 이상의 성공을 거두었다. 더욱 놀라운 생활 배우는 스텔라 역의 이주연이었다. 국어선생님으로 강단에만 서온 그가 우연히 연극을 만나 프로 버금가는 역량을 내보인 것이다.

이 연극의 성패는 거친 성격에 수컷의 욕정이 솟구치는 스탠리 역인데 직장연극 개척에 앞장서 왔던 신황철이 배우로 나서 짱짱한 대사와 거친 캐릭터로 무대를 압도했다. 미치 역을 맡은 최만수 역시 무대에 선 지 2년 만에 큰 배역을 소화해 냈다.

이 밖에도 영화배우가 되려던 꿈을 아버지 반대로 접고 은퇴 후 생활연극 배우가 된 77세의 박영갑, 아크릴 사업으로 성공한 자영업 대표 박태석, 가정주부 양문정, 봉사활동을 해오다 배우의 꿈을 이룬 김형진 등 생활인들이 무대에 서서 일상에서 느끼지 못한 정서적 만족을 느꼈다.

특별출연한 노윤정은 "배우의 꿈을 이루기 위해 10년간의 직장 생활을 접고 프로 배우가 된" 케이스다. 잠깐 나오지만 아이돌의 아우라를 보인 김주영은 TV 드라마에 나오는 탤런트다.

(사)한국생활연극협회가 창립 1주년 기념으로 공연한 이번 작품은

동국대 공연예술학과 교수이자 협회 부이사장인 최영환 연출에 신황철·박태석·양문정 3인의 이사가 배우로 출연한 생활연극의 전형이라고 할 수 있다.

제작을 맡은 정중헌 이사장은 "아마 연극, 생활연극은 학예회 수준이라는 통념을 깨고 생활연극도 최고의 경지에 도전할 수 있음을 실증한 무대"라는 소감을 페이스북에 썼다.

우리는 너나없이 욕망이라는 이름의 전차를 타지만 그 여정의 끝이 천국일지 묘지일지는 이 연극의 아마 배우들이 실연으로 보여주고 있다.

생활연극도 관객을 모을 수 있다

테네시 윌리엄스 작, 최영환 연출의 <욕망이라는 이름의 전차> 3일차인 8월 25일(토) 낮 3시 공연은 만석이었다. 용산 꿈나무 종합타운 5층 소극장 객석은 170석인데 이날 200명 넘게 관객이 입장한 것이다. 관객 다수가 협회 임원, 배우와 스태프들의 가족·지인들이지만 이날은 연기를 지망하는 학생 50명이 단체관람을 했다. 연극을 처음 접하는 시니어 관객들도 늘어나는 추세다.

관객이 많으면 배우들도 신명이 나게 마련이다. 첫날 잘 들리지 않던 대사가 뒷좌석까지 들렸고 앙상블도 탄탄했다. 사단법인 한국생활연극협회 창립 기념작인 오영진 작, 김도훈 연출의 <맹진사댁 경사> 첫날 공연에 150석 객석에 200명 훨씬 넘는 관객이 몰려 혼쭐이 났었는데, 이번에 그런 소동은 없어 다행이었다.

생협은 1년 동안 <맹진사댁 경사>, <욕망이라는 이름의 전차> 등 본공연 2편, <왕은 왕이다>, <베르나르다 알바의 집> 등 낭독 공연 2편 등 모두 4편을 개막했는데 그때마다 관객들이 많이 와주었다.

앞으로 관객을 계속 모으려면 레퍼터리를 잘 선정하고 공연의 완성도를 높이고 신뢰를 쌓아야 한다는 것을 배운 것이다.

막공에 전문 연극인들 관람, 놀라운 도전 칭찬

8월 26일 막공도 전날에 이어 성황이었고 배우들은 대단원의 막을 멋지게 장식했다. 이번 공연에서 가장 많이 들은 칭찬은 프로 연극 못지않다는 것이었다. 아마추어 배우들이지만 연기에 손색이 없었고 무대디자인, 의상, 소품도 흠잡을 게 적었다는 말을 들었다. 이 모두는 2개월 반 동안 배우들에게 연기를 지도하고 훈련의 강도를 높인 최영환 연출의 공로가 아닐 수 없다. 아마 배우들과 이 작품을 한다고 했을 때 어렵지 않겠느냐는 시선도 없지 않았지만 미국 현대 연극의 최고봉에 오르려는 아마 배우들의 열정, 생활연극도 프로 버금가게 할 수 있다는 최영환 연출의 의지가 합쳐져 한국 생활연극의 새 경지를 연 것이다.

무엇보다 고마운 분들은 관객들이었다. 막공을 보러 여러 분야의 지인들이 공연장을 찾아왔다. 극작가 노경식, 연출가 김도훈, 구자흥 한문연 이사장, 송형종 서울연극협회 회장, 윤정국 김해문화의전당 대표, 배우 여무영·차유경·장항석, 강용식 전 국회사무총장, 최창섭 서강대 명예교수, 정창기 전 리빙TV 사장, 영화배우 한지일, 이공희 영화감독, 조희문 평론가, 탤런트 박찬환, 김태영 다큐 감독, 김태곤 가수 등. 이 밖에도 생활연극협회 손동진·김창환·김영직 지회장, 강은아 지부장, 고인배·박정재·유승희·이화시·홍란주 이사, 창립 공연과 낭독 공연에 참여했던 많은 분들이 찾아와 축하와 성원을 아끼지 않았다. 정중헌 이사장도 가족, 친척, 대학 동문, 고교 동창과 각계 지인 100여 명에게 티켓을 팔고 초대했는데 호응도가 높았다.

<욕망이라는 이름의 전차> 결산 내역

수입 : 용산 찬조금   300만 원
　　　용산 티켓 판매   207만 5,000원
　　　생협 찬조금   215만 원
　　　생협 티켓 판매   40만 원
　　　이사 찬조금   90만 원
　　　배우 참가비   80만 원
　　　인쇄비 후원   100만 원
　　　계   10,955,000원

지출 : 극장 대관비   100만 원
　　　무대 제작비   420만 원
　　　대소 도구비   81만 원
　　　조명   100만 원
　　　음향   30만 원
　　　포스터 인쇄, 촬영   125만 원
　　　의상, 소품   20만 1,120원
　　　스태프 인건비   80만 원
　　　진행비, 잡비   100만 7,000원
　　　식대, 뒤풀이   93만 5,600원
　　　계   11,503,.720원

총수입 10,955,000원 - 총지출 11,503,720원 =-548,750원(적자)
적자 분담 : 용산협 -274,360원, 생협 -274,360원

이우천 연출의 <사랑장터 2>

직장인 배우 모집

이우천 연출의 <사랑장터 2>를 공연하기 위해 다음과 같은 내용의 모집
광고를 SNS를 통해 내고 배우를 모집했다.

> (사)한국생활연극협회가 주 52시간 근로시대에 맞춰 직장인 배우를 모집합니다.
> 대학로의 중견 이우천 연출과 8주간 주 3회 연습해 연내에 대학로 소극장 무대에
> 올리는 프로젝트입니다. 많은 관심 바랍니다.

서민들의 웃음과 애환이 서린 <사랑장터>

(사)한국생활연극협회 2018 송년 공연 작품 <사랑장터 2>(김정숙 작, 이우천 연출)가 10월 3일 리딩과 캐스팅을 마치고 본격 연습을 시작했다. 본래 취지는 주 52시간으로 근무시간이 준 직장인들을 위한 생활연극이었는데, 직장인뿐 아니라 일반인들의 호응도가 높아 총 17명이 공연에 참가했다.

극단 모시는사람들 대표 김정숙 작가가 쓰고 경기도립극단에서 김성노 연출로 막을 올려온 장수 무대인 <사랑장터>의 시즌 2 버전이다.

사업 실패로 아버지는 행방불명이 된 데다 빚까지 떠안아 사채업자들로부터 장기 적출 위협까지 당하는 효녀 유정을 시장 상인들이 도와 부녀상봉을 이루게 하는 해피엔딩 스토리다. 연말 관객들에게 재미있고 훈훈한 무대를 보여주겠다는 젊은 연출가 이우천의 야심작이기도 하다.

이 무대에는 70대 아마 배우들과 30대 직장인까지 다양한 생활인들이 상인 캐릭터를 연기하게 된다. 이우천 연출은 배우들이 노래도 부르는 가요극을 보여줄 계획이다.

관객이 많이 오면 어쩌나 가슴 졸인 <사랑장터 2> 공연

보통 사람들의 감동 드라마. (사)한국생활연극협회 송년 공연인 이우천 연출의 <사랑장터 2>가 11월 30일에 이어 12월 1일까지 이틀 3회 공연의 막을 대학로 물빛극장에서 내렸다.

첫날 130석 소극장에 152명을 가까스로 앉혔고, 토요일 첫 회는 154명을 입추의 여지 없이 입장시킨 진기록도 세웠다. 3회 공연에 450명 가까운 관객이 공연을 관람했다는 것은 생활연극의 미래를 밝게 한 청신호라고 본다. 일반인들이 무대에 배우로 서고, 그 공연을 가족과 친지 등 일반인들이 보고 즐기는 선순환 구조가 정착된다면 생활연극이 연극 인구 저변 확대에도 기여하게 되리라고 보기 때문이다.

9월 하순에 시작해 2개월간 17명의 아마 배우들이 연극을 만들어 가는 과정은 한 편의 드라마를 방불케 했다. 생활연극은 연극에 대한 애정과 무대에 서고 싶은 꿈을 지닌 일반인들에게 공연의 체험을 안겨 주고 일상의 틀에서 벗어나 삶의 활력과 즐거움을 안겨 주자는 취지에서 출발했다.

김정숙 작가가 쓴 이번 작품은 재래시장 상인들이 어려운 이웃을 돕는 인정가화(人情佳話)이다. 17명이 출연하는 공연에 박영갑·이화시·김진태·정애경·공성신·박금옥·박혜진 등 협회 작품에 출연했던 배우들도 있지만, 진보경·주재환·김혜숙·설용수·최서호·이영환·이지현·권영미·한윤희·김준영 등 처음 만난 배우, 처음 무대에 서는 일반인들도 있었다. 이들 중에는 프랑스에서 오래 생활하다가 모국에 와서 무대에 선 분, 15년간 여행에 미쳐 살다가 연극이란 미지의 세계에 입문한 분, 20대에 꾸었

노래를 곁들인 인정가화 <사랑장터 2>

출연진 프로필

던 배우의 꿈을 30년 만에 이룬 교사까지 다양한 연령대의 생활인들이 무대를 통해 새로운 세상을 체험했다.

연습이 끝나면 추렴하여 회식을 하며 "인생 뭐 있어? 연극이지!!!"를 외치며 친교를 나눴던 배우들이 어제 쫑파티를 하고 헤어져야 했다. 석별의 정을 아쉬워한 배우들은 새벽까지 회포를 풀었다.

<사랑장터 2>는 연기뿐 아니라 노래와 춤이 있고 마임까지 섞여 출연한 아마 배우들도 즐거워했고, 보는 관객들도 신나고 재미있다고 칭찬을 아끼지 않았다. 막이 내리고 꽃다발 들고 찾아온 지인 관객들과 어우러져 기념사진 찍는 것도 생활연극의 새 풍속도가 되었다. 배우들이 보람과 만족을 느끼고 관객들이 객석을 빼곡히 채워 준 이번 송년 공연을 보면서 제작자로서 뿌듯한 행복을 느꼈다.

배우들의 만족도 높이고 호평 받은 <사랑장터 2>

이우천 연출의 <사랑장터 2>에 출연했던 배우들과 연출의 감회도 남달랐다. 아마 배우들을 지도한 이우천 연출은 "아마추어들의 생활연극은 죽어 가는 기성 연극을 살리는 문화운동이라고 생각해 연출로 동참했다"며 생활연극의 필요성을 강조했다.

배우로 참여한 60대의 진보경씨는 "40여 년을 떠돌이별이 되어 유럽과 아프리카를 유랑하다 돌아와 어머니의 품에 안겨 연극에의 꿈을 이루고 나의 열정을 불태우게 되어 기쁘다"는 소감을 전했다.

60대인 주재완 배우도 "생활연극이 나 같은 퇴직자, 더 나아가 직장인들이 연극을 통해서 또 다른 나를 발견할 수 있는 좋은 기회가 되기를 바란다"고 말했다.

50대의 최서호 배우는 "한 번도 접해 보지 못한 연극을 만났으니 이 기회에 크게 미쳐 보고 싶다"는 소감을, 40대의 권영미 배우는 "'행복하게 살자'를 모토로 15년간 여행에 미쳐 살다 현재는 '연극'이라는 미지의 세계 탐험에 푹 빠져 연극의 매력 속에서 진정한 힐링을 만끽하고 있는 행복한 직장인"이라며 뿌듯함을 드러냈다.

그 밖의 배우들도 꿈이던 배우가 되어 무대에 선다는 것이 마냥 신기했다며 "인생 뭐 있어? 연극이지!"를 외치던 연습 후의 뒤풀이도 너무 즐겁고 행복했다고 입을 모았다.

공연을 본 박정기 평론가는 SNS에 다음과 같은 글을 남겼다.

이화시, 박영갑, 김진태, 정애경, 박금옥, 박혜진, 설용수, 주재완, 공성신, 진보경, 김혜숙, 최서호, 권영미, 이지연, 한윤희, 이영환 등 출연자 전원의 연기는 풍성한 감성과 호연으로 관객을 연극에 빠져들도록 만들고 대단원에서 우레와 같은 갈채를 이끌어 내, 한국생활연극협회(이사장 정중헌)의 2018 송년 공연 김정숙 작, 이우천 연출의 <사랑장터 2>를 기억에 길이 남을 성공적인 공연으로 창출시켰다.

한지일 영화배우도 페북에 다음과 같은 글을 사진과 함께 올렸다.

퇴근하자마자 곧바로 대학로로 달려가 한국생활연극협회 2018년 송년 공연을 뜻 깊게 재밌게 관람하였다. 공연 시간 30분 전에 벌써 빈자리 하나 없이 만석이었다.

프로 연극인들이 아닌 생활인 17명으로 구성된 <사랑장터 2>야말로 앙코르 공연을 하여도 손색이 없을 정도로 관객 모두에게 연극이 이런 재미도 있구나란 생각에 빠져들게 했다.

김일현 사진작가도 페북에 <사랑장터 2> 사진을 올렸다.

오늘 첫 공연을 관람을 하였는데 만석이 되었고 공연도 재미있었다. 정중헌 이사장께서 관심과 애정으로 제작하고 계신 생활연극은 이래서 앞으로 더욱 지속 발전될 것이다.

\<사랑장터 2\> 결산 내역

수입 : 참가비   480만 원
       협찬금   130만 원
       계   6,100,000원

지출 : 극장 대관료   99만 원
       연습장 대관료   78만 4,000원
       연출비   150만 원
       제작비(무대, 음향, 조명)   150만 원
       인건비   60만 원
       회식비   48만 1,000원
       사무비(소품, 우편 등)   24만 8,660원
       계   6,103,660원

수입 6,100,000원 -지출 6,103,660원 = -3,660원(적자)

강영걸 연출 <작은할머니>

연극계 중진 강영걸 연출 <작은 할머니> 배우 모집

"당신도 배우" 한국생활연극협회 신춘 대공연에 도전해 보세요!
부잣집 씨받이로 들어간 한 여인의 가슴 먹먹한 삶을 그린 우리네 가족사.
그 여자의 소설 같은 이야기에 동참할 배우를 찾습니다.

엄인희 작가의 희곡 <작은 할머니>(<그 여자의 소설>로도 공연) 모집 광고
를 협회 제작 생활연극 <사랑장터 2>와 페이스북 등에 실었다.

모집 대상 : 20~70대 일반인 남녀 10~20명
연습 기간 : 2019년 1월 14일~3월 23일

공연 기간 : 2019년 3월 29~31일 (6회 공연)
참가비 : 30만 원

"엄인희 작가의 작품세계와 <작은 할머니>의 연극성" 특강

2001년 46세로 타계한 엄인희 작가는 1981년 조선일보 신춘문예에 <부유도>, 경향신문 신춘문예에 <저수지>가 동시에 당선되어 등단했다. <생과부 위자료 청구소송>과 <작은 할머니> 등 대표작을 남긴 엄 작가는 여성의 인권에 특히 관심을 쏟았다.

엄인희 작가의 대다수 작품은 강영걸 연출에 의해 무대에 올려졌다. 작품을 정확히 파악하여 행간의 섬세한 상징을 찾아내는 치밀함으로 정평이 나 있는 강 연출은 무대 위의 진정한 리얼리스트로 불리고 있다. <작은 할머니>는 <그것은 목탁 구멍 속의 작은 어둠이었습니다>, <피고 지고 피고 지고> 등 강 연출의 대표작 중 하나로 관객들에게 많은 사랑을 받은 작품이다.

(사)한국생활연극협회는 3월 공연에 앞서 엄인희 작가의 작품세계를 재조명하고 <작은 할머니>의 연극적 특성을 살피는 특강을 참가자 및 관심 있는 일반인을 대상으로 2018년 12월 27일 오후 3시 한성대 앞 극단 춘추 RM스튜디오에서 열었다.

강영걸 연출이 주제를 발표하고, 이 작품으로 연기상을 수상한 공호석 배우가 인물의 성격을 분석한다. 김도훈 연출은 "<작은 할머니>가 왜 강영걸 연출의 대표작인가"에 대해 이야기한다.

엄인희 작가와 강영걸 연출의 작품세계 조명

"엄인희 작가는 여권에서 더 나아가 인권에 역점을 두고 희곡 <작은 할머니>를 썼다." (사)한국생활연극협회가 개최한 "엄임희 작가의 작품

세계와 <작은 할머니>의 연극성" 특강에서 주제를 발표한 강영걸 연출가는 "한 여성의 소설 같은 이 작품은 작가 집안에 실제로 있었던 이야기를 희곡화, 문중의 박대를 받기도 했다"고 밝혔다.

요즘 세대가 보면 뭐 그런 일이 있느냐, 말도 안 된다고 뛰쳐 나갔겠지만 "불과 몇십 년만 거슬러 올라가면 우리 역사, 우리 사회에 그런 일이 있었다"며 엄 작가는 "그 엄혹한 현실을 고발하기보다는 그 속에서 휴머니즘을 구현해 냈다"고 강 연출은 말했다.

엄인희 작가(1956~2001)는 서울예대 연극과를 졸업하고 1981년 조선일보(부유도)와 경향신문(저수지) 신춘문예에 동시 당선되어 등단한 후 <생과부 위자료 청구소송>, <비밀을 말해 줄까> 등의 희곡을 통해 개성 있는 작품세계를 구축했다. 여권운동에도 앞장섰던 그는 폐선암으로 생을 마감했다.

<작은 할머니> 초연 당시 할아버지 역을 맡아 연기상을 받은 극단 민예의 공호석 배우는 "첩을 둔 적도 없고 치매에 걸려 본 적도 없는 50대 후반에 이 역을 맡아 난감했으나 외가 쪽에서 모델을 찾아 연구했고 의사에게 치매 증상 이야기도 들었다"면서 "직접이든 간접이든 배우는 체험을 통해 배역을 자기화해야 한다"고 강조했다.

김도훈 연출가는 '왜 강영걸 연출의 <작은 할머니>인가'에서 "강영걸 연출은 전통의 현대화에서 뮤지컬까지 연출의 스펙트럼이 넓을 뿐 아니라 <불 좀 꺼주세요>, <그것은 목탁 구멍 속의 작은 어둠이었습니다>, <피고 지고 피고 지고 > 등 히트작이 많다"고 했다. 그 이유에 대해 김도훈 연출은 "이원경 선생에게 배운 정확한 화술로 우리말의 의미를 빼어나게 전달하고 흉내나 연기가 아닌 캐릭터 그 자체를 충실하게 구현하기 때문"이라고 분석했다. 이날 특강에는 노경식 작가, 박팔영 분장가 겸

배우, 백경희 강윤경 배우, 이순신 연구가 김동철 박사, 협회에서 유승희 상임이사와 정애경 사무국장 등이 참석했다. 공연 참가자들은 특강 후 연사들과 함께 생활연극인 망년회를 가진 자리에서 <작은 할머니>에 대한 기대감을 한껏 부풀렸다.

강영걸 선장이 이끄는 <작은 할머니>호 출항식

2019년 1월 14일. 한성대 앞 RM스튜디오에 24명의 아마추어 배우들이 승선, 10주간의 항해에 나섰다. 70대 후반에서 20대 초반까지 다양한 연령대의 배우들은 여러 곳에서 시민연극, 생활연극을 했던 체험자들이지만 강영걸 연출에게 한수 배우겠다는 열정으로 배에 올랐다. 첫날 강 연출은 우리말의 정확한 발음과 꾸미지 않은 느낌을 강조했다.

엄인희 작가의 이 희곡은 <그 여자의 소설>이라는 제목으로 프로와 아마, 경향 각지에서 공연해 온 인기 레퍼터리다. 그래도 강영걸 연출의 초연과 여러 차례 재공연이 가장 완성도가 높았고, 강렬한 감동을 안겼다는 평을 얻고 있다.

두 팀으로 나뉜 배우들은 첫날 강영걸 연출의 지도로 대본을 읽었는데 또박또박 말하기가 얼마나 힘든지를 체감했다.

"과연 나는 어떤 역할을 맡게 될까?"

승선자들은 조바심 속에서 낭독에 임했다.

<작은 할머니> 시파티 성황

강영걸 연출의 힘! 2019 1월 31일 대학로 포크랜드에서 가진 사단법인 한국생활연극협회 제작 여섯 번째 공연 < 작은 할머니> 시파티에 참가 배우 23명 전원이 참석, 삼겹살구이로 에너지를 비축하고 대박 대박 대박을 다짐했다. 엄인희 작가 희곡 해석의 일인자인 강영걸 연출과 강윤경·주애리 조연출, 협회에서 정중헌 이사장과 정애경 사무국장도 함께했다. 특히 장무식 배우의 부군으로 영화·연극에서 활동이 많은 나기수 배우와 강영걸 연출의 팬인 한동훈씨가 게스트로 참가, 시파티를 성원하는 금일봉을 전달했다.

2개 팀으로 나눠 공연할 <작은 할머니> 배우들은 요즘 강영걸 연출로부터 혹독한 트레이닝을 받고 있다. "이제까지의 말투는 버려라, 말의 중간 발음을 올리고 말의 매듭을 잘 지어라…." 배우 한 명 한 명에 대한 깨알 같은 메모로 개인지도를 하는 강영걸 연출의 불호령은 추상같았다. 그럼에도 배우들은 태어나 가장 설득력 있는 연극 화술을 배운다며 감사를 표했다.

이호신 화백이 그린 <작은 할머니> 포스터

강영걸 연출 <작은 할머니> 포스터 시안이 나왔다. 포스터는 공연 작품의 얼굴 역할을 한다. 그래서 콘텐츠나 디자인이 중요하다. 생활연극을 하면서 기성 연극과 다른 콘셉트를 추구하고 싶었다. 그래서 생각한 것이 프로 화가들과의 콜라보였다.

이우천 연출 <사랑장터 2>는 인기 서양화가 황주리 작가의 작품 이미지를 응용했다. 강영걸 연출의 <작은 할머니> 이미지는 한국화가 이호신 화백이 직접 그려 주었다. 우리 이웃의 할머니를 모델로 하여 연극 초반에 나오는 할머니의 바느질하는 모습을 형상화한 수묵화이다.

경남 산청에 화실을 짓고 우리네 현대 산수를 화폭에 담아 온 '지리산 화가' 이호신 화백은 <생활 산수>라는 자신의 화풍을 구축한 성실한 작기이다. 그리고 엄인희 작가의 희곡 해석에 정평이 나 있는 강영걸이 연출하는 생활연극에 방점을 두어 그의 사진을 실었다. 배우들의 얼굴 사진도 넣고자 했으나 인원이 많아 접었다.

많은 이들에게 작품을 홍보하는 포스터를 더 화려하고 자극적으로 만들 수 있다. 그러나 이번 <작은 할머니>는 지나간 시대의 추억 같은 할머니상을 각인시켜 가난과 역경을 헤치고 자신의 삶을 살아온 여인상을 차분하게 보여주고 싶었다. 원화를 보내 주신 이호신 화백과 디자인을 멋지게 해준 동방인쇄공사 남경완 차장에게 감사드린다.

김재건·정종준·이화영 배우, <작은 할머니> 연습장 찾아 배우들 격려

어제 한성대 앞 <작은 할머니> 연습실에 지난해 늘푸른연극제에 참가한 <피고 지고 피고 지고> 출연 배우들이 방문했다. 강영걸 연출과 깊은 작업 동지인 이들이 생활연극 연습 현장을 격려차 찾은 것이다. 강익진 달빛마루 사장, 정종준 배우, 김재건 배우, 이화영 배우, 강영걸 연출, 정중헌 이사장, 배상돈 배우. 이날 <작은 할머니> 포스터가 완성되어 연습실에 부착했다. 할머니 원화를 그려 준 이호신 화백이 공연 성공을 축원하는 엽서를 보내왔다. 생활연극 배우들은 이날 밤 기뻐했고 연극하는 보람을 느꼈다.

<작은 할머니> 단합 MT

3·1절 기념일인 2019년 3월 1일 (사)한국생활연극협회 배우 20여 명은 우이동 우이산장에서 공연 성공과 단합을 다지는 멤버십 트레이닝을 가졌다. 강영걸 연출과 강윤경 조연출을 비롯해 배우 박영갑·이화시·장무식·공성신·진보경·김혜숙·윤정희·임연비·장민정·송연주·김진태·이지현· 유동주·구진용·김정민·강경림·김진성·박정현 등이 참가했다. 협회에서는 정중헌 이사장과 정애경 사무국장이 함께했고, 게스트로 나기수 배우가 참석해 자리를 빛냈다.

일행은 자기소개와 자유 토론으로 서로를 이해하고 소통했다. 점심엔 닭도리탕, 저녁은 키토산 생오리구이로 화기애애한 분위기를 연출했다. 역시 하이라이트는 뒤풀이였다. 노래방 기기로 펼친 노래자랑으로 여흥은 최고의 열기를 뿜어냈다.

강영걸 연출과 한 호흡으로 통하는 강윤경·주애리 조연출

강영걸 연출과 강윤경·주애리 조연출은 생활연극 <작은 할머니>를 완성으로 이끈 정예 연출팀이다. 이들은 3개월여의 기간에 30회 넘는 연습을 한 치의 오차 없이 이끌었고, 아마 연극임에도 열과 성을 다했다. 명불허전, 강영걸 연출은 '무섭다, 까다롭다'는 풍문과 달리 연극을 바이블처럼 여기는 정신과 분석력, 지도력을 고루 갖춘 이 시대의 장인임을 실감케 했다. 연습이 진행된 지난 3개월 동안 그는 <작은 할머니>에 참여한 21명의 배우들에게 발음부터 동선, 마지막 디테일까지 정성들여 자신의 모든 걸 전수했다. 연습 후 가진 뒤풀이에서도 작품 분석과 개인 지도에 여념이 없었다. 40여 년간 강영걸 연출을 알아온 필자도 그가 왜 이 시대의 진정한 리얼리스티인가를 새삼 확인했다. 우리말의 멋과 맛을 가장 잘 아는 연출가라는 평판처럼 그는 행간의 상징을 찾아내 말과 몸짓으로 조율해 나가는 치밀한 연출력을 보여주었다. 그는 연출의 글에서 "은사님(연출가 이원경 선생)으로부터 우리말에 대한 애착을 경각한 후 나름대로 노력해 왔다"며 "이제 뿌리 내리고 새 잎을 피우는 생활연극이 우리 생활에 새로운 문화로 정착되기를 기대한다"고 말했다.

강영걸 연출의 따님이자 배우인 강윤경 조연출은 아버지의 속내까지 꿰뚫고 건강까지 챙기는 성실함으로 <작은 할머니>팀을 매끄럽게 이끌었다. 이 부녀와 호흡이 맞는 주애리 조연출은 소품까지 도맡아 빈틈없는 추진력을 보여주었다. 이들 트리오 연출팀이 합작한 <작은 할머니>는 아마 연극사에 새로운 이정표를 세울 것으로 기대된다.

생활연극의 명콤비 박영갑·이화시

박영갑 배우　　　　이화시 배우

강영걸 연출 <작은 할머니>에 명콤비가 함께한다. 할아버지 역을 맡은 박영갑 배우와 큰댁 역의 이화시 배우가 그 주인공이다. 두 배우는 창립 공연 <맹진사댁 경사>와 2018 송년 공연 <사랑장터 2>에서 호흡을 맞춰 온 생협의 대표 배우이다.

아마 경력 10년이 넘는 박영갑 배우는 이번 공연에서 노익장의 진면목을 보여준다. 특히 말년의 노망 연기는 연습장을 웃고 울게 만드는 등 노련한 경지를 보일 것으로 기대된다.

이화시 배우는 김기영 감독의 페르소나로 <이어도> 등에서 강렬한 인상을 보인 프로 영화 배우이지만 연기를 다지기 위해 입문한 생활연극에 매료되어 아마 배우들의 귀감이 되고 있다. "남의 인생을 살아 보는 것에 매료되어 무대에 오른다"는 박영갑 배우는 "'창조의 신' 강영걸 연출에게 많은 걸 배워 배우로 거듭났다"고 말할 정도다.

이화시 배우는 "생활연극협회란 내 삶의 활력소이자 내 열정의 보루이며 명불허전의 강영걸 연출님과 공부하는 날들로 말미암아 무한히 비상하는 예지몽을 꾼다"고 말했다.

할머니 역 윤정희·공성신, 손녀 역 박혜진·유동주

<작은 할머니> 중 엄인희 원작에 없는 배역 2명이 있다. 작은 할머니와 손녀 캐릭터이다. 강영걸 연출이 <그 여자의 소설>로 개명하면서 노년의 작은댁이 손녀와 대화하는 장면을 새로 넣은 것이다. 손녀가 작은 할

윤정희 배우   공성신 배우   박혜진 배우   유동주 배우

머니의 인생 여로를 묻는 형식으로, 관객들의 극 이해를 돕고 진행을 매끄럽게 하는 장치이기도 하다.

공연에서 가팀은 할머니 역 윤정희 배우와 손녀 역 박혜진 배우가 콤비를 이뤘다. 나팀은 공성신 배우가 작은 할머니, 유동주 배우가 손녀 역을 맡았다.

한복 저고리에 동정을 다는 할머니에게 잠옷 차림의 손녀가 "할머니는 왜 그냥 할머니가 아니고 작은 할머니야?"라고 물으면 할머니가 담담하게 지난 세월의 희로애락을 들려주는 형식이다.

윤정희 배우는 "나에게 강영걸 연출이란? 말의 습관을 바꾸게 해주신 언어의 스승님이다"라고 밝혔다. 손녀 역 박혜진 배우도 "화술의 대가 강영걸 연출께 배울 수 있었다는 것은 정말 좋은 체험이었다"고 말했다.

나팀의 작은 할머니 역 공성신 배우는 "나에게 연극이란? 내 삶을 들여다볼 수 있는 거울"이라며 "나는 오늘도 거울을 보면서 새로운 꿈을 꾸기도 한다"고 밝혔다. 아들과 딸의 열렬한 응원을 받고 있는 손녀 역 유동주 배우는 "연극이란… 살고 싶어서 잡은 한 줄기 빛이… 이제는 평생 같이할 동반자가 되었다"고 프로그램에 썼다.

멋진 연기 호흡 이룬 송경배·은화신 커플

송경배 배우

은화신 배우

연극 체험이 많지 않은 두 직장인이 강영걸 연출의 생활연극 <작은 할머니>에서 할아버지 역과 정실부인 큰댁을 맡았다. 나팀 할아버지 역 송경배 배우와 큰댁 역 은화신 배우가 그들이다. 두 배우는 규칙적으로 출퇴근해야 하는 직장인임에도 오직 연극에의 열정으로 그 난관을 극복하고 마침내 무대에 올라 멋진 연기를 펼쳤다. 송경배 배우는 "생활연극을 통해 남의 인생을 대신 사는 간접체험을 할 수 있어 좋다"고 밝혔다. 은화신 배우는 "나에게 <작은 할머니>란? 작은 아픔 그리고 힐링입니다"라고 프로그램에 썼다.

작은댁 역의 라이벌 강경림·김정민

강영걸 연출 생활연극 <작은 할머니>에 출연하는 당찬 두 주부 배우를 주목해 볼 만하다. 작은댁을 맡아 선의의 경연을 하게 될 강경림과 김정민. 이들은 독립군 남편이 만주로 떠나자 시아버지 부양을 위해 씨받이로 들어가 아들 진범을 낳고 둘째를 밴 상태에서 전 남편과 재회하는 장면에서 눈물 없이는 볼 수 없는 진정성 있는 연기를 펼치고 있다.

큰댁이 전쟁 중 목숨을 끊자 그 장례를 치러 주는 장면, 망녕 난 남편의 수발을 드는 장면, 딸 조춘이와의 해후 장면, 아들 진범과의 대면 장면에서도 이들은 폭발적인 에너지를 발산하고 있다.

이들은 강영걸 연출의 섬세한 디렉팅을 몸에 익히기 위해 필기와 녹화는 물론, 별도 연기 지도까지 받을 정도로 열과 성을 다했다. 그 결과 불가능할 것 같던 작은댁 역에 자기 색깔까지 입힐 만큼 급성장했다.

강경림 배우   김정민 배우

강경림 배우는 "힘들게 살았지만 지혜는 있었던 그 시절 우리 할머니들의 고단한 삶을 연기하기에 참 많이 부족했지만 참 많이 행복했다"고 소감을 밝혔다. 김정민 배우는 "나에게 강영걸 연출님이란? 무대에서 비로소 진정한 말을 할 수 있게 해주신 분!!!"이라고 말했다. 진정한 라이벌인 두 작은댁의 연기 불꽃이 무대에서 어떻게 타오를지 기대가 크다.

장무식 배우   장민정 배우

쌍벽을 이룬 귀분네 역 장무식·장민정

<작은 할머니>에는 개성 있는 캐릭터들이 많지만 그중 귀분네가 돋보이는 역할이고 비중도 크다. 이 귀분네를 장무식 배우와 장민정 배우가 맡아 같은 듯 다른 개성 연기를 펼치고 있다.

장무식 배우가 선이 굵고 강단이 있다면 장민정 배우는 부드럽고 다감하게 시골 아낙의 인정미를 표출하고 있다. 극중 귀분네는 씨받이를 들이는 장면에서부터 큰댁과 작은댁의 중재 역할을 맡아 극 전반을 이끌어 간다. 특히 6·25 전쟁 와중에 큰댁이 변을 당하자 장례를 치러 주고 탄식하는 연기는 관객들 가슴을 찢을 것으로 보인다. 두 귀분네의 연기가 어떻게 펼쳐지느냐에 따라 아우라의 성패가 달렸다고 해도 과언이 아니다.

두 배우 가족들의 성원도 뜨겁다. 장무식 배우의 남편인 나기수 프로 배우는 자주 연습장을 찾아와 힘을 불어넣었고, 장민정 배우의 두 딸은 어머니를 응원하는 축하 메시지를 전해 왔다. 장무식 배우는 "강영걸 연출 선생님의 연기 지도로 새로운 연극 배우로 거듭나고 있다"고 말했다. 장민정 배우는 "처음 대학로 공연에 대한 설렘과 강영걸 연출님과 숨막혔던 2주… 기분 좋은 스트레스. 흰머리까지 덤으로…"라며 생활연극의 어려움과 보람을 전했다.

서산댁 역의 임연비·송연주

임연비 배우   송연주 배우

강영걸 연출의 생활연극 <작은 할머니>에는 귀분네와 함께 또 하나의 톡톡 튀는 배역이 있다. 바로 서산댁이다. 가팀의 서산댁은 주부 생활 틈틈이 여러 매체에서 연기자로 활동해 온 임연비 배우가, 나팀은 시 낭송을 해온 송연주 배우가 맡았다. 두 배우는 전쟁의 와중에서 세상을 뜬 큰댁의 장례를 두서없이 치르는 장면에서 개성 있는 캐릭터로 똑 따먹는 연기를 펼친다. 임연비 배우는 "가부장적 남성 중심 사회에 구속되었던 우리들 할머니, 어머니들의 삶의 모습을 떠올리게 하여 가슴이 찡함을 느끼며 작품에 임하였다"고 밝혔다. 송연주 배우는 "펼치지 못한 날개가 살아 있어 다시 싱싱한 꿈으로 날 수 있게 불을 댕긴 <작은 할머니>"라고 소감을 썼다.

조춘이 역 이지현과 진범 역의 김진성·박정현

강영걸 연출 <작은 할머니>에서 출연 시간은 길지 않지만 관객의 심금을 저리게 하는 캐릭터가 있다. 작은댁과 전 남편 사이에 태어난 딸 조춘이와 작은댁이 씨받이로 들어가 낳은 아들 진범이가 그 배역이다. 조춘이 역은 구진용·이지현 배우가, 진범이 역은 김진성·박정현 배우가 가·나팀으로 나온다.

공연에서 조춘이 역 구진용 배우가 개인 사정으로 무대에 서지 못해 이지현 배우 혼자 이 역할을 해냈다. 조춘이는 식모살이 하다 결혼 앞두고 작은댁을 찾아와 큰절을 올리는데, 이 장면에서 눈물을 흘리지 않는 관객이 없을 것이다.
생의 어려운
고비에서 연
극으로 위안
을 받았다는
이지현 배우
는 "생활연극

이지현 배우　　　　　김진성 배우　　　　　박정현 배우

은 속도감 있는 삶에 숨을 고르고 여백의 즐거움으로 주변의 아름다움을
느끼게 해준다"고 소감을 밝혔다.

　진범이는 호적에도 오르지 못한 친모에게 속마음을 드러내며 괴로워
하는 속 깊은 아들이다. 배우의 꿈을 키워 온 김진성 배우는 "70 평생
고생하신 저희 어머니께 이 공연을 바칩니다. 그리고 세상 모든 어머니
들에게도…"라고 프로그램에 썼다. 서울예대 연극과에 재학하며 극작과
연기에도 관심이 많은 박정현 배우는 "구애받지 않고 표현하고픈 욕망
을 실현할 수 있는 곳이 무대이고 연극"이라고 연극의 매력을 말했다.

관객 울린 본 남편 역 김진태, 전쟁 장면에서 앙상블 이룬 진보경·김혜숙

강영걸 연출 <작은 할머니> 공연은 가팀, 나팀이 각 3회씩 했는데 가·나
모두 출연하는 배우가 셋이다. 본남편 역을 맡은 김진태, 김해댁 진보경,
경상도댁 김혜숙 배우가 그들이다.

　생협 창립 기념 공연 <맹진사댁 경사>(김도훈 연출)에서 맹진사 역을 프
로 못지않게 해내 갈채를 받은 김진태 배우는 생협의 대들보 같은 존재
다. 경기대 교수인 그는 연기가 너무 하고 싶어 생활연극을 시작했고, 여
러 작품에서 다양한 역할을 개성 있게 소화해 내 연기 맛을 제대로 살

리는 배우로 인 정받고 있다. 김 진태 배우는 "저 에게 <작은 할머 니>는 꿈이요… 연출 강영걸님은 그 꿈의 길잡이

| 김진태 배우 | 진보경 배우 | 김혜숙 배우 |

십니다"라고 프로그램에 적었다.

진보경·김혜숙 배우는 2018년 공연한 <사랑장터 2>(이우천 연출)에서 호흡을 맞춘 콤비로 이번 작품에선 강영걸 연출이 새로 짜넣은 캐릭터 인 김해댁과 경상도댁을 맡아 전쟁 장면에서 맹활약을 펼친다. 유럽에 서 오래 생활하다 귀국한 진보경 배우는 생활연극을 통해 새로운 인생, 삶의 활력을 얻었다고 말했다. 김혜숙 배우는 "연극이란 내게 설렘과 두 려움과 노년의 아름다움과 열정을 동반한 미래에로의 탐험"이라고 소감 을 밝혔다.

100여 명 관객 감동으로 울린 <작은 할머니> 첫 공연

(사)한국생활연극협회 제작 여섯 번 째 작품 엄인희 작 <작은 할머니> 첫 막이 2019년 3월 29일 오후 4시 대학로 공간 아울 소극장에서 올랐 다. 지난 3개월간 연습한 배우 중 나팀이 출연한 첫 공연에 100여 명의 관객들은 웃고 울며 공연을 관람했고, 아마 배우들의 열연에 뜨거운 박 수를 보냈다. 이날 캐스팅은 작은댁 김정민, 귀분네 장무식, 큰댁 은화 신, 할아버지 송경배, 본남편 김진태, 작은 할머니 공성신, 손녀 유동주, 서산댁 송연주, 조춘이 이지현, 진범 박정현, 김해댁 진보경, 경상도댁

김혜숙 등 12명이다.

작은댁이 본남편과 해후하는 장면, 큰댁·작은댁을 거느린 할아버지의 창경원 나들이, 큰댁을 장사 지내는 전쟁 장면, 조춘이가 시집가기 전 작은댁에게 절하는 장면, 아들 진범이 큰댁 죽음에 괴로워하고 반항하는 장면, 특히 할아버지가 망녕이 나 작은댁에게 된통 당하는 장면에서 관객들은 울고 웃었다.

1700여 관객 중간에 박수 치며 눈물 관극

강영걸 연출 <작은 할머니> 3월 30일 가팀 낮 공연에 130석 공간 아울 소극장은 복도까지 채운 만원 관객으로 열기가 달아올랐다.

가팀 배우는 작은댁 강경림, 할아버지 박영갑, 큰댁 이화시, 본남편 김진태, 귀분네 장민정, 작은 할머니 윤정희, 서산댁 임연비, 김해댁 진보경, 경상도댁 김혜숙, 손녀 박혜진, 조춘이 이지현, 진범 김진성 등이다.

관객들은 전쟁 와중에 큰댁을 저세상으로 보낸 작은댁 강경민 배우와 귀분네 장민정 배우의 혼신 연기에 눈시울을 붉히며 박수를 보냈다. 서산댁 임연비 배우와 김해댁 진보경 배우, 경상도댁 김혜숙 배우의 앙상블에 박수가 나왔다.

작은댁이 본남편 김진태 배우와 해후하는 장면에서 관객들은 손수건을 꺼내들었다. 조춘이가 시집가기 전 친엄마에게 큰절을 올리는 장면에선 객석 곳곳에서 흐느끼는 소리가 들렸다. 진범이가 친엄마에게 화를 내면서도 호적을 올려 주겠다는 말에 관객들은 고개를 끄덕였다.

반전은 라스트에 일어났다. 할아버지 역 박영갑 배우가 망녕 연기를 펼치자 객석에선 폭소가 터졌다. 구박받던 작은댁이 할아버지 수발을 들며 면박을 주자 관객들은 통쾌해하며 박수를 보냈다. 가팀의 저녁 공연

<작은 할머니> 공연을 마치고

은 비바람 치며 우박까지 내리는 악천후에도 100여 명의 관객이 극장을 찾아 감동 연기에 빠져들었다.

축제처럼 즐거운 생활연극의 묘미

(사)한국생활연극협회가 강영걸 연출로 공연한 <작은 할머니> 공연 6회 가 모두 끝났다. 마지막 날 3시, 6시 공연도 만석이었다.

생활연극의 취지는 배우가 되고 싶고 무대에 서고 싶은 일반인들에 게 연극 체험 기회를 제공하는 것이다. 아마추어 배우들에게 연극계 중 진 중견 연출가들이 연기 지도를 하여 작품을 완성, 대학로의 소극장에 서 공연하는 생활연극은 프로 연극과 다른 여러 특징이 있다. 아마 배우 들이 열심히 연기를 익힌 공연에 남편과 아들딸 등 가족과 친척, 친지들 을 초대하기 때문이다. 공연이 끝나면 꽃다발을 건네며 기념사진을 찍고 환담을 나누는 모습이 축제처럼 즐겁다. 이번 공연에서 한 배우는 가족

30여 명을 초청해 가족 잔치를 열었으며, 어느 배우는 팬클럽 50명을 동원하여 유명세를 과시하기도 했다.

생활연극 공연은 무대를 처음 접한 관객도 적지 않아 배우들이 열연하거나 줄거리가 마음에 들면 중간 박수를 치기도 했다.

이번 강영걸 연출 <작은 할머니> 공연에는 프로 연극인들이 공간 아울 소극장을 찾아와 관극하고 배우들을 격려했다. 극작가 노경식, 연출가 김도훈·복진오, 평론가 박정기, 배우 백수련·박정자·이승옥·강선숙·권병길·정상철·여무영·이승호·이태훈 등이 관극했다. 후원사인 동방인쇄공사 허성윤 사장도 관람 후 배우들을 격려했다.

생활연극이 꽃피도록 거름을 주는 후원자들

(사)한국생활연극협회가 제작한 강영걸 연출 생활연극 <작은 할머니> 공연은 후원자들의 도움으로 풍성한 수확을 거뒀다. 관객도 6회 전회 고르게 많았지만 연습부터 공연까지 매끄럽게 진행됐다.

공연 전 강영걸 연출과 초연 때 출연해 연기상을 받은 공호석 배우, 김도훈 연출을 초청해 특강을 가졌고, 연습 중 우이산장에서 '작할 MT'도 가졌다. 시(始)파티와 종(終) 파티를 풍성하게 열어 생활연극의 취지인 친목도 꾀할 수 있었다.

이번 공연이 이처럼 성공할 수 있었던 배경에는 후원자들이 있었다. 2018년 송년 공연 <사랑장터 2>로 연극 무대에 처음 선 진보경 배우는 이번에 김해댁을 맡아 에너지 넘치는 연기를 보여주었다. 그의 친동생이자 아랍에미리트 두바이에서 가수로 활동 중인 진수영씨는 한국 무대 탐색차 한국에 왔다가 언니 공연을 보고 후원금을 쾌척했다. 그는 "언니가 프랑스에서 오래 살다 돌아와 한국말이 서툴고 친구도 없어 외로워했는데 생활연극을 만나 생기를 찾고 무대에서 열정을 보이는 모습이 보기 좋았다"며 "언니의 인생을 응원하고 싶었다"고 말했다.

중진 배우이자 예술원 회원인 박정자 배우는 생활연극에 각별한 관심과 애정뿐 아니라 후원까지 해주었다. 2019년 1월 제1회 한국생활연극대상 시상식에 참석해 대상을 시상했던 박 배우는 강영걸 연출 <작은 할머니> 막공을 관람하고 뒤풀이에도 참석해 아마 배우들을 격려했다. 그는 "이번 공연은 기성 연극에서 찾기 힘든 신선함이 있었다"며 "아마 배우들이 프로 버금가는 연기력을 보여주었다"고 생활연극에 힘을 주었다.

2019년 납세자의 날에 모범납세자 표창을 받은 동방인쇄공사 허성윤 대표는 생활연극의 지속적인 후원자이다. 허 대표는 2017년 7월 (사)한국생활연극협회가 출범할 당시부터 후원자로 나서 6회의 공연과 생활연극축제, 생활연극대상의 포스터와 프로그램 등 인쇄물 무료 제작 협찬과 후원금을 보내왔다.

생협 첫 지역 공연 <작은 할머니> 대전 공연 예고

(사)한국생활연극협회가 창립 후 첫 지역 공연을 합니다.

대전지회(지회장 주진홍)와 중구(지부장 손종화), 서구(지부장 류명현), 대덕구(지부장 이태진), 동구(지부장 강애란) 공동주최로 엄인희 작 강영걸 연출의 <작은 할머니>를 4월 6일 오후 3시와 6시 유성구 소재 이음아트홀에서 공연합니다. 서울 대학로에서 3월 29일부터 31일까지 공연한 <작은 할머니>는 씨받이로 들어가 작은댁으로 살아야 했던 한 여인의 인생 여로를 그린 드라마입니다. 연극계 중진 강영걸 연출이 아마 배우들과 만든 생활연극 <작은 할머니>는 대전 시민과 충청권 연극 애호가들에게 감동을 안겨줄 것입니다. 대전 연극인들의 성원 부탁드립니다.

<작은 할머니> 대전 원정 공연 성료

(사)한국생활연극협회가 제작한 엄인희 작 강영걸 연출 <작은 할머니>가 서울 대학로 공간 아울에서 6회 공연을 축제처럼 펼치고 그 여세를 모아 대전에서 2회 공연을 성공적으로 마쳤다.

2019년 4월 6일 대전 중심가 대흥동 소재의 커튼콜 소극장에서 펼친 생협의 첫 지방공연은 오후 3시에 가팀, 6시에 나팀이 무대에서 섰다.

홍보 기간이 짧아 객석이 다 차지는 않았지만 대전의 연극 애호가들과 학생, 주부들은 소설처럼 애닯고 드라마처럼 재미있는 무대에 빠져들었다. 객석 여기저기서 훌쩍이는 소리가 들렸고 배우들이 열연할 때마다 중간 박수로 호응했다. 무엇보다 무대 연기에 익숙해진 배우들이 펄펄 날았다. 에너지가 넘치면서도 디테일을 살린 자신감 있는 연기로 마음껏 기량을 뽐냈다.

대전 공연의 핵심은 생활연극을 지역에 알리고 <작은 할머니>의 감동을 대전 관객들과 나누는 것이었는데, 그 이상의 수확을 거두었다. 지

<작은 할머니> 대전 공연 커튼콜.

역 연극인들이 생활연극의 필요성을 인식, 해보겠다는 도전 의식을 갖게 한 것이다. (사)한국생활연극협회 대전 지회에는 주진홍 지회장을 비롯해 강애란·이태진·류명현·손종화 지부장이 포진하고 있어 이번 <작은 할머니> 대전 공연이 이 지역 생활연극 활성화의 신선한 자극제가 된 것이다. 협회 이사장으로서 이번 대전 공연에 자부심을 느끼며 특히 강영걸 연출에게 존경을, 배우들에게 감사를 전하고 싶다.

<작은 할머니> 수지 내역

수입 : 참가비	690만 원	
티켓 판매	269만 원	
축하 메시지	260만 원	
찬조금	388만 9,000원	
MT 참가비	95만 원	
대전 공연 참가비	160만 원	
계	18,629,000원	

지출 : 극장 대관료	190만 원	
연습장 대관료	129만 2,000원	
연출비	240만 원	
제작비	180만 원	
인건비	50만 원	
식비(쫑파티 등)	274만 7,500원	
진행비	174만 2,650원	
특강	39만 2,500원	
MT	91만 20원	
대전 공연	476만 3,750원	
계	18,448,420원	

총수입 18,629,000원 - 총지출 18,448,420원 = 180,580원(흑자)

낭독 공연 <대머리 여가수>

교수들이 낭독극으로 공연한 이오네스코의 <대머리 여가수>

2019년 6월 15일 오후 3시 대학로 서울연극센터에서 (사)한국생활연극협회가 제작한 교수들의 생활연극 공연이 객석을 꽉 채운 가운데 성황리에 막을 올렸다.

협회 부이사장인 이규식 교수가 한남대를 정년퇴임한 후 교수들만의 공연을 가져 보겠다는 계획이 성사되어 <물리학자들>을 준비했다가 <대머리 여가수>로 바꿨다. 전공과 별로 유사성이 없는 교수들의 생활연극 도전은 최근 한국영상대를 정년퇴임한 최유진 연출이 있었기에 가능했다. 고려대를 나와 독어권 희곡을 주로 연출해 온 최 교수는 분절된 소통이 더 심화되는 현실에서 20세기 초의 이 부조리극을 올리게 되었다고 밝혔다.

출연 교수는 6명. 마틴 부부는 김용환 한남대 명예교수와 김복남 전 한림성심대 교수가 앙상블을 이뤘다. 스미스 부부는 최재철 전 한국외대 교수와 박혜옥 국제영어대학원대학교 교수가 커플을 이루었다. 여기에 메리 하녀 역을 이보경 명지대 교수가 맡아 발랄 상큼한 연기를 해냈다. 이규식 한남대 명예교수는 소방대장 역을 맡아 잔잔하던 극 흐름에 활력을 불어넣었다.

흥겨운 분위기와 뛰어난 대사 전달력으로 흥미 유발

사실 부조리극은 희곡으로 읽어도 무슨 소리인지 모를 만큼 난해하다. 이 같은 작품을 소리로만 전달하는 데는 한계가 있음에도 불구하고 최유진 연출은 녹음 처리한 해설과 괘종시계 음향 등으로 분위기를 살려냈다. 막판에 각자가 외쳐 대는 대사들은 의미 없는 소음에 다름 아니었다. 또 라스트를 분방한 춤으로 장식해 흥겨운 분위기를 연출한 점도 좋았다.

강단에 서는 교수들이어서 낭독은 문제가 안 될 줄 알았는데 참여 교수들은 쉽지 않았다고 입을 모았다. 어려웠지만 과정이 너무 재미있어 많이 웃었고 즐거웠다고 했다. 석 달 가까운 연습으로 다져진 이날 무대는 실수 한 점 없이 깔끔하고 차분했다.

무엇보다 배우들의 대사 전달력이 뛰어나 객석에 지루함을 주지 않았다. 특히 소방대장 의상을 입고 나온 이규식 교수 등 출연자 전원이 배우 기질을 드러냈으며 낭독극이지만 연극 한 편을 올렸다는 자부심도 컸다.

객석을 메운 중장년과 젊은 관객들이 난해한 부조리극인데도 진지하게 관극하는 모습 또한 아름다웠다. (사)한국생활연극협회는 앞으로 교수들 뿐 아니라 의사, 언론인, 간호사, 법조인과 경영인 등 전문직들이 무대에 설 수 있는 다양한 프로그램을 펼칠 계획이다.

<대머리 여가수> 결산 내역

수입 : 참가비	240만 원
협찬금	50만 원
계	290만 원

지출 : 대관료	10만 원
연출비	50만 원
제작비	70만 원
인쇄비	40만 원
식음료비	35만 원
진행비	30만 원
간담회	50만 원
협회기부금	5만 원
계	290만 원

총수입 2,900,000원 - 총지출 2,900,000원 = 0

가요극 <꽃순이를 아시나요?>

가요극 <꽃순이를 아시나요?> 배우 모집

(사)한국생활연극협회가 창립 2주년 기념으로 가요극을 준비했습니다. 권 재우 작가의 작품을 뮤지컬 전문 복진오 교수가 연출하는 <꽃순이를 아시 나요?>는 생활연극에 가요극이라는 새로운 장을 열 것으로 기대됩니다. 생활연극 무대에 섰던 배우들 다수가 노래극을 해보고 싶어 해 이번 공 연을 마련했습니다. 한국 현대 사회사와 서민들의 삶이 녹아 있는 <꽃순 이…>에는 이연실의 '찔레꽃'에서 조용필의 히트곡까지 70·80세대의 정 감어린 노래들이 드라마와 함께 펼쳐집니다.

배가 고파 꽃을 따먹어 꽃순이라 불린 시골 처녀가 상경해 청계 피복공장에서 일하다 작은댁으로 들어가 딸까지 두었지만 끝내 못 잊던 첫사랑과 재회한다는 감동 스토리입니다.

뮤지컬 초창기에 <아가씨와 건달들>, <돈키호테>, <가스펠> 등 주옥같은 작품을 연출했던 복진오 교수가 아마 배우들과 함께 만들어 갈 가요극 <꽃순이를 아시나요?>에 관심 있는 일반인들의 참여를 바랍니다. 생활연극은 배우가 되고 싶고 무대에 서고 싶은 여러분의 꿈을 이루어 드릴 것입니다. (2019. 3.18)

가요극 꽃순이호 출범

(사)한국생활연극협회가 창립 2주년 기념작으로 기획한 권재우 작, 복진오 연출의 가요극 <꽃순이를 아시나요> 참가 배우 첫 모임이 2019년 4월 12일 한성대 앞 RM 스튜디오에서 열렸다.

복진오 연출을 비롯해 협회에서 정중헌 이사장, 이승옥·최영환 부이사장, 이화시 박팔영 이사가 참석해 꽃순이 팀의 장도를 축하했다. 특히 동국대 연극학과에서 뮤지컬을 강의하는 최영환 부이사장은 이번 가요극의 예술감독을 맡아 복진오 연출 가요극에 큰 힘이 되고 있다.

생협의 첫 가요극 공연에 도전한 참가자는 박영갑·장무식·송경배·공성신·진보경·임연비·김진태 등 <작은 할머니> 출연 배우들과 주재완·정애경·박금옥·이영환·권영미 등 <사랑장터 2> 출연 배우들, 협회 창립 1주년 기념작인 테네시 윌리엄스 작, 최영환 연출 <욕망이라는 이름의 전차>에서 블랑쉬 역을 해낸 조항선 배우, 이영신·진수영·김병천·김춘이·임현진·김순중 등 뉴페이스 배우 등이다.

두바이에서 팝페라 가수로 활동 중인 진수영 배우는 이번 공연 출연을 위해 내한했다. 복진오 연출은 배우들에게 "연극을 즐기면서 연습에 임

시민들의 문화적 욕구를 반영한 생협의 첫 가요극

(사)한국생활연극협회
부이사장/
동국대학교 교수
예술감독 최영환

생활 연기자들이 춤과 노래로 펼치는 가족오락극

연출
복진오

신유목민 세대들에게 보여주고 싶은 엄마의 인생

작가
권재우

공성신 / 꽃순이
(한 여름 밤의 꿈〉(선녀)
〈베로니카 집〉
〈사랑장터 2〉,〈꽃 할머니〉

김진태 / 삼식이
(작은 할머니),〈사랑장터 2〉,
(영신사의 검사),〈사비 천하〉,
(5월의 결혼행진)

임연씨 / 펄티우먼
(돌이의),〈사람은 무엇으로 사는가〉,
(3.8 남북회 따라 연극 사랑 없소)
〈산새〉,〈작은 할머니〉

김마선 / 순이 아버지, 돌개, 경찰
(사람은 무엇으로 사는가)

해 달라"고 말했다. 앞으로 공연 마칠 때까지 꽃순이호를 이끌 배우 대표
로는 박금옥·임연비 두 배우가 선임됐다. 가요극 <꽃순이를 아시나요?>
배우들은 10주간 노래와 율동과 연기를 익힌 후 6월 28~30일 대학로에
서 6회 공연한다.

꽃순이 대박! 기원한 시파티

(사)한국생활연극협회가 제작하는 일곱 번째 공연이자 창립 2주년 기념
작인 복진오 연출의 가요극 <꽃순이를 아시나요?> 시파티가 4월 27일
저녁 대학로 포크랜드에서 푸짐하게 열렸다.

　장무식·공성신·주재완·김병천·송경배·진보경·김정인·조항선·김진
태·정애경·이영환·임연비·박금옥·임현진·김춘이·이영신·박혜진·진수
영·권영미 등 이번 가요극에 참여하는 배우 20명 중 가정사로 빠진 1명

꽃순이 박금옥, 삼식이 이영환 배우

을 제외한 배우 전원이 참석해 권재우 작가와 복진오 연출, 정중헌 제작자와 함께 꽃순이호의 힘찬 출항을 건배사로 외쳤다. 고문인 극작가 노경식, 연출가 김도훈 선생님을 비롯해 협회에서 최영환 부이사장 겸 꽃순이 예술감독, 박팔영 이화시 이사가 참석해 축하와 격려를 해주었다. 게스트로 장무식 배우의 부군인 나기수 배우가 자리를 빛냈고 협찬까지 해주었다.

<꽃순이를 아시나요?>는 생활연극협회가 제작하는 첫 가요극으로 노래에 자신 있고, 노래를 공연하고 싶은 아마 배우들이 참여해 뜨거운 열정과 의욕으로 연습에 임하고 있다. 노래 지도는 윤국희, 안무 지도는 한재영 조연출이 맡았다.

관객 1000명 돌파한 첫 생활연극 <꽃순이…> 결산

생활연극의 새 지평을 연 가요극 <꽃순이를 아시나요?>에 관객이 1000명 넘게 왔다. 6월 28일부터 30일까지 대학로 SH아트홀(총 262석)에서 6회 공연한 복진오 연출 <꽃순이를 아시나요?>는 아마 배우들이 도전한 첫 가요극임에도 관객들의 호응이 뜨거웠다.

28일(금) 4시 : 170명, 7시 : 151명
29일(토) 3시 : 177명, 6시 : 162명
30일(일) 3시 : 209명, 6시 : 160명   총 1,029명

<꽃순이…>는 생활연극 배우들이 노래와 춤에 눈뜨고 실현해 본 무대라는 점에 의의가 컸다. 첫 도전이라 실수도 적지 않았지만 참여 배우들의 만족도가 매우 높았고 무대에 서는 즐거움과 자신감을 높였다고 생각한다. 관객 반응도 재미있고 감동도 있다는 호평이 많았다. 기록에서

보다시피 1회 공연 관객 200명, 전체 관객 1000명을 돌파해 생활연극에 새 기록을 만들었다.

50~60대 아마 배우들에게 연기하며 춤추고 노래하는 뮤지컬은 무리였으나 윤국희 음악감독은 중년들이 부르기 편하게 노래를 지도했고, 한재영의 안무를 복진오 연출이 쉽게 다듬어 배우들이 할 수 있게 해주었다.

80여 일 동안 50일 가까이 매일 연습을 했다. 스태프들도 실비로 협조해 주었고 무엇보다 공간을 제공해 준 SH아트홀의 권순영 대표, 한성대 앞 RM 연습실 도유정 배우에게 감사드린다. 포스터와 프로그램과 티켓 등 모든 인쇄물을 디자인하고 인쇄해 준 동방인쇄공사 허성윤 대표의 헌신적 도움이 없었다면 생활연극은 궤도에 오르기 어려웠을 것이다.

창립 2주년을 맞는 (사)한국생활연극협회는 정부나 문화재단으로부터 어떤 지원도 받은 바 없다. 그럼에도 엄청난 제작비를 들여 대학로 무

<꽃순이를 아시나요?> 공연 후 커튼콜

대에 서고 관객을 모으는 이유는 배우들이 협회를 신뢰하고 후원을 아끼지 않아서이다. 참가비를 내고, 티켓을 일정량 소화하고, 가족 친지들의 축하 성금을 모아 주었기에 실비지만 모두에게 수고비를 지급하고 유료로 제작할 수 있는 것이다.

배우들이 과정을 즐기고 무대에서 자신의 열정을 쏟음으로써 만족과 희열을 얻게 해주는 것이 생활연극의 취지이고 이사장의 사명이라고 생각한다. <꽃순이를 아시나요?> 배우들과 스태프들, 그리고 극장을 찾아준 연극인들과 관객들에게도 고마움을 전하고 싶다.

가요극 <꽃순이를 아시나요?> 결산 내역

수입 : 참가비	735만 원	
티켓 수입	231만 원	
후원금	230만 원	
격려금	75만 원	
축하의 글	190만 원	
프로그램 판매	13만 8,000원	
계	14,748,000원	

지출 : 극장 대관료	250만 원	
연습장 대관료	155만 3,600원	
연출비	290만 원	
인건비	180만 원	
저작료	40만 원	
제작비	280만 원	
식비	229만 7,000원	
진행비	92만 8,440원	
계	15,179,040원	

총수입 14,748,000원 - 총지출 15,179,040원 = -431,040원(적자)

강영걸 연출 <아름다운 인연>

강영걸 연출의 생활연극 제2탄! <아름다운 인연> 출연 배우 모집

(사)한국생활연극협회는 2019년 송년 공연으로 11월 22~24일 대학로 알과핵 소극장 무대에 올릴 <아름다운 인연>에 출연할 배우를 모집합니다. 7월에 개강해 9월 7일 마치는 '강영걸 연기·화술 아카데미'에서 수강중인 23명을 우대하나 작품의 특성상 출연 인원이 많아 보다 폭넓게 생활인들이 무대에 설 수 있는 기회를 주기 위해서 공모키로 한 것입니다. 모집 인원은 10명 안팎이며 마감은 9월 7일. 공연 참가비는 30만 원이며 배역 결

정 후에는 환불하지 않습니다. 선욱현 작 <고추말리기>는 남아선호 세대에 초점을 맞췄으나 강영걸 연출은 현실에 맞게 각색하고 인형극, 굿 등 다양한 연극 형식으로 배우들의 연기 체험을 다각화하고, 관객들이 재미있게 볼 수 있는 작품을 만들 계획입니다. (9월 4일 페북 게재)

강영걸 연출의 생활연극 <아름다운 인연>의 멋진 출정식

(사)한국생활연극협회가 제작하는 9번째 생활연극의 첫 미팅을 2019년 9월 16일 한성대 앞 RM 연습실에서 가졌다. 지난 7월에 시작한 '강영걸 연기·화술 아카데미' 종강을 겸한 이날 모임에는 강영걸 연출과 이화시 대표, 박영갑 협회 공연자문위원 등 20명이 참석했다.

새로 출범하는 <아름다운 인연>을 자율적으로 이끌 대표로 이화시 배우가 선출됐다. 이날 참석자들은 강영걸 연기·화술 아카데미 수강생들이 주축을 이뤘으나 새로운 얼굴도 5명이나 동참했다. 진보경 배우가 시니어 모델 2명을 초대했고, 임연비 배우는 올해 서울시민연극제에서 연기상을 받은 배우와 TV 아침드라마에 고정 출연하고 있는 아마 배우를 초대했다. 이영환 배우의 사회 후배라는 50대 초반 직장 남성도 연기가 하고 싶다며 함께했다. 20여 명에 달하는 참가자들은 매주 수요일 저녁 6~9시, 토요일 오후 3~7시 연습을 하고 11월 들어서는 매일 연습하기로 의견을 모았다.

강영걸 연출은 참가 배우들에게 연극의 진정성뿐 아니라 연극의 다양한 양식의 체험을 하게 될 것이라고 말했다. 한국적인 인형놀이와 전통 굿의 무대화를 시도하겠다는 것이다.

지난 9월 6일 태풍으로 무산된 강영걸 연기·화술 아카데미 종강 MT는 선욱현 작 <고추말리기> 한 장면을 배우들이 그간 배운 화술로 낭독

연출과 작가의 글, 출연진 프로필

사람과 사람은 사람이 사람으로 서로 통할 때 비로소 인연이 된다

연출가
강영걸

우리 사회에 분명 존재했던 어느날의 한 풍경

극작가
신옥현

아름다운 인연

등장인물

때

줄거리

박영길
배우

김진태
배우

이하나
배우

장민정
배우

---

382 **생활연극**

김진성
수남, 보조자 1,
노점상 주인

강영길 선생님께 크게 배우고 있다는 걸 느끼며 정말 감사합니다.
1. 효제로써의 입 크게   2. 말 중음지 않고 작신적으로
3. 교리동산   4. 이리저리
5. 빨간 지각 지키기
우리 도 당 국의 제계처럼 아름다운 언연으로 남기를...

김성식
수남, 보조자 1,
보육원노원 주인

강영길 선생님께 배우며 너무 영광이고
기초의 부실함과 잘못된 습관들을 하나하나 세심하게
지도해 주셔서 깊이 감사드립니다.
대체담 해주시는 모습에서 다시 한 번 존경스러웠습니다.
그리고 장작 타이밍 알려주셔서 혼내주셔서
좋은 공연 올리게 되어 너무 즐겁습니다.
참 아름다운 언연입니다.

권은규
향녀

"강영길 선생님 수업은 뭔가 달라도 다르다"는 탈거리
기초가 부실함과 잘못된 습관들을 하나하나 세심하게
지도해 주셨어 깊이 감사드립니다.
영상에 배우 더 나은 모습 만들어 보겠습니다.
참 아름다운 언연입니다...

이주연
미연, 여자 행인

마: 아—— 입 크게 벌리세요!
종: 종용종용— 소리가 정겨워서 만들어
문: 다—— 나예요, 소리롱)
문: 운봉달 다섯가지, 맛깔있)
문: 연습하세요, 될 때까지 하세요)

윤수진
아내,
여자 행인 2

처음 이 작품을 읽으며 손에서 놓지를 못합니다.
구수하고 정감 있는 단어의 표현들...
웃음과 함께 바를 찌르는 말들의 하이라 경이롭 읽히기를
나의 전체가 들어옵니다고 이들이 이 작품을 탈출하게 해서나
풍부한 삶의력으로 완성시킨 강영길 선생님 정말 사랑이고
존경입니다... 또... 우리 엄마, 우리 언니, 우리 고성 덕으셨으로.
사랑합니다!

유동주
미연, 누나 5,
여자 행인 2

강영길 연출님은
돌아가신 친정 아버님같은,
바쁜 길이 아니면 뵈러오 절해줄.
그러신
잘해내 내일을 봤겨주시다
내 아버지 같으신 분.

이자현
엄마, 누나 5,
여자 행인 5

강영길 연출님과의 인연은 너 너 좋았다

그냥 그대로의 나를 두 돌봐하는 역할입니다.
내 손을 잡아 보았시다.

정혜경
미연, 누나 5,
여자 행인 4

여러분들과의 아름다운 언연함으로 이 하나로 행복
신월하였습니다...

김여진
향녀

여주인공의 마지막에 변신 대사
"홀 좀 취추세요—!"
그 선생이 아직 남아에 선명합니다.
말까! 느껴졌던 강영길 연출님과 함께 하는 배우님들.
시간을 들고 들이 아름다운 언연입니다...

은화신
미연, 누나 1,
여자 행인 1

언극을 할 때만큼은 절박하게 사랑과 삶을 이해해 보려고
애쓰는 순간이 또 있을까?
그래서 언극을 한다.

엄마선
여자 행인, 누나 4,
여자 행인 3

내 인생의 새로운 도전
첫 무대라서 설렘입니다 두려움의
애도 후회하고, 온 애도 후회를 낳아나고 하겠네.
애보고 후회하는 쪽을 선택을 질했고
강영길 연출님과의 연습 과정을 거치면서 두려움에서 설렘
으로 바뀌었다.

이서송
여자 행인, 누나 3

언극을 처음 접해 보는 과객이
생애언극으로 강영길 선생님을 만나 저 되었죠.
대단히 영광입니다-- 말 그대로 아름다운 언연!
많은 것을 배웠습니다. 그리고 고맙습니다!
아이덤다운 사랑입니다.
행복하시고 내내 건강하십시오--

권양자
보조자 2, 미연 2

<아름다운 언연> 탈과 강영길 연출님이신
만나게 된 걸 행복으로 생각합니다.

정혜자
미연 1

강영길 연출님을 모시고,
우리가 말을 잡아 잘 못드고 모다는 것을 알면서도
너에게 생활연극이란 아름다운 언연이고
활력을 주는 춤발이라고 즐거웠습니다.

남남남
미연 3, 누나 2

생활언극협회를 통해 강영길 선생님, 정중한 이사님이,
아껴주신 모든 분들 만날 수 있었음에
무한한 감사 드립니다.

스태프	
각색 연출	강영길
작가	선욱현
제작총괄	정중현
예술감독	이규식
무대	신황철
조명	이상근
분장	박월영
음악음향	한 철
의상	권양자
소품	정혜자
사진	김일현
조연출	강윤경
조연들	주에리
디자인	손희진

하는 것으로 마무리했다. 이 자리에서 이지현 총무는 강영걸 연출에게 배운 연기와 화술의 핵심 요점을 간추려 감사 인사를 곁들인 손편지를 낭독하고 강영걸 스승에게 보은의 선물을 전했다.

정중헌 이사장은 약 10주간 20회 가까운 강좌에 개근한 김아천·정해자·진수영 배우에게 부상으로 연극 배우들이 육성으로 녹음한 셰익스피어 4대 비극 전집(커뮤니케이션북스 제작)을 전했다. 한성대 앞 대학가에서 갈비탕과 막걸리로 종강파티를 한 배우들은 2차로 대학로 소나무길 달빛마루에서 강영걸 연출과 담소를 나누며 생활연극의 멋과 맛을 즐겼다.

강영걸 연출이 연극사에 남길 생활연극 <아름다운 인연>

(사)한국생활연극협회는 자체 제작 아홉 번째 작품으로 강영걸 연출의 <아름다운 인연>을 무대에 올립니다. 강영걸 연출과는 금년 3월 엄인희 작가의 <작은 할머니>에 이어 두 번째 작업입니다.

희수의 강영걸 연출은 한국 연극사에 한 획을 그은 명연출가라고 저는 생각합니다. <불 좀 꺼주세요>는 소극장 장기 공연 기록, <넌센스 1>은 뮤지컬 최장 공연, 최다 관객 기록을 세웠습니다. <그것은 목탁 구멍 속의 작은 어둠이었습니다>, <피고 지고 피고 지고> 등은 불후의 명작으로 기억될 것입니다.

<작은 할머니> 공연 당시 저는 프로그램 북에 강영걸 연출을 다음과 같이 소개했습니다. '우리말의 멋과 맛을 가장 잘 아는 무대 위의 진정한 리얼리스트', '행간의 섬세한 상징을 형상화하는 치밀한 연출력', '말과 몸짓의 조화를 탁월하게 만들어 내는 연출가'.

배우가 되고 싶고 무대에 서고 싶은 일반인들에게 연극을 체험케 하자는 취지로 출범한 한국생활연극협회가 강영걸 연출을 만난 것은 행운이었습

니다. 그가 생활인들과 함께 혼신을 다해 만든 <작은 할머니>는 생활연극 사에 기록될 만하다고 자부합니다.

지난여름 강영걸 선생은 '연기·화술 아카데미'를 열어 30여 명이 그의 강의와 실기 강습을 받았습니다. 그분들 중 상당수가 이번 작품에서 출연, 보다 업그레이드된 생활연극의 새 경지를 보여주리라 기대합니다.

포스터에서 보듯 이 작품은 생명 경시 시대에 우리 사회에 던지는 인간 회복의 메시지가 될 것입니다. 또한 굿판과 인형극 등이 어우러져 웃음과 해학의 흥겨운 마당이 되리라 생각합니다. 출연 배우는 박영갑·정해자·이화시·남상남·권양자·이서순·김아천·장민정·권은규·은화신·정애경·김진태·염미선·유동주·이지현·이주연·김진성·윤수진·김성식 등 19명입니다. 무대 신황철, 조명 이상근, 분장 박팔영, 조연출 강윤경·주애리 등 스태프들이 정성을 다하는 생활연극 무대가 될 것입니다.

여러분들과 진정 아름다운 인연을 맺어 줄 이 작품으로 송년을 장식하려고 합니다. 많은 성원과 관심 부탁드립니다.

_ 정중헌 이사장

<아름다운 인연>

생활연극을 후원하는 늘 고마운 분들

생활연극 한 편을 무대에 올리기까지 많은 분들의 도움을 받게 된다. 인터넷 매체 '인터뷰 365'는 일간지나 방송에서 거들떠보지도 않는 생활연극 공연 기사를 매번 정성스럽게 게재해 준다. 김두호 대표, 김리선 팀장에게 감사드린다.

프로그램에 싣는 배우들의 프로필 사진은 스포츠조선 사진부장을 지낸 김일현 작가가 재능기부로 무료 촬영해 준다. 김일현 후배에게 고맙다는 말을 전한다.

매회 20명 가까운 배우들 분장은 박팔영 배우 겸 아티스트가 해준다. 협회 이사이긴 하지만 6회 100명 넘는 배우 분장을 세밀하게 체크해 극 분위기를 살려주는 박팔영 분장 아티스트에게 감사드린다.

더 크게 감사드릴 분은 동방인쇄공사 허성윤 대표와 손희진 디자인실장이다. 창립 이후 9회의 공연, 2회의 영동생활연극축제, 그리고 올해 처음 시행한 제1회 대한민국 생활연극제의 모든 포스터와 프로그램북, 티켓 일체를 동방인쇄공사에서 디자인하고 인쇄해 주었다. 동방인쇄 허 사장이 없었다면 생활연극이 제대로 뿌리내리지 못했을 것이다. 허성윤 사장, 손희진 디자인실장, 김건호 기획실장에게 뜨거운 마음으로 감사드린다.

배우들이 기차게 잘한 <아름다운 인연> 첫 공연

2019년 11월 22일 대학로 알과핵소극장에서 막을 올린 강영걸 연출의 생활연극 <아름다운 인연>은 힘들었던 연습 과정과 달리 매끄럽고 흥이 넘친 나무랄 데 없는 첫 무대였다.

연극에 첫발을 디딘 배우가 5명이나 되는데도 19명의 아마 배우들은 신들린 듯 대사를 뿜어냈고 주고받는 연기가 기막히게 맞아떨어졌다. 러닝타임 90분의 전 10장 공연에서 배우들은 인형극을 펼치고, 현대판 굿판까지 벌이면서 다채로운 연극적 재미와 민속적인 신명을 돋우었다.

(사)한국생활연극협회가 2017년 7월 창립 이후 자체 제작 9번째 공연인 <아름다운 인연>은 일반인들이 취미로 하는 연극의 차원을 넘어 유료 공연을 해도 손색이 없을 정도로 완성도가 높다는 칭찬을 들었다. 첫 공연을 관람한 박정기 평론가, 연극배우 최승일·이화영·배상돈 등은 "강영걸 연출 아니면 생활연극을 이 수준으로 끌어올릴 수 없을 것"이라고 입을 모았다.

이날 수훈 갑은 홍장군 역의 김진태와 모친 역 장민정 배우였다. 김진태 배우는 극 전체를 이끌며 무당 역을 신들린 듯 해냈다. 장민정 배우는 12녀1남을 둔 모친의 아들 선호 연기와 생명의 신비로운 인권 메시지를 온몸으로 전했다.

여기에 각기 다른 캐릭터를 지닌 10여 명의 배우들이 연기 호흡을 이뤄내 관객들의 시선을 집중시켰다. 첫 공연에 20여 명의 단체관람팀을 비롯해 100명 가까운 관객들이 극장을 찾아 열기를 더했다.

제작총괄인 이사장으로 일반인 대상의 생활연극을 한다는 것이 얼마나 어려운가를 뼈저리게 느끼고 있지만 이번처럼 첫 공연이 기대 이상으로 맛깔스럽게, 누구에게 내보여도 으쓱할 만큼 완성도 높게 나오면 기운이 다시 솟는다.

행복한 생활연극의 순간들

강영걸 연출의 생활연극 <아름다운 인연>은 뒤풀이와 미담으로 나날이 즐겁다.

둘째 날 공연장에 <작은 할머니>, 가요극 <꽃순이를 아시나요>에 출연한 배우 강경림·박금옥·임현진 배우가 티켓박스와 공연장 관리 자원봉사자로 나와 주었다.

첫날 공연 후 박정자 배우가 배우들을 격려하자 분장실에서 환호성이 터졌다. 누가 지시하지 않았는데 배우들이 대학로 빈대떡에 모여 자발적 뒤풀이를 했다. 그 자리에서 강영걸 연출은 자신이 받은 꽃다발을 제작자인 정중헌 이사장에게 선사했다.

<아름다운 인연> 결산 내역

수입 : 참가비		520만 원
	티켓 판매	187만 원
	축하 메시지	290만 원
	협찬금	159만 4,170원
	계	11,564,170원

지출 : 극장 대관료		250만 원
	연습장 대관료	184만 400원
	연출비	200만 원
	저작권료	30만 원
	제작비(조명, 음향 등)	320만 원
	무대비(소품 등)	74만 5,000원
	진행비(사무비 등)	49만 6,790원
	식비(쫑파티 포함)	107만 5,000원
	계	12,157,150원

총수입 11,564,170원 - 총지출 12,157,150원 = -592,980원(적자)

차현석 작, 연출의 창작극 <미슐랭>

차현석 작·연출 생활연극 <미슐랭> 출연 배우 모집

(사)한국생활연극협회는 자체 제작 열 번째 공연으로 <흑백다방>의 작가 겸 연출가로 역량을 인정받은 차현석씨를 초청해 작·연출의 <미슐랭>을 신춘무대에 올립니다. 극단 후암의 차현석 대표는 서울예대 극작과와 고려대에서 학사·석사, 이어 박사학위를 취득했습니다. <흑백다방>, <자이니치>, <칸사이 주먹> 등의 작품으로 연출상과 희곡상을 받았습니다. 2017년 <흑백다방>으로 에딘버러 프린지 페스티벌에 참가했던 차 대표

연극만의 현장 아우라를 살려낸 차현석의 생활연극 초연 <미술관>

<이사장 인사말>

문명 혼돈의 시기에 삶에 물음표를 던지는 차현석의 생활연극

<축사>

하얀 도화지 위에 그려낸 배우들의 숨결과 자국들

<예술감독의 글>

내가 선택하고픈 인생이라는 연극에서의 퇴장에 대한 이야기

<작·연출의 글>

는 올해 백인과 흑인 배우 출연의 영어 버전 <흑백다방>을 공연했습니다. 작가가 생활연극 배우들을 관찰하고 집필 중인 <미슐랭>은 음식 주제의 연극으로 기대를 모으고 있습니다. 주인공 김현경은 불치병에 걸린 시한부 인생으로 존엄사를 택합니다. 주변에는 비밀로 하고 최후의 만찬을 준비하지요. 67세 본인의 생일파티. 식구들과 친구들이 모인 자리에서 김현경은 마음을 털어놓으려 했으나… .

젊은 패기의 차현석 연출 초청 <미슐랭>은 1월 초순에 연습을 시작해 2020년 3월 하순경에 대학로 소재 소극장에서 공연할 계획입니다. (2019년 11월 26일 페북 게재)

창작 생활연극 <미슐랭> 출정식

(사)한국생활연극협회가 자체 제작하는 열한 번째 작품 <미슐랭>의 출정 모임을 2020년 1월 31일 대학로 소나무길 스타시티빌딩 6층 후암스테이지에서 가졌다.

이번 작품은 대학로의 중견 차현석이 쓰고 연출하는 신작으로, 생활연극 최초로 '창작 초연'이라는 점에서도 의미가 크다.

상견례와 오리엔테이션을 겸한 첫 모임에는 참가를 신청한 배우 16명 전원, 차현석 연출과 김병수·김유신정 조연출, 협회 정중헌 이사장이 참석했다. 배우들의 멋진 자기소개에 차 연출은 호기심과 열정을 보였다. 유명 건설회사아 공무원 은퇴자, 현직 대학 교수, 유치원 교사, 중·고교 국어 선생님 중 한 분은 연극이 하고 싶어 명퇴를 했다고 말해 박수를 받았다. TV와 영화에서 배우와 모델로 활동 중인 현역 세 명은 연기를 익히러 참가했다고 밝혔다. 취미와 특기도 다양했다. 불어를 유창하게 하는 배우, 댄스스포츠와 탱고, 진도 북춤과 판소리를 배운 배우들, 한때를

풍미한 <가을동화>, <겨울연가>를 찍은 유명 촬영감독도 연기를 하고자 생활연극에 입문했다.

차현석 감독은 <미슐랭>에 대해 "존엄사를 다룬 연극"이라고 했다. 사업체를 이룬 기업의 회장이 죽음을 앞두고 맞은 생일파티에 자식들과 회사 중역들이 참가한다. 무대에는 식탁이 차려지고 극중에 실제로 음식과 포도주가 서빙된다. 자식들은 아버지의 건강보다 재산을 둘러싼 알력과 욕심을 드러낸다. 가족들이 떠난 식탁에 오른 회장은….

차현석 연출은 낮에는 일하고 저녁에 공연하는 생활연극의 전형을 만들어 보겠다고 의욕을 보였다. 배우들은 두 달 반의 연습을 거쳐 4월 17~19일 소나무길 스타시티 7층 극장에서 공연을 갖는다.

코로나 뚫고 <미슐랭> 두 번째 연습

세상이 온통 신종코로나바이러스로 어수선하고 대다수 모임이 취소 또는 연기되는 상태에서 생활연극 <미슐랭> 연습도 주저했으나 2월 5일 기존 16명의 참가 배우는 물론 새로 2명이 추가된 18명이 두 번째 연습에 전원 참석했다. 이번 작품을 직접 쓴 차현석 연출은 희곡 초고를 배우들에게 배부하고 그 자리에서 캐스팅을 발표했다. 제작을 총괄하는 게 이사장의 역할이지만 캐스팅만큼은 연출의 고유 권한으로 100% 맡기다 보니 현장을 떠나 그 결과가 궁금했다.

그런데 달빛마루에서 가진 뒤풀이에 배우 거의가 참석, 썰렁한 대학로에서 보기 힘든 화기애애한 분위기에 이사장도 놀랐다. 한 고참 배우의 표현대로 미팅 두 번째에 배역을 발표하고 리딩한 것 자체가 신기했는데, 참가 배우들의 얼굴에 화색이 돌고 초고가 어떻게 살아 움직일지에 대한 기대감으로 상기되어 행복한 아우라가 출렁거렸다.

생활연극은 일반인이 배우로 무대에 서서 얻는 희열도 크지만 이처럼 과정에서부터 설렘과 기대를 가지며 서로 친교하고 소통하며 즐길 수 있는 게 장점이다.

차현석 연출은 배우들의 외모와 대화에서 이미지를 캐치한 연후에 특유의 영감과 촉으로 캐스팅에 심혈을 기울여 참가 배우 대다수의 만족도를 높여 주었다. 연습해 가며 상황과 대사를 만들어 나가는 차현석 연출이 이들을 이끌고 어떤 기발하고 유니크한 작품을 만들어낼지 이사장으로서 기대가 크다. 우환 폐렴에 각자가 조심하고 대처해야 하는 비상 상황이지만 너무 움츠러들지 않고 이처럼 즐겁고 내일이 기대되는 일들까지 위축되지 않았으면 하는 마음으로 생협의 <미슐랭> 연습과 뒤풀이 스케치를 페북에 올린다. 참고로 미슐랭의 평점은 3개가 최고이나 생활연극 <미슐랭>은 그 이상인 4개(포스타)를 지향하고 있다.

코로나 사태로 세 차례 연기 끝에 재개된 <미슐랭> 연습

<미슐랭> 화이팅!!! 생활연극 배우들이 다시 모였다. 차현석 연출이 직접 쓰고 연출하는 생활연극 <미슐랭> 연습이 코로나19로 인해 세 차례 연기 끝에 마침내 4월 28일 오후 6시 스타시티빌딩 6층 후암스테이지에서 재개되었다. 코로나 전 참가 배우는 18명이었으나 개인 사정으로 5인이 하차하고 이날 남녀 1인의 새 멤버가 참여해 15명이 한배를 타고 새롭게 출범하게 되었다. 이날 모임에서 <미슐랭 > 공연의 향후 일정이 조정되었다. 4월 말 6회 예정이던 공연 일자를 5월 29일(금) 오후 6시, 30일(토) 오후 3시, 6시, 31일(일) 오후 6시 총 4회로 줄여 스타시티빌딩 7층 후암씨어터에서 하기로 했다. 5월 1일 캐스팅이 확정되면 <미슐랭 > 배우들은 5월 2일 대본 리딩을 시작으로 본격 연습에 돌입한다. 일정은 월~

<미슐랭>에서 열연한 김진태·박영갑 배우

금 오후 7시부터 10시까지, 토요일은 오후 3시부터 6시까지로 빠듯하다.

오는 7월 창립 3주년을 맞는 (사)한국생활연극협회의 10번째 자체 제작 공연인 <미슐랭>은 생활연극으로는 드물게 창작 초연이자 음식을 매개로 존엄사를 다룬 이색 주제와 형식으로 배우들의 관심과 집중이 높다. 생협은 국가의 코로나 대응 시책에 적극 협조하기 위해 연습장 소독과 발열 체크, 마스크 착용 등을 준수하고 제2의 팬데믹 사태가 벌어지면 공연을 접을 방침이다.

연습장에 다시 모인 배우들은 활기가 넘쳤다. 그간 보지 못했던 멤버들과 인사를 나누며 어려운 여건 속에 재개한 <미슐랭> 연습에 최선을 다하고, 연극을 통한 자기 계발과 만족도를 높이자고 입을 모았다. 연습 후 차현석 연출은 배우들에게 코로나 예방을 위해 비닐 가림막을 부착할 수 있는 외출용 모자를 선물했다. 이어 달빛마루에서 조촐한 시파티를 열고 "미슐랭 포 스타(Four Star)!!!"를 외치며 역경을 헤쳐 나가자고 다짐했다.

차현석 작 연출의 생활연극 <미슐랭 > 포스터

코로나 사태로 세 번이나 일정이 연기됐다가 연습 중인 이 신작이 산고 끝에 무대에 올려지기를 바라는 간절한 염원을 담았다. 이번 포스터는 차현석 연출이 아이디어부터 사진 촬영, 디자인 컨셉까지 직접 해주어 이제까지의 생협 자체 제작 포스터와는 분위기가 좀 다르다.

"인생의 마지막 만찬 그리고 건배!!!" 두 주인공의 사진과 어우러지는 이 문구가 마음에 와닿는다. 신작이고 계속 창조의 과정을 거치고 있어 아직 어떤 옥동자가 탄생할지는 알 수가 없다. 그러나 음식을 매개로 존엄사를 다루는 독특한 작품이 니오리라 기대하고 있다. 공연까지 무탈하게 진행될 수 있도록 페친들의 관심과 성원을 부탁드리고 싶다.

살얼음판을 걷듯 조심스레 막을 올린 <미슐랭> 공연

(사)한국생활연극협회 자체 제작 10번째인 차현석 작·연출의 신작 <미슐랭>이 5월 29일 대학로 스타시티빌딩 7층 후암씨어터에서 초연되었다. 사회적 거리두기가 재강화된 시점에 올리는 공연이어서 방역과 예방 수칙에 총력을 기울였다. 관객은 데스크에서 열 체크를 받고 손소독을 한 후 개인정보를 포함한 설문지를 작성해야 입장할 수 있게 했다. 엘리베이터도 수시로 살균소독을 했다. 200석 극장이지만 거리두기를 지켜 지그재그로 관객을 앉게 했다. 코로나 여파로 객석은 차지 않았으나 50여 명의 찐 관객들은 생활연극 배우들의 초연 무대를 호기심으로 지켜보며 마스크를 쓴 상태에서도 박수와 환호로 호응해 주었다. 시한부 인생을 선고받은 기업의 회장이 인생의 마지막 만찬을 미슐랭 3성급 고급 레스토랑에서 갖는다. 무대에 차려진 식탁에는 지배인의 지휘로 웨이터들이 포도주와 함께 식사로 스테이크를 서브했다. 그런데 품

위 있어야 할 만찬은 자식들과 며느리들의 재산 싸움에 엉망이 되고 노회장은 홀로 잔을 기울이며 자신이 살아온 인생을 반추한다. 차현석 연출은 존엄사를 다룬 이 작품에서 "내 죽음은 내 스스로 선택한다"는 메시지를 관객들에게 전한다. 15명의 배우들은 포도주와 함께 음식을 먹으며 기타도 치고 춤도 추고 노래도 한다. 아코디언과 피아노도 라이브로 연주한다. 이날 회장 역을 맡은 주재완 배우는 셰익스피어의 <햄릿>에 나오는 독백처럼 어떻게 사느냐를 되뇌면서 온몸에 포도주를 뿌리며 혼신의 연기를 펼쳤다.

첫 공이라 부족한 점도 드러났으나 세 차례 연습 중단 끝에 무대에 선 배우들은 감격으로 눈시울을 붉혔다. 이날 첫 공을 박정기 평론가, 정혜나·최용민 배우 등 전문 연극인들도 관람했다. 생협에서는 이승옥·정상철·최영환 부이사장, 고인배·박팔영·박정재 이사와 인천 서구 장혜선 지부장 등이 관극하고 배우들을 격려했다. 손동일 부산지회장, 김병훈 인천지회장도 응원차 방문했다. 관객들은 커튼콜을 마친 배우들과 극장 로비와 옥상에서 기념촬영을 하고 담소를 나눴다. 이런 풍경은 코로나 이후 생겨난 새 풍속도가 아닐 수 없다. 살얼음판 같은 첫 무대가 무사히 막을 내려 안도의 숨을 내쉬었다. 공연은 토요일 오후 3시와 6시, 일요일 오후 6시로 막을 내린다.

차현석 작·연출 생활연극 <미슐랭 > 관객들을 웃기고 울리다

5월 30일 두차례 공연된 <미슐랭> 초연에 관객들이 예상 외로 많이 와주어 분위기가 고조되었다. 어제 B팀에 이어 오늘 3시는 박영갑·김진태·임연비 등 노련한 배우들이 출연하는 A팀이 선을 보였다. 인생이라는 연극에서의 퇴장에 대한 이야기를 다룬 이번 창작극은 재산에만 탐욕하는 아들 며느리의 세속적 세태를 풍자하면서 자신의 죽음은 자신이 선택한다는 묵직한 주제를 다루고 있다. 후반부는 코믹한 요소들이 많아 객석에 웃음이 터지다가도 시한부 인생의 기업 회장이 마지막 회한에 젖어 독백하는 장면에서는 눈물을 닦는 관객들도 보였다. B팀의 막공인 저녁 공연에는 전문 연극인들이 적지 않았다. 생협 최창주 고문, 유명 연출가 임형택·한윤섭을 비롯해 배우 한보경·장기용·배상돈·장항석·한혜수 등이 관람했다. 글쓰기 신문의 신향식 대표, 방송작가 박일 등도 함께했다. 생협에서는 이규식 부이사장, 양문정 이사, 임창용 강동지부장 등이, 생활연극에 출연했던 이지현·유동주·김정민 배우 등도 모습을 보였다. 최창주 고문은 "연극 공연을 보며 처음으로 눈물을 흘렸다"며 울림을 전했다.

조마조마했지만 다행하게 끝낸 <미슐랭> 공연

배우들의 신들린 듯한 몰입 연기로 막공은 매끄러웠고 재미와 감동을 끌어냈다. 대학로 차세대 유망주 차현석 대표가 쓰고 연출한 생활연극 <미슐랭>은 3일 4회 공연을 잘 마무리하고 5월 31일 대단원의 막을 내렸다. 연습부터 공연까지 이번 공연의 여정은 험난했다. 1월에 연습을 시작하자마자 코로나19 사태로 세 차례나 연습을 연기해야 했다. 사회적 거리두기가 완화된 시점에 연습을 재개했으나 공연 시작 전날 다시 수도권 거리두기가 강화되어 집합을 제한했다. 포기냐 강행이냐 기로에서 차현석 연출과 배우들은 물론 제작자로서도 선뜻 결론을 내기 힘들었다. 장고 끝에 공연 강행은 무모했지만 무탈하게 끝나 정말 다행이었다. 쫑파티를 마치고 귀가하면서 안도의 한숨이 새어나왔다. 당국의 방침대로 방역에 최선을 다했다. 발열 체크를 하고 설문지를 작성한 후 손소독제를 바른 후 입장해야 하는 번거로운 절차였지만 관객들은 기꺼이 협조해 주었다. 생활연극 배우들에게 신작을 초연케 한다는 것은 쉽지 않았다. 차현석 연출은 배우들과 함께 현장에서 작품을 만들어 가는 스타일인데, 배우들은 연습 때마다 장면이나 대사를 빼고 넣는 데 어려움을 겪었고 새로운 형식 수용도 버거워했다. 공연 초반 이런 허점들이 다소 노출됐으나 3회, 4회 공연은 배우들이 자신의 캐릭터를 소화하면서 앙상블도 이뤄 관객들의 호응도가 높았다. 특히 막공은 물 흐르듯 연기가 자연스러웠고 연극만의 독특한 현장 아우라를 잘 살려 냈다는 평을 들었다.

　<미슐랭>은 기업을 일으킨 회장이 자신의 인생은 자신이 선택한다는 존엄사를 다루면서 자식들간의 재산 싸움을 희화시켜 현대 사회에서 가족의 문제를 재조명시킨 희비극이다. 초반에 배우들은 희극 연기를 살리지 못하다가 후반에 코믹한 분위기를 잘 풀어내 객석의 웃음을 유발시켰다. 공연을 보고 난 관객들은 주제나 형식이 신선하다고 평했다. 아마추어 연기자들의 풋풋한 연기가 날것 같은 공연 형식과 맞아 프로 연극

<미슐랭> 배우 스태프 단체 기념사진

에서 보기 힘든 상큼함을 안겨 주었다는 것이다. 조연출 두 명이 웨이터 역까지 맡아 모두 15명의 배우가 등장하는 무대는 미슐랭 등급을 받은 식당이 되어 샴페인과 포도주, 스테이크까지 서브되었고, 기타와 아코디언, 건반이 라이브로 연주되었으며, 천둥 번개 등 음향도 아날로그로 재현되었다. 주역인 회장 역을 맡은 생협의 최고참 박영갑 배우는 관록으로, 주재환 배우는 사실감 있게 역할을 소화해 냈다. 죽은 아내 역을 고스트로 해낸 이화시 배우는 마지막 한 장면을 우아하면서 진솔하게 해내 객석을 숙연케 했다. 큰아들 역 김아천, 둘째 아들 역 송경배 배우는 다소 과장된 코믹 연기에 악기까지 연주하며 브로맨스를 보였다. 큰며느리 역을 더블로 맡은 임연비·김순중 배우는 화려한 의상과 연기로 상류층의 단면을 연기했다. 둘째 며느리 역 진수영 배우는 불어에 지역 사투리를 구사하며 활기찬 움직임으로 극에 활력을 불어넣었다. 셋째 아들 역을 더블로 해낸 김진태·이민하 배우는 노련미와 신선미로 차별화된 연기를 보여주었다. 지배인 역 장민정, 부사장 역 정애경은 안정된 연기로 극을 받쳐 주는 역할을 했다.

이번 무대에서 빛난 배우들은 셋째 아들을 두고 개성 넘치는 라이벌 연기를 펼친 애인 역 이주연과 약혼녀 역 배소희, 중재 역할을 한 딸 역 이은하 트리오다. 이들은 발랄함으로 무대에 신선한 바람을 불어넣었다. 차현석 연출은 번득이는 기지로 무대디자인과 소품을 배치시켜 역동성을 살렸다. 코로나 역경 속에서도 배우들의 앙상블을 이룬 주역은 이화시 예술감독, 장민정 배우 대표와 이주연 총무였다.

이번 생협의 열 번째 자체 공연 <미슐랭>은 4회 공연에 244명의 관객을 모았다. 막공에는 85명이 관람, 반만 이용한 객석에 만원을 이루었다. 특히 노경식 작가, 김도훈·강영걸·김혜련·복진오·정재호·유승희·김정한 연출, 원로 배우 백수련을 비롯해 권병길·정상철·김재건·나기수·고인배·이일섭·이태훈·차유경·이화영·신황철 배우 등 전문 연극인들이 관람했다. 동방인쇄공사 허성윤 대표와 박정기 평론가도 자리를 빛내 주었다. 김포시에 소재한 생협 경기 북부에서 김영직 지회장 등 7명이 단체 관람을 했다. 생활연극 배우인 김정인 진보경 장무식 박금옥 권은규 염미선 임승연 등이 함께 해주었다. 주점 달빛마루에서 가진 뒤풀이는 밤늦도록 화기애애하게 이어졌다. 이 자리에서 원로 연극인들은 생활연극의 활동을 격려해 주면서 전문연극과 생활연극의 상생과 조화를 강조해 주셨다.

<미슐랭> 결산 내역

수입 : 참가비	790만 원
티켓 판매	157만 원
축하 메시지	130만 원
찬조금	30만 원
계	11,070,000원

지출 : 극장 대관료	250만 원
연습장 대관료	150만 원
연출비	230만 원
제작비	100만 원
사무비(방역비 포함)	36만 4,000원
식비(쫑파티 등)	137만 4,800원
참가비 반환	120만 원
계	10,238,800원

수입 - 지출 11,070,000원 - 10,238,800원 = 831,200원(흑자)

경연대회

제1회 대한민국 생활연극제

제1회 대한민국 생활연극제 개막식 축하 공연

대한민국 생활연극제

취지

사단법인 한국생활연극협회는 전국 각 지역의 생활연극을 활성화하고 지회·지부의 역량 강화와 질적 향상을 목표로, 축제를 겸한 경연 형식의 대한민국 생활연극제를 개최하며 제1회는 서울에서 엽니다. 특별히 배우가 되고 싶은 꿈을 지닌 생활인들에게 무대를 마련해 주고, 연극에 애정을 쏟을 수 있도록 연기상에 비중을 두어 시상하고자 합니다.

참가 자격

(사)한국생활연극협회 전국 지회 17개 시·도 중 인구가 많은 서울특별시는 강북과 강남으로, 경기도는 경기 북부와 경기 남부로 분할해 2개 팀이 참가할 수 있습니다. 경연 참가 팀이 많을 경우에는 서류 심사 또는 영상 등으로 예선을 할 수 있습니다.

참가 작품

장르·형식에 구애받지 않는 모든 작품을 대상으로 하되 60분 이상의 장편이어야 합니다. 저작권은 자체 해결을 원칙으로 합니다.

심볼 & 로고 타입

로고는 영문 명칭 Korean Community Theater Festival의 약자인 KCTF를 바탕으로 깔끔한 서체를 곁들였다. 연극의 3요소인 희곡·배우·관객과 생활연극이 추구하는 축제·경연·화합이 만나 대한민국 생활연극제를 이루고 사각의 무대를 만든다(디자인 : 남경완 동방인쇄공사 디자이너).

특히 이번 제1회 대한민국 생활연극제 대회장을 중진 연극인이자 대한민국 예술원 회원인 박정자 배우가 맡아 주어 축제를 더욱 빛나게 했다. 집행위원장은 최영환 동국대 교수, 부위원장은 신황철 연극패 청년 단장이 임명됐으며 운영위원장은 이승옥 배우, 부위원장은 유승희 극단 단홍 대표가 맡았다. 경연 형식의 축제로 오는 11월 3일부터 8일까지 동국대 이해랑예술극장에서 열릴 첫 생활연극제에는 대구, 경북, 대전, 경기 북부, 서울 강남, 서울 강북에서 각 한 팀씩 총 7개 팀이 참가한다. 대전 <경로당 폰팅 사건>, 경기 북부 <우리 결혼할까요?>, 서울 강북 <한여름밤의 꿈 >이다. 나머지 4개 팀 서울 마포 <우리 함께 살아요>, 서울 동작 <버지니아 그레이의 초상>, 경북 경산 <복사꽃 첫사랑>, 대구 <내 사랑 애랑>이다.

마스코트

마스코트는 제1회 한국생활연극대상에 트로피로 수여됐던 반달곰이다. 반달무늬에 두 손을 든 앙증맞은 모습으로 고정수 조각가가 창작해 준 청동 반달곰상을 모티브로 했다.

제1회 대한민국 생활연극제 개막 예고

(사)한국생활연극협회가 자력으로 개최하는 대한민국 생활연극제가 2019년 11월 2일 오후 5시 동국대 서울캠퍼스 이해랑예술극장에서 개막식을 갖고 7일간의 경연에 돌입한다.

개막식은 대회장인 박정자 연극배우이자 예술원 회원의 영상 인사로 시작된다. 이어 서울 시정에 바쁜 중에서도 생활연극에 각별한 관심을 표명한 박원순 서울시장이 직접 휴대폰으로 녹화한 영상 축사가 상영된다. 이해랑예술극장을 대관해주고 후원을 해준 동국대학교 윤성이 총장도 영상축사를 보내주었다. 이어 원로 극작가 노경식 선생님과 국민무용진흥협회 김인숙 회장이 육성 축사를 해주신다. 생활문화와 생활예술을 육성 지원하는 지역문화진흥원은 흔쾌히 후원을 해주셨다.

개막식은 경연에 참가한 7개팀 대표들의 인사로 절정을 이룬다.

대전의 강애란 지부장, 서울 마포의 김동준 지부장, 경북 경산의 김지선 지부장, 경기 북부의 김영직 지회장, 서울 용산의 양문정 이사, 서울 동작의 진이자 지부장, 대구의 채치민 지회장 또는 참가 배우들이 축제 겸 경연에 임하는 소감을 말한다.

개막식에 앞서 타 장르 생활예술 단체를 초청한 식전 공연이 30여 분

제1회 대한민국 생활연극제 참가작 소개

참가팀1 · 대전 공연날짜 11월 3일(일) 오후 5시
러닝타임 1시간 10분

경로당 폰팅 사건 이충무 작 / 강태란 연출

기획의도

줄거리

참가팀2 · 서울 마포 공연날짜 11월 4일(월) 오후 7시
러닝타임 55분

우리 함께 살아요 작가미상 / 김순이 연출

기획의도

줄거리

참가팀3 · 경북 경산 공연날짜 11월 5일(화) 오후 7시
러닝타임 1시간 5분

복사꽃 첫사랑 공동창작 / 김지선 연출

기획의도

줄거리

참가팀4 · 경기 북부 공연날짜 11월 6일(수) 오후 7시
러닝타임 1시간 20분

우리 결혼할까요? 최인범 작 / 김영직 연출

기획의도

줄거리

정가힐5 · 서울 동산 　　공연날짜 11월 7일(목) 오후 7시 러닝타임 1시간 10분

한여름 밤의 꿈　셰익스피어 작 / 고인배 연출

기획의도　<한여름 밤의 꿈>은 1. 아테네 공작인 티시어스의 결혼 이야기, 2. 사랑하는 연인 허미아와 라이샌더, 그리고 헬레나-라와 드미트리어스의 사랑이야기, 3. 요정 오베론과 그의 부인 티타니아가 펼치는 실투와 환상의 결혼 이야기, 4. 결혼식 축하공연을 꾸미는 직공들의 극중극 등 네 가지 에피소드로 구성되어 있다. 셰익스피어는 복잡한 인간관계의 변덕스런 인간의 사랑을 부지니아 넨단과 소비가 가득한 희곡으로 완성했다. 남녀노소 누구나 공감하고 즐길 수 있으며, 인간의 가장과 영상들을 위한 최적의 공연이다.

줄거리　아테네의 공작 티시어스의 결혼식을 사흘 앞둔 밤.

부모의 반대를 무릅쓰고 결혼을 하려는 허미아와 라이샌더는 도망치려하고 직공들은 공작결혼식 축하공연을 하기 위해 준비한다. 헬레나와 시기어린 요정부사의와 오베론은 실수로 사랑의 즙을 잘못 발라 두 방의 연인들의 이해과 시이지 여러 호돈을 빚는다. 오베론은 부사오넬스가 사랑의 소음을 발단다. 오베론은 극중극 사랑의 수명과 의하여 모든의 얼굴을 맞치대가라고 번하게하여 요정의과 티테이는의 요정만 사랑의 뱀이를 벌이게 만든다. 오베론은 자신의 무진 소동으로 사랑하는 연인들이 위화해지게 한다. 요정 퍼크를 시켜 처음과 같은 사랑의 결실을 맺도록 모든 일을 완결시킨다.

정가힐6 · 서울 동작 　　공연날짜 11월 8일(금) 오후 7시 러닝타임 60분

버지니아 그레이의 초상　구예울린 파이크 작 / 한이자 연출

기획의도
가뻐뉴스.
팩트체크.
가레기.
하루가 멀다 하고 우리 정가를 때리는 단어들이다.
장에가 넘쳐는 사회에 인테넷가진가 우리도 모르는 사이에 허상을 때는는 수입물과 정보들 사이에서 무엇이 사실인지 무엇이 진실인지 늘 헤매고 있는 것 또한 사실이다. 영리된 극작가 구예울린 파이크의 또 무엇을 지금 이 시간 대한민국에 소환시키는 것은 지금 이 시대를 살아가는 우리를 잘과 돌게비해될 수 있는 진실에 눈을 뜨기 바란다. 허상을 따 드는 수많은 가짜뉴 뿐만 아니라, 각자의 내면의 소리에 귀를 기울 일 수 있는 좀 하고 시간이라고 바라는 마음에서 이다.

줄거리　기자이자 작가 지망생인 닉 존스어 버지니아 그레이의 책을 쓰기 위해 그 집을 방문함으로써 시작되는 이야기.

자신의 버지니아 그레이라고 말하는 4명의 여인들이 연기과 진짜 버지니아 그레이를 찾아가는 여정 속에서 진실과 거짓이라는 인간 내면의 소리를 집중하게 만드는 이야기이다.

정가힐7 · 대구 　　공연날짜 11월 9일(토) 오후 5시 러닝타임 1시간 30분

가요뮤지컬 내사랑 애랑　김상열 작 / 제거민 연출

기획의도　대구 힐은 올해 대한민국 생활연극대상에 여성가극단을 만들어 참가했다. 그 옛날 여성 극단반은 여성들의 남장을 하고 공연을 하여 인기를 끌었았다. 여성으로반 구성된 우리 힐은 전외, 그 여 옛날 여성으로 여성 관심하여 여성 가극이라고 이름을 불였았다. 애랑장의은 조선 말가의 자배관인 양반들의 위상을 폭로하고 당지반 드라마의 형식을 갖춘 진통 연극이었다. 남자가 아닌 여성이 수염을 남장을 하여 남자 선비들의 역할을 하는 여성가극의 <내사랑 애랑>은 극작의 효과가 더 큰 것 같다.

줄거리　제주 목사로 부임하게 된 한양의 김경(술배)은 배비장에게 애랑의 소임을 맡긴다.

어느 날 애랑이 목욕하는 모습을 본 배비장은 반지라 심장이에 빠지며 애랑을 홀치오고 음식 대접도 받는다. 그 외 애랑을 못 잊어 병이 난 배비장은 반지를 시켜 연지를 보내고, 방에 그녀의 처소로 몰래 오이는 당신을 받는다 배비장은 옷가축 두려미기에 노랫가지를 쓰고 애랑을 만나는 반지가 애랑의 사랑 행사를 하게 들어다진다 애랑은 갖음 주고 배비장은 춘천반 자루 속에 들어갔가다 다시 머니가 꽤애 속까진 반지에게 초 줄이 난다. 배비장은 든 마사가 젤는 목사와 국반은서이 지켜보는 가운데 동헌으로 운반되고, 궤에서나온 배비장은 알몸으로 허우적거리다가 동헌 대청에 이르를 부딪히 온갖 망신을 당한다.

간 펼쳐진다. 국민무용진흥협회 소속의 율 무용단이 고전무용 '소고춤'을, sohee 발레트리 아카데미가 발레 '달빛무도회'를 펼친다. 이어 충북 청주의 에코시낭송클럽이 시극 <산등성이>를 공연한다. 서울 중구 비너스 난타팀의 난타 공연이 식전 공연의 하이라이트를 장식한다.

축제처럼 펼친 제1회 대한민국 생활연극제 개막식

많은 분들이 축하해 주셨고 성원해 주셔 개막식을 성공적으로 치렀다. 11월 2일 동국대 이해랑예술극장에서 열린 제1회 대한민국 생활연극제 개막식은 생활연극 역사의 한 장을 새로 장식했을 뿐 아니라 이 땅에 생활문화 시대를 여는 기념비적 의미를 지녔다.

관이나 기업의 도움을 받지 않고 자력으로 행사를 치를 수 있을까 우려가 많았지만 우리는 우리 힘을 모아 전국적인 축제를 출범시키는 데 성공했다. 협회 이사진과 지회 지부장들의 협조도 컸지만 생활연극 무대에 섰던 배우들의 성원이 동력이 되었다.

외부의 인식과 관심도 커져 희망을 가질 수 있게 된 점도 큰 수확이었다. 문화체육관광부 담당 주무관이 생활연극 축제에 관심을 가져 주었다. 지역문화진흥원은 후원 명칭을 승인해 주었다. 무엇보다 반가운 일은 서울시로부터 사단법인 인가를 받은 한국생활연극협회에 박원순 서울시장이 개막식 축사를 보내준 것이었다. 박 시장은 셀카로 찍은 영상 축사에서 생활문화와 생활예술의 중요성을 강조한 후, 서울시도 이를 뒷받침하는 정책을 추진하고 있다고 밝혔다. 유서 깊은 이해랑예술극장을 대관해 준 윤성이 동국대 총장도 영상 축사를 통해 생활문화 활성화는 세계적 추세라며 대학도 융합할 수 있는 방안을 강구하겠다고 말했다.

개막식에는 극작가 노경식 선생님, 연출가 김도훈 선생님, 심사위원장 박정기 선생님, 백수련 배우님 등 연극계 원로들이 참석해 생활연극 축제의 태동 현장을 지켜보아 주셨다. 이호재·이승옥·김재건·정상철 등 국립극단의 중추였던 중진 배우들의 참석과 격려도 큰 힘이 되었다. 한지일 배우, 김병재 영화평론가 등도 참석해 자리를 빛내 주었다.

무엇보다 고마운 분들은 생활연극 배우들이었다. 창립 작품인 김도훈 연출의 <맹진사댁 경사>를 비롯해 강영걸 연출의 <작은 할머니>, 복진오 연출의 가요극 <꽃순이를 아시나요?>에 출연했던 아마 배우들이 대거 참석해 자신들의 축제를 축하하고 즐겨준 것이다. 김영직 지회장이 지도하는 경기 김포 깨끼꿈 학생 10여 명도 개막식을 지켜보았다.

개막식에 앞서 율무용단의 <소고춤>, Sohee 발레트리 아카데미의 발레 <달빛 무도회>, 청주 에코시낭송클럽의 시극 <산등성이> 공연, 김태리 배우가 지도하는 서울 중구 비너스 난타팀의 열정적인 퍼포먼스가 축제의 흥을 고조시켰다.

정중헌 이사장은 역사적인 개막을 선언했고 연극배우이자 협회 고문인 박정자 대회장은 전국 규모의 생활연극 경연은 처음일 것이라며 성공적 개최를 영상 메시지로 축원했다. 노경식 연극동네 촌장님은 무궁한 발전을 기원한다는 덕담을 해주셨다.

이번 제1회 대한민국 생활연극제는 포스터가 세련됐을뿐더러 프로그램 북이 알찼다는 평을 받았다. 인쇄물 일체를 협찬해 준 동방인쇄공사 허성윤 대표에게 진심 감사드리며, 디자인을 해준 남경완·손희진, 총괄해준 김건호 기획실장에게 고마움을 표하고 싶다.

무모하다는 주변의 만류를 무릅쓰고 이번 일을 추진한 자신이 감격스러웠다. 경연을 총괄해 준 최영환 집행위원장, 신황철 부위원장, 김동준 지부장께 감사드린다. 개막식 식전 행사를 매끄럽게 연출해 준 복진오 심사위원과 동국대 여승호 팀장을 비롯한 기술진에게도 감사의 마음을 전한다.

이것이 진정한 생활연극이다… 대전 <경로당 폰팅 사건>

제1회 대한민국 생활연극제 경연 첫 작품인 대전 극단 이룸의 <경로당 폰팅 사건>(이충무 작, 강애란 연출)은 다양한 볼거리로 재미와 함께 따사한 메시지를 전해 박수를 받았다.

대전의 생활연극 배우들은 대전 시민대학 힐링 연기 프로그램에서 만난 60대들을 주축으로 30~40대 생활인들이 합류해 활기가 넘쳐 보였다. 무엇보다 11명의 출연 배우 전원이 무대에 처음 선 초보 신인들이란 점이 이 팀의 특징이다.

그런데도 서울 이해랑예술극장 무대에서 이렇다 할 실수 없이 탄탄한 앙상블을 보여 "이야말로 생활연극의 본보기"라고 할 만했다. 이충무의 희곡이 노인 세대의 외로움과 인정에 초점을 맞췄다면 협회 대전

대전의 <경로당 폰팅 사건>

동구 지부장인 강애란 연출은 폰팅걸과 택배기사의 애환, 사교춤 등 볼거리를 배치하여 재미를 주면서 인생은 아직 살 만하다는 훈훈한 메시지를 전하고자 했다.

강애란 연출은 "관객들에게 웃음과 교훈을 주고, 그런 것들이 어떤 사람에게는 인생에 아주 조그만 변화를 가져올 수 있을 것"이라고 했다.

협회가 한 푼도 지원을 못했는데도 단원들은 버스로, 세트는 트럭으로 싣고 와 설치하고 리허설하고 단 1회 공연 후 철거까지 해야 하는 열악한 여건에서도 대전팀의 사기는 매우 높았다. 서울 이촌1동 마을극단 단원 10여 명이 단체 관람하는 등 예상외로 관객도 적지 않았다. 대회장이자 협회 고문인 박정자 배우께서 <경로당 폰팅 사건>을 관람하고 배우들을 격려해 주었으며 강애란 연출과 기념촬영도 했다.

동네 잔치 같았던 마포의 생활연극… <우리 함께 살아요>

제1회 대한민국 생활연극제 경연 두 번째 작품으로 11월 4일 이해랑예술극장에 오른 마포 실버극단 오늘의 <우리 함께 살아요>는 다문화 가정을 소재로 시니어 배우들이 한껏 기량을 뽐낸 일상 같은 무대였다. 연극 초보인 생활배우들은 우리말 연기도 힘든데 일본 며느리, 베트남 며느리, 미국 사위로 나와 어눌한 우리말 구사와 정서가 다른 노래자랑으로 동네 이웃이고 친구인 관객들을 웃겼다.

3개국 며느리와 사위를 둔 다문화 가족은 어머니의 낡은 세탁기를 바꿔 주기 위해 다문화 노래자랑에 도전한다. 어머니는 '봄날은 간다'를, 자식들은 요즘 유행하는 빠른 리듬의 노래를 고집하면서 음치이며 박치인 이들의 노래는 엉망이 된다. 상은 못 탔지만 일본 며느리가 이 사연을 라디오에 알려 대망의 세탁기를 선물로 받는다는 이야기다.

서울 마포의 <우리 함께 살아요>

　대사가 잘 안 들리고 간혹 실수도 있었지만 관객들은 무대 위에서 김장을 담는 시늉을 하고 가족끼리 티격태격하며 우애를 보이는 모습에 관객들은 신나게 박수를 보냈다.

　우리마포복지관에 다니는 60대 이상 어르신들로 구성된 이들은 신 노년문화 형성에 앞장서겠다며 열정이 대단하다. 배우 중 한 분은 "이 나이에 이해랑예술극장 무대에 서게 된 것은 가문의 영광"이라며 즐거워했다. 배우이면서 작자 미상의 이 작품을 지도해 온 김순이 연출은 "다문화 가정의 애환을 통해 더불어 사는 삶을 보여주고자 했다"고 말했다.

김지선 연출의 창작 열정이 영근 세미 악극 경북 경산 <복사꽃 첫사랑>

제1회 대한민국 생활연극제 세 번째 참가팀으로 11월 5일 저녁 이해랑예술극장에서 막을 올린 경북 경산의 <복사꽃 첫사랑>은 공동창작으로 빚어낸 복사꽃 마을 경산의 애향심을 담아낸 악극이다.

　생활연극이 해야 할 첫 번째 과제는 자기 고장, 자기 삶을 연극으로 끌어내는 것이다. 김지선 연출의 <복사꽃 첫사랑>은 단원들이 직접 희곡 창작부터 의상, 소품을 제작하는 등 생활연극의 특성을 살려냈다.

배경도 복사꽃이 만발한 경산의 어느 마을. 무대 막에는 호수를 둘러 싼 복사꽃 마을이 화사하게 펼쳐졌고, 손으로 만든 복사꽃나무 한 그루가 세워졌다.

악극의 주제는 '사랑'. 남편을 여의고 악독한 시어머니마저 전쟁통에 잃은 과부가 첫사랑 남자를 만나 우여곡절 끝에 결실을 맺는다는 해피엔딩 이야기다.

아마 배우들이 악극을 해내기가 쉽지 않은데도 7명의 배우들은 연기하면서 노래도 소화했다. 미진한 면도 있었지만 진솔하고 풋풋함이 배어 나왔다. 배우들은 2018년 경산 시민회관의 '배우를 배우다' 프로그램을 통해 연극과 접했다고 한다. 살림만 하던 주부들이 대다수에 연기 지망의 젊은 청년도 합세했다. 배우들의 연기가 투박하면서도 정감이 넘쳤고, 특히 전쟁 중 격투 장면은 박력 있게 연출했다.

경북 경산의 <복사꽃 첫사랑>

경산지부는 2019년 6월에 가진 협회 주최 제1회 전국 단막극 경연대회에서 대상을 받았다. 이번 작품도 연습과 준비에 만전을 기했고 작품 또한 로컬리즘을 살린 생활연극의 전형을 보여주었다.

싱싱한 에너지를 뿜어낸 젊은 생활연극… 경기 북부 <우리 결혼할까요?>

제1회 대한민국 생활연극제 네 번째 작품으로 11월 6일 이해랑예술극장에서 공연된 경기 북부의 <우리 결혼할까요?>(허인범 작, 김영직 연출)는 생활연극이 실버세대나 주부들의 전유물이 아님을 보여주는 범세대 공연이었다.

혼기를 놓친 농촌 총각 둘이 맞선을 보면서 서로를 탐색하는 과정을 코믹하게 그린 이 연극에는 30~40대 남녀 배우 두 커플이 열연한다. 여기에 생활연극 경력이 두터운 조항선이 결혼 중개업자로 나오고, 멀티역을 맡은 송은한이 1인 다역의 다양한 연기 변신을 보여준다.

단원들은 시민참여 연극 <우리동네 김포>(최영환 연출)에 참여했던 시민

경기 북부의 <우리 결혼할까요?>

들과 새로운 참가자들로 구성된 이룸 공연문화예술교육나눔 소속이다. 이 단체를 2017년 6월부터 이끈 김영직 대표는 그간 4편의 생활연극을 연출해 김포시민들과 함께 호흡했다. 특히 한국생활연극협회 경기 북부 지회장을 맡아 제1회 단막극 경연대회에 참가했고, 제2회 영동생활연극 축제에서 장막 <마술가게>를 공연해 폐막을 장식했다. 김영직 지회장은 협회 일에 적극 참여하고 솔선수범해 우수지회상을 받기도 했다.

이 팀의 장점은 시민 배우들의 참여로 이루어진 생활연극이지만 프로 연극이라 해도 손색 없을 만큼 연기가 매끄롭고 아우라가 깔끔하다는 것이다. 허인범의 창작을 코믹하게 끌어나가는 역량은 좀 부족했고, 러닝타임이 길어 지루한 감은 있었지만 아마의 수준을 넘어섰다고 할 만 했다.

일반인들이 배우의 꿈을 키우고 무대에 서는 생활연극은 전문교육을 받지 않아 초보수준을 벗어나지 못할 것이라는 예단은 금물이다. 경기 북부지회의 <우리 결혼할까요?>는 비전공자도 연출의 지도와 연습 양에 따라 발성과 연기 수준을 극대화 할 수 있음을 보여주는 사례라고 할 수 있다. 연기 수준이 고르고 앙상블이 좋았던 <우리 결혼할까요?>는 좀 과장된 표현일지 몰라도 생활연극의 미래상이라고 할 수 있다.

아마 배우들의 기량 한껏 발휘한 세련된 무대… 서울 용산 <한여름 밤의 꿈>
제1회 대한민국 생활연극제 다섯 번째 참가작인 서울 용산의 <한여름 밤의 꿈>(셰익스피어 작, 고인배 연출)은 깔끔한 연출과 배우들의 숙련된 연기로 재미를 주었을 뿐 아니라 관객도 100여 명이나 되어 생활연극 축제의 진면목을 보여주었다.

이촌1동 마을극단은 2017년 10월에 창단되어 그해 <칠순잔치>를 공연했고, 2018년에는 김정숙 작, 고인배 연출의 <눈 오는 봄날>, 2019년

서울 용산의 <한여름 밤의 꿈>

에는 낭독 공연 <그 집에는>을 지역에서 공연하며 실력을 쌓았다. 서울 시민연극제에도 2회 참가한 이촌1동 마을극단은 양문정 단장과 배우인 고인배 상임연출 체제로 활동 폭을 넓혀 왔으며, 이촌1동 주민센터의 적극 지원을 받아 지역의 문화복지 모델로 자리 잡았다. 단원들은 이촌동 재래시장에서 자영업을 하는 상인, 은행원, 주부, 연기지망생 등 다양하며 남녀노소의 비율이 고른 점이 특징이다.

셰익스피어의 <한여름 밤의 꿈>은 기성극단에서 자주 공연되는 레퍼터리인데 마을의 주민 배우들과 함께 생활연극으로 각색한 고인배 연출은 사랑의 방정식을 관객에게 쉽게 전달해 지역에서 호응을 얻었다. 이날 객석에는 이촌1동 동장과 주민들, 배우와 연출의 가족과 친지들, 특별히 이 작품에 관심이 있어 찾아온 관객들로 성황을 이뤄 생활연극축제의 분위기를 고조시켰고, 앞으로의 전망도 밝게 해주었다.

프로무대를 방불케 한 생활연극… 서울 동작 <버지니아 그레이의 초상>

제1회 대한민국 생활연극제 여섯 번째 작품으로 11월 8일 이해랑예술극장에서 공연된 서울 동작지부의 <버지니아 그레이의 초상>은 무대·의상·조명도 세련되었지만 배우 여섯 명의 기량이 고르고 화술과 연기의 숙련도가 높았다. 이는 이 작품을 연출한 진이자 동작지부장의 열정과 집념의 성과라고 할 수 있다. 특히 객석에 배우들의 자녀와 친구들이 부모와 함께 단체관람을 해 이색적인 풍경을 연출했다.

대한민국 생활연극제에 관객이 없으면 어쩌나 했던 우려는 서울 마포·용산·동작 공연에 100여 명 안팎의 관객이 입장해 씻어 주었다. 이런 호응도라면 2회, 3회는 명실공히 대한민국을 대표하는 생활연극 축제로 자리매김할 수 있겠다는 자신감이 들었다.

2019년 2월에 첫발을 내디딘 동작생활연극협회는 시민들이 일상 가까이에서 펼쳐 낼 수 있는 생활 속 연극을 지향하고 있다. 시민극단 려에

서울 동작의 <버지니아 그레이의 초상>

이어 창단한 새롬이 택한 구에들린 피어슨의 <버지니아 그레이의 초상>은 기자이자 작가 지망생인 딕 존슨이 자신이 버지니아 그레이라고 말하는 4명의 여인과 벌이는 진실게임을 다룬 작품이다. 대사 위주의 심각한 내용인데 배우들이 각자의 캐릭터를 잘 소화했고, 어린이 관객들까지 집중해 관극하는 모습이 신기했다.

여성가극단을 꾸려 마당놀이처럼 펼쳐낸 대구의 가요뮤지컬 <내사랑 애랑>
제1회 대한민국 생활연극제 마지막 작품으로 11월 9일 이해랑예술극장에서 공연한 대구의 가요뮤지컬 <내사랑 애랑>은 12명의 여배우들이 남녀 배역을 나눠 맡아 판소리로 하던 <배비장전>을 요즘 노래와 춤으로 변형해 마당놀이처럼 관객들과 호흡했다. 시작과 말미에 선 풍류국악단의 사물까지 펼쳐 생활연극제 피날레를 축제장으로 장식했다.

대구의 가요뮤지컬 <내사랑 애랑>

채치민 배우 겸 연출이 지도해 온 청춘어울극단은 대구 행복 북구문화 재단 소속으로 실버세대를 위한 생활연극 공연 활동을 하고 있다.

제주 기생 애랑에게 반한 배비장의 엽색 행각을 해학적으로 풍자한 <내사랑 애랑>은 트로트 속의 가사를 극에 맞게 개사해 뮤지컬처럼 이어갔는데, 전문 가수가 아니라 전달이 뚜렷하진 못했어도 열정으로 난제를 극복해 냈다.

옛날 같으면 할머니로 뒷방에 있던 12명의 시니어들이 한복을 곱게 차려입고 무대 위에서 춤과 노래하는 모습이야말로 지역 생활연극의 전형이라는 생각이 들었다. 채치민 대구지회장은 "지역민들에게 새로운 사회적 역할을 부여하고 자신감 회복은 물론 차세대와의 소통 등 여가의 차원을 넘어 삶의 의미를 발견할 수 있는 주체적인 문화예술 활동"이라고 생활연극의 필요성을 강조했다.

제1회 대한민국 생활연극제 대상은 서울 용산의 <한여름 밤의 꿈> 차지

제1회 대한민국 생활연극제 대상은 셰익스피어 작 <한여름밤의 꿈 >을 고인배 연출로 무대에 올린 서울 용산의 이촌1동 마을극단(단장 양문정)이 차지했다. 우수연출상은 고인배 배우가 수상했다.

(사)한국생활연극협회 주최로 11월 9일 저녁 동국대 서울캠퍼스 이해랑예술극장에서 열린 시상식에는 이순재 대배우와 현역 여배우 중 최고참인 백수련, 극작가 노경식, 배우 오영수·정상철·김재건·김순이 등과 참가 7개팀 배우 및 대표자, 협회 임원과 하객 등 100여 명이 참석해 전국 규모 생활연극제의 성공적 출범을 축하해 주었다.

박정기 심사위원장, 복진오·정달영 심사위원은 7일간의 경연을 심사한 결과를 주최측에 넘겨주었다. 단체상 금상은 <버지니아 그레이의 초

상>(구에돌린 피어슨 작, 진이자 연출)을 공연한 서울 동작의 시민극단 새롬이 받았다. 이 작품에서 여인 3역을 한 진성애 배우가 최우수연기상에 선정되어 이순재 대배우로부터 청색 반달곰 트로피를 받았다.

은상은 가요뮤지컬 <내사랑 애랑>(김상열 작, 채치민 연출)을 공연한 대구의 청춘어울극단, <복사꽃 첫사랑>(공동창작, 김지선 연출)을 공연한 경북 경산지부가 차지했다. <내사랑 애랑>에서 방자 역을 해낸 조민숙 배우가 우수연기상을 받았고, <복사꽃 첫사랑>에서 서근 역을 맡은 남영우 배우가 최우수연기상 트로피를 백수련 원로 배우로부터 받았다.

동상은 <우리 결혼할까요?>(허인범 작, 김영직 연출)를 공연한 경기 북부 이룸공연문화예술교육나눔, <경로당 폰팅 사건>(이충무 작, 강애란 연출)을 공연한 대전의 극단 이룸, <우리 함께 살아요>(작가 미상, 김순이 연출)를 공연한 서울 마포의 극단 오늘이 수상했다. 일생 한 번 받는다는 신인연기

정중헌 이사장에게 대상 트로피를 받는 양문정 이촌1동 마을극단 단장

상은 대전의 <경로당 폰팅 사건>에서 새침할멈과 폰팅걸 역을 맡은 권진순 배우가 선정되어 협회 공연자문위원인 박영갑·이화시 배우로부터 반달곰 트로피를 받았다.

이날 시상식에서 가장 많은 박수를 받은 배우는 인기배우상을 수상한 송은한과 조성우였다. 송은한은 경기 북부의 <우리 결혼할까요?>에서 1인5역의 멀티 역을, 조성우는 서울 용산의 <한여름 밤의 꿈>에서 요정 퍼크 역을 멋지게 해내 오영수·정상철 배우로부터 반달곰 트로피를 받았다. 이날 사회는 협회 부이사장인 최성웅 배우와 가요극 <꽃순이를 아시나요?>에 출연한 진수영 배우가 맡았다. 식전 축하 공연은 <품바>의 원조 김시라의 딸 김추리 배우와 아들 김현재 고수가 펼친 품바 주제 축하퍼포먼스, 막간 공연은 뮤지컬 가수 김예슬의 노래로 장식했다.

제1회 대한민국 생활연극제 결산 내역

수입 : 찬조금		1,189만 원
계		11,890,000원
지출 : 극장 대관료		231만 원
트로피 제작비		195만 원
심사료		140만 원
공연팀 출연료		190만 원
무대 크루 2인		200만 원
핀마이크 대여료		100만 원
영상, 현수막 등		48만 원
식비(뒤풀이 등)		173만 4,000원
진행비		115만 7,800원
계		13,831,800원

수입 11,890,000원 - 지출 13,831,800원 = -1,941,800원(적자)

제1회 전국 단막극 경연대회

제1회 전국 단막극 경연대회에서 경북 경산지부 <도화>가 최우수상 수상

경북 경산지부의 <도화>가 제1회 전국 단막극 경연대회에서 최우수작품상을 수상했다.

(사)한국생활연극협회 주최로 2019년 5월 22일 대학로 피카소소극장에서 열린 경연에는 7개 팀이 참가했다. 심사는 극작가 노경식, 연출가 김도훈, 배우 이승옥 3인이 했다.

최우수연기상은 서울 동작지부 <굿닥터>의 이재숙, 경기 북부지회 <청혼>의 김경호가 받았다. 최우수연출상은 <도화>의 김지선 경산지부장에게 돌아갔다. 우수작품상은 서울 동작지부 <굿닥터>(연출 진이자), 경기 북부지회 <청혼>(김영직 연출)이 수상했다. 기획 제작상은<천안 아리랑>을 공연한 충남 천안의 류중열 연출이, 창작 희곡상은 <통닭>의 박정현(서울예대)에게 돌아갔다. 우수 연기상은 서울예대 김현진(통닭), 동작지부 김선희(굿닥터), 광주지회 신정희(크리스마스 선물), 충남 천안지부 강규임(천안아리랑), 경북 경산지부 한은정(도화), 경기 의정부지부 장귀복(내 인생의 추임새)이 받았다.

경북 경산의 <도화>.

단막극 경연대회 수상자들

축제

충북 영동 심천역 앞 너른 광장에서 펼쳐지는

(사)한국생활연극협회
The Korea Association of Community Theater

생활연극축제 제1회

2018 **8**월**10**일(금) ~ **12**일(일) 2박 3일간

Farm Party +
Perpormence
=Healing

과일 장터와 공연이 어우러진 거리 **축제**
생활연극, 탈춤판, 시낭송, 버스킹, 놀이 등의 난장
연극인 크로키, 생활연극 사진 전시 등 문화마당

제1회 영동생활연극축제

'무대가 고픈' 생활인들끼리 즐기는 난장, 영동생활연극축제 공지

올 여름 산자수명한 충북 영동에서 제1회 생활연극축제가 열립니다. 사단법인 한국생활연극협회와 구구농산물직거래센터가 주최하고 영동군이 후원하는 이 축제는 8월 10~12일 충북 영동군 심천면의 유서 깊은 심천역 앞 광장에서 펼쳐집니다. 우리나라 전역에서 수천 개의 축제가 열리지만 스코틀랜드의 에딘버러 프린지 페스티벌이나 프랑스 아비뇽 축제처럼 참여만 해도 즐거운 축제는 많지 않습니다.

이제 생활문화 시대를 맞아 생활인들이 연극에 참여하고 악기를 연주하거나 춤을 배우고 추는 취미 활동이 일반화되고 있습니다. 이렇게 익힌 생활예술을 한여름 영동의 야외 및 실내 무대에서 마음껏 펼쳐 보자는 것입니다. 영동은 국악과 과일의 고장이자 힐링의 명소로 꼽힙니다. 이 축제에는 이 지역에서 생산하는 포도와 복숭아 등 과일들과 먹거리도 함께 합니다. 개막 공연은 서울 구로구지부 느티나무 은빛극단의 가요뮤지컬 <구루지노래방 콩쿠르>(박팔영 작·연출)가 장식합니다. 이 밖에도 <품바>를 비롯해 소극장 공연, 시낭송회, 연주회, 춤판, 버스킹 등 난장이 어우러집니다. 공연예술에 관심 있는 분들의 참여와 성원을 부탁드립니다.

2018년 6월 29일

정중헌 이사장이 르포한 영동생활연극축제 개막식과 축하 공연

감격스러웠다. 충청북도 영동군 심천면 역 앞 광장과 복지회관에서 연제1회 생활연극축제는 인적이 별로 없던 작은 동네를 잔치 분위기로 바꿔 놓았다. 역 앞에 농산물 가게들이 들어섰고 특설무대 주변에 200여명이 넘는 관중이 개막 행사를 보며 즐거워했다. 역시 이런 곳에서 축제하기를 잘했구나, 무대가 고픈 분들이 참 많구나, 하는 생각이 들었다.

개막 축하 공연은 생기발랄했다. 심천 면민들로 구성된 심너울풍물단 20여 명의 사물은 60년대 마을 세트 같던 동네를 깨웠다. 미소앙상블과 소리향기의 오카리나 합주와 이중주도 프로 수준이었지만, 영동군 초·중·고생들로 구성된 오케스트라의 뮤지컬 넘버 연주도 멋졌다.

이날 개막의 하이라이트는 서울 느티나무 은빛극단 할머니들이 펼친 가요뮤지컬 <구루지 노래방 콩쿠르>였다. 70·80대 배우들은 미리 녹음된 노래와 대사를 립싱크로 따라하면서 춤추고 노래하며 만족하고 행복한 표정을 지었다. 싸이의 히트곡 <나팔바지>를 부르며 춤동작까지 따라

제1회 영동생활연극축제

하는 모습은 귀엽다는 표현이 나올 정도였다. 노래하는 교수 마이클 창 (동신대 식품영양학과 교수)은 자작곡으로 멋진 기량을 뽐냈다. 최창주 교수의 탈춤 체조는 여름밤 관객의 노곤함을 풀어 주며 우리 것의 귀함을 일깨웠다. 누가 올까 싶던 실내 공연도 예상을 넘어 관객이 모였다. 여무영 배우는 체홉의 <백조의 노래>를 실연을 곁들인 강의로 풀어냈다. 최영환 연출로 8월 하순 서울에서 공연할 <욕망이라는 이름의 전차>의 두 장면을 블랑쉬 역 조항선, 스텔라 역 이주연이 멋진 앙상블로 보여줘 박수를 받았다. 심천의 밤은 열대야가 사라져 선선했다. 김명옥 영동지부장의 구구농원에서 밤늦게까지 술잔을 나누며 이야기꽃을 피웠다.

김시라 자제들이 흥을 돋운 <품바 – 날개 없는 천사>
제1회 생활연극축제는 3일차 영동군청의 지원으로 난계국악박물관과 체험관, 옥계폭포 관광을 마치고 구구농원에서 직거래장터 회원들과

화이팅, 엄지척을 하고 대단원의 막을 내렸다. 관광 코스인 난타 체험도 즐거웠고 세계 최대라는 천고를 치며 소원을 빈 것도 추억거리였다.

축제의 절정은 둘째 날인 8월 11일 야외무대와 실내극장에서 펼친 연극과 퍼포먼스였다. 장터 옆 야외무대에서는 극단 가가의회의 <품바—날개 없는 천사>가 왕년의 빛을 발하면서 흥을 돋웠다. 울산지회의 <나는 각설이로소이다>, 충남지회의 <천안의 노래> 공연에 이어 대전지회의 <만두와 깔창>이 축제의 대미를 장식했다.

더위가 한풀 꺾인 야외무대에 관객들이 삼삼오오 모여들어 여름밤의 축제를 즐겼다. 실내에서는 청주의 에코 시낭송회가 시극과 춤을 곁들인 산뜻한 무대를 펼쳤다. 대전 소리향기의 경기민요 중심의 공연, 박영갑 김원영의 노래와 판소리도 흥을 돋웠다. 엄기백 등 에세이스트 회원들의 수필 낭독도 이색적이었다. 경기북부 지회인 김포의 극단 이룸은 김영직 연출의 <이대감 망할대감>을 공연해 폭소를 터뜨리게 했다. 서초 아코디언 아카데미 화원들의 독주와 합주도 눈길을 끌었다. 홍란주 연출의 낭독 공연인 체홉의 <곰>도 특유의 멋을 보여주었다.

이번 제1회 영동 생활연극축제는 영동군의 인프라 지원, 김명옥 지부장이 이끄는 구구농산물 직거래장터의 협조로 휴면 마을이나 다름없던 심천역 인근에 생기를 불어넣었다.

무엇보다 외부의 재정지원 없이 (사)한국생활연극협회가 독자적으로 축제를 치러 냈다는 데 의의가 있다. 또한 축제의 콘셉트를 관객이 즐기는 대규모가 아니라 무대가 고픈 생활인들이 참여해 스스로 즐기고 만족을 얻는 참가자 중심의 소규모로 잡았다는 점도 색다르다. 생협은 이번 축제를 분석해 축제의 새 전형을 모색할 계획이다. 전국 각지에서 참석해준 연극인·예술인들에게 진심으로 감사를 드리고 싶다.

폭염과 폭풍의 8월, 충청북도 영동에서의 생활연극축제는 성공적으로 치러졌다. 용어조차 생소했던 생활연극을 이제 조금씩 알리기 시작했고, 어떤 지원도 받지 못했지만 협회와 지회 지부 회원들이 힘을 합쳐 축제를 해내며 단단한 토대를 쌓았다. 새로운 일을 개척하고 함께 난관을 헤쳐 온 분들에게 감사드린다.

- 정중헌 이사장의 댓글

제1회 영동생활연극축제 결산 내역

수입 : 0원

지출 : 디자인비(프로그램·포스터 등) 126만 원
　　　기념 티셔츠 92만 4,000원
　　　인건비(조명·음향) 170만 원
　　　무대 제작비 87만 5,200원
　　　참가자 식사비 124만 2,000원
　　　사무비(현수막, 교통비 등) 96만 400원

총계 696만 1,600원(적자)

협찬 : 포스터, 전단, 프로그램북 인쇄비(동방인쇄 협찬) 500만 원

제2회 영동생활연극축제 공연작 확정

충북 영동에서 펼치는 제2회 생활연극축제의 공연작이 2019년 8월 1일 확정되었다. 개막 공연은 복진오 연출의 가요극 <꽃순이를 아시나요?>, 영동군민을 위한 특별공연은 최성웅 모노드라마 <품바>, 폐막 작품은 경기 북부지회 김영직 연출의 <마술가게>로 정해졌다.

8월 30일부터 9월 1일까지 영동군 심천면 향토민속자료관 공연장과 인근 국악체험촌 야외에서 펼쳐질 두 번째 생활연극축제는 지난해보다 프로그램이 알차고 다양해졌다.

영동군청과 동방인쇄공사가 후원하는 생축은 무대가 고픈 일반인들에게 무대를 제공하고 생활에 활력을 주자는 취지의 힐링 축제다. 올해는 3편의 장막 연극 외에도 지난 6월 개최된 제1회 전국 단막극 경연대회에서 입상한 경북 경산지회의 <도화>, 서울 동작지부 < 굿닥터>, 경기 의정부지부의 장귀복 판소리극 <내 인생의 추임새>, 충남 천안지부 <천안아리랑> 등이 참여해 축제를 빛낸다. 대전의 소리향기가 경기민요를, 대전 대덕시낭송회가 포도 주제의 시낭송회도 갖는다. 진도의 북춤과 한량무, 서초아코디언 합주단의 아코디언연주회도 펼쳐진다.

개최지 영동에서는 심여울풍물단과 오카리나합주단이 함께한다. 올해도 연극인 인물화로 전시회를 열어온 박팔영 이사가 캐릭터 전시회를 연다. 특히 영동포도축제와 콜라보를 위해 감행한 최성웅 <품바>는 8월 31일(토) 오후 5시 영동 실내체육관에서 대규모로 공연된다. 9월 1일 일요일에는 영동 일원 관광 프로그램도 진행된다.

제2회 영동생활연극축제 참가작과 행사들

가요극 〈꽃순이를 아시나요?〉

공연일자 : 2019년 8월 30일(금) 오후 5시 30분
장   소 : 향토천사관 공연장
작   가 : 전재오
연   출 : 박오모
노래지도 : 윤국희
안무지도 : 윤재경
출   연 : 김순증, 김정인, 김선옥, 김여원, 박금옥, 박예진, 송경애, 임승연, 임연비,
장주식, 장해경, 전보경, 진아명

부엇고개를 넘거져 어던 시절, 산골에서 태어 고향 꽃을 따뜨고 살았어도 순정
을 키웠던 꽃순이와 상뫄하는 시절의 회합와 희망의 새로 다른 모습 전개 된다.
할녀한데 집안빵안 살아이는 시집와 생큰하고 꽃사랑 꽃순이를 일지 못한다.
서울 부상직 꽃잎지닌 나성간 꽃순이는 왕자시과 미시공록표, 세마를 깃기가 후
악한 임자사를 만나 할천을 삼인으로 키운다. 알긴소 노래를 통해 꽃순이의
성은 일게된 상아이는 꿈길될을 듣고 찾아가 꽃순이의 구인의 제목을 튼다.

작가는 요즘 세대의세 가느성한 시절 어머니의 아버지가 어떻게 그 고개를
넘어왔는지 보여주면서 지고지순한 사랑의 감동을 주고 싶었다고 말한다.

영동군민을 위한 (사)한국생활연극협회 특별공연 〈품바〉

공연일자 : 2019년 8월 31일(토) 오후 5시 공연장소
영동체육관 : 장   소
의승희 : 연   출
김현석, 윤지영 : 교   수
최성종 : 출   연

〈품바〉는 각설이떼들의 유일한 인식지만 '천사를의 집전사회'를 배경으로 그들
의 무우머리인 '천장군이라는 잃은 인물의 일대기를 그린 모노드라마여 기록를
둔다. '사회의 생각하긴 대중에 위대하다는 것은 품바란 행동을 통서 이해서 생
각하기 때문이다. 이를 알지 못하는 이 사회를 수 있는 민간들을 통서 찾겠고 가
난한 사람들, 여럿고 고통 받는 사람들을 " 근처에 와 벗힌 진자꺼자시소 장누기
여런 사람을 돌아봄으로 각설이가 등장한다. 이러서 00 여명 동안 '천장군이라
는 한 각설이의 일대기를 축으로 일제시교, 해방, 6.25등 가와 대한민국 현대사
의 다양한 정치적 상황 에서서 그가 겪는 인생 억렇이 1만 1세여의 연기를 통과해
펼쳐진다. 그 간에서 각 시대별로 주요한 정치적, 사회적 사건들을 품바의 해학
을 통해 재조명한다.

사회여이 따뜻한 위로와 생활한 질책을 기층에었으며 '한민족의 역사' 그 자체가
된어버린 〈품바〉가 40주년을 기념으로 새로운 시대상을 곁에 입은 모습으로 변
모한다.

경기 북부지회 〈마술가게〉

공연일자 : 2019년 8월 31일(토) 오후 4시
장   소 : 향토천사관 공연장
작   가 : 아심벽
연   출 : 강영미
출   연 : 송은빈, 강민구, 장해윤, 최혜원, 진원증, 김관호

청소는 마술가게이는 고급 마상실이다. 길은 방의 빛자 마네킹이 캐어난다. 이
때 수상한 민가자이 들리고, 경험이 많은 도화이 등장한다. 이 도화은 아직 자기
가게인 뜻 음악도 좋고 술도 마시며 친화를 한다.
이때 또 하나의 불빛이 나쳐나고 젊은 초춰 도화이 들어선다. 고급 마상실에서
문을 통사서 들어온 두 도화은 서로 민쪽지가 되고, 서로의 마음을 열고 얘기를
주고받는다. 베네방 도화과 아이를 가쳐 줄바는 젊은 도화은 순간을 기울이며
향상한 대우를 기원가 주어지지 않는 사회에 불만을 표시하고 한건의 자역칭충
의 부정과 비리를 비란한다. 그리고 모두 병고 자유로움을 느낀다.
마네킹들과 머무지자 신나게 놀아분는 도화들. 최자인 군 경비가 등장하고 마술
의 한 밤은 향연은 막버지로 치닫기 시작하는데...

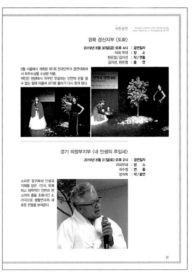

경북 경산지부 〈도화〉

공연일자 : 2019년 8월 30일(금) 오후 4시
이임 무대 : 장   소
한문명/김가선 : 작/연출
김자선, 한문명 : 출   연

6월 시율에서 개최된 제1회 전국단위극 경연대회에
서 최우수상을 수상한 작품.
여인은 현생에서 자유런 못살과는 인간의 근을 알
수 있는 현생에 이룸의 과거로 돌아가 다시 찾게 한다.

경기 의정부지부 〈내 인생의 추임새〉

공연일자 : 2019년 8월 31일(토) 오후 2시
이자어대 : 장   소
곽수정 : 연   출
정귀혁 : 작/출연

소리군 정귀혁의 인생과
지혜를 담은 1인국. 유쾌
하고 쾌활적인 만담과 판
소리의 충을 조화시킨 소
리극으로 생활연극의 새
로운 전형을 보여준다.

서울 동작지부 〈굿닥터〉

공연일자 : 2019년 8월 31일(토) 오후 2시 40분
장 소 : 향토민속자료관 공연장
작 가 : 닐 사이먼
연 출 : 진이자
출 연 : 이재숙, 김선희, 진상애

6월에 개최한 제1회 전국단막극 경연대회에서 우수 작품상 수상. 출연 배우 이재숙은 최우수 연기상, 성대 결절을 극복하고 무대에 선 배우 김선희는 우수 연기상을 받았다.

말단 공무원, 치과의사를 꿈꾸는 조수 등 환경이 전혀 다른 6명의 캐릭터들이 특별한 상황에서 일어나는 기막힌 사연들을 펼쳐낸다.

특별전시

박팔영 인물 크로키전

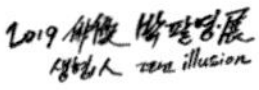

공연일자 : 2019년 8월 30일(금)
~ 2019년 9월 1일(일)
장 소 : 향토전시관 3층 전시장

박팔영 배우
(사)한국생활연극협회 이사
생활연극 무대의 배우들 프로필과 행사장면을 기록한 이색전시.

대덕 시낭송협회 시낭송 공연

공연일자 : 2019년 8월 31일(토) 오후 12시 40분
장 소 : 향토민속자료관 공연장

대덕시낭송협회는 1999년 제1회 낭송대회를 대덕문화원 주관으로 개최한 이후 제1회 수상자들이 주축이 되어 창립되었다. 현재 30여 명의 회원들이 활동하고 있는 시낭송 전문 단체이다. 시낭송을 통해 자기 계발뿐 아니라 지역의 문화행사에 일익을 담당하고 있다. 영동생활연극축제에서는 포도축제에 맞춰 포도를 주제로 한 시를 비롯해 축제 분위기에 맞는 시를 낭송한다.

사회 : 장춘근(인사말)

1. 송석화
마른포도 익어간 계절/이수정
2. 박병오, 최명자
수선화
내가 사랑하는 사람/정호승
사회/송석화
3. 박순애
청포도/이육사
4. 유숙경
여름/유자효
5. 이내희 장순희
불바람난 년들/권나현
6. 박태일, 최연수
행복/유치환
우체국에 가면/이수익
7. 홍명희

국악

국악 공연 – 대전 소리향기

공연일자 : 2019년 8월 31일(토) 오후 1시 10분
장 소 : 향토민속자료관 공연장

소리향기는 평생학습프로그램을 통해 2011년부터 경기민요를 배워온 동호회다. 대다수 회원들이 국악지도사 자격증 소지자로서 교도소, 노인 요양원, 지체장애인 시설 등 소외지역을 찾아 우리 민요를 전하는 재능봉사를 하고있다.

1. 창기타령, 경복궁 타령 : 장춘근, 김다연, 김순례, 우월순, 오순석, 오정임, 박주희
2. 느리개타령, 사철가, 청춘가, 태평가, 뱃노래, 잦은 뱃노래 : 신귀이, 박정숙, 곽정임, 최옥희, 임은정, 한옥화
3. 노들강변, 한강수 타령 : 오한근, 우월순, 박주희
4. 아리랑, 해주 아리랑, 밀양 아리랑 : 오정임, 김순례, 오순석, 김다연

청주 에코시낭송클럽

공연일자 : 2019년 8월 31일(토) 오후 2시
장 소 : 향토민속자료관 공연장

시 극 1 : 송영련, 편재순, 임수연, 하현숙 / 고영민 시 '산동성이'
시낭송 1 : 송영련 / 박재영 시 '엄마', 김춘희 / 나태주 시 '꽃'
시 극 2 : 송영련, 임수연 / '혈하의 연가'
시낭송 2 : 하현숙 / 자작시 '별이 된 친구', 임수연 / 이해인 시 '바다여 당신은'
시낭송 3 : 한현숙, 김춘희 / 이기철 시 '내가 만난 사람은 모두 아름다웠다', 임수연 / 문병란 시 '인연서설'

초청 공연

진도 북춤과 한량무 & 민요

공연일자 : 8월 31일(토) 낮 12시
장 소 : 향토민속자료관 공연장
단 장 : 한석원
단 원 : 이경록, 이주항, 주화식, 권은규, 한옥란, 호나명

한석원 북춤 팀 프로필
2018. 11. 17 강동구민회관 축제
2019. 04. 14 광주귀농어촌박람회
2019. 04. 27 전남 진도군 체육행사
2019. 05. 06 하남 주야간센터 경로우대 잔치
2019. 06. 02 국립극장 "국악의 하루" 외 다수 출연

서초 아코디언 아카데미 합주단

공연일자 : 2019년 8월 31일(토) 오전 11시
장 소 : 향토민속자료관 공연장
지도교수 : 유정희(서초아코디언 아카데미 원장)

지도교수 유정희 프로필
피아노 전공
숙명여대 교육대학원 석사
미국 Midwest University 음악석사
대한민국 아코디언 콩쿠르
– 전문 연주자부문 대상 수상

독 주
1 강신두 황성옛터
2 김찬기 빠곡왈츠
3 박창성 동행
4 유천근 고향의 노래
5 이 장 해변의 여인
6 김경섭 소양강 처녀
7 정종헌 Amazing Grace
8 윤용주 삼포로 가는길
9 이정숙 여자의 일생
10 안세현 목포의 눈물
11 최연인 용두산 엘레지
12 김연희 홍도야 우지마라
13 사공숙 내 나이가 어때서
14 김봉자 민요 메들리
15 유정희 추풍령, 굳세어라금순아
합 주 '울어라 열풍아', '한많은 대동강', '아리랑'

뮤지컬 갈라

공연일자 : 2019년 8월 30일(금) 오후 3시
장 소 : 야외무대
출 연 : 윤국희 (배우, 뮤지컬 가수)
한재영 (배우, 뮤지컬 가수)

윤국희 (배우, 연출)
2019포항바다국제연극제 여자연기대상
해피프린스, 돈데보이,
천만할 랩소디 등 출연

한재영 (배우, 뮤지컬 가수)
현 타악그룹 야단법석 멤버
MBC창사특집 K-뮤지컬 (이육사) 역
뮤지컬 곽재우, 별의여인 등 출연

공연 넘버
1. 카바레 Cabaret (윤국희)
브로드웨이의 안무가로 명성 높았던 〈밥 포시〉가 1972년 연출한 뮤지컬영화에 삽입된 곡

2. 한이 쌓일 시간 (한재영)

3. Written in the stars (윤국희, 한재영)
2000년 브로드웨이에서 초연된 뮤지컬 [아이다]는 디즈니의 세 번째 뮤지컬이자, 첫 성인 뮤지컬이다.

연극배우 박정자 제2회 영동생활연극축제 참석

연극계 중진이자 예술원 회원인 박정자 배우가 8월 30일 충북 영동에서 열리는 (사)한국생활연극협회 주최 제2회 생활연극축제에 참석한다.

박 배우는 30일 오후 4시 30분 영동군 심천면 국악체험촌 입구 야외무대에서 열리는 개막식에서 박세복 영동군수와 함께 축사를 할 예정이다. 이어 5시30분 민속자료전시관 공연장에서 막을 올리는 축하 공연 <꽃순이를 아시나요?>를 관람한 후 영동 관객과 함께하는 시간도 가질 계획이다. 생협 고문인 박정자 배우는 오는 11월 3~8일 서울 동국대 이해랑예술극장에서 열리는 제1회 대한민국 생활연극제 대회장도 맡아 생활연극에 대한 각별한 애정을 기울이고 있으며 후원에도 앞장서고 있다.

영동생활연극축제 준비 순조롭게 진행

8월 중순 영동군 곳곳에는 제2회 영동생활연극축제를 알리는 현수막이 걸렸고, 축제 포스터와 개막작 <꽃순이…> 포스터가 나붙었다. 특히 9대 품바 최성웅 배우(협회 부이사장)가 8월 31일(토) 오후 5시 포도축제가 열리는 영동실내체육관에서 화제작 <품바>를 영동 최초로 군민들에게 선사하는데, 이를 알리는 포스터도 곳곳에 부착돼 있다. 심천면 공연장 입구에는 연극배우 박정자 영동 방문 환영 플래카드가 걸렸다. 한국화가 정명희 화백이 그린 새 형상의 축제 마스코트 디자인이 담긴 기념 티셔츠도 제작되었다.

박세복 영동군수와 박정자 배우가 축사를 할 개막식 단상도 제작되었다. 개막을 장식할 가요극 <꽃순이를 아시나요>> 공연을 위해 복진오 연출과 김종호 조명감독, 정애경 사무국장이 무대 준비를 마쳤다. 참가 배우들은 영동 공연을 위해 며칠간 연습을 다시 했다.

제2회 영동 생활연극축제 2박3일 성료

충북 영동군 심천면 일대에서 펼쳐진 생활연극축제가 2박3일의 일정을 소화하고 폐막했다. 개막식에 참석해 축사를 한 박세복 영동군수는 2020년에 포도축제 기간을 피해 영동군 중심가에서 생활연극 페스티벌을 할 수 있도록 추진하겠다고 밝혔다. 올해 축제는 과일을 수확하는 농번기에다 포도축제로 인파가 몰려 실내·실외 모두 관객이 적었다.

그럼에도 불구하고 개막 공연인 복진오 연출의 가요극 <꽃순이를 아시나요?>는 관객들의 호응을 얻었다. 포도축제의 중심인 영동체육관에서 9대 품바 최성웅 배우가 펼친 유승희 연출 <품바>는 영동군민들에게 명작의 재미와 감동을 안겨 주었다. 경기 북부지회 김영직 연출의 폐막 공연 <마술가게>는 젊은 배우들이 출연해 산뜻한 재미를 선사했다.

특히 협회 고문이자 예술원 회원인 박정자 배우가 이승옥 부이사장과 함께 2박3일을 함께하며 참가자들에게 무대의 소중함과 엄격함을 말해 주며 힘을 주었고, 영동 군민들과 기념사진을 함께 찍으며 정을 나눴다.

경북 경산지부의 식전 공연 <도화>, 경기 의정부지부 장귀복 소리꾼의 야외공연, 서울 동작지부 단막극 <굿닥터>도 생활연극축제에 활력을 불어넣었다. 대덕시낭송협회 회원들의 시낭송 공연, 대전 소리향기의 국악 공연, 청주 에코시낭송클럽의 시극과 낭송, 한석원 지도의 진도 북춤, 한량무와 민요 공연도 공연예술 축제의 멋을 더해 주었다. 유정희 원장이 지도하는 서초아코디언아카데미 회원 15명의 아코디언 독주와 합주도 곁들여졌다.

야외무대에서 영동 심너울풍물단, 소리향기 오카리나 연주, 영동문화원 우쿨하모니, 뮤지컬 가수 윤국희·한재영의 뮤지컬 갈라가 펼쳐질 계획이었으나 관객이 적어 윤국희·한재영의 뮤지컬 듀엣만 진행되었다. 공연장 로비에서 열린 '2019 배우 박팔영의 생협인 그리고 일루젼 전시'도 축제에 구색을 맞춰 주었다.

실내 프로그램들은 잘 쓰지 않는 공연장에 담당자 부재로 음향과 조명 등이 매끄럽지 않아 공연자와 관람객 모두에게 불편을 주었다. 내년 엔 기술진을 탄탄하게 구성하고 점검하여 이런 기술 사고는 내지 않도록 할 계획이다. 그럼에도 불구하고 경로당에서 제공한 시골 밥상과 음식은 맛있고 정 깊었다. 특히 깻잎 콩잎 장아찌와 열무김치, 올갱이된장국 맛은 일품이었다.

김명옥 지부장의 구구농원에서 펼친 개막 파티는 가히 환상적이었다. 이런 맛에 축제를 하고 고생을 해도 보람이 큰 것이다. 공연예술 참가자들에게도 멋진 추억을 남겨 주었다. 김명옥 지부장에게 다시 감사드리며 박세복 군수와 윤석진 군의회 의장님, 군청 문체과 직원들, 부녀회장과 경로당 회장님에게 감사드린다.

2회 생활연극축제는 김명옥 영동지부장의 헌신적인 노력으로 소박하고 행복하게 치를 수가 있었다. 행사를 총괄한 이규식 집행위원장과 신황철·박팔영 이사, 궂은일을 도맡아 해준 정애경 사무국장에게 진심 감사드린다. 대구의 채치민, 대전의 주진홍, 충남의 류중열, 경기북부의 김영직 지회장과 공연을 해준 김지선 경산, 진이자 동작, 곽수정 의정부 지부장과 대전의 손종화·강애란, 서울 강동의 임창용, 당진 김영율 지부장에게도 감사를 드린다.

김영직 경기북부 지회장의 제2회 영동생활연극축제 참가 소감

2019년 8월 31일 충북 영동에서 열리는 제2회 한국생활연극축제에 다녀왔습니다. 앞으로 이룸 극단의 무궁한 발전과 한국 생활연극이 꽃피울 그날까지 화이팅~!!

축제가 성공리에 마칠 수 있도록 열정과 수고를 아끼지 않으신 정중헌 이사장님과 한국연극의 대모 박정자 선생님, 축제 집행위원장이신 이규식교수님, 팔방미인 박팔영 선생님, 정애경 사무국장님과 기념사진..,

급하게 공연 준비하느라 사진을 많이 못 찍어 아쉽네요.., ^^ 극단 이룸 화이팅~!!! 수고해준 극단 식구들에게도 감사한 마음을 전합니다^^

제2회 영동생활연극축제 결산 내역

수입 : 영동군	500만 원	
협회(정중헌)	100만 원	
광고 협찬	100만 원	
꽃순이팀	30만 원	
계	730만 원	
지출 : 숙소	93만 원	
영동지부(자부담)	100만 원	
기념 티셔츠	110만 원	
조명·음향	170만 원	
개막작(꽃순이) 공연비	230만 원	
포스터·초대장	50만 원	
진행비	67만 550원	
부가세 부담	20만 원	
계	8,400,550원	

수입 7,300.000원 - 지출 8,400,550원 = -1,100,550원(적자)

생활연극상 제정

제1회 한국생활연극대상 시상식

아마 배우 격려하기 위한 한국생활연극대상 제정

배우가 되고 무대에 서고 싶은 일반인들에게 연극 체험의 기회를 주기 위해 2017년 7월 창립한 사단법인 한국생활연극협회가 아마추어 대상의 한국생활연극대상을 제정, 제1회 심사위원 회의를 11일 대학로에서 가졌다. 원로 노경식 극작가가 심사위원장을 맡았고, 포항과 대구에서 활동하는 김삼일 배우, 송형종 서울연극협회 회장이 심사에 참여했다.

제1회 시상식에 앞서 생협은 지회 지부를 통해 출품작 신청을 받은 결과 10편이 대상에 올랐다. 협회는 2018년 창립 기념으로 김도훈 연출 <맹진사 댁 경사>와 창립 1주년 기념으로 최영환 연출 <욕망이라는 이름의 전차>, 송년 공연으로 이우천 연출의 <사랑장터 2> 등 3편을 대학로 소극장에서 개막해 관객들의 큰 호응을 얻었다. 낭독 공연으로 아랍 희곡 <왕은 왕이다>와 로르카의 <베르니르다 알바의 집>을 무대에 올렸다.

서울 지회에서는 용산의 <눈오는 봄날>(고인배 연출), 노원의 <고린내>(정상철 연출), 경기에서는 북부지회에서 <이 대감 망할 대감>(김영직 연출), 남부지회에서 창작뮤지컬 <직장본색>(연출 김창환), 그리고 광주지회에서 <로맨스 그레이>(박영국 연출)를 출품했다.

심사는 일부 공연 영상도 참조했으나 생활배우로서의 열정과 가능성, 협회에 대한 기여도, 연극인 등 주변 평판에도 비중을 두었다.

제1회 한국생활연극대상 시상식은 1월 21일 오후 5시 대학로 공간 아울 소극장에서 연다. 아직 상금은 없지만 트로피는 벌써부터 연극계 화제가 되고 있다. 생활연극상을 추진 중이라는 소식을 전해 들은 중진 조각가 고정수 작가가 '반달곰'을 형상화한 앙증맞고 예술성이 높은 브론즈상을 창작해 준 덕이다. 시상식에는 박정자·백수련 등 연극인 다수가 참석해 상도 주고 격려도 해줄 예정이다.

반달곰상 트로피를 받은 아마 배우들의 함박웃음과 감동의 소감

2019년 1월 21일 대학로 공간 아울에서 열린 제1회 한국생활연극대상 시상식은 한겨울 추위를 무색케 할 만큼 열기가 가득했다. 2017년 7월 창립한 사단법인 한국생활연극협회가 제정한 이 상은 배우의 꿈을 이룬 생활배우들에게 격려와 용기를 주자는 취지다.

날씨가 쌀쌀했는데도 공간 아울 객석은 하객들로 만원을 이루었다. 오프닝은 협회 송년 공연 <사랑장터 2>의 출연진들이 나와 춤과 노래로 장식해 식장을 달구었다.

시상은 프로 연극인들이 해주어 자리가 더욱 빛났다. 이순재 대배우는 드라마 녹화 일정이 갑자기 잡혀 대형 화환으로 축하해 주었다. 노경식 심사위원장을 비롯해 박정기 평론가 겸 배우, 최창주 한국문화예술위원회 위원, 연극배우 박정자·백수련·강영걸·이승옥·오영수·권병길·김재건·정상철·이승호·이인철·연운경·최성웅·김용선·박종선·이경희 등이 참석해 트로피를 주며 아마 배우들을 격려하고 축하했다.

박정자 배우는 축사에서 "'배우의 꿈을 이룬 당신은 아름답습니다'라는 생활연극대상 캐치프레이즈처럼 우리 모두 꿈을 이루자"고 말했다.

노경식 심사위원장은 "일부는 영상을 참조했다"며 "아마 배우로서의 열정과 가능성에 비중을 두어 수상자를 선정했다"고 말했다.

시상에 앞서 협회와 지회 지부에서 2018년 공연한 생활연극 작품을 소개하는 10분 동영상이 상영돼 생활연극의 위상을 가늠케 했다.

이화시·고인배 배우의 사회로 전반부에는 우수연기상 수상자인 정애경·이주연·김정인·공성신·박금옥·진창용·양문정·문정희·조윤호·유광식 배우를 시상했다. 화단의 중진 고정수 조각가가 창작한 반달곰 트로피를 받아든 수상자들은 함박웃음을 지으며 배우로서 새로운 인생의 막을 연 체험들을 진솔하게 밝혀 장내를 숙연케 했다.

이어 우수 지부인 충북 영동지부의 김명옥 지부장, 우수 지회인 경기북부 김영직 지회장에게 반달곰상 트로피가 전달됐다. 협회 공연 무대미술을 전담한 신황철 이사와 분장을 전담한 박팔영 이사에게도 '생활연극 특별상' 트로피가 전달됐다.

제1회 한국생활연극대상 수상자

1부 마지막에 정중헌 이사장이 허성윤 동방인쇄공사 대표에게 '생활연극 공헌상' 트로피를 드렸다. 정 이사장은 생활연극협회가 창립할 당시부터 후원해 주고 협회 공연의 포스터와 프로그램 등 인쇄물 전체를 협찬해 준 허성윤 대표에게 감사를 표하고 "위의 분은 한국생활연극협회 창립의 산파 역뿐 아니라 협회 모든 공연의 인쇄물을 협찬함으로써 생활연극 발전에 헌신, 제1회 한국생활연극대상 공헌상을 드립니다"라는 문구가 새겨진 청동 반달곰 트로피를 전했다.

막간 공연으로 뮤지컬계 중진 김봉환 배우의 아들 김한재 배우가 뮤지컬 <지킬 앤 하이드>의 명곡 '지금 이 순간'을 멋지게 불러 수상한 아마 배우들을 감격케 했다.

이우천 연출에게 우수연출상을 시상으로 시작한 후반은 생활연극대상의 하이라이트인 최우수연기상 시상으로 절정을 이루었다.

제1회 최우수연기상의 영예는 박영갑·이화시·조항선·김진태 배우가 안았다. 78세의 노익장 박영갑 배우는 두 팔을 번쩍 치켜올리며 "인생 뭐였어!!! 연극이지!!!"를 소리 높이 외쳤다. 사회를 보다가 트로피를 받은 이화시 배우는 "앞으로의 인생을 생활연극과 함께하겠다"고 밝혀 박수를 받았다.

최우수연출상은 작년 여름 테네시 윌리엄스의 <욕망이라는 이름의 전차>를 용산 무대에 올린 동국대 최영환 교수가 받았다.

최우수작품상인 대상은 협회 창립 공연 <맹진사댁 경사>가 선정됐고 이 공연의 완성도를 높인 김도훈 연출에게 박정자 배우가 반달곰 트로피를 전했다. 김도훈 연출은 "아마 배우들과 함께한 지난해 겨울은 힘은 들었지만 보람이 컸고 즐거웠다"고 수상 소감을 밝혔다.

수상자 전원의 단체사진으로 막을 내린 시상식에 이어 대학로 달빛마루에서 뒤풀이가 성황리에 펼쳐졌다. 이 자리에서 프로와 아마 연극인들은 격의 없는 대화를 나누며 건배와 합창으로 수상의 기쁨을 만끽했다. 뒤풀이 비용은 동방인쇄공사 허성윤 대표가 협찬해 주었다. 이처럼 여러분의 성원과 지원으로 제1회 생활연극대상은 알찬 수확을 건질 수 있었다. 첫 회여서 미흡했던 점을 보완해 내년에는 더 멋지고 값진 생활연극상을 시상할 계획이다.

제2회 한국생활연극대상 시상식

초대의 글

제2회 한국생활연극대상 시상식에 초대합니다
(사)한국생활연극협회가 새해 첫 행사로 제2회 한국생활연극대상 시상식
을 2020년 1월 20일(월) 오후 5시 대학로 SH아트홀에서 가집니다.
지난 한 해 협회와 전국 각 지회 지부에서 공연한 생활연극 작품을 대상으
로 아마 배우들을 격려하고 협회 발전을 위해 도움 주신 분들에게 감사를
표하는 소중한 자리입니다. 1월 9일 마감한 공모에 대전, 경기 북부, 경기
남부 지회, 경북 경산, 경기 가평, 경기 의정부, 서울 용산, 서울 노원 지부
등에서 8편을 출품했습니다.

여기에 협회가 자체 제작 공연한 강영걸 연출의 <작은 할머니>, 복진오 연출의 가요극 <꽃순이를 아시나요?>, 강영걸 연출의 <아름다운 인연>, 최유진 연출의 교수 낭독극 <대머리 여가수> 등 4편을 더해 모두 12편 중에서 대상(최우수작품상), 최우수연기상, 우수연기상 등을 시상하게 됩니다. 협회를 도운 분들에게는 생활연극 공헌상, 생활연극 특별상을 드리고, 우수지회 지부도 표창합니다. 생활연극대상 트로피는 미술계 원로인 고정수 조각가가 직접 창작한 반달곰 형상의 청동상입니다.

제2회 대상은 강영걸 연출의 <작은 할머니> 수상

(사)한국생활연극협회가 제정한 '제2회 한국생활연극대상'의 영예의 대상은 강영걸 연출의 <작은 할머니>가 차지했다. 2020년 1월 13일 동양극장 소회의실에서 가진 심사위원회의 심사 결과 최우수연기상은 <작은 할머니>의 강경림과 김정민, <꽃순이를 아시나요?>의 임연비, <아름다운 인연>의 장민정 등 4명의 배우에게 돌아갔다. 우수연출상은 가요극 <꽃순이를 아시나요?>의 복진오 연출이 선정됐다.

우수연기상은 15명의 배우가 수상한다. 경북 경산 박명은(복사꽃 첫사랑), 대전 이기권(경로당 폰팅 사건), 경기 남부 박꿈철(더블유게임), 경기 의정부 박태식(엄마에게 하지 못한 말), 경기 가평 조소현(효녀 심청), 경기 북부 최영란(마술가게), 서울 용산 지순희(경로당 폰팅 사건), 서울 노원 유동주(나비), 송경배(작은 할머니), 은화신(작은 할머니), 이지현(작은 할머니), 이영환(꽃순이를 아시나요?), 장무식(꽃순이를 아시나요?), 김아천(아름다운 인연), 이보경(대머리 여가수).

생활연극 공헌상은 영동생활연극축제를 지원해 준 박세복 충북 영동 군수가 받는다. 생활연극 특별상은 사진의 김일현 작가, 인쇄의 동방인쇄 김건호 기획실장에게 드린다. 최우수 지회상은 해당자가 없으며, 최우수 지부상은 경북 경산지부 김지선 지부장이 선정됐다.

백수련 배우가 강영걸 연출에게 대상 트로피 전한 2회 시상식

한국생활연극대상 제2회 시상식이 2020년 1월 20일 대학로 SH아트홀에서 성황리에 열렸다. 탤런트 김덕현과 진수영 생활연극 배우 사회로 열린 시상식에는 연극계 중진들과 내빈들이 다수 참석해 수상자들을 축하해 주었다. 노경식 심사위원장, 김도훈 심사위원, 구자흥 전 명동예술극장장, 허성윤 동방인쇄공사 대표, 백수련·오영수·권병길·김재건·이승호·장기용·한보경·김용선·김태리 배우, 한철 음향, 최유진·차현석 연출, 다매체에서 활동하는 나기수·김성일·김영래 배우도 참석해 시상을 해주었다.

외부 인사로는 이종원 인천서구문화재단 대표, 박미영 영동군청 문화체육팀장, 강익모 서울디지털대학 교수, 최헌걸 도서출판 나무와숲 대표, 재즈 가수 이희만 등이 참석했다.

협회에서는 정상철 부이사장, 고인배·박팔영·양문정 이사, 지회장을 맡고 있는 김성노 서울, 류중열 충남, 김병훈 인천, 김영직 경기 북부, 김명옥 충북, 지부장으로는 경기 가평 김영민, 서울 마포 김동준, 성동 진보경, 구로 정순모 등이 참석했다.

협회 공연에 출연했던 김정인·박금옥·권은규·김순중·송명규·이상만 배우도 자리를 빛내 주었다. 한국예술평론가협의회 장석용 회장은 축하 화환을 보내왔다.

동양대 공연예술학부 학생들의 뮤지컬로 막을 연 시상식에서 축사는 생활연극 최연장자인 박영갑 배우가 해서 이채를 띠었다.

김지선 경북 경산지부장이 우수지부장상, 김일현 사진작가와 김건호 동방인쇄 기획실장이 생활연극 특별상을 받았다. 우수연기상은 박명은·이기권·박꿈철·박태식·조소현·최영란·지순희·유동주·송경배·은화신·이지현·이영환·장무식·김아천·이보경 배우 등 15명이 수상했다. 최우수연기상 수상자인 강경림·김정민·임연비·장민정 배우에게 노경식·오영수·이승호·허성윤 등 원로들이 반달곰 청동 트로피를 안겼다.

김도훈 연출가는 가요극 <꽃순이를 아시나요?>의 복진오 연출에게 우수연출상 트로피를 시상했다.

정중헌 이사장은 영동생활연극축제를 두 차례 지원해 준 박세복 영동군수에게 생활연극 공헌상을 드렸다(박미영 문체팀장 대리수상).

이날 시상식의 하이라이트인 대상은 <작은 할머니>를 생활연극으로 무대에 올린 강영걸 연출이 수상했다. 백수련 배우에게 트로피를 받은 강영걸 연출은 "더 열심히 하겠다"고 소감을 밝혔다. 소나무길에서 가진 뒤풀이에는 수상자와 가족 친지들, 이승옥 부이사장 등이 참석해 늦도록 이야기꽃을 피웠다.

제2회 생활연극대상 시상식 결산 내역

수입(협찬금) : 3,877,000원

지출 : 극장 대관료	50만 원
트로피 제작비	325만 원
트로피 받침대	55만 원
트로피 퀵서비스	7만 원
트로피 명패	42만 5,000원
심사비	20만 원
심사위원 식대	10만 5,455원
무대 크루 인건비	30만 원
영상 제작비	30만 원
공연자 수고비	22만 원
마이크	20만 원
현수막 외	16만 5,000원
쫑파티	49만 5,000원
계	6,777,455원

지출 6,777,455원 - 수입 3,877,000원 = -2,900,455원(적자)

생활연극 강좌

생활연극 아카데미 개강

김수미 작가의 극작교실

- 2017년 11월 13일부터 8주, 매주 월요일 오전 10시30분~12시 30분
- 대학로 동양예술극장 연습실
- 참가자 : 양문정 본회 이사, 노윤정 배우, 이은주 주부, 김영윤 대학생 ,
  이정우 대학생, 이정환 청년

여무영의 체홉 연기교실

- 2017년 11월 13일부터 8주, 매주 월요일 오후 3~5시
- 혜화동 협회 사무실
- 참가자: 이정우 대학생, 조나무 배우, 민윤희 배우, 김주하 배우

강영걸 연기·화술 아카데미 수강생 모집

(사)한국생활연극협회를 2년 가까이 이끌면서 적지 않은 아마추어 배우들을 만났다. 체계적인 연극 교육도, 연기 지도도 받지 않은 그들은 10주간 연습으로 무대에 서긴 하지만 마음 한구석엔 늘 허전함과 갈증을

느끼고 있었다.

2019년 3월 강영걸 연출과 <작은 할머니>로 만난 배우들은 강 연출의 화술과 연기 지도를 받으면서 연기에 대한 눈을 떴고 연극에 대한 매력을 새삼 느꼈다고 토로했다. 그리고 강영걸 연출의 연극 강의를 체계적으로 듣고, 연기 지도를 받아 다시 한 번 무대에 서고 싶다는 배우들이 여럿 있었다. 협회는 이들의 갈망을 풀어 주기 위해 '제1기 강영걸 연기·화술 아카데미'를 열었다.

강영걸 연기·화술 아카데미 포스터

연극계 중진 강영걸 연출은 고 이원경 선생의 무릎 제자로 스승의 화술과 연기론을 전수받았다. 그는 우리말의 멋과 맛을 가장 잘 살려 몸짓과 조화를 이루게 하는 치밀한 연출력을 발휘해 왔다. <그것은 목탁 구멍 속의 작은 어둠이었습니다>, <피고 지고 피고 지고>, <불 좀 꺼주세요> 등 많은 히트작을 내놓았다. 생협은 '강영걸 연기·화술 아카데미'를 열어 아마 배우들을 체계적으로 지도해 나가는 한편, 공연과 연계해 보다 완성도 높은 생활연극을 선보일 계획이다.

기간 : 2019년 6월 17일~8월 24일(10주)
강의 및 실기 : 매주 수·일 주2회
장소 : 후암스테이지 (대학로 스타시티빌딩 6층)
수강료 : 40만원(20회)
비고 : 아카데미와 연계, 11월 하순 공연할 강영걸 연출 작품에 우선적으로 캐스팅,
　　　개강 후에는 수강료 환불 불가

강영걸 연출만의 화술과 연기 강좌 개강

생협은는 아마 배우들의 요청으로 강영걸 연출에게 화술과 연기를 배울 수 있는 10주 코스의 아카데미를 개설, 7월 3일 첫 강의를 대학로 소나무 길 스타시티빌딩 지하 흑백다방에서 가졌다.

수강 신청자는 21명. 수강생은 <맹진사댁 경사>, <욕망이라는 이름의 전차>, <사랑장터 2>, <작은 할머니>, <꽃순이를 아시나요?> 등 그간의 협회 공연에 출연했던 생활연극 배우들이 주축을 이뤘으나 연극에 처음 입문하는 신인들도 함께했다.

협회가 이 강좌를 연 목적은 세 가지다. 첫째는 아마 배우들을 체계 적으로 지도해 나가는 한편, 공연과 연계해 보다 완성도 높은 생활연극 을 선보이기 위해서다. 둘째는 아마 배우들에게 화술과 연기의 중요성 을 제대로 인식시키기 위해서다. 셋째는 원로의 노하우를 후세에 전하 기 위해서다.

강영걸 연기 화술 아카데미 수료식

강영걸 연출은 리얼리즘 연극에 정통한 고 이원경 선생의 무릎 제자로, 언어의 의미를 제대로 파악하여 연기와 연결시키는 리얼리즘 연극의 대가이다. 연출 작품은 많지만 체계적인 강의록이나 저서는 없다. 그만의 연기 메소드를 기록하여 후세에 남기자는 취지도 담고 있다.

아마 배우들은 주 2회(수 저녁 7시, 토 오후 3시) 10주간 강영걸 연출에게 말하기와 동작을 배우고 익히게 된다. 말하기는 발성, 발음, 읽기, 말하기, 대사분석, 장면(신) 나누기, 배역 찾아가기, 템포 잡기, 공연장에 따르는 준비 등의 순으로 강의한다. 동작은 똑바로 서기, 앉기, 걷기, 방향 바꾸기, 시선과 동작의 연계성, 말과 동작의 연계성 등을 배우게 된다.

강의 텍스트는 선욱현 작가의 <아름다운 인연>(원제 : 고추말리기)이다. 수강생들은 10주간의 강좌를 마스터한 후 강영걸 연출 지도로 11월 하순 송년 공연을 올릴 예정이다.

"야단은 맞지만 재미있고 배우는 게 정말 많아요"
강영걸 연기·화술 아카데미 강의가 중반으로 접어든 7월 27일 소나무길 정이가네에서 단체 회식으로 친목을 다졌다.

수강생 23명은 삼복더위도 장마도 아랑곳없이 후암스테이지에 모여 우리말의 의미를 제대로 전달할 수 있는 화술 훈련에 열정을 쏟고 있다. 강영걸 연출은 과제를 내주고 수강생 한 명 한 명에게 각별한 개인지도를 해주며 언어 습관 자체를 교정해 주고 있다. 이 과정에서 숙제를 안 해오거나 배운 대로 하지 않으면 호된 야단을 맞는다. 한 달간 이론 강의와 함께 화술 교육을 받은 배우들은 일상 대화에서도 이를 구사하면서 대사에 자신감이 붙어 간다고 좋아하고 있다.

회식 자리에서 생활연극에 처음 입문한 수강생들은 "과연 무대에 설

수 있을까 걱정도 되지만, 배우는 내용이 너무 재밌고 함께하는 분들이 좋아 생활이 밝고 즐거워졌다"며 과정의 변화도 들려주었다.

수강생들은 8월 초 단기 방학을 가진 후 후반기에는 선욱현 작 <고추 말리기>를 강영걸 선생이 각색 연출하는 <아름다운 인연>의 실전 연습을 겸한 연기 교육과 무대 체험을 할 계획이다. (사)한국생활연극협회의 9번째이자 2019 송년 공연인 <아름다운 인연>은 오는 11월 22일(금), 23일(토), 24일(일) 3일간 대학로 알과핵 소극장 무대에 올려진다.

2019년 강영걸 연기·화술 아카데미 결산 내역

수입 : 참가비	920만 원	
지출 : 강의료(2개월)	500만 원	
연습장 사용료	50만 원	
강의 재료비	31만 1,000원	
전단지	43만 1,000원	
식비(쫑파티)	68만 9,000원	
상품	11만 8,500원	
계	7,049,500원	

수입 9,200,000원 – 지출 7,049,500원 = 2,150,500원(흑자)

생협 광장

김영란법에 저촉된 티켓 4장

(사)한국생활연극협회 정중헌 이사장은 2019년 2월 강영걸 연출의 <작은 할머니> 공연용 티켓 4장을 서울시청 문화예술 담당자 2명에게 우송했다가 서울시청 감사실로부터 김영란법 저촉 통보를 받고 다음의 경위서를 제출하여 가까스로 처벌을 면했다. 티켓에는 10,000원이라고 인쇄되어 있었고, 1인 4장을 보낸 이유는 출연자가 가팀, 나팀이어서였다. 초대의 목적보다는 생활문화 담당 부서장에게 생활연극의 활동사항을 알리려는 것이었는데, '김영란법 위반' 통보를 받고 매우 당황하고 민망했다. 경위서에 상세한 이유를 밝혔지만 '무지의 소치'였음을 자인하고 지금도 매우 조심하고 있다.

경위서

사단법인 한국생활연극협회
이사장 정중헌

사건 발생 일시 : (사)한국생활연극협회 이사장 정중헌은 2019년 3월 8일 신춘 공연으로 기획한 강영걸 연출 생활연극 <작은 할머니> 티켓(10,000원) 4장을 서울 중구 세종대로 110 서울시청 서정협 문화본부장과 최미숙 시민문화팀장에게 각각 우편으로 발송했습니다.

경위 : 2017년 7월 24일 창립한 한국생활연극협회는 연극에 관심 있는 일반인들에게 연극예술에 대한 이해를 높이고, 직접 참여하여 연극 창작 활동을 할 수 있도록 교육하고, 공연을 직접 체험할 수 있는 기회를 제공해 주자는 취지로 출범했습니다. 2017년 11월 27일 서울특별시로부터 사단법인 인가를 받아 생활연극 교육 및 공연, 생활연극축제 개최, 생활연극 대상 제정 등의 사업을 해왔습니다. 2018년 1월 27, 28일 서울 대학로 공간 아울에서 창립 기념으로 <맹진사댁 경사>를 공연한 것을 비롯, 2018년 8월 23~26일 <욕망이라는 이름의 전차>, 2018년 11월 30일~12월 1일 <사랑장터 2>를 공연했습니다. 2018년 8월 10~12일 충청북도 영동군 심천면에서 제1회 생활연극축제를 개최했으며, 2019년 1월 21일 서울 공간 아울 소극장에서 제1회 한국생활연극대상 시상식을 가졌습니다.

이번에 우송한 티켓은 (사)한국생활연극협회가 제작한 여섯 번째 아마추어 연극 공연으로 엄인희 작가의 작품을 중견 연출가 강영걸이 연출하고 한국생활연극협회 이사장 정중헌이 제작해 2019년 3월 29, 30, 31일 3일간 서울 대학로 공간 아울 소극장에서 6회 공연한다는 내용입니다. 아마추어 공연이어서 10,000원의 가격이 인쇄되어 있으나 실제로는 출연 배우 할인가 5천 원으로 친지나 지인들을 초청하고 있습니다.

(사)한국생활연극협회는 아마추어 대상의 비영리 단체입니다. 지금까지 어떤 국공립 기관이나 단체로부터 제작 지원이나 지원금을 받은 적이 없습니다. 공연이나 행사에 따른 제반 비용은 아마추어 배우들의 참가비와 지인들의 찬조금, 협회 이사장과 이사들이 부담해 왔습니다.

사유 : 서울시청 문화본부장과 시민문화팀장에게 티켓을 보낸 이유는 다음과 같습니다.

첫째, 이사장인 정중헌이 부정청탁 및 금품 등 수수의 금지에 관한 법률(김영란법)의 시행 사실은 알고 있었으나 아마추어 비영리 단체의 공연 티켓이 이 법에 저촉되는지 모른 무지의 소치였음을 자인합니다.

둘째, 티켓을 보내 드리기는 했으나 초대 목적보다는 (사)한국생활연극협회의 활동 사항을 서울시, 특히 시민문화팀에 알리고 싶은 목적이 더 컸다는 것입니다. 프로극단에서 공연을 하게 되면 포스터와 프로그램, 전단 등을 제작하는 것이 상례이나 저희 협회는 전단 제작을 하지 못한 데다 프로그램북은 추후에 나오게 되어 인쇄된 홍보물이 티켓뿐이어서 보내 드린 것이 법을 어기는 일이 되고 말았습니다.

셋째, 티켓을 2장이 아닌 4장을 보내 드린 이유는 저희 협회 공연에 참여자가 많아 부득불 가팀(3월 30일 오후 3시와 6시, 3월 31일 오후 6시)과 나팀(3월 29일 오후 4시와 7시, 31일 오후 3시)으로 나눠 공연을 하게 되었기 때문입니다. 법을 어길 고의성은 없었다는 것입니다.

반성과 각오 : (사)한국생활연극협회를 대표하는 이사장 정중헌은 언론 문화 분야에서 37년, 예술대학에서 6년을 재직한 후 은퇴 후 여생의 사업으로 재능기부와 자원봉사를 겸해 생활연극 운동을 시작했습니다. 창립 1년 반이 지난 현재 전국에 10여 개 지회와 20여 개 지부를 두고 회원도 300

여 명에 이를 만큼 기반을 쌓아 가고 있습니다.

생활문화, 생활예술, 지역문화는 국가 정책의 우선 과제가 되고 있습니다. 우리나라도 지역문화진흥법을 제정 시행하고 있으며, 지역문화진흥원과 생활문화센터가 생활문화 육성을 지원하고 있습니다.

생활연극은 이제 시작 단계여서 여러 방면으로 협회의 존재와 활동 내역을 알리는 데 역점을 두다 보니 법을 위반하는 행위에 이르렀습니다. 생활연극의 활동 사항을 관계 기관에 알리려고 한 행위가 부정청탁 및 금품 등 수수의 금지에 관한 법률을 위반하게 되었음을 뒤늦게 통보받고 깨달은 바가 많습니다. 어떤 선의의 이유로도 법을 위반해서는 안 된다는 것을 인지해야 할 협회 이사장이 법을 어긴 점에 대해 진심으로 뉘우치고 있으며, 앞으로 이 같은 행위를 다시는 하지 않겠습니다.

본인은 위와 같은 사유로 인하여 경위서를 제출하오니 선처해 주시기 바랍니다.

2019년 3월 28일
제출인 정 중 헌 (인)

한국연극협회는 왜
한국생활연극협회를 견제하는가?

2020년 1월 신춘생활연극 <미슐랭> 공연을 위해 작가 겸 연출가인 차현석 대표와 미팅하는 중에 서울연극협회 지춘성 회장이 직접 전화를 했다. "생활연극협회에 좋지 않은 소식이 전해질 것"이라는 요지였다. 무슨 내용일까 궁금해하면서 공문을 기다렸으나 오지 않고, 한국연극협회가 지회에 보낸 공문이 간접 입수되었다.

한국연극협회 공문 내용

(사)한국연극협회에서는 지난 2019. 12. 14. 제5차 정기이사회에서 '지자체와 사업 추진 시 예산 수립 및 집행의 혼란을 막고, 전문 연극인들의 정체성 회복 및 향후 연극 분야 정책 수립을 위해 (사)한국생활연극협회 회원과 겸할 수 없음을 의결하였습니다.

이에 한국연극협회(서울연극협회)에서는 (사)한국생활연극협회에 불가피하게 중복 가입한 회원에 대하여 2020. 6. 30(화)까지 1개 협회로만 가입하여 주시길 안내드립니다.

아울러 한국연극협회(서울연극협회) 회원이 (사)한국생활연극협회 회원으로 중복 가입하지 않고 (사)한국생활연극협회가 추진하는 연출, 극작,

배우, 스태프 등으로 활동은 가능하오니 오해 없으시길 바랍니다.

이에 대해 생협 임원들과 지회 지부장들은 다양한 의견 개진으로 한협의 공문이 시대에 뒤지고 자유민주주의 국가에서 합리적이지 않다며 시정을 촉구했다. 그중 일부를 소개한다.

이종일 경남 지회장 의견
- 2020년 1월 17일 지회 지부장 단체 카톡방

한말씀 올리겠습니다.
- 연극협회와 생활연극협회의 궁극적 목적은 연극의 보편화에 있으니 서로가 상생 발전해야 할 것입니다.
- 연극이 유럽처럼 국민 생활 속에 파고들어가야 부흥을 할 수 있는데, 한국연극이 생활화 되려면 향후 50년 정도는 연극생활화 운동을 펼쳐야 합니다. 이런 차원에서 생활연극협회의 연극운동은 민주화운동 하듯이 사명을 다해야 할 것입니다.
- 생활연극협회는 연극사랑 운동을 실행하는 첨단역할을 담당해야 하며 연극협회에서는 연극기술을 지원할 의무가 있으니, 연극협회와 생활연극협회는 대립적 관계가 아니라 형제적 관계로 발전시켜 나아가야 합니다.
- 연극협회가 정치권의 진영 논리를 흉내 내어 편 가르기 식으로 생활연극협회를 대하면 한국연극의 미래는 어두운 동굴 속에 갇혀 있을 것입니다.
- 광활한 연극지평을 함께 개척해 나간다는 대의적 명분으로 연극협회가 생활연극협회를 동반자로 생각해야 할 것입니다.
- 특히 연극협회에서 활동하시는 연극인이 생활연극협회에 재능기부를 의무적으로 하셔야 할 것입니다.
- 생활연극협회는 문화투사로서 앞만 보고 꾸준히 연극클럽, 지부, 지회의 외연을 넓히고 확장시켜야 할 것입니다.

김창환 경기남부 지회장

안타깝습니다. 연극인들이 왜? 생활연극인, 전문연극인이라는 굴레를 스스로 뒤집어 쓰는지요. 정말 안타깝습니다.

정중헌 이사장의 카톡방 메시지

지회 지부장 여러분. 저도 비공식적으로 공문을 접했습니다만 아직 정식 공문은 받은바 없습니다. 공문이 접수되면 이사진, 지회 지부장님들과 심도 있게 논의하여 대처하겠습니다. 한국연극협회 조치에는 여러 허점과 무리수가 있지만 감정 대응할 사안은 아니라고 봅니다. 저희는 생활문화시대에 연극을 통해 주민의 삶을 윤택케 하자는 분명한 목표와 소신이 있습니다. 시대의 변화를 읽지 못하는 소견들에 일일이 응대할 필요가 없다고 생각합니다. 다만 지역에 계시는 지회 지부장님들은 사업이나 예산 신청에서 프로와 중첩되지 않도록 해주시면 고맙겠습니다.

최영환 부이사장이 제시한 생활연극협회 측의 대안

1) 세계 어느 예술단체도 생활연극협회(단체)를 유사단체로 규정한 사례도 없을 뿐만 아니라 그 이유 내지는 명분도 모호하다. 납득하기 어렵다. 오히려 생협과 한협은 서로 상생과 상호의존적인 관계를 부각-생활연극인들이 많아질수록 그들을 지도해줄 전문연극인들이 많이 필요하고, 그들의 역할이 중요해지고, 유료 관객 확장 효과가 매우 크다(3년째 경험을 토대로 실제임이 증명됨).

2) 한협과 상호 협약을 맺어 생협 회원들 중에서 일정 기간 내지는 일정한 수의 작품에 출연한 배우들은 한협의 정회원으로 신청 가능케 한다. 왜냐하면 생활연극배우들 중에서 상당수는 전문연극인이 되고자 하는 사람들이 있기 때문이다.

3) 한협 측의 얘기를 듣고 다툼의 여지는 최소화하시고 서로 양보의 미덕을 발휘하면 좋을 듯싶습니다.

오태근 한협 이사장(오른쪽)과 정중헌 생협 이사장.

한협 오태근 이사장과 생협 정중헌 이사장 간담

최영환 생협 부이사장 겸 한협 이사의 주선으로 2020년 2월 6일 오후 2시 대학로 학림다방에서 한협 오태근 이사장과 생협 정중헌 이사장의 만남이 이루어졌다. 이 자리에 생협 정중헌 이사장은 다음과 같은 내용의 메모를 준비해 갔다.

- 2020년 '연극의 해'를 맞아 한협과 생협이 상생하여 연극 발전을 이룬다.
- 생협은 한협이 지적하는 문제점을 파악하여 개선할 부분은 시정토록 노력한다.
- 한협은 여론의 추이를 면밀히 분석해 이사회 결의를 재검토해주기 바란다.
- 한협과 생협은 엘리트체육과 생활체육처럼 협력과 보완관계를 정립한다.
- 한협이 우려하는 예산이나 지원금 문제는 서로 갈등, 충돌하는 일이 없도록 생협은 비영리 단체의 역할에 충실한다.
- 인적 문제(생협 이사진, 지회 지부장)는 신중하게 접근, 한협에 지장이 없게 하겠다.

미팅을 마치고 정중헌 이사장은 오태근 이사장의 동의를 얻어 다음과 같은 내용을 페이스북에 올렸다.

연극의 해 취지에 맞게 한국연극협회와 한국생활연극협회 상생과 협력 다짐
오태근 한국연극협회 이사장과 정중헌 한국생활연극협회 이사장은 2020년 2월 6일 오후 대학로 학림다방에서 만나 최근 현안에 대해 격의 없는 대화를 나눴다. 한국연극협회는 1월 15일 (사)한국생활연극협회 중복 가입 불허의 건이라는 공문을 이사들과 지회에 보냈다. 골자는 중복 가입자는 6월 말까지 택일하라는 것이다. 이에 대해 일찍이 생활연극의 필요성을 인식하고 생활연극 활성화와 조직 확대에 헌신해 온 생협의 지회 지부장들은 시대착오적 편협한 발상이라고 반발해 왔다. 두 이사장은 이날 만남에서 왜 이런 공문이 발송됐는지 요인을 살펴보고 해결점을 찾아나가자고 의견을 모았다. 엘리트체육과 생활체육의 관계처럼 서로 시너지 효과를 높이는 방안, 생활음악과 생활무용처럼 생활연극을 통해 연극의 외연을 키워 나가는 방안에도 뜻을 같이했다.

이날 미팅에서 오태근 이사장은 생협이 한협에 결의를 취소하라는 요지의 공문을 자신을 경유해 보내줄 것을 요망했다. 다음은 생협이 한협에 보낸 공문의 전문이다.

오태근 이사장님께
일전 바쁘신 중에도 양 협회의 원만한 관계 형성을 위해 귀한 걸음 해주셔 진심으로 감사드립니다. 생협 이사회 논의를 토대로 작성한 공문과 함께 제가 정리한 협회의 현황과 성과, 그리고 오 이사장님께 드리는 제안사항을 담은 서신을 함께 보내오니 검토하시고 적극 협조해 주시면 고맙겠습니다.

2020년 2월 9일
(사) 한국생활연극협회
정중헌 이사장 드림

수 신   (사) 한국연극협회
참 조

제 목   (사)한국생활연극협회 중복 가입 불허에 대한 철회의 건

1. 귀 협회의 무궁한 발전을 기원합니다.

2. 사단법인 한국생활연극협회는 (사)한국연극협회가 2020. 01. 15로 산하 16개 지회에 보낸 (사) 한국생활연극협회 중복 가입 불허의 건 공문을 토의한 결과 전혀 협의가 없는 일방적 조처라는 점에서 절차상 하자가 있으며, 한협이 불허 사유로 적시한 내용들이 적절치 못하다고 판단하여 이 의결을 철회하여 줄 것을 요청합니다.

3. 한협은 공문에서 "각 지자체에서 사업 추진 시 예산 수립 및 집행의 혼란을 막고, 전문 연극인들의 정체성 회복 및 향후 연극 분야 정책수립을 위해, 본 협회 회원이 (사)한국생활연극협회 회원을 겸할 수 없다고 사유를 열거했습니다. 이에 대해 (사)한국생활연극협회는 2020. 02. 07 제30차 이사회에서 "각 지자체에서 사업 추진 시 예산 수립 및 집행 과정에서 혼란을 야기한 사례가 보고된 바 없으며, 전문 연극인들의 정체성을 저해할 의도가 추호도 없었고, 향후 연극 분야 정책수립에도 생협이 간여할 의사가 전혀 없음"을 확인했습니다.

4. 2017. 07. 24. 창립한 (사)한국생활연극협회는 고령화 추세와 여가시간 확대에 따른 생활문화 증대라는 세계 추세에 맞춰 연극을 보다 많은 사람들과 공유해 생활화 하고, 이를 통해 삶의 질을 높이자는 취지에서 출범했습니다. 배우가 되고 싶고, 무대에 서고 싶은 일반인들이 꿈을 이룰 수 있도록 전문 연극인들이 지도하고 협동 작업을 함으로써 한협과 상생하는 생협이 되고자 힘써 왔습니다. 생협은 창립 이후 2년 7개월 동안 낭독 공연 3회를 비롯해 총 9회의 생활연극 작품을 대학로 무대에 올렸으며, 충북 영동에서 생활연극축제를 2회 개최했고, 생활연극대상 시상

식 2회, 전국 단막극 경연대회 1회, 그리고 2019년 11월 제1회 대한민국 생활연극제를 동국대 이해랑예술극장에서 주최하였습니다. 생협은 이 같은 다양한 생활연극 사업을 펼치면서 정부나 문화재단에서 단 한차례 지원금을 받지 않았으며, 참가비와 찬조금 등으로 자체 해결해 왔음을 긍지로 삼고 있습니다.

5. (사)한국생활연극협회는 자체 공연과 사업을 통해 지난 2년 7개월 동안 약 1억 5천만 원 상당의 수입금을 소극장과 연습장 대관료, 연출과 스태프 등 전문 연극인과 공연 제작자들에게 지출함으로써 전문 연극인들의 일자리 창출과 연극 인구 저변 확대에 기여해 왔습니다. 이에 (사)한국생활연극협회는 (사)한국연극협회에 아래와 같은 사항을 요청하고자 합니다.

6. 귀 협회의 적극적인 협조를 바랍니다.

– 아 래–

첫째, 2020 연극의 해 취지에 맞춰 한국연극협회와 한국생활연극협회는 상생하고 협력한다.

둘째, (사)한국생활연극협회는 전문 연극인들의 단체인 (사)한국연극협회의 지자체 사업 예산 수립 및 집행에 혼란을 야기치 않도록 노력하고, 연극인들의 정체성 회복이나 향후 연극 분야 정책 수립에 걸림돌이 되는 일이 없도록 하며, 지역문화진흥법 취지와 범위 내에서 비영리 단체로서의 역할에 충실할 것이다.

셋째, (사)한국연극협회는 생활음악, 생활무용처럼 융합 트렌드에 맞춰 생활연극의 외연을 넓히는 일에 함께 매진해 주기 바란다.

결론적으로 (사)한국생활연극협회는 (사)한국연극협회가 2020. 01. 15 산하 16개 지회에 보낸 (사) 한국생활연극협회 중복 가입 불허의 건이 절차상 하자가 있고 시대 추세와 역행한다는 점에서 이 의결을 철회하여 줄 것을 요청한다.

2020. 02. 10

(사)한국생활연극협회

다음은 공문과 함께 정중헌 이사장이 생협의 입장을 서한 형식으로 정리하여 오태근 한협 이사장에게 보낸 전문이다.

(사)한국연극협회 오태근 이사장님께

안녕하세요.

(사)한국생활연극협회 정중헌 이사장입니다.

저희가 2017년 7월 한국생활연극협회를 창립한 동기는 고령화 추세와 여가시간의 확대라는 사회 변화에 맞춰 연극을 보다 많은 사람들과 공유해 생활화하고, 이를 통해 삶의 질을 높이자는 일념이었습니다. 생활체육처럼 문밖에 나가면 어디서든 연극을 만나 주민 정서에 활력을 주고 건강한 사회를 만들자는 취지였습니다.

저 자신 일간지 연극 담당 기자로 프로연극을 오래 취재하였고, 대학에 재직하면서 월간 [한국연극] 편집주간으로 3년 가까이 일하면서 프로연극의 발전에 작은 힘을 보탰습니다.

이런 경험을 토대로 저는 은퇴 후 제 열정을 생활연극에 쏟아 프로연극이 보다 풍성해지고 활성화되기를 염원해왔습니다. 2017년 협회를 창립하기 전 저는 당시 한국연극협회 정대경 이사장과 서울연극협회 송형종 회장에게 "귀 협회와 이해가 상충하는 일은 하지 않겠으며, 갈등적 요인이 발생치 않도록 유의해 프로와 아마가 상생하는 생협이 되고자 한다"는 취지의 문자를 보냈고, 이후 이를 실천하는 데 힘써 왔습니다.

창립 이후 31개월 동안 저와 생협 임원진, 지회 지부장들, 그리고 회원들은 맨땅에 헤딩하는 심정으로 무에서 유를 개척했습니다. 낭독 공연 3회를 비롯해 총 9회의 작품을 대학로 일대에서 공연했습니다. 재원이 제로인 상태에서 영동생활연극축제를 두 차례 열었고, 생활연극대상 제정, 전국단막극 경연대회 개최, 그리고 2019년에 제1회 대한민국 생활연극제를 동국대 서울캠퍼스 이해랑예술극장에서 7개 팀 경연으로 치렀습니다.

전국으로 조직을 확대해 13개 시·도에 지회를 설치했고, 현재 50여 개 지부를 두고 있으며, 가입 회원 수는 500여 명에 이르고 있습니다.

생협은 이 다양한 사업들을 정부나 지자체, 문화재단이나 기업의 도움을 전혀 받지 않고 자력으로 해냈습니다. 협회 제작 공연은 아마배우들이 참가비를 내고, 티켓을 팔았으며, 협찬자를 구해 무대에 올렸습니다. 축제나 경연, 상은 임원들의 찬조금과 각계 성금으로 치렀습니다. 물론 적자가 여러 건 발생했지만 그때마다 이사장이 그 간극을 메웠습니다.

지원을 받기를 원했지만 지원 조건을 갖추지 못했거나 아직 인정을 받지 못해 신청조차 거의 해보지 못한 실정입니다.

이런 여건 속에서도 이사장인 저는 "지원을 받지 않고도 스스로 해내고 홀로 설 수 있는 예술운동"을 펴고자 했습니다. 물론 어려운 길이고 시행착오도 많았지만 불가능하지 않다는 것을 생협은 입증해 왔습니다. 협회 자체 공연에 생활연극 배우 가족과 친지 등이 극장을 찾아 와 관객이 늘 상황을 이뤘습니다. 지역축제, 시상 제도, 전국 규모 경연 등의 사업은 아직 미약하지만 지원 없이도 해낼 수 있다는 긍정적 선례를 남겼습니다.

그런데 생활연극이 대학로에 알려지고, 프로연극인들로부터 공신력을 얻자 생활연극에 대한 오해나 갈등, 심지어는 생협 자체를 불편해 하거나 경쟁상대로 여기는 이상 풍조가 생겨나기 시작했습니다.

그 핵심을 분석해 보면 프로연극에 가야할 예산이나 지원금이 아마연극에 일부 흘러가거나 뺏길 우려가 있다는 것입니다. 또 하나는 프로연극인들을 생협이 흡수해 프로연극의 정체성을 흔들고, 지역 조직을 와해시키고 있으며, 프로연극 지원 사업에 까지 간여하려 한다는 것입니다.

그러나 단언컨대 이런 사례가 생협에 공식 보고된 사례는 아직 한 건도 없습니다. 예산이나 각종 지원금 또한 받은 일이 없습니다.

생협은 비영리단체입니다. 비영리 단체에 대한 행정이나 지원은 프로예술과 별개라고 알고 있습니다. 생협은 전문연극 영역을 침범할 의도가 전혀 없으며, 지역문화진흥법에 의한 예산이나 지원을 정상적 루트로 기대할 뿐입니다.

앞서 말씀드린 대로 생협은 창립 당시부터 전문연극 창달에 도움을 주고 상생하자는 취지로 출범했으며, 지난 2년 7개월 동안 이 같은 궤도를 벗어나지 않았다고 자부합니다.

그런데 2020년 1월 21일자로 (사) 한국연극협회는 회원 가입을 택일하라는 공문을 이사들과 전국지회에 보내 생협을 유사단체로 규정하고 회원 가입을 택일토록 통보했습니다.

이에 생협을 대표하여 저는 다음과 같은 질문을 한협 오태근 이사장님에게 하고자 합니다.

정중헌 이사장의 질문서

첫째, 생협 간부나 회원이 '지자체와 사업 추진 시 예산 수립 및 집행의 혼란을 야기한 사례'가 있다면 적시해 주시기 바랍니다.

둘째, 전문 연극인 정체성 회복에 생협이 지장을 초래한 점이 있는지, 있다면 예를 들어 주시기 바랍니다.

셋째, 한협의 향후 연극정책 수립에 생협이 걸림돌이 된 적이 있는지, 있다면 구체적 사례를 열거해 주시기 바랍니다.

이에 대한 생협의 입장은 다음과 같습니다.

- 여러 지역에서 한협 지부들과의 지원금 내지는 활동 중에 발생한 갈등 문제들이란 무엇인가? 구체적인 사례를 열거해 주면 시정할 것은 시정하겠으며, 재발되지 않도록 노력하겠다.
- 한국연극협회에서 탈퇴한 연극인을 생협에서 활동하게 하는 것이 왜 문제인가?
- 한국에는 생활체육처럼 생활문화예술단체들이 많이 활동 중이다. 한국생활음악단체총연합회는 대학들은 물론 악기별 협회가 참여하고 있으며, 한국생활음악학회, 한국생활예술교육협회 등도 활동 중이다. 생활무용을 표방하고 2017년 창립된 국민무용진흥협회도 발레, 현대무용, 한국무용 등의 프로들이 아마추어들을 지도하여 콩쿠르도 개최하고 발표회도 갖고 있다. 왜 유독 한국연극협회만이 담을 쌓고 경계를 가르려 하는지 묻고 싶다.
- 한국생활예술음악인협회는 2014년부터 서울생활예술오케스트라축제를 세종문화회관에서 개최하고 있다. 지난해에는 30개 생활예술오케스트라와 서울시교육청을 통해 선발된 9개 학생오케스트라가 참가했다. 참여단체와 서울시립교향악단이 협력 공연을 펼치기도 했다. 왜 한국연극협회는 연극의 외연을 넓히기보다 축소하려고 하는가?

오태근 이사장님

전문 연극인들의 생협에 대한 이해가 부족한 점이 있는 것 같아 (사)한국
생활연극협회가 2017년 7월 창립 이후 걸어온 자취를 간추려 말씀드리고
자 합니다.

(사) 한국생활연극협회 활동 사항과 성과

한국생활연극협회는 2017년 7월 24일 창립된 비영리 단체다. 설립 근거는
2016년 시행된 지역문화진흥법이다. 동법 제2조 제2호는 생활문화를 "지
역의 주민이 문화적 욕구 충족을 위하여 자발적이거나 일상적으로 참여하
여 행하는 유형, 무형의 문화적 활동"이라고 정의하고 있다.

지역문화진흥법의 골자는 정부와 지자체가 생활문화, 생활예술에 대해 장
소와 재정을 지원해야 한다는 것이다. 이제 생활문화는 단순히 참여적 문
화 활동만이 아니라 시민들의 자발적이고 주체적인 문화 활동으로 접근
하고 있다. 이러한 차원에서 생활문화는 문화민주주의, 지역사회의 공동
체 형성과 도시 재생 등 지역문화와 밀접한 관련이 있다.

생활연극협회는 2017년 11월 13일 사단법인 인가를 받았다. 사업 내용은
생활연극 교육 및 공연, 생활연극 서적 출판, 생활연극 경연대회 개최, 생
활연극상 제정 등이다.

창립취지문 골자

한국생활연극협회는 연극에 관심 있는 일반인들에게 연극에 대한 이해를
높이고, 직접 참여하여 연극 창작활동을 할 수 있도록 교육하고, 공연을 직
접 체험할 수 있는 기회를 제공하기 위한 전국조직의 사단법인체이다. 배
우가 되고 싶고, 무대에 서고 싶은 일반인들이 꿈을 이룰 수 있도록 프로
연극인들이 지도하고 협동 작업을 함으로써 지역의 생활연극을 활성화하
고, 회원 상호간에 친목을 도모함으로써 삶의 질을 향상시키는 것이 목표
이다. 지역민들 대상의 생활연극 활동을 통해 예술 치유는 물론 문화 복

지를 실현하고, 궁극적으로는 연극예술의 창달 발전과 관객의 저변 확대를 꾀하고자 한다.

회원의 자격

제5조(회원의 자격)

1. 생활연극에 관심 있는 국민 및 연극 동호회 회원(입회 및 회원자격은 시행세칙으로 정한다)
2. 연극 현장에서 활동하는 전문 연극인(배우와 스탭 포함)
3. 학자, 예술인 등 본 협회의 목적 및 사업에 찬동하는 문화계 인사들

협회 활동 내역

협회 자체 제작 공연

2018년 1월 창립기념 <맹진사댁 경사> 김도훈 연출

2018년 8월 창립 1주년 기념 <욕망이라는 이름의 전차> 최영환 연출

2018년 11월 송년 공연 <사랑장터 2> 이우천 연출

2019년 3월 신춘공연 <작은할머니> 강영걸 연출

2019년 6월 창립 2주년 기념 가요극 <꽃순이를 아시나요?> 복진오 연출

2019년 11월 송년 공연 <아름다운 인연> 강영걸 연출

2020년 4월 신춘공연 <미슐랭> 차현석 연출

협회 제작 낭독극

2018년 5월 아랍희곡 <왕은 왕이다> 김석만 연출

2018년 5월 스페인 희곡 <베르나르다 알바의 집> 홍란주 연출

2019년 6월 프랑스 희곡 <대머리 여가수> 최유진 연출

생활연극축제

2018년 8월 제1회 영동생활연극축제

2019년 8월 제2회 영동생활연극축제

2020년 10월 예정

생활연극 대상

2019년 1월 제1회 한국생활연극대상 시상식

2020년 1월 제2회 한국생활연극대상 시상식

단막극 경연

2019년 6월 제1회 전국 단막극 경연대회 개최, 6개 팀 참가

2020년 6월 코로나19 사태로 연기

생활연극 경연

2019년 11월 제1회 대한민국생활연극제 개최, 동국대 이해랑예술극장,
전국 7개팀 경연

2020년 11월 제2회 대한민국생활연극제 인천 개최 예정

생활연극 아카데미

2017년 11월 김수미 극작교실, 여무영 연기교실 개강

2019년 6월 강영걸 연기 화술 아카데미 개최

생활연극 세미나

2017년 10월 창립 기념 세미나 "생활연극이란 무엇인가"

주제 발표 : 김석만 교수, 최영환 교수

2020년 6월 제2회 생활연극 세미나 "생활연극과 전문연극의 상생 방안"

주제 발표 : 강윤주 교수, 정중헌 이사장

재정

회원 참가비, 찬조금, 협찬금, 임원 사비 등으로 충당

지원금 없이 자체 조달로 충당

몇몇 사업은 적자, 이사장 개인이 감수

다음은 생협의 활동이 전문 연극에 어떤 영향을 미치고 있는지에 대해 말씀드리겠습니다.

생활연극과 전문연극의 상생 효과

첫째, 프로연극인들의 일자리 창출

중진, 중견 연출가와 조연출, 조명, 음향, 무대, 의상, 분장 등에 제작비로 지출. 창립 이후 현재까지 공연과 사업 총 18건 중 협회 총 수입금 추산 약 1억 5천만 원. 이 중 극장대관비와 연습장 사용료를 제외한 수익금은 프로연극인들의 인건비, 제작비 등으로 지출됨.

둘째, 연극 인구 저변 확대

협회 자체 제작 공연 6회에 관객 5천 명 이상, 낭독극 3편 공연에 5백여 명 등 총 5500명 이상 관람

셋째, 프로 연극 관람 활성화

협회 공연에 출연한 아마 배우는 연인원 150여 명으로, 이들 중 상당수가 월 1~4회 프로 연극 관람

넷째, 연극의 외연 확대

앞으로 대학에 생활연극 커리큘럼 신설 추진, 생활연극학회, 생활연극교육협회 창립 등으로 연극의 외연 확대에 중심 역할을 할 계획. 지역마다 마을극단 만들어 연극의 생활화에 앞장.

다섯째, 대학로 연극에 활력 제공.

침체되어 있는 대학로 연극과 상권에 신선한 자극을 주고 활력을 주고자 노력.

오태근 이사장님

끝으로 생협의 의견을 다음과 같이 제시하고자 합니다.

생협의 제언

첫째, 2020년은 정부가 정한 '연극의 해'이다. 연극의 해를 맞아 생협은 어떤 단체와도 마찰을 빚기를 원치 않으며 프로와 아마가 상생하는 아름다운 모습을 보여주고 싶다. 한협이나 서울협과도 공존하기를 바라는 바이다.

둘째, 한협 이사회의 공문은 사회 변화나 연극발전에 도움이 되지 않는다고 생각한다. 철회해 주는 것이 가장 바람직한 해결책이라고 생각한다.

셋째, 한협과 생협 간에 불신이나 오해가 있다면 이사장 또는 협회 대표가 만나 토론하고 문제점을 해결해 나갈 것을 제안하고자 한다.

넷째, 생협 임원 중 절반 이상, 지회 지부장 60% 이상이 한협 회원으로 가입돼 있고 프로무대에서 활동 중이다. 이들은 생협 초창기부터 현재까지 생협 사업 추진과 생협 토대를 쌓는 일에 헌신해 왔으며 재능을 기부해왔다. 따라서 기존의 생협 임원과 지회 지부장은 양 협회 가입을 양해해주기를 바란다. 앞으로는 생협이 한협 회원을 임원으로 영입하는 데 신중을 기할 것이다.

다섯째, 타 생활예술 장르처럼 한협이 연극 외연을 넓히는 일에 적극 나서 생협이 해온 전문연극인들의 일자리 창출과 재능 활용에 적극 협조해 주기 바라며, 대학에 생활연극학과 개설 등을 통해 전문연극인들의 입지를 넓혀 줄 것을 제안하고자 한다.

여섯째, 생협은 엘리트체육과 생활체육의 관계처럼 서로 협조하고 상생하는 관계가 되기를 바란다.

2020년 2월 10일

사단법인 한국생활연극협회 이사장

정중헌 드림

이 문제에 대해 월간 『한국연극』(편집주간 오세곤)은 2020년 3월호에 "전문연극과 생활연극의 상생 발전을 위하여"라는 주제의 좌담을 가졌다. 오세곤 주간의 사회로 진행된 좌담에서 한협측을 대표한 복영한 부이사장과 지춘성 서울연극협회 회장은 한협 회원이 생협 조직에 관여하는 것은 스스로 정체성을 부정하는 일이며, 정책에서도 생협이 규모가 커진다면 서로 싸움이 될 수밖에 없다는 논리를 내세웠다.

이에 대해 생협의 정중헌 이사장과 이종일 경남지회장은 전문 연극인들의 정체성을 저해할 의도가 없었고, 향후 연극 분야 정책 수립에도 간여할 의사가 없으며, 앞으로의 상황을 예단하여 선택을 강요하는 것은 부당하다는 입장을 밝혔다.

김종선 민예총 사무총장은 "생활연극과 전문연극은 같이 가야할 부분인데 갈등이 생기지 않도록 정부가 정책을 분리시켜야 한다"고 말했다. 오세곤 주간은 "기본적으로 생활연극이 연극 전체에 중요한 바탕으로 인식되고 있다고 확인된다"며 "협회 간에 '상생'이란 단어도 나왔고, 두 이사장이 만났다는 것도 좋은 신호로 보이니만큼 중요한 것은 만나서 공동의 목표를 설정하는 것"이라고 정리했다.

(사)한국생활연극협회 이사회의 아름다운 의결

생협은 6월 5일 대학로 카페 張에서 제34차 이사회를 열고 한국 연극계의 보석 같은 전문 연극인들의 명예를 보호하고, 협회의 조직을 재정비하는 방향으로 합리적인 의견을 모았다. 6월 이사회는 2019년 12월 한국연극협회(한협)가 의결하고 최근 서울연극협회 등이 회원들에게 고지한 사안에 대한 심도 있는 방안을 논의하는 데 역점을 두었다.

한협 결의 내용은 한협과 (사)한국생활연극협회에 모두 등록된 회원은 2020년 6월 30일까지 1개 협회만 선택하라는 것이다. 생협 이사들은 이 의결이 자유로운 의사 결정에 반하고, 생활문화 생활예술 시대에 역행하는 불합리한 처사라는 비판도 제기했으나, 한협의 권위를 존중하여 슬기롭게 대처하자는 데 의견을 모았다.

이사회는 첫째, 2017년 생협 창립 이후 생활연극의 토대를 놓고 공연 등 많은 분야에서 도움을 준 '전문 연극' 회원들의 권익을 보호하기로 의결했다. 생협 이사진 중 국립극단 단장을 역임하고 노원구에서 10년간 생활연극 활동을 해온 정상철 부이사장, 국립극단 출신 원로 배우로 생협 창립 발기인인 이승옥 부이사장, 40여 년 배우의 내공을 쌓아 온 고인배 이사, 배우이면서 분장가로도 일가를 이룬 박팔영 이사, 한국 뮤지컬 연출의 지평을 넓힌 복진오 이사, 직장연극 개척자로 성실하게 일해 온 신황철 이사 등 여섯 분에게 '회원 사퇴'를 권고키로 의결했고, 여섯 분 모두 이를 받아들였다.

한협 회원이면서 생협 창립 발기인인 정중헌 이사장, 최성웅 부이사장(전 연극배우협회 이사장), 최영환 부이사장(동국대 공연예술학과 교수), 유승희 상임이사(극단 단홍 대표), 박정재 이사(극단 가가의회 대표) 등 5명은 생협 회원 및 임원직을 유지키로 의결했다. 이를 빌미로 한협과 서울연극협회가 이들의 회원직을 박탈할 경우, 생협은 합리적 논리로 철회를 요구하는 한편으로 법적 대응도 할 방침이다.

향후 생협 이사회는 이들 5인을 포함하여 이규식 부이사장(한남대 명예교수), 이화시(영화배우), 박태석(주식회사 흥왕 대표), 양문정(이촌1동 마을극단 단장), 김진태(경기대 교수) 정달영 이사(동국대 공연예술학과 교수) 등 11인 체제로 운영키로 했다. 최진택 감사와 정애경 사무국장은 유임키로 했다. 이사회는 이종일 경남지회장, 백진기 경북지부장, 김성노 서울지회장, 이광휘 서울 중구 지부장은 '사퇴 권고'키로 했으며, 일신상 이유로 사퇴서를 낸 채치민 대구지회장, 백운봉 울산지회장은 사표를 수리키로 의결했다.

고문직 사퇴 의사를 밝힌 노경식·김삼일 선생님의 의사도 받아들이기로 했다. 김도훈·박정자·최창주·허성윤 고문과 주진홍 대전지회장, 류중열 충남지회장에게는 본인 의사를 개별적으로 묻기로 했다. 손동일 부산지회장은 한협을 탈퇴하고 생협 활동에 전념하겠다고 밝혔다. 한협 회원이 아닌 김영직 경기북부 지회장, 김창환 경기남부 지회장, 김명옥 충북지회장, 강기호 전남지회장, 김룡 제주지회장, 피터 장 미국 LA 지회장은 협회 조직을 계속 맡는다. 전국 30여 개 지부 중 한협 회원과 겹친 곽수정 경기북부 의정부지부장 등 다수는 비회원으로 지부장을 교체한다고 통보해 왔다. 이사회는 이를 인준키로 의견을 모았다. 통보가 없는 지부장들은 개별 의사를 확인하되 조직을 살리는 방향으로 이끌기로 했다.

이 같은 이사회 결의 내용을 정중헌 이사장이 페이스북에 공개하자 신중한 결정이라는 의견이 많았지만 일부에서는 싸우지도 않고 물러선 것이라는 지적도 있었다.

생협은 앞으로도 전문 연극인들의 도움을 받아 생활연극 활성화와 조직 확대에 매진해 갈 것이다. 전문 연극인들에게 생활연극의 당위성을 알리고, 생활예술에 대한 이해를 넓히기 위해 창립 3주년 기념 제2회 생활연극 세미나(6월 29일 오후 3시 대학로 카페 장)의 주제를 "생활연극과 전문연극의 상생 방안"으로 정해 전문가 견해를 들어 볼 계획이다. 생활문화·생활예술 시대의 생활연극을 학술적으로 고찰하고 정책도 살피면서 (사)한국생활연극협회의 3년사를 함께 정리한 가이드북 『생활연극』을 창립 3주년에 발간하는 것도 전문 연극과의 상생 방안을 찾기 위해서이다.